Theis • Abwechslungsreiche Gruppenspiele für jedes Alter

Reiner Theis

Abwechslungsreiche Gruppenspiele für jedes Alter

Organisation • Durchführung • Ziele

Limpert Verlag Wiebelsheim

Die Ratschläge in diesem Buch sind von den Autoren und dem Verlag sorgfältig erwogen und geprüft, dennoch kann keine Garantie übernommen werden. Eine Haftung der Autoren bzw. des Verlages und seiner Beauftragten für Personen-, Sach- und Vermögensschäden ist ausgeschlossen.

Bibliografische Information der Deutschen Nationalbibliothek
Die Deutsche Nationalbibliothek verzeichnet diese Publikation in der Deutschen Nationalbibliografie; detaillierte bibliografische Daten sind im Internet über http://dnb.de abrufbar.

Fotos: Reiner Theis
Zeichnungen: Scott Krausen, Limpert Verlag
Druck und Verarbeitung: TZ-Verlag & Print GmbH, Roßdorf
Printed in Germany / Imprimé en Allemagne
ISBN 978-3-7853-1959-8

Inhalt

Vorwort

Gruppenspiele haben mich während meines gesamten beruflichen Werdegangs immer wieder begleitet. Ob bei der Absolvierung des Gruppenleiterlehrganges im Sportstudium, als Lehrer auf vielen Klassenfahrten unterschiedlichster Jahrgangsstufen oder als Dozent in der universitären Sportlehrerausbildung[1] bei Windsurfing- oder Schneesportexkursionen. Die Gruppenspiele haben für mich immer einen hohen Stellenwert beim Erreichen pädagogischer Ziele der jeweiligen Adressatengruppe eingenommen. Meine Erfahrungen fließen, gemeinsam mit den Erkenntnissen meiner Frau, die als Grundschullehrerin häufig Gruppenspiele in der Schule einsetzt, in dieses praxisorientierte Buch ein.

1 Es sind stets Personen männlichen und weiblichen Geschlechts gleichermaßen gemeint; aus Gründen der einfacheren Lesbarkeit wird im Folgenden nur die männliche Form verwendet.

1 Gruppenspiele: Aufgaben und Ziele

Situationsanalyse

In den letzten Jahren ist innerhalb der Gesellschaft und speziell bei Kindern und Jugendlichen ein Verlust sozialer Bindungen festzustellen. Die Kindheit der Heranwachsenden hat sich in der Familienstruktur, im Freizeitverhalten, durch die verhäuslichte Kindheit („Verinselung") und überfürsorgliche Eltern („Helikoptereltern") stark verändert. Durch das Sinken der Geburtenrate Anfang der 1960er Jahre von fast 1,4 Millionen Geborenen pro Jahr auf aktuell fast 800.000, reduziert sich die Anzahl der möglichen Kontaktpartner für die Kinder. Zusätzlich hat sich die Familienstruktur durch die Zunahme der 1-Kind-Familie stark verändert. Die Daten des Statistischen Bundesamtes belegen, dass im Jahr 2017 51,4 % der deutschen Familien nur ein Kind, zu 36,6 % zwei Kinder und der Rest von 12 % drei und mehr Kinder haben.
Aber auch die Freizeitaktivitäten sind, durch den vermehrten Medienkonsum, einem Wandel unterzogen. In den Haushalten mit Kindern von 3–13 Jahren besaß 2017 jede Familie mindestens einen Fernseher, zu 96 % einen PC bzw. Laptop, zu 98 % ein Smartphone und zu 54 % ein Tablet. Noch extremer zeichnet sich der TV-Gerätebesitz bei Kindern ab. Schon jedem vierten Kind von 8–9 Jahren und jedem zweiten von 12–13 Jahren steht ein eigenes Fernsehgerät in seinem Kinderzimmer zur Verfügung (vgl. Bayer 2017). So ist es nicht verwunderlich, dass von den vierzehn am häufigsten genannten Freizeitbeschäftigungen der Kinder von 6–13 Jahren alleine neun (Fernsehen, Hausaufgaben, Musikhören, Computerspiele, Smartphone usw.) aufgeführt werden, die ohne Kontakt zu gleichaltrigen Spielgefährten stattfinden (Medienpädagogischer Forschungsverbund Südwest, 2017). Ein weiterer entscheidender gesellschaftlicher Wandel tritt aktuell durch häufig auftretende verhäuslichte Kindheit („Verinselung") der Heranwachsenden auf. Durch den Verlust von natürlichem Spielraum in den Innenstädten, den Überfluss an Spielsachen in den Kinderzimmern und der Zunahme der Massenmedien verlassen die Kinder immer seltener ihre häusliche Umgebung, um sich mit anderen Kindern und Jugendlichen zu treffen, zu spielen und sich in einem sozialen Gefüge Gleichaltriger in ihrer Freizeit zu bewegen. Der dadurch auftretende Mangel an sozialen Erfahrungen in der Gruppe wird durch überfürsorgliche Eltern noch verstärkt. Diese „Helikoptereltern" versuchen ständig, sich in der Nähe ihres Kindes (meistens das Einzige) aufzuhalten, um es zu beschützen und zu überwachen. Die vielen „Elterntaxis" morgens vor den Schulen belegen diesen Trend.

Ziele

In der heutigen Gesellschaft stellt der Verlust von sozialen Kontakten und Bindungen ein Problem dar, welches gelöst werden muss. Hier können besonders im Kindes- und Jugendalter, aber auch im Erwachsenenbereich, soziale Erfahrungen in Gruppenspielen eine positive Rolle spielen. Geplantes soziales Lernen in diesem Bereich kann zum Erwerb von Kompetenzen führen, die von unserer Gesellschaft erwünscht sind und zur Gemeinschaftsfähigkeit führen, um ein friedliches Zusammenleben aller Menschen zu unterstützen. Die von Keller und Haffner 1999 beschriebenen Einzelziele des sozialen Lernens lassen sich in den Gruppenspielen realisieren. Neben der Hilfsbereitschaft, der Friedfertigkeit, der Kommunikations- und Kooperationsfähigkeit und der Selbstbeherrschung stehen auch die Toleranz, die Selbstbehauptung, die Konflikt- und Empathiefähigkeit im Vordergrund der Gruppenspiele. In Anlehnung an Balz (1998) wird jedes Gruppenmitglied, je nach Intention und Inhalt der Spiele, verschiedene soziale Lernfelder erfahren können. Durch die Interaktions- und Kommunikationsstrukturen der Gruppenspiele wird das Gruppenmitglied „Regeln verstehen und handhaben", „Rollen übernehmen und gestalten", „Konflikte vermeiden und bewältigen", „Gefühle ausleben und meistern" und „Unterschiede erkennen und berücksichtigen" können. Gruppenspiele nehmen somit eine nicht zu unterschätzende Rolle im sozialen Lernprozess ein.

2 Struktur der Spielesammlung

Gruppenspiele bieten optimale Möglichkeiten gezielt prosoziale Erfahrungen zu machen, wenn sie nach pädagogischen Grundsätzen eingesetzt und gesteuert werden. Die meisten Spielesammlungen sind gegliedert nach Ereignissen oder Zielen, wie „Gruppenspiele für den Kindergeburtstag", „Spiele am Lagerfeuer", „Bewegungsspiele für Gruppen", „Spiele fürs Selbstbewusstsein" oder „Spiele zum Kennenlernen". Zum einen sind dadurch die Spiele diesen Kategorien nicht eindeutig zuzuordnen und haben sehr oft Überschneidungen, da zum Beispiel ein ausgewähltes Spiel für den „Kindergeburtstag" gleichzeitig auch ein Spiel für das „Selbstbewusstsein" bzw. ein „Bewegungsspiel" oder ein „Konzentrationsspiel" sein kann. Zum anderen sollten die gruppenpädagogischen Organisationsformen das entscheidende Kriterium für den Spielleiter für die Auswahl von Spielen darstellen. In Abhängigkeit der vom Spielleiter ausgewählten sozialen Gruppierung bei den Spielen (Huberich & Huberich, 1988) nehmen die Gruppenmitglieder ganz unterschiedlich am Spielgeschehen teil und machen in den verschiedenen Rollen spezifische Erfahrungen.

Die vorliegende Spielesammlung wurde daher in folgende vier gruppenpädagogische Organisationsformen unterteilt:

1. Alle Spieler sind zeitgleich gemeinsam aktiv.
2. Alle Spieler sind nacheinander aktiv.
3. Teams spielen gegeneinander (alle aktiv).
4. Gruppenmitglieder spielen vor oder mit der Gruppe.

Nähere Erläuterungen hierzu findet man zu Beginn jedes Kapitels der jeweiligen gruppenpädagogischen Organisationsform.

3 Methodische Hinweise zu Gruppenspielen

3.1 Rahmenbedingungen bei Gruppenspielen

Die Auswahl und Reihenfolge der geplanten Gruppenspiele sind in erster Linie von den jeweiligen Gegebenheiten vor Ort abhängig. Diese müssen vom Spielleiter vorher eruiert und in seinen Entscheidungsprozess, welche Spiele er aus der umfassenden Sammlung dieses Buches auswählt, eingebunden werden. Äußere Rahmenbedingungen, die es zu berücksichtigen gilt, sind:

Gruppengröße

Die Anzahl der Gruppenmitglieder stellt einen wesentlichen Faktor bei der Auswahl der Gruppenspiele dar, da für die Durchführung vieler Spiele eine bestimmte Gruppengröße notwendig ist. Folgende Bezeichnungen für Gruppengrößen sind gebräuchlich:

- Paar (Dyade)
- 3-er Gruppe (Triade)
- Kleingruppe (4– ca. 10 Personen)
- Gruppe (ca. 10–20 Personen)
- Großgruppe (ca. 20–30 Personen)

Mit Gruppen, die mehr als 30 Personen beinhalten, sind viele Spiele für einen einzigen Spielleiter schwierig durchzuführen und sollten daher in kleinere Gruppen geteilt werden. Diese können dann entweder parallel, mit einem zweiten Spielleiter, oder zeitlich versetzt spielen.

Kenntnisse über die Gruppenmitglieder

Für die Planung und die Auswahl der Spiele ist es entscheidend, ob der Spielleiter die Gruppenmitglieder näher kennt oder sie eine ihm unbekannte Gruppe darstellen. Insbesondere die Erfahrung der Teilnehmer mit Gruppenspielen und ihre dadurch vorhandene oder fehlende Motivation für die Spiele sind für die Vorbereitung und Planung wichtig. Des Weiteren muss er berücksichtigen, inwieweit sich die einzelnen Gruppenteilnehmer untereinander kennen. Je nach den vorhandenen Möglichkeiten sollte sich der Spielleiter vorher Informationen über die Gruppenmitglieder bei Eltern, Lehrern oder aus dem näheren sozialen Umfeld einholen, um adressatengerecht reagieren und planen zu können.

Altersstruktur

Damit es nicht zu einer Über- bzw. Unterforderung der Spieler beim Spielen kommt, sollte der Gruppenleiter die Spiele in Abhängigkeit der altersspezifischen Entwicklung und den Fähigkeiten der Gruppenteilnehmer auswählen. Angegebene Altersangaben für die Spiele können aber nur Empfehlungen und Richtwerte darstellen, da das biologische und kalendarische Alter der Spieler oftmals voneinander abweicht.

Spielort

Die zur Verfügung stehenden örtlichen Gegebenheiten beeinflussen die Auswahl der Spiele entscheidend. Laufspiele benötigen am besten eine größere Freifläche oder Halle, wohingegen Sitzkreisspiele auch in kleinen Räumen durchgeführt werden können. Für Würfel- und Streichholzspiele reicht auch ein kleiner Tisch und ein paar Stühle.

Material

Benötigtes Material, welches nicht vom Spielleiter mitgebracht werden kann, begrenzt die Auswahl der möglichen Spiele wesentlich. Der Spielleiter sollte sich deshalb vorab informieren, welches Material (Stühle, Tische etc.) sich vor Ort befindet.

Zeitdauer

Die zur Verfügung stehende Gesamtzeit für die Gruppenspiele beeinflusst, neben den pädagogischen Zielen, die Auswahl der Spiele entscheidend. Maßgebend hierbei ist, ob die Gruppenspiele im Rahmen von kompakten Gruppenspielstunden (Gruppenspielnachmittag oder -abend) oder separat, zum Beispiel zur Aktivierung nach dem Frühstück oder im Unterricht, stattfinden. Da die Zeitdauer der einzelnen Spiele aufgrund der verschiedenen Rahmenbedingungen (Gruppenzusammensetzung, Alter, Motivation usw.) nur annähernd berechnet werden kann, sollte der Spielleiter situationsadäquat reagieren können. Zusätzliche Spiele in der Hinterhand bzw. Spiele, die bei Zeitnot nicht gespielt werden, sollten in der Planung des Spielleiters mitberücksichtigt werden.

Belohnungs- oder Bestrafungssystem?

Neben vielen Spielen, die im Sinne der „New Games" (Flügelman, 1976; Kugelmann, 1984) keinen Sieger oder Verlierer haben, sind in der vorliegenden Spielesammlung häufig Wettkampfspiele aufgeführt, die den Sieg oder die Niederlage einer Mannschaft oder eines einzelnen Spielers in den Spielregeln beinhalten. Je nach Altersstruktur und Zusammensetzung der Gruppe sollte der Spielleiter sich vorher ein „Belohnungs- und Bestrafungssystem" überlegen. Neben dem Lob durch den Spielleiter, eventuellen kleinen Preisen oder das Sammeln von Pluspunkten für den Sieg, können bei Niederlagen auch kleine verpflichtende Tätigkeiten oder das Abgeben eines Pfandes und der damit verbundene „Tippkasten" (siehe 5. Hinweise zur Benutzung des Buches, S. 17 ff.) vereinbart werden.

Außer den vorher klar zu erkennenden äußeren Rahmenbedingungen für die zu planenden Gruppenspiele sollte der Spielleiter aber auch die weniger offensichtlichen inneren Strukturen der Gruppe, falls sie ihm bekannt sind, berücksichtigen. Gruppendynamische Prozesse, wie vorhandene Aggressionen, Freundschaften, Streitigkeiten, Ablehnungen und Mobbing in der Gruppe, stellen einen nicht zu unterschätzenden Punkt beim Gelingen oder Misslingen der Gruppenspiele dar.

3.2 Ablauf einer Gruppenspielveranstaltung

Einleitung zu Gruppenspielstunden

In Abhängigkeit der Erfahrungen der Teilnehmer bezüglich des Ablaufes von Gruppenspielen sollte der Spielleiter eine kurze Einführung zu Sinn und Zweck der geplanten Spiele und zu den Verhaltensweisen bei den Spielen geben. Insbesondere der „Fair-Play"-Gedanke sollte vom Spielleiter angesprochen werden.

Reihenfolge der Spiele

Die Reihenfolge der Spiele hängt entscheidend von der Gruppenzusammensetzung und ihrer aktuellen Motivationslage ab und sollte vor Ort vom Spielleiter variabel gehandhabt werden. Trotzdem gibt es einige Empfehlungen, die Berücksichtigung finden sollten: Bei sich unbekannten Teilnehmern stehen Kennenlernspiele natürlich am Beginn der Spielstunden. Des Weiteren eignen sich für die ersten Spiele Organisationsformen, bei denen alle Teilnehmer gleichzeitig aktiv sind und sich einzelne Teilnehmer nicht ausgegrenzt fühlen bzw. sich ausgrenzen können. Die Abfolge der Spiele sollte unter dem Aspekt des Wechsels der Teamgrößen und des Materialaufwandes sowie der körperlichen und geistigen Anforderungen für die einzelnen Spieler stattfinden. Auf laute, bewegungsintensive Spiele sollten ruhigere Entspannungsspiele folgen, nach Partnerspielen sind Klein- und Großgruppenspiele zu empfehlen. Die Reihenfolge und die Anzahl der Spiele sollten sich aber immer nach den Vorlieben der Gruppe, ihrer Motivation und den bisher erreichten Zielen, in Abhängigkeit vom Verlauf der Spielstunde, orientieren. Ein anfänglich aufgestellter Spielverlaufsplan ist daher vom Spielleiter variabel anzuwenden. Das Ende einer Gruppenspielstunde sollte so konzipiert werden, dass hier ein freudvolles Spiel durchgeführt wird, welches die Motivation auf weitere Spielstunden weckt.

Reflexion von Gruppenspielstunden

Neben der Planung steht auch die Reflexion von Gruppenspielstunden im Mittelpunkt der Arbeit des Gruppenleiters. Dabei sollte er sowohl die Verhaltensweisen Einzelner, der gesamten Gruppe und seine eigene Rolle während der Spielstunde kritisch analysieren. Die Reflexion über das beobachtete Verhalten von allen Beteiligten muss in Abhängigkeit von den Zielen der jeweiligen Gruppenspiele durchgeführt werden. Auf unerwünschtes Verhalten der Gruppenmitglieder während der Spiele kann der Spielleiter mit Gesprächen oder weiteren Gruppenspielen reagieren.

3.3 Gruppeneinteilung

Immer dann, wenn bei Spielen nicht alle Teilnehmer gleichzeitig das Gleiche tun, sondern in Teams mit- oder gegeneinander spielen, müssen vorher Gruppen gebildet werden. Die Mannschaftseinteilungen oder das Bilden von Paaren stellen beim Gelingen der Spiele eine nicht zu unterschätzende Rolle dar. Insbesondere bei Wettkampfspielen, die auf Sieg und Niederlage konzipiert sind, ist eine faire und ausgeglichene Gruppeneinteilung wichtig. Das selbständige Bilden von Mannschaften führt häufig zu Teams, deren Leistungsfähigkeit stark variiert und die Cliquenbildung innerhalb der Gruppe verstärkt. Für das Zusammenstellen von Mannschaften gibt es eine Vielzahl von Möglichkeiten, die sich auch in anderen Konstellationen, wie bei den Großen Sportspielen im Vereinssport (Fußball, Handball usw.) oder in der Schule im Sportunterricht bei den Kleinen Spielen bewährt haben.

Mögliche Formen der Gruppeneinteilung sind:

- Festlegung durch den Gruppenleiter nach pädagogischen Gesichtspunkten (Leistungsstärke, Geschlecht, Stellung in der Gruppe usw.)
- Abzählen
- Mannschaftsbildung nach Geburtstag, Körpergröße, Farbe der Kleidung etc.
- Aufteilungsspiele, die am Ende eine Gruppenbildung beinhalten („gleiche Tiernamen finden sich“ usw.)
- Ziehen von Skat-Spielkarten, Gruppenbildung nach:
  - » Farben (rot/schwarz) ergibt 2 Gruppen
  - » Farben des französischen Blattes (Karo, Herz, Pik, Kreuz) ergibt 4 Gruppen
  - » Kartenwert (9, 10, Bube, Dame, König, Ass) ergibt 6 Gruppen
- Paarbildung durch Memorykarten

3.4 Gruppenspezifische Organisationsformen

Die gruppenspezifischen Organisationsformen lassen sich in ungebundene Formen, wie „frei im Raum“ oder „im Rudel“ bewegen, und in eine Vielzahl von gebundenen Formen unterteilen.

Die gebundenen Organisations- und Aufstellungsformen sind:

Reihe:

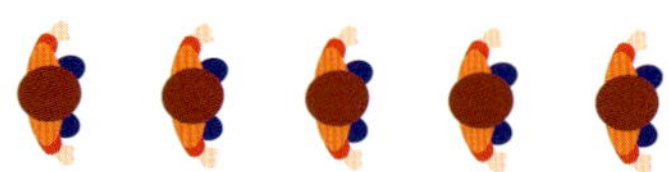

Schlange:

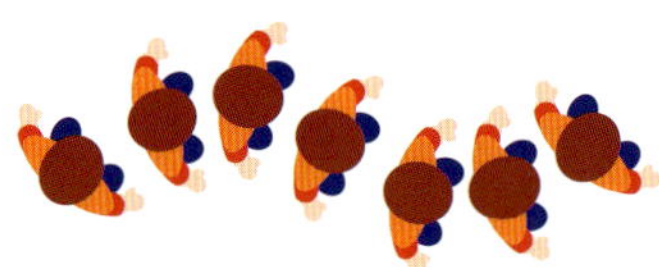

Linie (Stirnreihe):

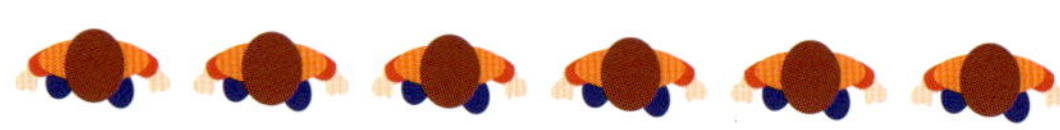

Doppellinie:

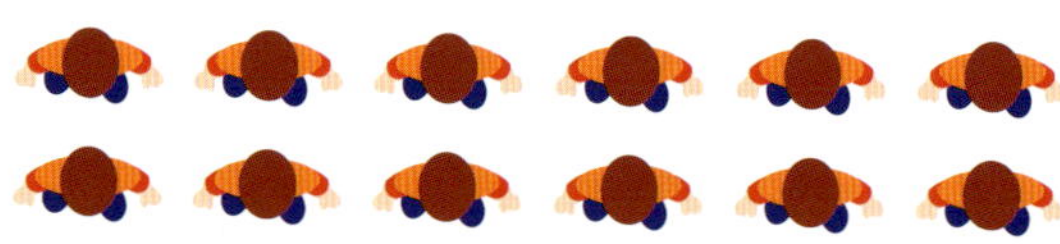

Gasse:

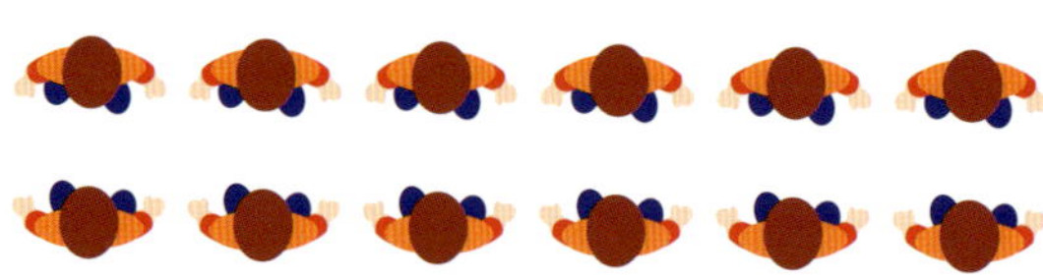

Block:

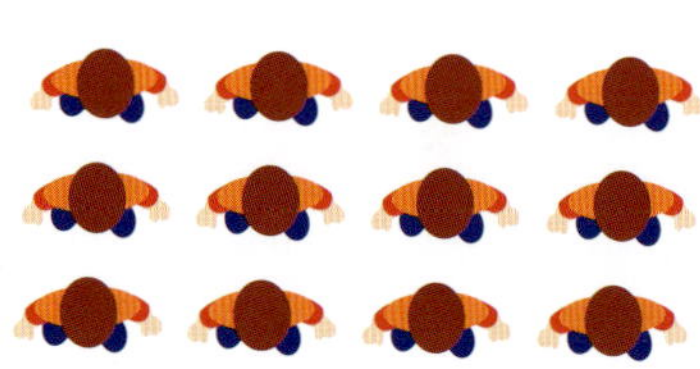

Block auf Lücke:

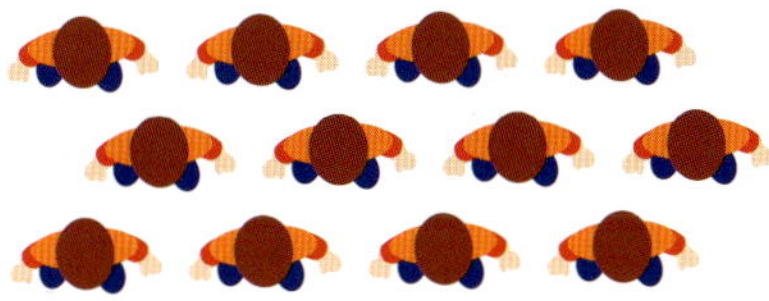

Halbkreis:

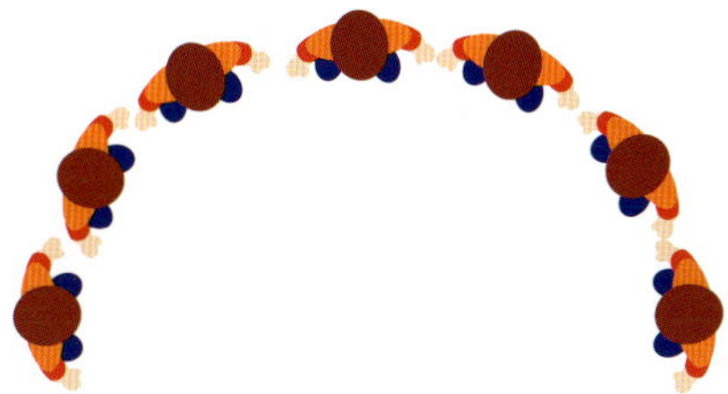

Innenstirnkreis:

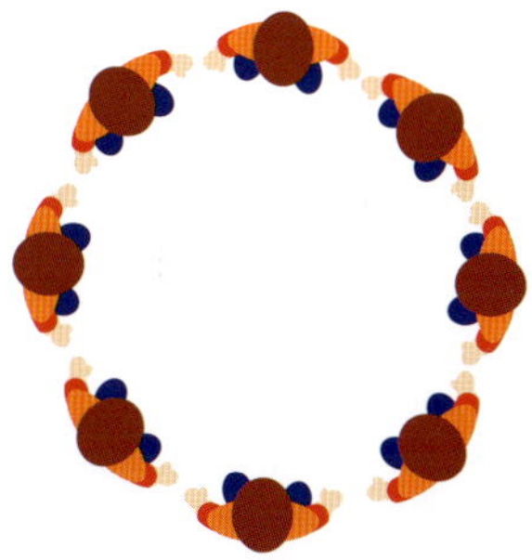

Außenstirnkreis:

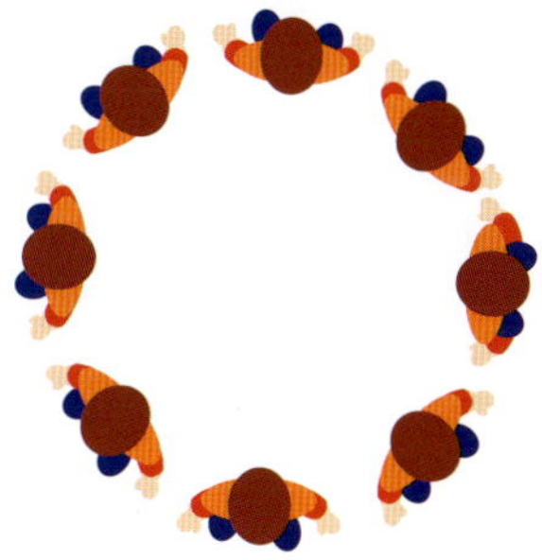

Innen-Außenstirnkreis:

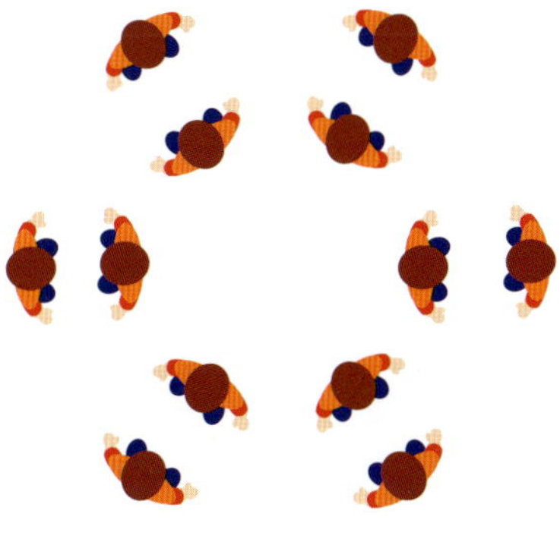

4 Aufgaben eines Gruppenspielleiters

Der Leiter einer Gruppe kann bei den Gruppenspielen verschiedene Rollen einnehmen und trägt dadurch, mittels innerer und äußerer Steuerung der Spiele, zum Erfolg der Spielstunden bei.

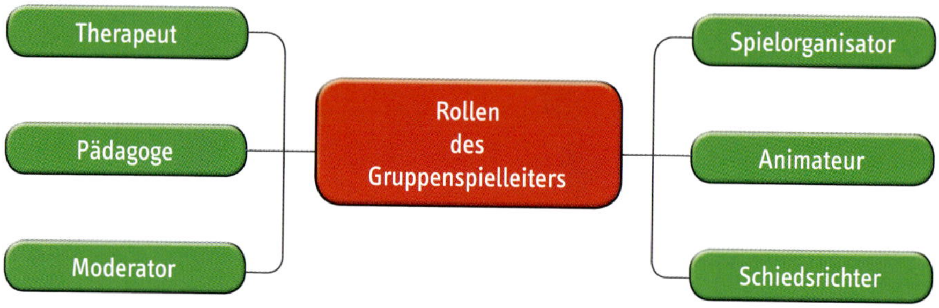

Die äußere Steuerung findet hauptsächlich durch die Organisation der Spiele und die eventuell notwendige Schiedsrichtertätigkeit statt, wohingegen die innere Steuerung von Spielen durch das aktive Mitspielen in der Funktion eines Animateurs und Motivators geschieht. Gerade die vom Spielleiter offen gezeigte Begeisterung und der Spaß am Spielen kann sich auf weniger spielfreudige Gruppenmitglieder übertragen.
Der Erfolg bzw. Misserfolg von Gruppenspielstunden hängt entscheidend von dieser Steuerung des Spielleiters ab. Ein geschickter Umgang mit den Gruppenmitgliedern und eine motivierende Präsentation der Spiele erzeugt eine positive Stimmung gegenüber den angebotenen Gruppenspielen und macht den Teilnehmern Lust auf das Spielen.
Bei der Spielorganisation sollte der Gruppenleiter immer die möglichen Gefahrenpunkte des jeweiligen Spiels im Auge behalten und sie durch geschickte Organisation verringern. Eventuell kann auch ein direktes Eingreifen in Spielsituationen, bei denen „Gefahr im Verzuge" ist, notwendig sein. Die Gesundheit und Unversehrtheit der Spielteilnehmer und das Vermeiden von Sachbeschädigungen müssen immer im Vordergrund der Spiele stehen.

Zusammenfassend können die Aufgaben eines Spielleiters nach Reichel & Rabenstein (1987, S. 9) wie folgt beschrieben werden:

Ein Spielleiter

- lädt ein statt einzuteilen
- regt an statt zu regeln
- beobachtet statt zu werten
- stellt zur Wahl statt auszuwählen
- übernimmt beschränkte Verantwortung
- lässt der Gruppe Raum.

5 Hinweise zur Benutzung des Buches

Allgemein:

Dieses Buch ist für den praktischen Einsatz geschrieben worden. Es wurde bewusst auf eine ausführliche Theorie und Begründung für die Durchführung von Gruppenspielen verzichtet, um eine Vielzahl von ausgewählten Spielen vorstellen zu können. Die einzelnen Spielbeschreibungen sind kurzgehalten und beschränken sich auf die wesentlichen Merkmale und Organisationshinweise der Spiele, die durch eine umfangreiche Anzahl von Fotos und Zeichnungen anschaulich ergänzt werden.

Das im Anhang des Buches aufgeführte alphabetische Spieleregister mit Inhaltsübersicht ermöglicht dem Gruppenleiter ein möglichst schnelles Finden von geeigneten Gruppenspielen in Abhängigkeit von seinen Zielen und den Rahmenbedingungen der Gruppe.

Piktogramm-Erläuterungen

Spielorganisation 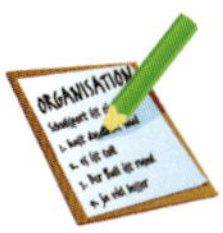

Ziele und Schwerpunkte 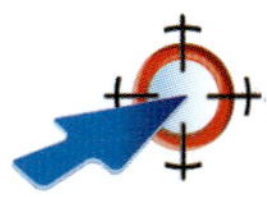

Inhaltliche Kategorien 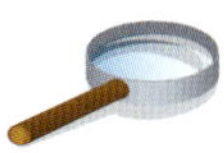

Beschreibung/Spielidee 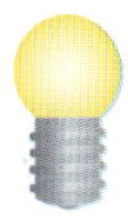

Altersstufe 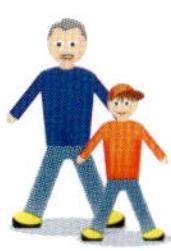

Varianten 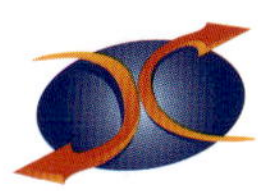

Gruppengröße 

Wichtig/Achtung (Hinweise zu Methodik und Sicherheit) 

Material 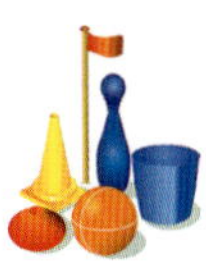

Tippkasten

Nachdem ein Spiel bei jüngeren Spielteilnehmern im Falle einer Niederlage oder eines Punktverlusts mit einer Pfandabgabe durchgeführt wurde, kann das Tippkastenspiel zum Einsatz kommen, um die Pfänder wieder an ihre Besitzer zu verteilen.
Die Mitspieler sitzen im Kreis und die Pfänder liegen in der Kreismitte. Ein Teilnehmer kniet sich vor seinen Stuhl und legt Arme und Kopf auf die Sitzfläche, sodass er nichts mehr sehen kann. Ein weiterer Mitspieler holt ein Pfand aus der Kreismitte, tippt dem knienden Mitspieler (Tippkasten) auf den Rücken und sagt: „Tipp, tipp, tipp, was soll dieser tun, dem dieses Pfand gehört?". Der „Tippkasten" überlegt sich nun eine Aufgabe, die der Besitzer des Gegenstandes erledigen muss, z. B. ein Lied singen. Hat er die Aufgabe zur Zufriedenheit seiner Mitspieler erfüllt, erhält er sein Pfand zurück. Wird ein Auftrag nicht ausgeführt, wird das Pfand zurück in den Kreis gelegt. Die Aufgaben, die der Pfandbesitzer ausüben muss, sollten nicht zu lange dauern, damit sich das Verteilen der Pfänder nicht unnötig in die Länge zieht. Sie sollten im gleichen Raum ausgeführt werden, damit die Aufsichtspflicht gewährleistet ist.

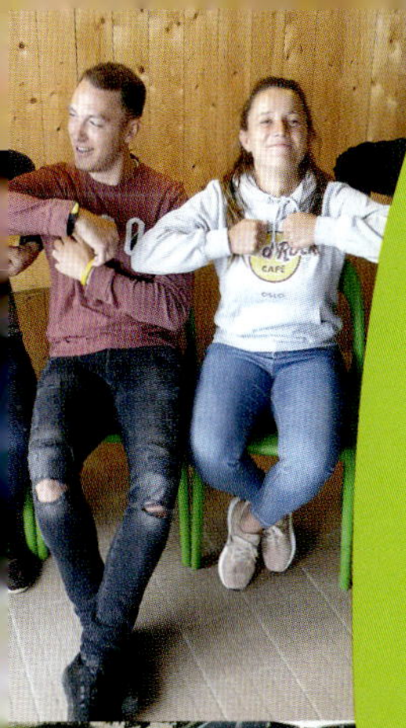

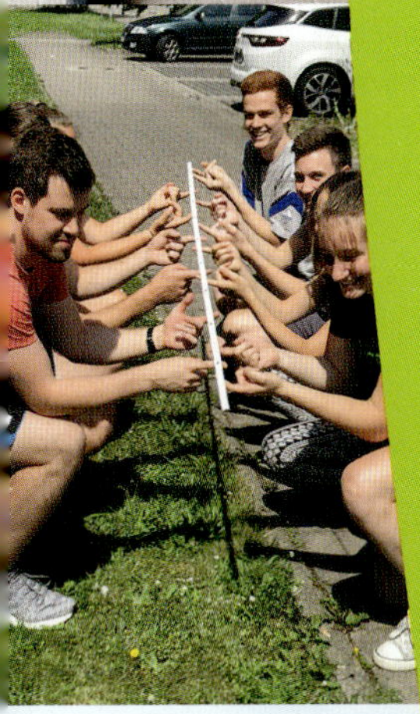

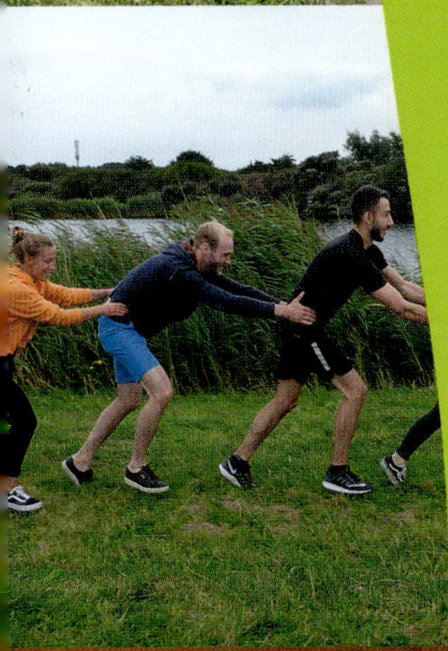

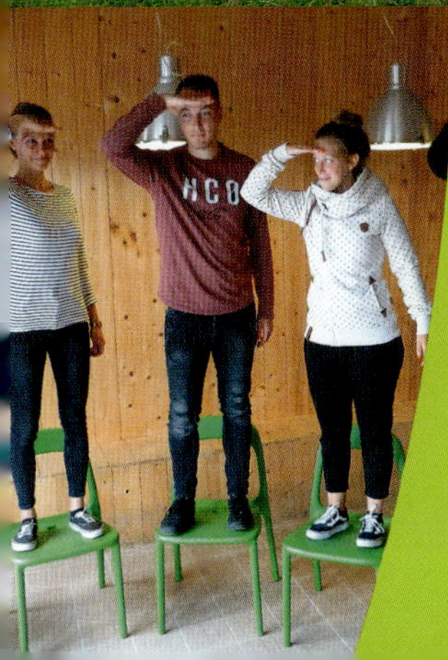

Alle Gruppen-mitglieder sind gemeinsam aktiv

Alle Gruppenmitglieder sind in den folgenden Spielen in gleicher Weise und zeitgleich beteiligt. Kein einzelner Teilnehmer erhält dadurch eine Sonderrolle. Insbesondere können vorsichtigere und schüchterne Gruppenmitglieder bei diesen Spielen im Schutze der Gruppe mitspielen. Diese Spiele eignen sich besonders zu Beginn von Spielstunden, damit die Scheu einzelner Spieler verringert wird, an den folgenden Spielen teilzunehmen. Da die Gesamtgruppe gleichzeitig das Gleiche spielt, wird der Zusammenhalt und Kontakt innerhalb der Gruppe positiv beeinflusst.

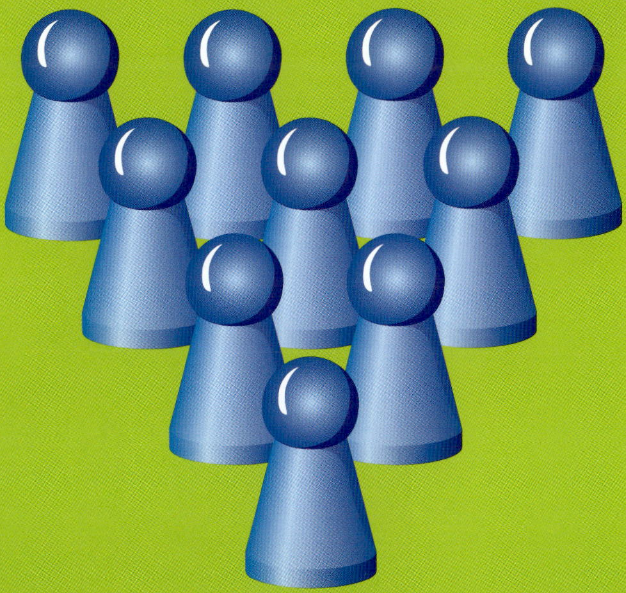

Achtung – Trommeln

Spiele im Raum, Spiele am Tisch

Konzentrationsspiel, Geschicklichkeitsspiel

ab 10 Jahre

höchstens 10 Spieler

keine

Verbesserung des Reaktionsvermögens, Verbesserung der Konzentration

Alle Gruppenmitglieder sitzen an einem Tisch und haben genügend Platz, um auf der Tischplatte mit den Fingern zu trommeln. Der Spielleiter gibt Kommandos verbunden mit Bewegungsaufgaben und die Mitspieler müssen die Aufgaben gleichzeitig ausführen. Wer etwas Falsches macht, scheidet aus.
Der Spielleiter sagt: „Achtung, trommeln!" und er und alle Mitspieler trommeln mit den Zeigefingern auf die Tischkante.
Folgende zusätzliche Befehle und Bewegungsausführungen sind möglich:

„Achtung, hoch!": Die Hände werden mit den Fingerspitzen auf der Tischplatte abgestützt.
„Achtung, flach!": Die Hände werden flach auf die Tischplatte gelegt.
„Achtung, unter den Tisch!": Die Hände werden unter den Tisch gehalten.
„Achtung, Faust!": Die Hände werden zur Faust geformt und auf den Tisch gelegt.
Die Befehle werden in beliebiger Reihenfolge und Dauer ausgeführt. Am häufigsten soll der Befehl „Achtung, trommeln!" ausgeführt werden. Wenn der Spielleiter die Befehle ohne das einleitende Wort „Achtung" ruft, darf die Bewegung nicht ausgeführt werden. Ansonsten scheidet der Spieler aus.

Um die Schwierigkeit zu erhöhen, kann der Spielleiter bei falschen Ansagen wie „Faust" die Bewegung trotzdem ausführen, um die Mitspieler in die Irre zu leiten.

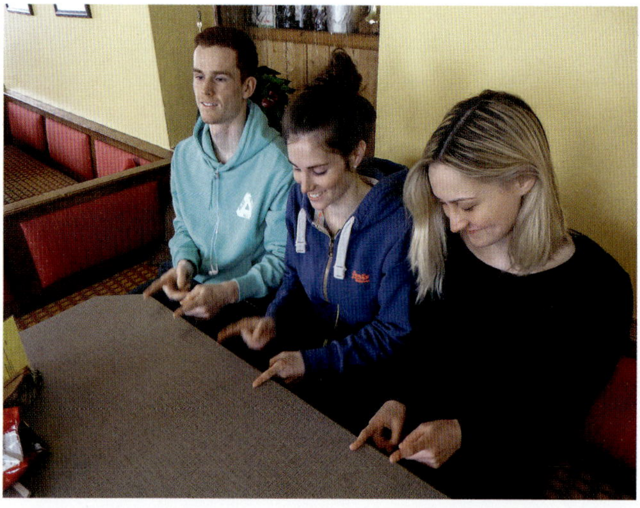

Actio et reactio

Spiele im Raum, Spiele im Freien, Spiele ohne vorgegebene Bewegungsrichtung

Bewegungsspiel, Konzentrationsspiel, Kreativitätsspiel

ab 8 Jahre

beliebig

keine

Verbesserungen der Reaktionsfähigkeit, Schulung der Kreativität

Innerhalb der Gruppe sollen sich beliebig Paare zusammenfinden. Bei dem Spiel geht es darum, als Spieler auf eine Bewegung eines Mitspielers schnellstmöglich zu reagieren. Als Einstiegsbewegung bietet sich das „Ziehen einer Pistole aus dem Halfter“ und die Reaktion „Hände hoch“ an. Ein Spieler des Paares beginnt und führt eine der beiden Bewegungen aus. Der Andere muss dann schnellstmöglich darauf reagieren. Wenn beispielsweise der eine Mitspieler die Hände hochhebt, muss der andere rasch die Gegenbewegung (das Ziehen einer Pistole aus dem Halfter) durchführen. Braucht er dafür zu lange bzw. führt er die falsche Bewegung aus, so bekommt er einen Minuspunkt. Danach werden die Rollen gewechselt und er gibt eine Bewegung vor. Gewonnen hat der Spieler, der nach einer festgelegten Anzahl an Durchgängen die wenigsten Minuspunkte hat.

Die Paare einigen sich auf weitere Bewegungen (actio) und Gegenbewegungen (reactio). Der Kreativität der Mitspieler sollte hier keine Grenzen gesetzt werden. Insbesondere Bewegungen, die sich ähneln und nur in der Richtung unterschiedlich sind, steigern den Schwierigkeitsgrad dieses Spiels. Beispielsweise kann als actio „das Bewegen des rechten Beines nach rechts“ vorgegeben werden und als reactio muss „das Bewegen des linken Beines nach links“ durchgeführt werden.

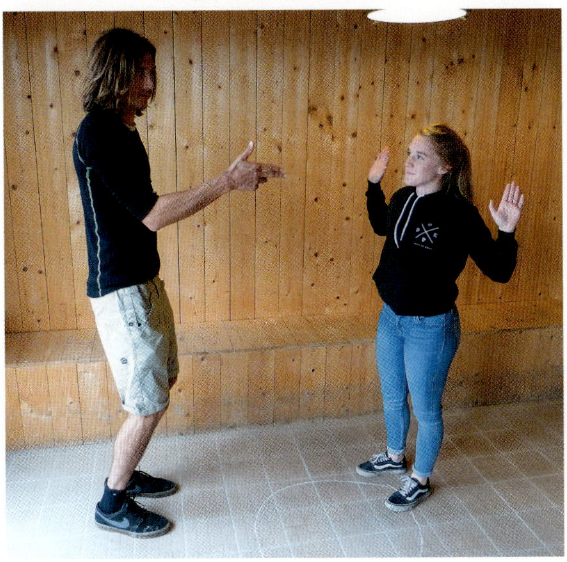

Affentheater

Spiele im Raum, Spiele im Freien, Spiele sitzend, Spiele stehend

Bewegungsspiel, Konzentrationsspiel

ab 10 Jahre

beliebig

keine

Verbesserung der Aufmerksamkeit, Verbesserung der Beobachtungsgabe, Schulung der Reaktionsfähigkeit

Alle Gruppenmitglieder sitzen oder stehen im Kreis. Der Spielleiter beginnt das Spiel mit dem Erzählen einer Geschichte und unterstützt das Gesagte mit wilden Gesten der Arme und Beine. Alle anderen Gruppenmitglieder machen seine Bewegungen nach. Wenn der Spielleiter aber ein vorher festgelegtes Zeichen, beispielsweise das Ballen einer Faust oder das Zwinkern dem rechten Auge, macht, müssen alle Gruppenmitglieder sofort zu Eis erstarren. Wer trotzdem weitermacht, wechselt die Rolle mit dem Spielleiter und muss die Geschichte weitererzählen, bis wieder ein anderer Mitspieler nicht aufgepasst hat.

Das Spiel kann auch als Ausscheidungsspiel durchgeführt werden, sodass der Spielleiter die Geschichte weitererzählt und immer weniger Spieler die Bewegungen nachmachen müssen.

Für den Spielleiter ist die erste Runde schwierig, da er sowohl erzählen, Bewegungen ausführen sowie das Einhalten der Regeln beobachten muss.

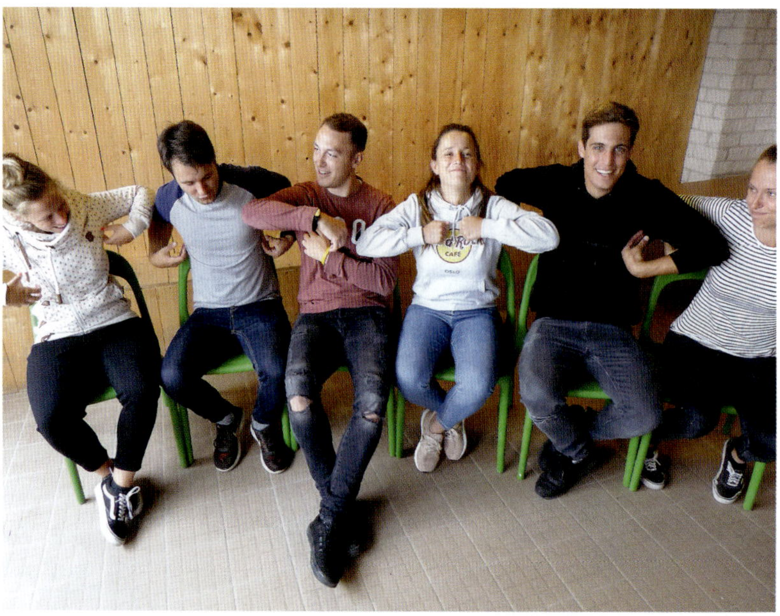

Anglotzen

Spiele im Raum, Spiele im Freien, Spiele sitzend, Spiele stehend

Kommunikationsspiel, Konzentrationsspiel

ab 8 Jahre

mindestens 6 Spieler, höchstens 15 Spieler

keine

Verbesserung der nonverbalen Kommunikation, Schulung der Beobachtungsfähigkeit

Die Gruppenmitglieder stehen oder sitzen im Kreis und haben die Augen geschlossen. Auf Kommando des Spielleiters müssen die Gruppenmitglieder die Augen öffnen und versuchen, ohne vorherige Absprachen, schnellstmöglich die gleiche Person anzusehen. Es ist interessant zu beobachten, wie schnell sich die Mitspieler allein durch Blicke einigen können, nur eine einzige Person anzusehen. Wenn mehrere Durchgänge gespielt werden, empfiehlt es sich, jeweils die Positionen im Kreis zu verändern.

Der Spielleiter muss darauf achten, dass weder gesprochen noch mit den Händen auf Personen gezeigt wird.

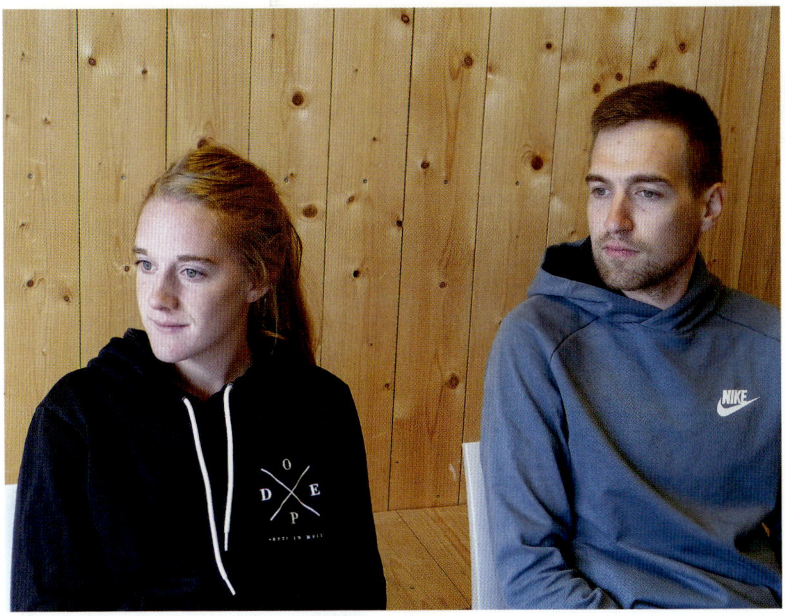

Bärenjagd

Spiele im Raum, Spiele im Freien, Spiele sitzend

Bewegungsspiel

ab 6 Jahre

beliebig

je Spieler ein Stuhl

Schulung der Vorstellungskraft

Der Spielleiter beschreibt mit Worten und Bewegungen eine Bärenjagd und alle Gruppenmitglieder machen die Bewegungen mit.
Der Gruppenleiter erzählt:
Wir gehen auf Bärenjagd. Zuerst marschieren wir auf einer Straße (die Handflächen werden abwechselnd im Takt auf die Oberschenkel geschlagen). Dann gehen wir nach links über eine Wiese und man hört die Grashalme rauschen (die Handflächen werden aneinander gerieben). Nun kommen wir zu einer Holzbrücke, die wir überqueren (die Fäuste schlagen im Rhythmus gegen die Brust). Danach folgt wieder eine Wiese (die Handflächen werden wieder aneinander gerieben). Doch die Grashalme werden höher. Wir sehen kaum etwas. Steigen wir doch mal auf einen Baum und schauen nach (alle steigen auf die Stühle und mit einer Hand über den Augen wird Ausschau gehalten). Oh ja, da sehen wir eine Höhle. Nichts wie hin (alle steigen wieder von ihren Stühlen) und ab durchs Gras (die Handflächen werden aneinander gerieben). Halt, da kommt ein Graben (mit den Handflächen wird auf den Oberschenkeln Anlauf genommen) und Hopp, es geht drüber. Noch einige Meter durch das Gras (die Handflächen werden wieder aneinander gerieben) und wir stehen vor dem Höhleneingang. Wir schieben Spinnenweben zur Seite (mit den Händen nach links und rechts schieben) und gehen langsam bergauf (die Handflächen werden abwechselnd langsam im Takt auf die Oberschenkel geschlagen). Jetzt wird es aber ganz dunkel und wir tasten uns voran (mit der rechten Hand nach vorne tasten). Plötzlich „aahhh" schrecken wir zusammen, da ist es nass. Wir schauen um die nächste Ecke (den Kopf nach vorne strecken), sehen dort zwei große Augen und fühlen einen heißen Atem. Hilfe, der Bär! Jetzt aber nichts wie weg! Den ganzen Weg zurück, die Höhle hinaus, über das Gras, den Graben, dann den Baum hinauf, weiter über die Wiese, über die Holzbrücke, dann wieder über die Wiese und über die Straße zurück. Alle Bewegungen des Hinweges werden dann in umgekehrter Reihenfolge von allen ausgeführt. Puh, geschafft! (mit der Hand über die Stirn streichen).

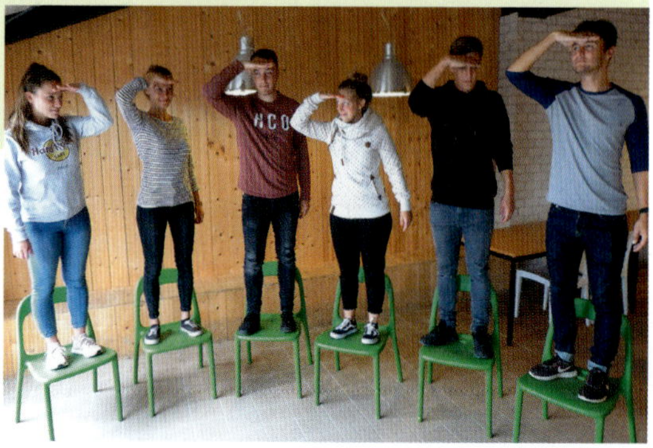

Die Sitzordnung ist beliebig, ob in einer Reihe oder in Kreisform ist nicht entscheidend.

Bilderscharade

Spiele im Raum

Denkspiel, Kreativitätsspiel, Ratespiel

ab 8 Jahre

beliebig

ca. zehn ausgedruckte Fotos auf DIN A4 oder Fotos mittels Beamerprojektion, je Teilnehmer ein Lösungszettel

Verbesserung der Begriffskenntnisse, Schulung der Kreativität

Der Spielleiter hat Fotos vorbereitet, deren Bedeutung bestimmte zusammengesetzte Substantive beinhalten. Das Wort „Fernbedienung“ kann beispielsweise durch ein Landschaftsfoto, auf dem in der Ferne etwas zu sehen ist und ein weiteres Foto einer Bedienung in einem Speiselokal dargestellt werden. Der Spielleiter präsentiert alle zehn vorbereiteten Fotos den anwesenden Mitspielern, die fünf Minuten Zeit haben, die Lösungswörter auf einen Zettel zu schreiben. Besonders geeignet sind Einzelwörter, die homonym sind, d. h. dieses Wort steht für verschiedene Begriffe, wie beispielsweise „Tau“. Einmal ist damit ein Seil gemeint, zum anderen bezeichnet das Wort auch den morgendlichen Niederschlag. Gewonnen hat der Spieler, der die meisten zusammengesetzten Substantive gefunden hat.

Neben zusammengesetzten Wörtern, können auch ganze Sprichwörter durch Fotos dargestellt werden. Beispielsweise: „Steter Tropfen höhlt den Stein“ oder „Morgenstund’ hat Gold im Mund“.

Beispiele für zusammengesetzte Wörter: Drehbuch, Glühwein (siehe Foto), Glatteis, Trostpreis, Winterstiefel (siehe Foto), Treppenhaus, Bierdeckel (siehe Foto), Hauptgewinn, Schneeketten (siehe Foto), Kinderstuhl, Regalboden usw.
Die Bilder können auch von Mitgliedern der Gruppe vorher selbst erstellt werden.

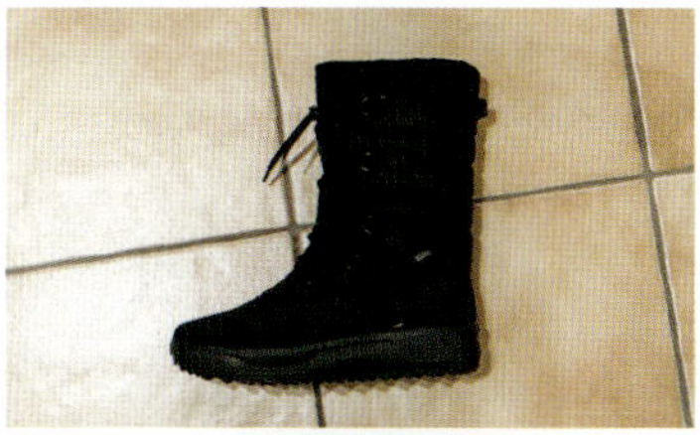

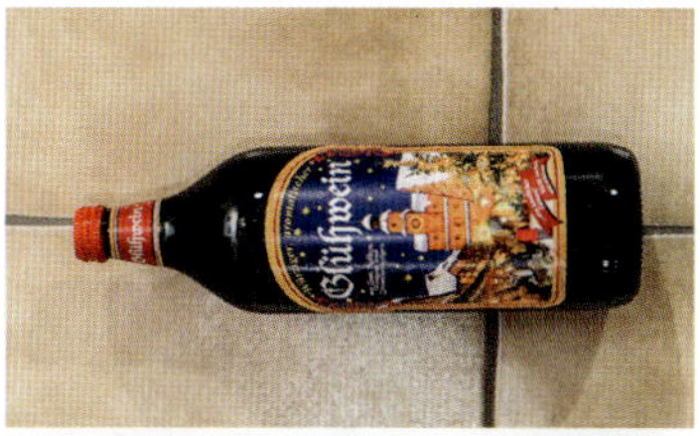

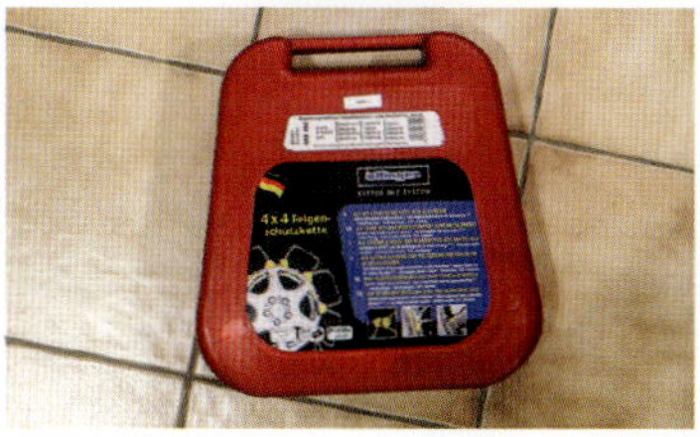

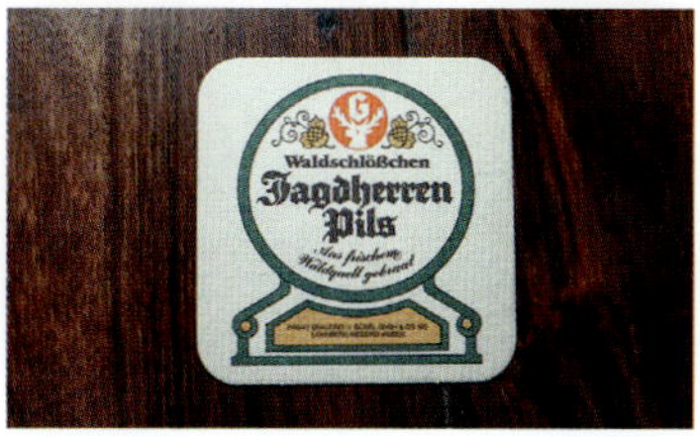

Bombe entschärfen

Spiele im Raum, Spiele im Freien, Spiele mit vorgegebener Bewegungsrichtung

Kooperations- und Vertrauensspiel, Kommunikationsspiel, Konzentrationsspiel, Geschicklichkeitsspiel

ab 6 Jahre

mindestens 4 Spieler, höchstens 10 Spieler

fünf Pylonen, ein Gymnastikreifen und für jeden Spieler eine fünf Meter lange Schnur

Verbesserung der Kooperations- und Kommunikationsfähigkeit, Schulung der Konzentration, Schulung der Geschicklichkeit

Eine Gruppe von 4–10 Spielern ist als Bombenentschärfer unterwegs und trifft auf eine Bombe, die durch eine Pylone dargestellt ist. Diese ist mit 4 Pylonen im Abstand von 3 Metern abgesichert. Dieser Raum darf nicht betreten werden. Die Bombenentschärfungstruppe kann die Bombe unschädlich machen, indem sie einen Ring (Gymnastikreifen) über die Bombe legt. Sie können dazu die zur Verfügung stehenden Seile benutzen, indem sie diese sternförmig an den Ring binden. Mit guter Absprache und Abstimmung in der Gruppe kann die Bombe mit dem Ring entschärft werden, ohne dass sie berührt wird.

Die Bombenentschärfung findet nachts statt. Nur ein Gruppenmitglied hat ein Nachtsichtgerät dabei und gibt den anderen, die die Augen verbunden haben, Anweisungen, wie sie die Schnüre zu halten und zu bewegen haben, damit der Ring über die Bombe gelangt.

Die Schnüre können vorher vom Spielleiter schon an den Ring gebunden werden. Der durch die Pylonen markierte Sicherheitsabstand ist abhängig von der Länge der Schnüre.

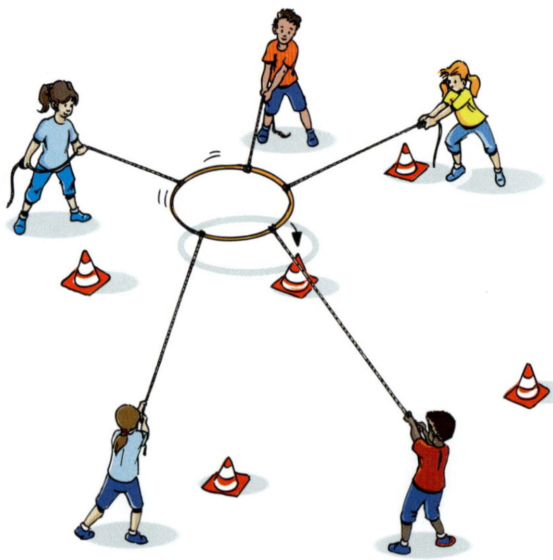

Boot im Orkan

Spiele im Raum, Spiele im Freien, Spiele mit vorgegebener Bewegungsrichtung

Bewegungsspiel, Konzentrationsspiel

ab 6 Jahre

mindestens 4 Spieler, höchstens 10 Spieler

Kreidestück

Verbesserung der Reaktion, Erlernen von Fachbegriffen

Je nach Gruppengröße muss ein entsprechend freier Platz am Boden vorhanden sein auf dem mit Kreide der Grundriss eines Bootes aufgezeichnet werden kann (siehe Zeichnung). Die vordere Spitze des Bootes (der Bug) und der hintere Teil (das Heck) werden mit einem Kreidestrich gekennzeichnet. Zusätzlich teilt man das Boot mit einem Kreidestrich der Länge nach in eine linke Seite (Backbord) und eine rechte Seite (Steuerbord). Alle Mitspieler stehen mit dem Spielleiter, dem Kapitän, im Boot. Der Kapitän teilt seinen Matrosen mit, dass das Boot in einen schweren Sturm, einen Orkan, geraten ist. Die Wellen sind so hoch, dass das Boot anfängt zu schaukeln und droht zu sinken. Nur durch schnelle und geschickte Gewichtsverlagerung kann das Boot durch den schweren Sturm gefahren werden. Die Matrosen müssen sich nun auf das Kommando des Kapitäns in den jeweiligen Bereich des Bootes begeben und so das Sinken des Bootes verhindern. Der Kapitän sagt plötzlich: „Alle aufs Heck". Dann müssen alle Matrosen sich in den hinteren gekennzeichneten Bereich des Bootes begeben. Wer sich falsch oder nicht schnell genug an den Ort der Ansage bewegt, scheidet aus.

Eine Steigerung der Schwierigkeit kann durch Ansagen von zwei Bereichen gleichzeitig erzielt werden, beispielsweise „Alle Backbord Bug!"

Das Boot muss groß genug gezeichnet werden, damit es beim schnellen Wechsel der Bereiche nicht zum Drängeln bzw. zu Unfällen kommen kann.
Der Kapitän steht am besten ganz hinten am Heck, damit er die Bewegungen aller Gruppenmitglieder gut verfolgen kann.

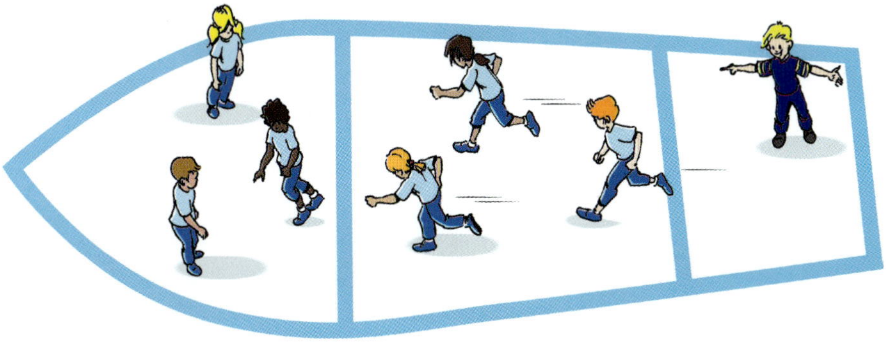

Buchstabensalat

Spiele im Raum, Spiele am Tisch

Denkspiel, Kreativitätsspiel

ab 8 Jahre

beliebig

je Spieler ein Blatt Papier und ein Stift, eine vorbereitete Liste von Wörtern

Verbesserung der Kreativität, Verbesserung des Wortschatzes

Alle Mitspieler sitzen an einem Tisch oder haben eine feste Schreibunterlage dabei. Der Spielleiter liest von seiner vorbereiteten Liste ein längeres Wort wie „Schreibtischunterlage“ vor, welches die Mitspieler aufschreiben. Aufgabe ist es nun, in einer festgelegten Zeit von ca. 5 Minuten möglichst viele verschiedene Wörter aus den Buchstaben des gesagten Wortes aufzuschreiben. Beispiele sind: „Reis“, „Seil“, „Schulter“, „Gabel“, „Erlass“ usw. Wer nach 5 Minuten die meisten Wörter gebildet hat, bekommt einen Punkt. Nach einigen weiteren Runden und Wörtern wird zusammengezählt und der Sieger ermittelt.

Für jedes neu gebildete Wort gibt es einen Punkt. Es gibt nur Punkte für Wörter, die nur einmal in der Gruppe gebildet wurden.

Je nach Länge des Wortes wird die Aufgabe schwieriger oder leichter.

Schreibtischunterlage

- Reis
- Tun
- Schulter
- Lunge
- Busch
- Scheitel

Buchstabenverlust

Spiele im Raum, Spiele am Tisch

Denkspiel, Konzentrationsspiel

ab 12 Jahre

beliebig

je Spieler ein Blatt Papier, ein dicker schwarzer Filzstift und eine Zeitungs- oder Illustriertenseite

Verbesserung des Wortschatzes, Schulung des Buchstabierens und der Rechtschreibung

Die Gruppe wird in Paare unterteilt. Jeder Partner überlegt sich ein Codewort mit fünf Buchstaben und schreibt es auf den Zettel, ohne dass es der Partner sehen kann. Dann nimmt er sich eine Zeitungsseite und streicht in einer Kurzmeldung jeweils die Buchstaben, die in seinem Wort vorkommen, mit dem Filzstift durch, sodass man den Buchstaben nicht mehr erkennen kann. Wenn jeder Partner fertig ist, werden die Zeitungsseiten getauscht und man versucht anhand des Textes die fünf fehlenden Buchstaben zu finden. Danach muss aus diesen Buchstaben noch das Codewort erstellt werden. Wer als Erster von den Partnern fertig ist, hat gewonnen.

Beispiel:
Originaltext: In der Schule lernen wir jeden Tag intensiv italienisch und französisch.
Nach Buchstabenverlust: _n d_r Sc_u_ _ _ _rn_n w_r j_d_n Tag _nt_ns_v _ta_ _ _n_ sc_ und _ranzös _ sc_.

Verlorene Buchstaben: e, f, h, i, l

Codewort: Hilfe

Je nach Auswahl des Textes kann der Schwierigkeitsgrad geändert werden.

Das Raten wird erleichtert, wenn das Codewort, wie im Beispiel, aus fünf unterschiedlichen Buchstaben besteht. Die Texte sollten nicht zu lang sein, damit das Spiel nicht langweilig wird.

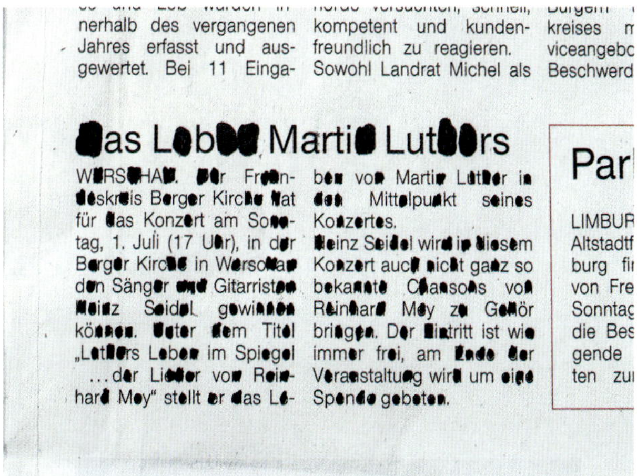
nerhalb des vergangenen Jahres erfasst und ausgewertet. Bei 11 Einga-

kompetent und kundenfreundlich zu reagieren. Sowohl Landrat Michel als

kreises m
viceangebo
Beschwerd

_as L_b__ Marti_ Lut__rs

W_RS_HA_. __r Fr__n-_skr_is B_rg_r Kirc__ _at für _as Konz_rt am So__tag, 1. Juli (17 U_r), in d_r B_rg_r Kirc__ in Wers__a_ d_n Säng_r ___ Gitarrist__ __i_z S_id_l gewi____ kö____. U_t_r _em Tit_l „L_t__rs L_b__ im Spi_g_l …d_r Li__r vo_ R_i_har_ M_y“ st_llt _r _as L_b__ vo_ Marti_ L_t__r i_ ___ Mitt_lpu_kt s_i__s Ko_z_rt_s. __inz S_i__l wir_ i_ _i_s_m Ko_z_rt auc_ _ic_t ga_z so b_ka___ C_a_so_s vo_ R_i__ar_ M_y z_ G__ör bri_g__. D_r _i_tritt ist wi_ imm_r fr_i, am _n__ _er V_ra_staltu_g wir_ um _i__ Sp__d_ g_b_t__.

Par
LIMBUR
Altstadtf
burg fi
von Fre
Sonntag
die Bes
gende
ten zu

Das Förderband im Sägewerk

Spiele im Raum, Spiele im Freien, Spiele mit vorgegebener Bewegungsrichtung

Bewegungsspiel, Kooperations- und Vertrauensspiel

ab 12 Jahre

mindestens 16 Spieler

keine

Verbesserung der Kooperationsfähigkeit, Schulung der Körperspannung

In einem Sägewerk werden Baumstämme angeliefert, die mittels eines Förderbandes zur Säge transportiert werden müssen. Dafür stellen sich die Mitspieler paarweise gegenüber und fassen sich mit überkreuzten Händen an. Die einzelnen Paare stehen eng nebeneinander und warten auf den ersten Baumstamm, der durch einen weiteren Mitspieler dargestellt wird. Dieser legt sich mit dem Rücken auf die ersten Hände seiner Mitspieler, spannt seinen Körper an und wartet darauf, dass das Förderband ihn mit kleinen Hin- und Herbewegungen zum Ende des Förderbandes transportiert. Am Ende angekommen, wird er vorsichtig zu Boden gelassen, steht auf und wartet dort auf den nächsten Mitspieler, der als Baumstamm zu ihm kommt, damit er mit ihm, als neues Paar, das Förderband weiter ergänzen kann. Das Spiel ist beendet, wenn jeder Mitspieler einmal als Baumstamm transportiert worden ist.

Da es bei diesem Spiel zu körperlichen Berührungen kommt, ist darauf zu achten, dass die Spieler nur in Rücklage transportiert werden, um unbeabsichtigte und unangenehme Berührungen sensibler Körperstellen zu vermeiden.
Am Ende des Förderbandes ist darauf zu achten, dass der Baumstamm ganz langsam und vorsichtig abgelassen wird, damit es nicht zu Verletzungen kommt und Angstzustände vermieden werden.
Die Spieler sollten darauf aufmerksam gemacht werden, dass eine gute Körperspannung („Sei so steif wie ein Baumstamm!“) den Transport erleichtert.

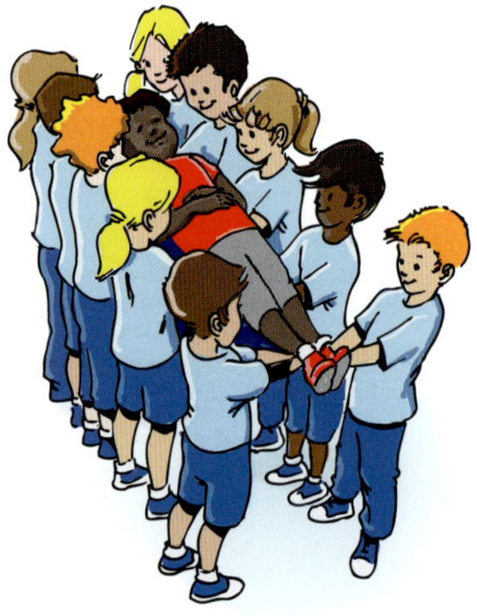

Das ist eine Katze, das ist eine Maus

Spiele im Raum, Spiele im Freien, Spiele im Kreis sitzend, Spiele am Tisch

Konzentrationsspiel

ab 8 Jahre

mindestens 10 Spieler, höchstens 20 Spieler

zwei unterschiedliche kleine Gegenstände, beispielsweise ein Bleistift und ein Radiergummi

Schulung der Konzentration

Die Gruppenmitglieder sitzen mit dem Spielleiter in einem Kreis. Der Spielleiter gibt den einen Gegenstand, beispielsweise den Bleistift, nach rechts zu seinem Nachbarn und sagt: „Das ist eine Katze!". Daraufhin fragt dieser den Spielleiter: „Was ist das?" und der Spielleiter antwortet: „Eine Katze!". Nun gibt der Spieler den Bleistift mit den gleichen Worten zu seinem rechten Nachbarn weiter. Auf die Frage: „Was ist das?" wird aber nicht direkt die Antwort gegeben, sondern die Frage geht immer bis zum Spielleiter zurück, der dann die Antwort „eine Katze" gibt. Diese Antwort wird dann an den Fragesteller weitergeleitet. Der Spielleiter startet das Spiel aber gleichzeitig auch zur linken Seite und gibt dort seinem Sitznachbarn das Radiergummi mit den Worten: „Das ist eine Maus!". Auch hier ist die Regel des Nachfragens und Antwortgebens wie auf der rechten Seite, nur mit dem Begriff „Maus". Ziel des Spiels ist es, dass die Gegenstände einmal die Runde gemacht haben und wieder beim Spielleiter ankommen. Besonders interessant wird es, wenn sich Katze und Maus überkreuzen. Hier müssen sich die Spieler dann ganz besonders konzentrieren.

Das Spiel kann auch als Ausscheidungsspiel durchgeführt werden, d. h. wenn jemand einen Fehler macht, scheidet er aus.

Zu Beginn des Spiels sollte der Spielleiter die Fragen und Antworten langsam sprechen, damit die Gruppenmitglieder sich an das Spiel gewöhnen können. Im weiteren Spielverlauf kann die Geschwindigkeit dann erhöht werden.

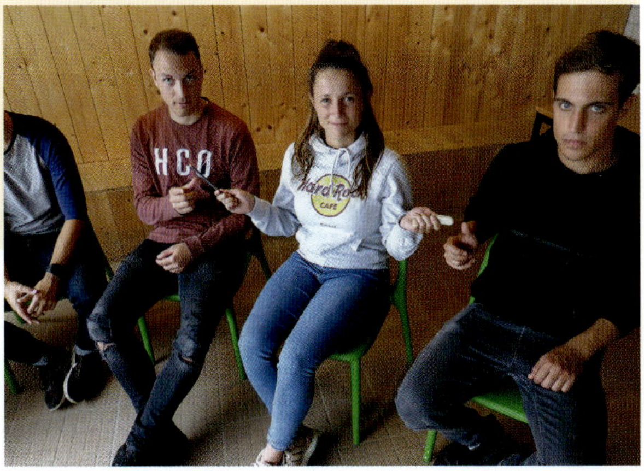

Das magische Ohrläppchen

Spiele im Raum, Spiele im Freien, Spiele im Kreis stehend

Bewegungsspiel, Konzentrationsspiel

ab 6 Jahre

höchstens 20 Spieler

keine

Schulung der Beobachtungsfähigkeit, Verbesserung der Konzentration, Verbesserung der Multitaskingfähigkeit

Die Gruppenmitglieder stellen sich im Halbkreis um den Spielleiter auf. Er erzählt eine spannende Geschichte, die er mit reichlich Bewegungen ausfüllt. Diese Bewegungen müssen von den Gruppenmitgliedern möglichst synchron nachgemacht werden. Wenn aber der Spielleiter während des Erzählens und der verschiedenen Bewegungen sich „rein zufällig" an sein „magisches" Ohrläppchen fasst, müssen alle Gruppenmitglieder, wie vom Blitz getroffen, in der aktuellen Position verharren. Diejenigen, die trotzdem die Bewegung weiterführen, bekommen einen Minuspunkt oder müssen ein Pfand abgeben.

Vom Spielleiter können, neben dem Ohrläppchen, noch weitere magische Körperteile bestimmt werden, deren Berührung zu einer Schockstarre bei den Gruppenmitgliedern führt.

Für den Spielverlauf ist es entscheidend, dass der Erzähler, während er sich an sein Ohrläppchen fasst, seine geplanten Bewegungen weiter fortführt.

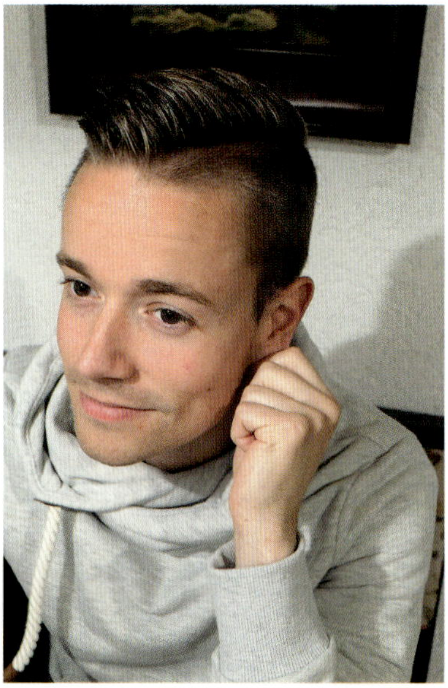

Der letzte Zugwagen

Spiele im Raum, Spiele im Freien, Spiele ohne vorgegebene Bewegungsrichtung

Bewegungsspiel

ab 6 Jahre

mindestens 10 Spieler

keine

Verbesserung der Gewandtheit, Schulung der Ausdauer, Verbesserung der Wurfgenauigkeit

Die Gruppenmitglieder werden in Teams von 4–5 Personen unterteilt. Diese Teams fassen sich an den Hüften an und stellen so, miteinander verbunden, einen Eisenbahnzug dar. Der Erste in der Reihe ist die Lokomotive und fährt mit seinen Waggons kreuz und quer durch das Spielfeld. Ein Spieler stellt einen Einzelwaggon dar, der versucht sich an die Züge anzudocken, indem er den letzten Wagen mit beiden Händen umfasst. Dadurch wird der Zug zu lang, und der Erste (die Lokomotive) muss den Verbund verlassen und wird zum Einzelwaggon, der wiederum versucht einen neuen Zug zu erhaschen. Der Spielleiter entscheidet, je nach Kondition der Spielteilnehmer, wie lange das Spiel dauert.

Durch einen Mitspieler, der die Zugaufsicht darstellt und der einen leichten Softball zur Verfügung hat, ist es möglich, das Andocken des freien Waggons zu unterbinden. Er kann durch Abwerfen des Einzelwagens seine Rolle mit dem Getroffenen tauschen.

Das zur Verfügung stehende Spielfeld sollte durch Markierungen klar gekennzeichnet sein. Je nach Größe der Gruppe können auch mehrere Einzelwagen unterwegs sein.

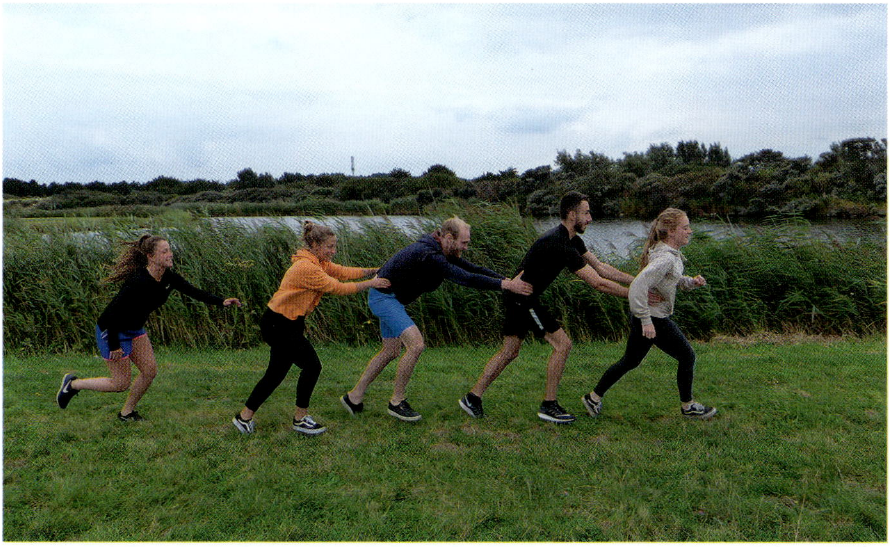

Der Marionettenspieler

Spiele im Raum, Spiele im Freien, Spiele ohne vorgegebene Bewegungsrichtung

ab 12 Jahre

keine

Bewegungsspiel, Kooperations- und Vertrauensspiel, Kommunikationsspiel, Kreativitätsspiel

beliebig

Verbesserung der Kooperationsfähigkeit, Schulung der Kreativität, Verbesserung der Kommunikationsfähigkeit

Die Gruppenmitglieder gehen paarweise zusammen. Ein Spieler stellt eine Puppe dar, die am Boden liegt, und der andere ist der Marionettenspieler, der die Puppe mit seinen Fingern und unsichtbaren Fäden zum Leben erweckt. Bevor es losgeht, müssen beide vereinbaren, mit welchen Fingerbewegungen sich die einzelnen Gliedmaßen bewegen lassen. Die beiden Daumen können beispielsweise den linken und den rechten Arm darstellen. Die Zeigefinger können den Beinen zugeordnet werden usw. Das Spiel beginnt, indem sich der Marionettenspieler vor die Marionette stellt und versucht mit den vereinbarten Zeichen zuerst die einzelnen Gliedmaßen und dann die ganze Puppe zu bewegen. So kann er versuchen mit seiner Puppe durch den Raum zu gehen, anderen Spielern zuzuwinken oder sie auf einen Stuhl zu setzen. Nach einer bestimmten Zeit werden die Rollen getauscht.

- Der Schwierigkeitsgrad des Spieles wird gesteigert, indem zwei oder mehrere Marionetten miteinander in Kontakt kommen.
- Der eine Partner führt Bewegungen mit einer Originalmarionette aus und der Partner muss diese Bewegungen der Marionette synchron nachmachen.
- Die Paare können ihr Marionettenspiel auch einer Gruppe vorführen. Der beste Auftritt bekommt einen Preis.

Jüngeren Spielern, die die Funktionsweise einer Marionette noch nicht kennen, kann der Spielleiter auch eine Originalmarionette zeigen und mit ihr Bewegungen ausführen.

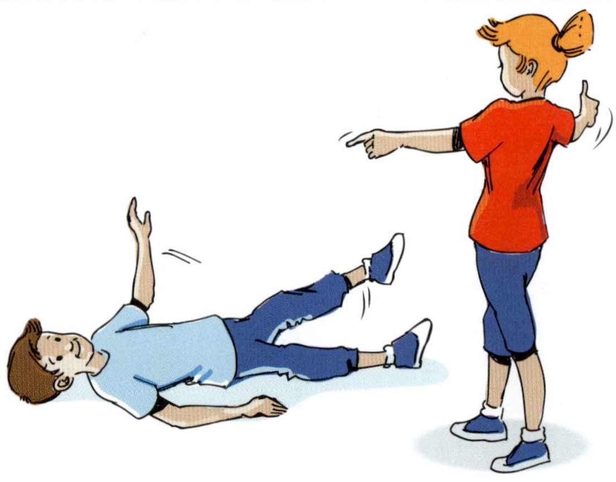

Der stabile Sitzkreis

Spiele im Raum, Spiele im Freien, Spiele im Kreis sitzend

Bewegungsspiel, Kooperations- und Vertrauensspiel

beliebig

beliebig

keine

Verbesserung der Teamfähigkeit, Abbau von Berührungsängsten

Alle Gruppenmitglieder versuchen, sich in Kreisform mit ihrem Gesäß auf die Oberschenkel ihres Hintermanns zu setzen. Der Kreis sollte stabil sein und nicht umfallen.

Wenn der Kreis in Ruhe stabil ist und jeder fest sitzt, kann versucht werden, dass der Kreis sich langsam dreht.

Beim Bewegen des Kreises empfiehlt es sich, dass ein Mitspieler das Kommando zum Bewegen der Füße gibt.

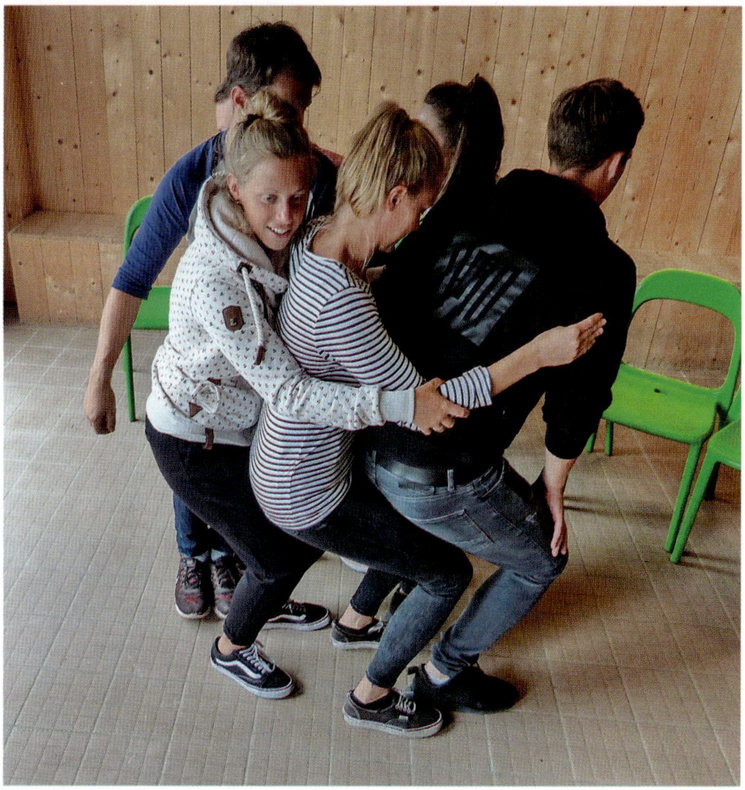

Die Reise nach Jerusalem

Spiele im Raum, Spiele mit vorgegebener Bewegungsrichtung

Bewegungsspiel

beliebig

mindestens 8 Spieler, höchstens 25 Spieler

ein Stuhl je Mitspieler, Smartphone und Bluetooth-Lautsprecher

Schulung des Reaktionsvermögens auf akustische Signale

Die Stühle werden in einer Doppelreihe (Rückenlehne an Rückenlehne) aufgestellt. In der Stuhlreihe befindet sich ein Stuhl weniger als die Anzahl der Mitspieler. Beginnt die Musik, gehen die Spieler in gleicher Richtung um alle Stühle herum. Sie müssen sich zügig fortbewegen (nicht rennen) und dürfen die Stühle nicht berühren. Stoppt der Spielleiter die Musik, müssen sich alle Mitspieler möglichst schnell einen freien Stuhl suchen. Da es einen Stuhl zu wenig gibt, scheidet ein Spielteilnehmer aus. Vor der nächsten Runde wird wieder ein Stuhl entfernt. Wer am Schluss übrig bleibt, gewinnt das Spiel.

Die ausgeschiedenen Spieler können dem Spielleiter als Schiedsrichter zur Seite stehen.

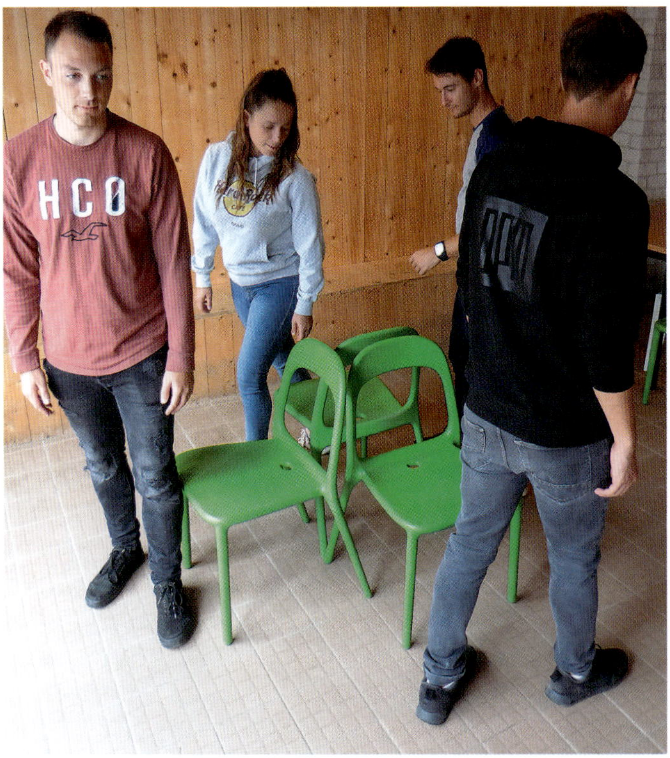

Die schwebende Stange

Spiele im Raum, Spiele im Freien, Spiele mit vorgegebener Bewegungsrichtung

Kooperations- und Vertrauensspiel, Konzentrationsspiel, Geschicklichkeitsspiel

ab 6 Jahre

mindestens 8 Spieler, höchstens 14 Spieler

eine möglichst lange, leichte Stange, beispielsweise eine ausziehbare Zeltstange, Vorhangstange oder ein Zollstock

Verbesserung der Teambildung, Verbesserung der Kommunikation

Die Mitspieler stellen sich in einer Gasse auf. Sie halten ihre Hände etwa in Brusthöhe vor sich und strecken ihre beiden Zeigefinger, die sich nicht berühren dürfen, aus. Nun legt der Spielleiter den Stab auf die ausgestreckten Zeigefinger und stellt der Gruppe die Aufgabe die Stange auf den Boden zu legen. Der Spielleiter kann durch motivierende Ansagen wie „Das werdet ihr so schnell nicht schaffen, weil es ein Zauberstab ist“ das Spiel anheizen. Wichtig ist, dass kein Mitspieler den Kontakt mit seinen Zeigefingern zur Stange beim Ablegen verliert. Diese recht einfach klingende Aufgabe wird in der Gruppe zu etwas Missstimmung führen, da sich die Stange zu Beginn nicht nach unten, sondern eher nach oben bewegt. Nur mit ausreichender Absprache innerhalb der Gruppe ist es möglich, die Stange auf den Boden zu legen.

Die Schwierigkeit kann gesteigert werden, wenn die Spieler dabei nicht sprechen dürfen.
Der Spielleiter kann, falls es nötig ist, Hilfestellung geben, indem er der Gruppe den Tipp gibt, dass ein Mitspieler das Kommando übernehmen soll.
Es können auch mehrere Gruppen gegeneinander spielen, mit der Aufgabe, die Stange schnellstmöglich zum Boden zu bringen.

Die Stange sollte so lang sein, dass jeder Mitspieler auf seiner Seite ca. 30 cm zur Verfügung hat.

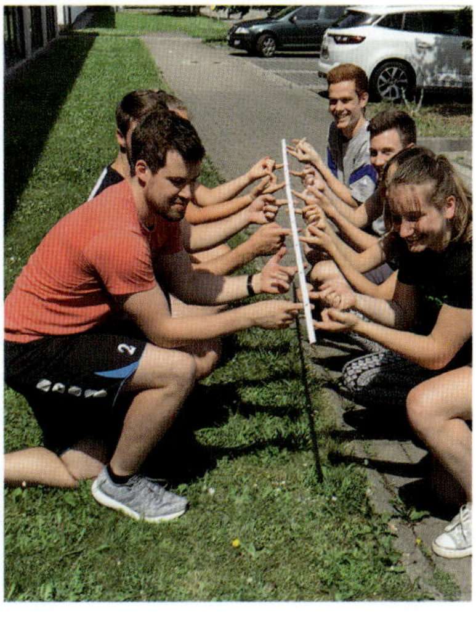

Drachenschwanzjagd

Spiele im Raum, Spiele im Freien, Spiele ohne vorgegebene Bewegungsrichtung

Bewegungsspiel

ab 4 Jahre

beliebig

je Spieler ein Mannschaftsband oder Hals- oder Taschentuch

Verbesserung der Gewandtheit, Schulung der Schnelligkeit, Verbesserung der Ausdauer

Jeder Spieler erhält ein Mannschaftsband, ein Halstuch oder ein Taschentuch und steckt sich dieses hinten in seinen Hosenbund. Die Spieler bewegen sich frei im Raum. Jeder ist bestrebt, den Drachenschwanz seines Mitspielers zu ergattern, jedoch seinen eigenen zu behalten. Der Spieler, der die meisten Drachenschwänze gesammelt hat und seinen eigenen noch besitzt, hat das Spiel gewonnen.

Wer seinen Drachenschwanz verloren hat, scheidet aus.

Es muss darauf geachtet werden, dass das Band weit genug aus der Hose hängt, damit es auch gegriffen werden kann. Jeglicher Körperkontakt mit dem Gejagten ist verboten, es darf nur der Drachenschwanz aus der Hose gezogen werden.
Je nach Größe des zur Verfügung stehenden Raumes, insbesondere im Freien, sollte das Spielfeld markiert werden.

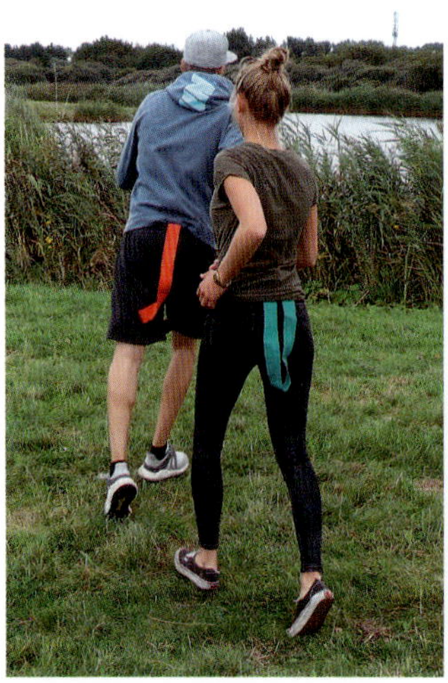

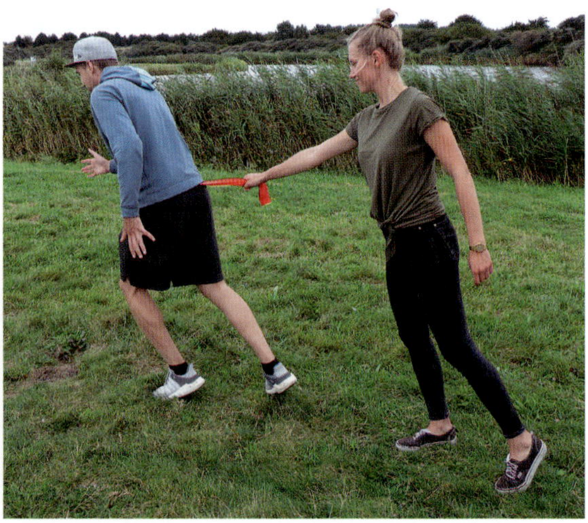

Dreibeinkrokodile

Spiele im Raum, Spiele im Freien, Spiele ohne vorgegebene Bewegungsrichtung

Bewegungsspiel

ab 8 Jahre

beliebig

keine

Schulung der Reaktionsschnelligkeit, Verbesserung der Körperspannung

Innerhalb der Gruppe finden sich körperlich gleich starke Paare zusammen. Beide Spieler müssen sich in die Rolle von Krokodilen hineinversetzen. Beide Krokodile haben schon viele Kämpfe hinter sich und jedes hat dabei ein Hinterbein verloren. So können sich die beiden Krokodile nur noch auf drei Beinen fortbewegen und einen Revierkampf durchführen. Sie bewegen sich dabei auf den beiden Händen und dem letzten verbliebenen Fuß aufeinander zu (das andere Bein wird vom Boden abgehoben und gestreckt nach oben gehalten). Jedes Krokodil versucht nun das andere Krokodil aus dem Gleichgewicht zu bringen, sodass der freie Fuß den Boden berührt oder das ganze Krokodil zu Fall kommt. Für dieses Vorhaben ist es ihnen erlaubt, die Hände zu benutzen und durch Ziehen oder Drücken den Gegner zum Fallen zu bringen. Das Krokodil, welches das andere zuerst dreimal besiegt, hat den Zweikampf gewonnen.

Das Schlagen oder Stoßen mit den Händen ist verboten.
Für dieses Spiel sollte ein weicher Untergrund, wie Sand, Rasen oder auch eine Turnmatte benutzt werden.

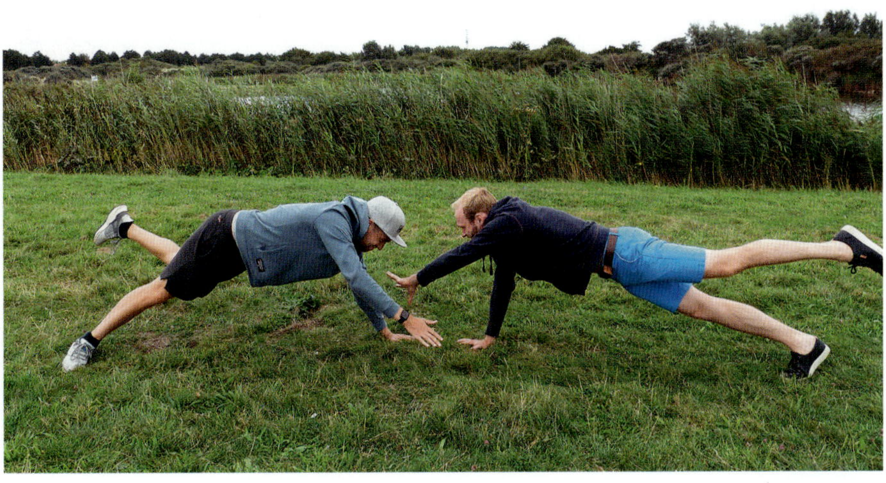

Eidechsenjagd

Spiele im Raum, Spiele im Freien, Spiele ohne vorgegebene Bewegungsrichtung

Bewegungsspiel

ab 6 Jahre

mindestens 10 Spieler

ein Springseil

Schulung der Gewandtheit, Verbesserung der Ausdauer

In einem markierten Spielfeld befinden sich eine Menge von Fliegen (Mitspieler) und eine Eidechse (vom Spielleiter festgelegte Person). Die Eidechse versucht möglichst viele Fliegen zu fangen, indem sie sie abschlägt. Diese bleiben dann wie erstarrt stehen. Die Fliegen können sich aber gegen die Eidechse wehren, indem sie auf den Schwanz der Eidechse (ein Springseil, welches in der Hose des Fängers steckt und ca. 1,50 Meter auf dem Boden schleift) treten. Verliert die Eidechse ihren Schwanz, ist das Spiel beendet und eine neue Eidechse wird bestimmt.

Die erstarrten Fliegen können durch Aktionen der anderen Fliegen von ihrer Bewegungsunfähigkeit erlöst werden. Beispielhafte Aktionen können sein: dreimal kreisförmig mit der Hand über den Rücken streichen, durch die gegrätschten Beine der stehenden Fliegen krabbeln, einen Hocksprung über die nach vorne gebeugten Fliegen machen usw. Der Fantasie der spielenden Gruppe ist hierbei keinerlei Grenzen gesetzt.

Je nach Gruppengröße kann das Spiel auch mit zwei Eidechsen durchgeführt werden.
Das Springseil darf nicht an der Hose festgebunden, sondern nur leicht in die Hose gesteckt werden, damit es beim Darauftreten auch herausrutschen kann.

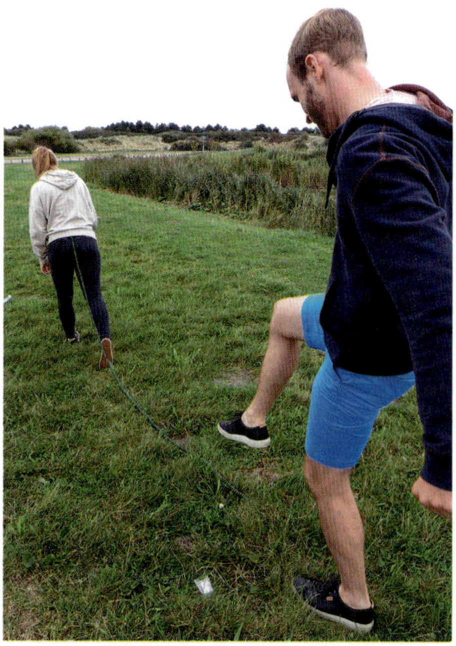

Ein kleines, graues Eselchen

Spiele im Raum, Spiele im Kreis sitzend

Bewegungsspiel, Singspiel

ab 4 Jahre

beliebig

je Spieler ein Stuhl

Spaß am Singen und Bewegen

Alle Gruppenmitglieder und der Spielleiter befinden sich in einem Sitzkreis auf ihren Stühlen. Der Spielleiter singt das Lied „Ein kleines, graues Eselchen“ einmal vor und macht dazu spezifische Bewegungen. Die Mitspieler steigen dann mit dem Singen und Bewegen beim ersten Wiederholen des Liedes mit ein. Bei dem ersten Liedteil: „Ein kleines graues Eselchen, das trappelt durch die Welt“ bleibt die Gruppe sitzen und trampelt mit den Füßen im Rhythmus auf den Boden. Beim zweiten Teil: „Es wackelt mit dem Hinterteil, so wie es ihm gefällt“ stehen alle auf und wackeln mit ihrem Hinterteil. Der letzte Vers: „I-A, I-A, I-A, I-A, I-A“ wird im Sitzen durch das Nicken des Kopfes unterstützt. Das Lied kann mehrfach hintereinander gesungen werden, bis der Spielleiter merkt, dass die Motivation nachlässt.

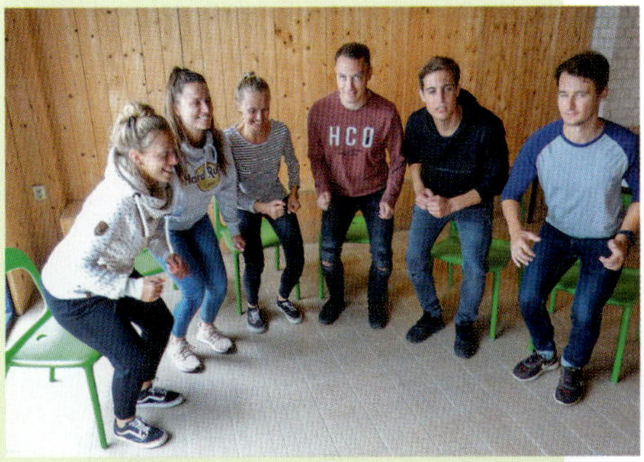

- Teilt man die Gruppe in drei Teams, kann das Lied auch als Kanon gesungen werden, wobei jeweils eine Gruppe für einen Vers und die dazugehörige Bewegung zuständig ist.
- Das Spiel kann auch im Gehen durchgeführt werden: Die Sänger fassen sich an den Hüften, gehen durch den Raum, singen und führen die Bewegungen aus.

Beim Kanon muss am besten der Spielleiter die Einsätze für die einzelnen Gruppen geben.

Ein kleines graues Eselchen

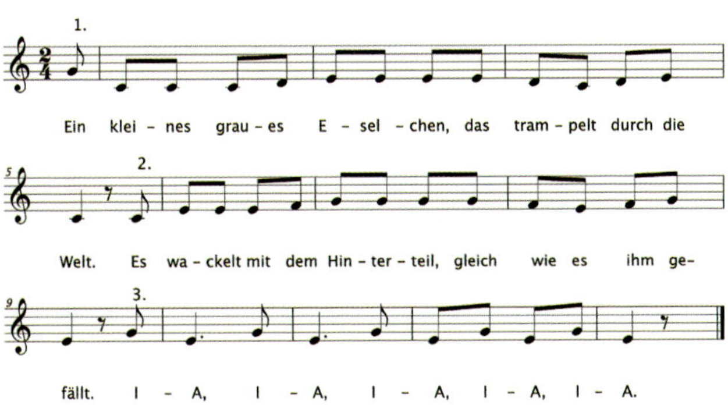

Elefantenspiel

Spiele im Raum, Spiele im Freien, Spiele im Kreis stehend

Bewegungsspiel, Einmalspiel

ab 6 Jahre

mindestens 10 Spieler, höchstens 16 Spieler

keine

Spaß am Spielen

Der Spielleiter erzählt seinen Gruppenmitgliedern, dass er gleich eine Geschichte vorträgt, in der verschiedene Tiere vorkommen. Jedes Gruppenmitglied bekommt einen Tiernamen zugeordnet und alle haken sich mit den Armen eng aneinander in einem Kreis ein. Wenn der jeweilige Tiername vom Spielleiter in der Geschichte erwähnt wird, soll dieser Spieler versuchen sich hinfallen zu lassen und mit dem Gesäß den Boden zu berühren. Das Spiel beginnt, indem der Spielleiter jedem einzelnen Mitspieler den gleichen Tiernamen, nämlich Elefant, leise ins Ohr sagt, sodass die anderen Mitspieler davon nichts mitbekommen. Der Spielleiter kann eine frei erfundene Geschichte aus Afrika erzählen in der nach mehreren Sätzen der Tiername „Elefant" fällt. Da alle Elefanten darstellen, wird der komplette Kreis plötzlich auf dem Boden liegen.

Das Spiel kann auch vorher mit verschiedenen Tiernamen, wie vom Spielleiter angekündigt, gespielt werden und einzelne Mitspieler werden dann von ihren Partnern links und rechts aufgefangen. In einer zweiten Runde, in der der Spielleiter erklärt, dass es nun ein wenig schwieriger wird und er neue Namen verteilen muss, erhalten alle den gleichen Tiernamen „Elefant".

Der Boden des Raumes bzw. des Geländes sollte nicht zu hart sein.

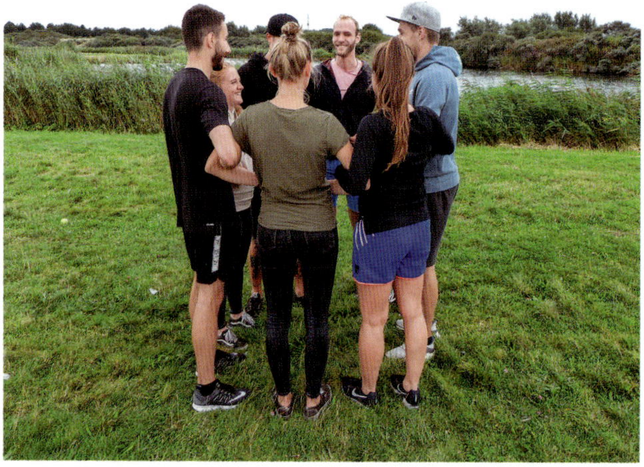

Faltsätze

Spiele im Raum, Spiele am Tisch

Denkspiel, Kreativitätsspiel

ab 10 Jahre

mindestens 6 Spieler

je Spieler ein Schreibstift und ein vorbereitetes Papierblatt

Verbesserung des Wortschatzes, Schulung der Wortarten

Der Spielleiter hat für jeden Mitspieler einen Zettel mit verschiedenen Spalten vorbereitet und teilt diese aus. In der Spaltenüberschrift stehen in der folgenden Reihenfolge die Wortarten (siehe Foto):

1) Nomen in der Einzahl mit entsprechendem Artikel, z. B. „der Hund"
2) Verb in der 3. Person Singular, z. B. „strickt"
3) Adjektiv oder Adverb, z. B. „nass" oder „hier"
4) Präposition, z. B. „neben"
5) Substantiv in der Einzahl oder Mehrzahl mit entsprechendem Artikel, z. B. „die Tastatur"

Der Spielleiter gibt den Auftrag, die erste Spalte mit einem Nomen auszufüllen und danach den Zettel so an der ersten Längsmarkierung zu falten, dass der Nächste das Wort nicht mehr lesen kann. Dann wird der Zettel an den rechten Nachbarn weitergegeben, die nächste Spalte wird ausgefüllt und das Blatt wird wieder gefaltet. Auf Kommando werden dann wiederum die Zettel weitergeben. Nach viermaligem Weiterreichen ist man am Ende angelangt und es darf aufgelöst werden. Jeder liest nun seinen Zettel vor. Dabei können die lustigsten Sätze herauskommen.

Je nach Entwicklungsstand der Kinder können Beispiele für die Wortarten entweder mündlich gegeben, auf eine Tafel oder auf die Zettel geschrieben werden.

Nomen	Verb	Adjektiv	Präposition	Substantiv
Der Hund	strickt	nass	neben	die Tastatur
Die Frau	wandert	rot		

Familie Müller

Spiele im Raum, Spiele im Freien, Spiele ohne vorgegebene Bewegungsrichtung

Bewegungsspiel, Kommunikationsspiel

ab 8 Jahre

mindestens 8 Spieler, höchstens 20 Spieler

Zettel mit Namen der Familienmitglieder

Verbesserung der Kommunikation

Der Spielleiter verteilt an jeden Mitspieler kleine Zettel auf denen verdeckt die Namen von Familienmitgliedern stehen. Je nach Anzahl der Spielteilnehmer gibt es 2–5 Familien. Eine Familie besteht aus vier Mitgliedern: Vater, Mutter, Kind und Hund. Auf das Kommando des Spielleiters müssen sich die einzelnen Familienmitglieder so schnell wie möglich finden und sich wie folgt in einer Reihe positionieren: Hinten steht der Vater, davor die Mutter, dann kommt das Kind und der Hund setzt sich davor. Das Erfüllen dieser Aufgabe wird durch das Bellen des sitzenden „Hundes" dokumentiert. Dies scheint einfach zu sein, wenn sich nicht die Namen der Familien ähneln würden (Familie Müller, Knüller, Füller, Süller, Büller). Auf den Zetteln für Familie Müller steht beispielsweise Vater Müller, Mutter Müller, Kind Müller und Hund Müller (siehe Foto). Gewonnen hat die Familie, die sich zuerst in einer Reihe aufgestellt hat.

Beim Finden der Familienmitglieder darf nicht gesprochen werden.

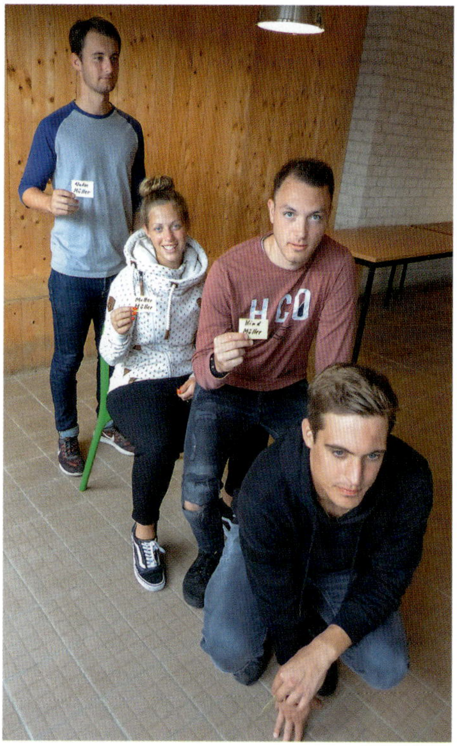

Feuer, Wasser, Blitz, Wind und Sturm

Spiele im Raum, Spiele im Freien, Spiele mit vorgegebener Bewegungsrichtung

Bewegungsspiel, Konzentrationsspiel

ab 4 Jahre

beliebig

Musikabspielgerät (nicht zwingend notwendig)

Schulung der Reaktionsfähigkeit, Verbesserung der Bewegungsschnelligkeit

Die Mitspieler bewegen sich frei im Raum. Auf Zurufen des Spielleiters führen sie bei den einzelnen Begriffen eine bestimmte Aufgabe aus:

Feuer: auf den Bauch legen und seitwärts rollen
Wasser: hochklettern (auf Stuhl, Bank, Baum ...)
Blitz: auf der Stelle wie versteinert stehen bleiben
Wind: Arme ausbreiten, sich durch den Raum treiben lassen , mit der Stimme Windgeräusche erzeugen
Sturm: an einem Gegenstand festhalten, damit man nicht weggeweht wird

Der Mitspieler, der seine Aufgabe als Letzter erfüllt hat, muss für eine Runde ausscheiden und darf den nächsten Begriff ansagen.

Die Spieler können sich auch zu einer Musik bewegen. Der Spielleiter stoppt die Musik und stellt die Bewegungsaufgabe. Nach jeder Runde kann auch eine neue Fortbewegungsart vorgeschrieben werden: Seitgalopp, Hopserlauf, Rückwärtslaufen, ...

Das Spiel lässt sich am besten in einem großen Raum, einer Turnhalle oder draußen spielen.

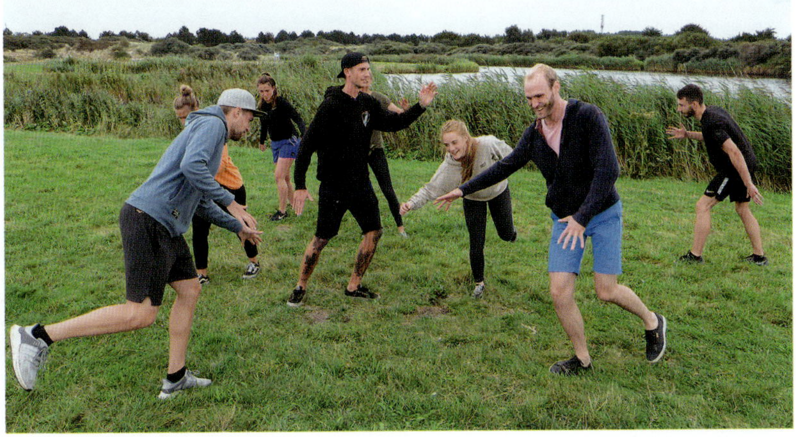

Kommando „Blitz“

Fotoschnipsel

Spiele im Raum, Spiele am Tisch

Denkspiel, Konzentrationsspiel

ab 6 Jahre

mindestens 4 Spieler,
höchstens 8 Spieler

Jeweils ein zerschnittenes Foto pro Teilnehmer

Schulung der Vorstellungskraft, Verbesserung des räumlichen Vorstellungsvermögens, Verbesserung der Kombinationsfähigkeit

Der Spielleiter hat unterschiedliche Fotos auf dickerem Papier ausgedruckt oder auf Pappe aufgeklebt und danach in verschieden große Teile zerschnitten (jeweils 9 Teile pro Foto). Die Gruppenmitglieder sitzen an einem Tisch, in dessen Mitte sich die Fototeile unter einem Tuch befinden. Nach Aufdecken der Fotoschnipsel darf sich jeder 9 Teile nehmen und muss versuchen daraus ein Foto zu erstellen. Falls er der Meinung ist, dass ein Teil nicht zu seinem Bild gehört, legt er es wieder in die Mitte zurück und darf sich dafür ein anderes Teil nehmen. Ziel des Spieles ist es, so schnell wie möglich, sein Foto zu vervollständigen. Nach der Reihenfolge der Fertigstellung der Fotos werden dann die Punkte verteilt und es kann ein weiterer Durchgang starten.

Zur Steigerung der Schwierigkeit können auch Fotos von nur einem Thema, beispielsweise nur von Häusern ausgewählt werden.
Die Herausforderung kann erhöht werden, indem mehr Schnipsel von verschiedenen Fotos auf den Tisch gelegt werden, als Mitspieler vorhanden sind.
Es können auch zwei oder drei gleiche Fotos genommen werden, sodass zwei oder drei Spieler die gleichen Fotos erstellen müssen.

Für die Spielteilnehmer ist es besonders interessant, wenn es Fotos aus ihrem Umfeld, zum Beispiel Aufnahmen von gemeinsamen Klassenfahrten, von ihren Vereinsmannschaften oder von Freunden sind.

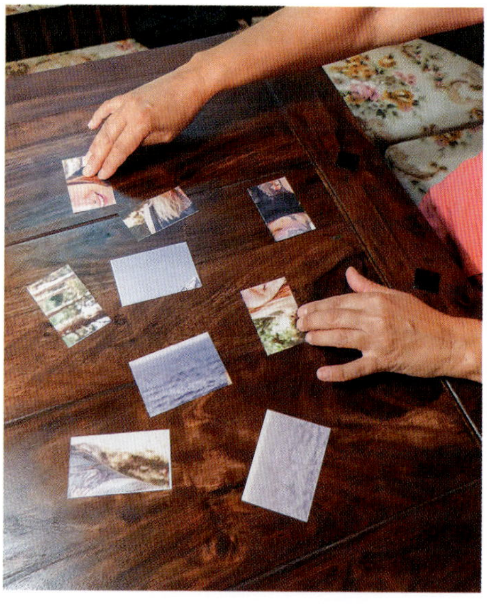

Gemeinsamkeiten

Spiele im Raum, Spiele ohne vorgegebene Bewegungsrichtung

Kennenlernspiel

ab 8 Jahre

mindestens 10 Spieler, höchstens 30 Spieler

keine

Die Gruppenmitglieder lernen Eigenschaften und Vorlieben ihrer Mitspieler kennen.

Anhand einer Eigenschaft wie Haarfarbe, Haarlänge oder Augenfarbe bilden die Gruppenmitglieder nach Ansage des Spielleiters kleine Untergruppen. In diesen Kleingruppen wird sich nach Vorgabe des Spielleiters über ein Thema kurz ausgetauscht. Dies kann zum Beispiel die Lieblingssportart, der Lieblingsfilm oder auch das Lieblingsessen sein. Der Vorgang wird mehrfach wiederholt, sodass sich immer wieder neue Kleingruppen über verschiedene Themen austauschen können.

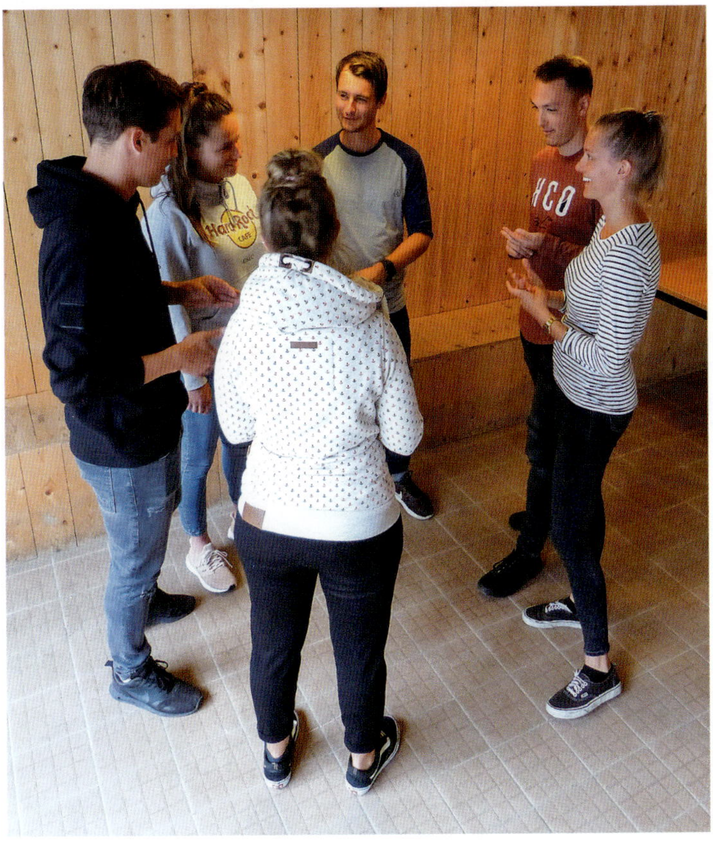

Geometrische Figuren blind gestalten

Spiele im Raum, Spiele im Freien, Spiele ohne vorgegebene Bewegungsrichtung

Bewegungsspiel, Denkspiel, Kommunikationsspiel

ab 10 Jahre

mindestens 6 Spieler

je Spieler eine Augenbinde oder Schlafmaske

Verbesserung des räumlichen Vorstellungsvermögens, Schulung der Kommunikation, Abbau von Berührungsängsten

Allen Mitspielern wird durch eine Augenbinde oder Schlafmaske die Sehkraft entzogen. Sie befinden sich blind in einem Raum und der Spielleiter gibt ihnen die Aufgabe sich zu finden und geometrische Figuren zu bilden. Je nach Gruppengröße können Dreiecke, Vierecke und Kreise gebildet werden. Die Teilnehmer der geometrischen Figur teilen dem Spielleiter mit, wenn sie fertig sind. Der Spielleiter öffnet dann bei diesen Mitspielern die Augenbinden und nun können sie sehen, wie und ob sie die Aufgabe gelöst haben.

- Der Spielleiter kann die Anzahl der Gruppenmitglieder, die die geometrische Figur bilden sollen, vorher festlegen.
- Der Schwierigkeitsgrad kann erhöht werden, indem geometrische Figuren wie Fünfecke, Häuser oder Parallelogramme gebildet werden.

Der zur Verfügung stehende Raum sollte für Nichtsehende geeignet sein, d. h. es sollten keine gefährlichen Gegenstände im Weg stehen. Der Spielleiter muss darauf achten, dass das Spielfeld nicht verlassen wird.

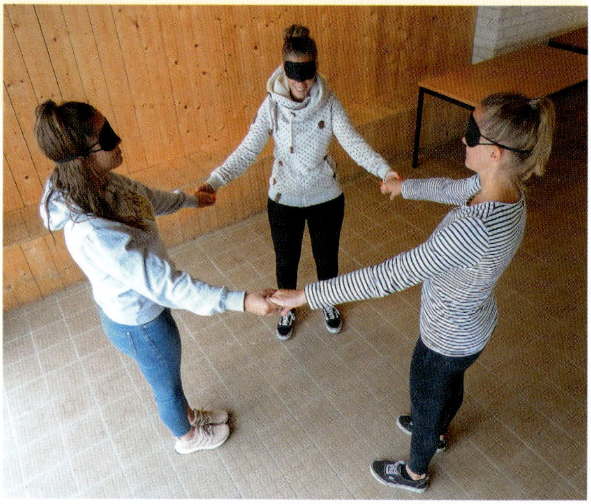

Glucke und Adler

Spiele im Freien, Spiele ohne vorgegebene Bewegungsrichtung

Bewegungsspiel

ab 6 Jahre

mindestens 6 Spieler, höchstens 10 Spieler

keine

Verbesserung der Ausdauer und der Gewandtheit

Je nach Gruppengröße stellen sich mindestens fünf bis höchstens acht Mitspieler in einer Reihe hintereinander auf. Der Hintermann umfasst mit beiden Händen die Hüfte des vor ihm stehenden. Der Vorderste in der Reihe stellt die Hühnerglucke dar und dahinter stehen die Küken in einer Schlange. Ein weiterer Mitspieler ist der Adler. Dieser versucht, das letzte Küken in der Reihe abzuschlagen. Die Glucke versucht durch geschickte Bewegungen und mit ihren Händen, den Adler von ihren Küken fernzuhalten. Falls der Adler das letzte Küken erwischt, wird er selbst zur Glucke und das abgeschlagene Küken wird zum Adler.

Je nach Wendigkeit und Schnelligkeit der Spieler können unterschiedliche Gruppengrößen der Hühner gebildet werden.

Die Küken dürfen bei ihren schnellen Fluchtbewegungen nicht den Kontakt zueinander und zur Glucke verlieren. Ansonsten hat der Adler gewonnen und darf selbst zur Glucke werden.

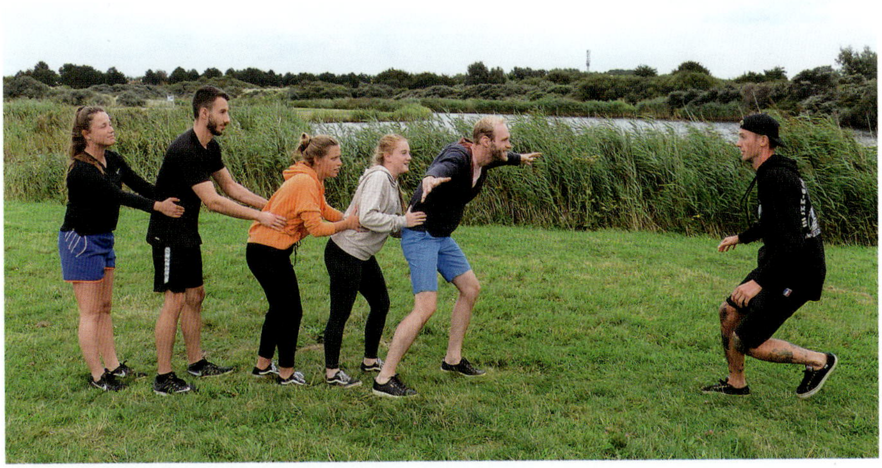

Gordischer Knoten

Spiele im Raum, Spiele im Freien, Spiele ohne vorgegebene Bewegungsrichtung

Bewegungsspiel, Denkspiel, Kommunikationsspiel, Kooperationsspiel

ab 8 Jahre

mindestens 10 Spieler

keine

Schulungen der Kooperationsfähigkeit, Verbesserung der Kommunikation, Schulung der Beweglichkeit

Die Gruppenmitglieder stellen sich in einem Stirnkreis auf, strecken ihre Arme aus und gehen zur Kreismitte. Kurz bevor sich die Spielteilnehmer berühren, schließen sie ihre Augen und versuchen, mit ihren Händen die Hände anderer Gruppenmitglieder zu fassen. Hierbei ist darauf zu achten, dass sich nicht zwei gleiche Mitspieler die Hände geben. Nachdem die Augen wieder geöffnet werden, sollen die Spielteilnehmer den gebildeten Knoten wieder entwirren und durch Übersteigen und Durchkriechen zweier Hände im günstigsten Fall einen großen Kreis bilden. Dabei dürfen die Hände nicht losgelassen werden. Da es bei diesem Spiel keinen Sieger oder Verlierer gibt, kann sich beim Entwirren des „Gordischen Knotens" Zeit gelassen und durch intensive Kommunikation und Kooperation eine Lösung gefunden werden.

Manchmal bilden sich zwei getrennte Kreise oder es kommt zu nicht lösbaren Verwirrungen, die dann vom Spielleiter aufgelöst werden müssen.
Bei diesem Spiel kommt es durch die Nähe der Spielteilnehmer zu körperlichem Kontakt, welcher von den Mitspielern akzeptiert werden muss.

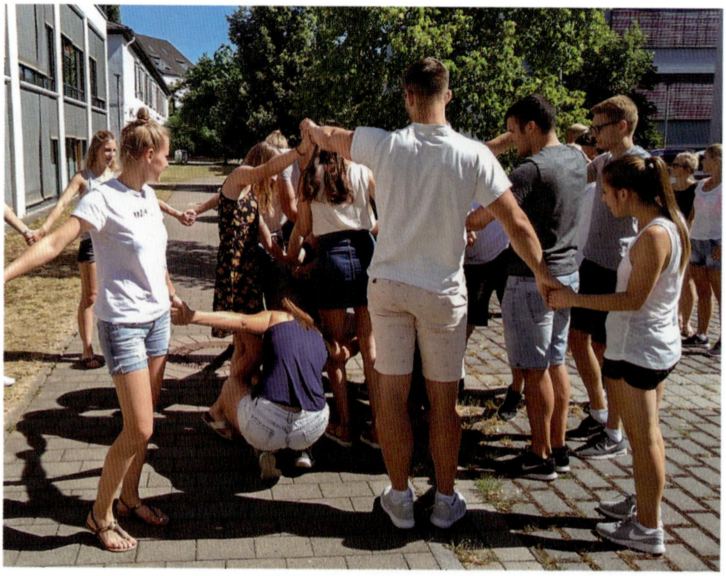

Hexentanz

Spiele im Raum, Spiele im Freien, Spiele im Kreis stehend

Bewegungsspiel, Konzentrationsspiel

ab 8 Jahre

mindestens 8 Spieler

Seil (ca. 4–5 Meter lang), Sandsäckchen oder Wurfring (aus Gummi)

Verbesserung der Reaktionsschnelligkeit, Schulung der Sprungkraft

An das Seil wird am Ende ein Gegenstand (Sandsäckchen, Wurfring etc.) gebunden, damit das Seil beim Rotieren gespannt ist. Der Hexenmeister (Spielleiter) steht im Kreismittelpunkt, um den sich seine Gruppenmitglieder (die Hexen) beliebig frei verteilen können. Sie müssen aber immer in der Reichweite des Seiles sein. Der Spielleiter beginnt nun, langsam das Seil in Bodennähe um den Mittelpunkt des Kreises zu drehen. Die Hexen haben die Aufgabe hoch zu springen, kurz bevor das drehende Seil sie erreicht. Falls eine Hexe zu spät reagiert und das Seil bei ihr abgebremst wird und hängenbleibt, scheidet sie aus und geht aus dem Kreis. Das Spiel wird beendet, wenn nur noch einer oder nur noch wenige Spieler übriggeblieben sind.

- Der Schwierigkeitsgrad des Spiels kann durch die Erhöhung der Rotationsgeschwindigkeit und der Flughöhe des Seils gesteigert werden.
- Anstatt eines Ausscheidungsspiels kann auch derjenige, bei dem das Seil hängenbleibt, die Aufgabe bekommen, in der Mitte das Seil zu drehen.
- Die Spieler können auch paarweise springen. Sie fassen sich dabei an einer Hand oder an beiden Händen.
- Zwei oder drei Spieler können auch hintereinander stehen.

Der Gegenstand am Ende des Seiles darf nicht zu schwer bzw. zu hart sein, damit es nicht zu Verletzungen an den Beinen der Spieler kommen kann.

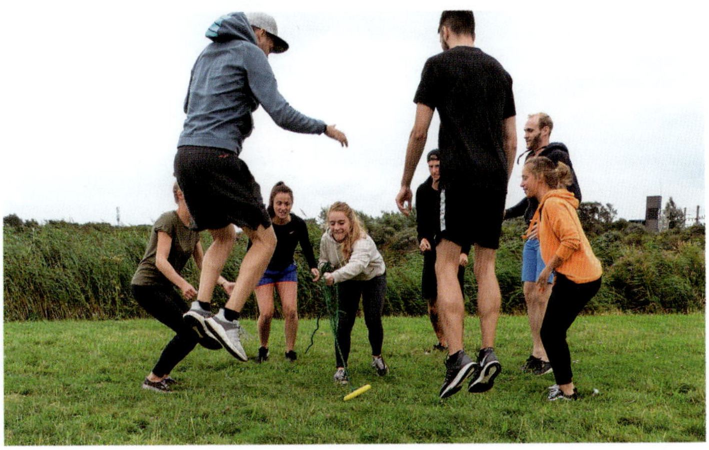

Hop-on-Hop-off Stadtrundfahrt

Spiele im Raum, Spiele mit vorgegebener Bewegungsrichtung

Denkspiel

ab 10 Jahre

beliebig

je Mitspieler ein Stuhl

Verbesserung der Geografiekenntnisse

Jeder Mitspieler benötigt einen Stuhl. Die Stühle werden in Zweierreihen hintereinander, wie in einem Bus, aufgestellt. Dann nehmen die Mitspieler als Besucher Platz. Der Spielleiter steht als Reiseleiter vorne und führt eine Stadtrundfahrt durch. Er teilt den Besuchern mit, dass er schon in verschiedenen Städten eingesetzt wurde und daher öfter etwas verwechselt. Falls dies der Fall sein sollte und er etwas Falsches erzählt, sollen die Gäste des Busses sitzen bleiben. Wenn aber die Sehenswürdigkeit in der beschriebenen Stadt zu finden ist, stehen die Spieler auf, um anzuzeigen, dass sie dort aussteigen und sie besichtigen möchten (siehe Foto). Wer fälschlicherweise sitzen bleibt oder aufsteht, scheidet aus und verlässt den Bus. Wer zuletzt übrig bleibt, ist der Sieger.

Es ist auf das Alter und den Wissensstand der Gruppenmitglieder bezüglich verschiedener Städte zu achten, damit das Spiel Spaß machen kann. Falls ein Großteil der Busreisenden noch nicht in vielen Städten war, kann auch eine Stadtrundfahrt in der näheren Umgebung durchgeführt werden, die allen bekannt ist.

Die Sehenswürdigkeiten von bekannten Städten können vorher auf einem Zettel notiert werden, damit genügend Abwechslung stattfindet.

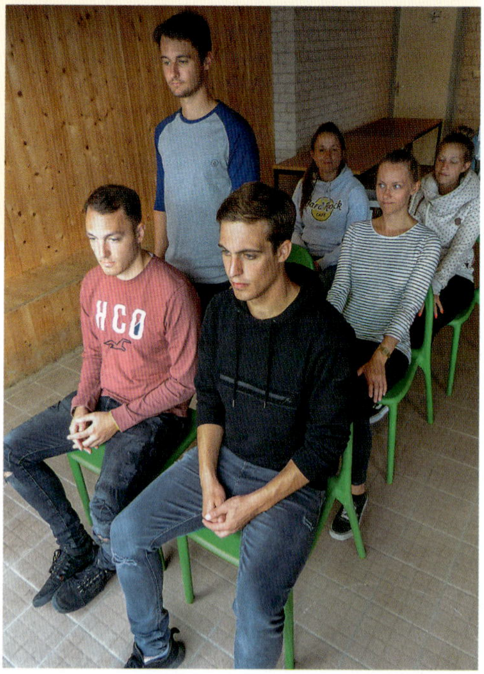

Im Schlangenkäfig

Spiele im Raum, Spiele im Freien, Spiele ohne vorgegebene Bewegungsrichtung

Bewegungsspiel, Kooperations- und Vertrauensspiel

ab 6 Jahre

mindestens 8 Spieler

keine

Schulung der Ausdauer, Verbesserung der Kommunikationsfähigkeit

Die Gruppe wird in Teams von 4–5 Mitspielern unterteilt. Jedes Team stellt eine Schlange dar, indem die Spieler hintereinander stehen und sich an den Hüften festhalten. Der Erste in der Reihe stellt den Kopf der Schlange dar und der Letzte den Schwanz. In einem markierten Raum, dem Schlangenkäfig, können sich alle Schlangen frei bewegen. Da es zu wenig zu essen gibt, versuchen die Schlangen sich gegenseitig in den Schwanz zu beißen, indem der Anführer der Schlange mit der Hand den Schwanz einer anderen Schlange berührt. Gelingt dies, so löst sich der abgeschlagene Schwanz von der Schlange und schließt sich der anderen Schlange hinten an. So werden gefräßige Schlangen immer größer und andere immer kleiner. Wenn eine Schlange zu groß geworden ist und bei schnellen Bewegungen auseinanderbricht, stellen die beiden auseinandergebrochenen Teile neue Schlangen dar, die wiederum auf Jagd gehen. Um bei der Schlangenjagd effektiv agieren zu können, bedarf es einer guten Kommunikation und Absprache der einzelnen Schlangenteile untereinander. Der Spielleiter beendet die Schlangenjagd, wenn er feststellt, dass die Spieler an die Grenzen ihrer Ausdauerfähigkeit gelangt sind.

- Die abgeschlagenen Schwanzteile können auch als Kopf bei ihrer neuen Schlange eingesetzt werden.
- Der Schlangenschwanz kann auch durch ein Markierungsbändchen oder ein Sprungseil, welches aus der Hose des letzten Spielers hängt, markiert werden. Bei dieser Variation wird dann der Spieler nicht abgeschlagen, sondern das Seil muss aus der Hose gezogen werden.

Der Spielleiter muss darauf achten, dass die einzelnen Personen der Schlange immer miteinander Körperkontakt haben.

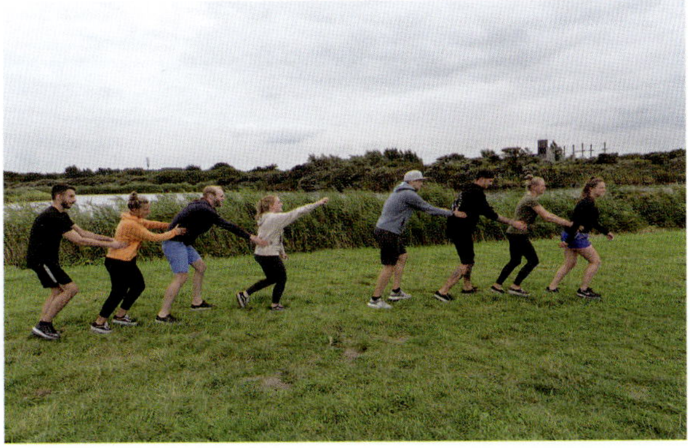

In einer Reihe

Spiele im Raum, Spiele mit vorgegebener Bewegungsrichtung

Kennenlernspiel, Kommunikationsspiel

ab 6 Jahre

beliebig

keine

Kennenlernen der Gruppenmitglieder, Verbesserung der Kommunikation in der Gruppe

Die Gruppenmitglieder sollen sich auf Anweisung des Spielleiters nach verschiedenen Kriterien in einer Reihe aufstellen. Beispiele: Anfangsbuchstaben des Vornamens, Körpergröße, Alter, Schuhgröße, Kinderanzahl, Länge der Haare usw.

Ab einer Gruppengröße von zehn Personen können zwei Teams gebildet werden, die gegeneinander spielen. Welche Mannschaft schafft es am schnellsten sich in einer Reihe zu sortieren? Die Reihenfolge kann sowohl ansteigend als auch abfallend vom Spielleiter gefordert werden, beispielsweise die Reihenfolge der Vornamen von A bis Z oder von Z bis A.

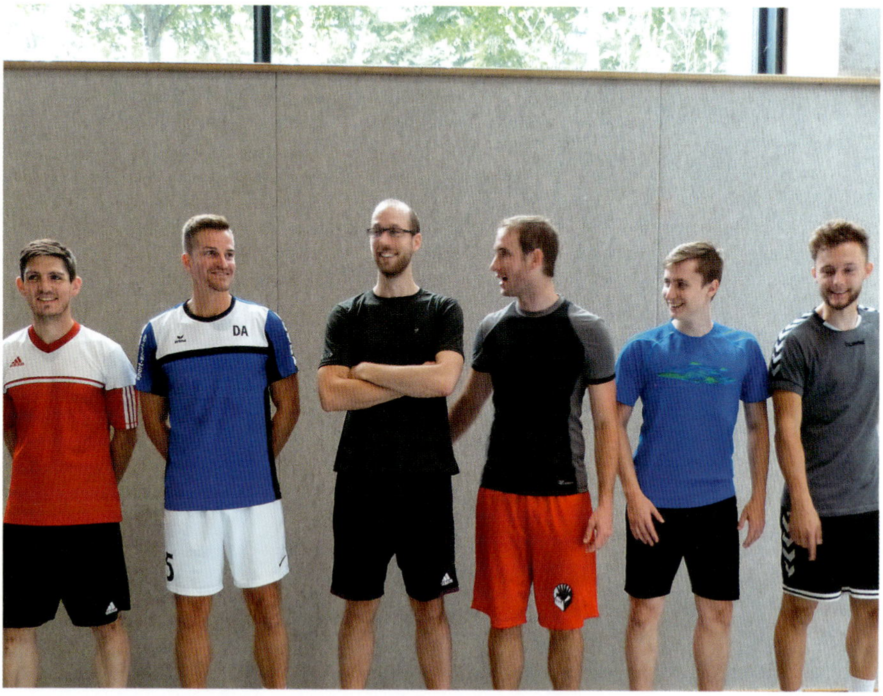

Jagd nach dem Sauerstoff

Spiele im Freien, Spiele ohne vorgegebene Bewegungsrichtung

Bewegungsspiel

ab 6 Jahre

mindestens 8 Spieler

keine

Verbesserung der Kooperation, Schulung der Gewandtheit

In einem größeren Spielfeld, am besten im Freien, bewegen sich die Gruppenmitglieder, die einzelne Sauerstoffatome darstellen, wild hin und her. Da kommt plötzlich ein Mitspieler, der vom Gruppenleiter die Rolle eines Chemikers zugeteilt bekommen hat, auf das Spielfeld und versucht die Sauerstoffatome zu fangen. Hat er einen Mitspieler abgeschlagen, so werden die Rollen getauscht und der Abgeschlagene wird zum Chemiker. Die Sauerstoffatome können sich aber dem Zugriff des Chemikers entziehen, indem sie Moleküle bilden, d. h. sich zu zweit an den Händen anfassen. Diese Moleküle (Paare) dürfen sich nicht mehr bewegen und bleiben stehen. Wenn die Gefahr vorüber ist, können sich die Paare wieder trennen und frei im Raum herumlaufen. Auch der Chemiker kann diese Moleküle wieder auseinanderbringen, indem er sich vor die Paare stellt und sagt: „1, 2, 3...Bumm“. Das Sauerstoffmolekül ist dann wieder gespalten und die einzelnen Mitspieler müssen schnellstmöglich vor dem Chemiker weglaufen.

Je nach Größe des Spielfeldes und Anzahl der Mitspieler ist es sinnvoll einen zweiten und dritten Chemiker einzusetzen, die dann als Fänger agieren.
Anstatt der freiwilligen Auflösung der Sauerstoffmoleküle kann auch die Regel eingeführt werden, dass sich die Moleküle nur durch Kontakt mit einem anderen Sauerstoffatom wieder auflösen können.

Das Spielfeld muss gut gekennzeichnet werden, damit sich die Sauerstoffatome nicht ohne Konsequenzen aus dem Raum bewegen können. Wer das Spielfeld verlässt, gilt als abgeschlagen und muss die Rolle des Chemikers übernehmen.

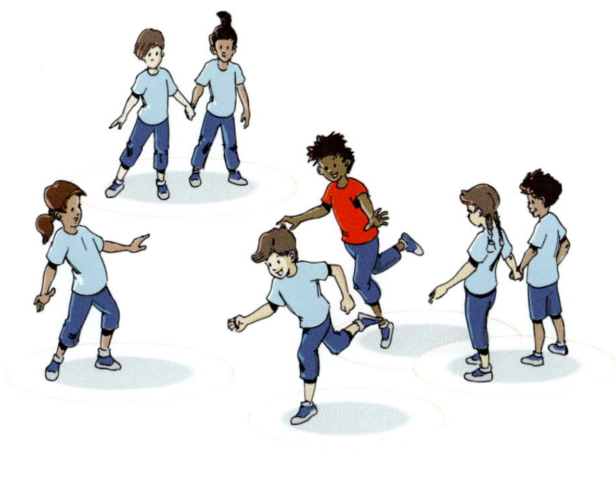

Katze und Maus

Spiele im Raum, Spiele im Freien, Spiele im Kreis stehend

Bewegungsspiel

ab 4 Jahre

mindestens 10 Spieler, höchstens 25 Spieler

keine

Schulung der Gewandtheit, Verbesserung der Schnelligkeit und der Ausdauer

Die Spieler stehen im Kreis und halten sich an den Händen. Der Spielleiter ernennt einen Mitspieler zur Katze und einen anderen zur Maus. Die Maus befindet sich im Inneren des Kreises. Die Katze läuft außen herum und ruft: „Mäuschen, Mäuschen, komm heraus!“ Die Katze muss versuchen, die Maus zu fangen. Durch das Heben und Senken ihrer Arme geben die Mitspieler der Maus den Weg nach draußen frei, können der Katze aber auch den Weg ins Kreisinnere versperren. Die Katze und die Maus dürfen den Kreis aber nur dort durchdringen, wo gerade ein Loch durch die hochgehaltenen Arme gebildet wird. Verlässt die Maus den Kreis, muss die Katze versuchen, sie zu fangen. Das Spiel wird interessanter, wenn man ab und zu auch einmal ein „Tor“ für die Katze öffnet, d.h. sie darf dann auch das Kreisinnere betreten. Ist die Maus gefangen, werden die Rollen getauscht oder es werden zwei andere Mitspieler bestimmt.

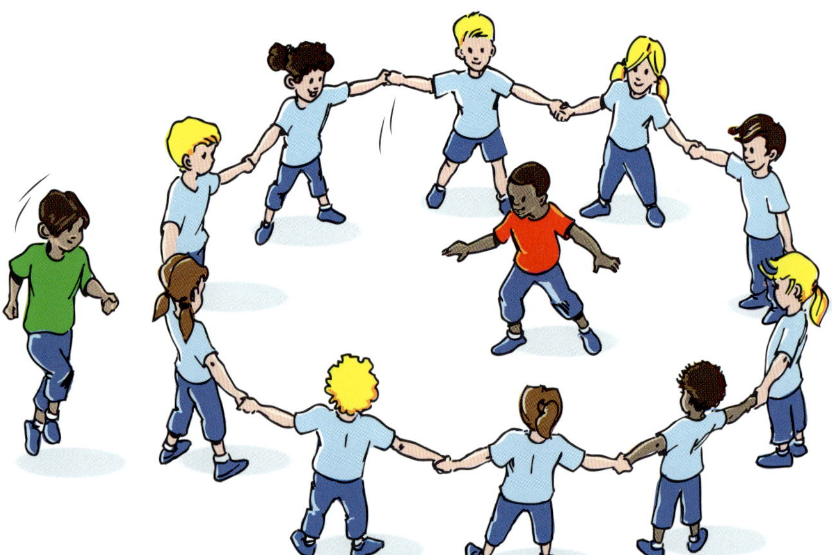

KFZ-Kennzeichen

Spiele im Raum, Spiele am Tisch

Denkspiel, Kreativitätsspiel

ab 10 Jahre

beliebig

je Spieler ein Zettel und ein Stift, eine Liste mit deutschen KFZ-Kennzeichen

Verbesserung der Kreativität, Verbesserung des Wortschatzes

Der Spielleiter liest der Gruppe ein deutsches KFZ-Kennzeichen mit drei Buchstaben vor, beispielsweise „LDK" für Lahn-Dill-Kreis. Die Gruppenmitglieder haben nun die Aufgabe in einer bestimmten Zeit möglichst viele Wörter auf ihrem Zettel aufzuschreiben, die diese drei Buchstaben beinhalten. Die Reihenfolge der Buchstaben ist dabei beliebig. Aus den Buchstaben LDK können beispielsweise folgende Wörter gefunden werden: Landkarte, Kohldampf, Druckliste usw.
Für jedes Wort gibt es einen Punkt. Sie werden vom Spielleiter nach jeder Runde notiert. Gewonnen hat derjenige, der die meisten Wörter gefunden hat.

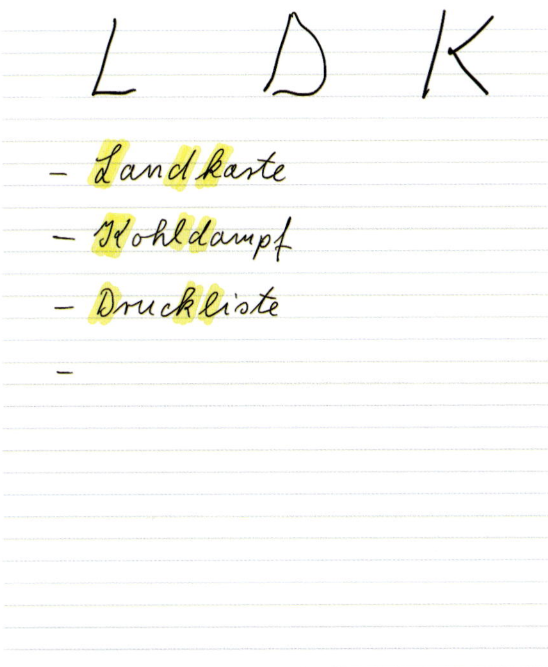

Knobelduell

Spiele im Freien, Spiele mit vorgegebener Bewegungsrichtung

Bewegungsspiel, Konzentrationsspiel

ab 8 Jahre

beliebig

vier Gegenstände zum Markieren der Ziellinien

Verbesserung der Reaktionsfähigkeit, Schulung der Sprintschnelligkeit

Die Gruppe wird in zwei gleich große Teams unterteilt. Jeder Mitspieler sucht sich aus der gegnerischen Mannschaft einen Partner. Die einzelnen Paare stellen sich in der Mitte eines Spielfeldes im Abstand von 2–3 Metern gegenüber. Auf Kommando des Gruppenleiters beginnen die einzelnen Paare mit der Hand nach dem Prinzip „Schere, Stein und Papier“ zu knobeln. Die Schere schlägt (schneidet) das Papier, das Papier schlägt (legt sich auf) den Stein und der Stein schlägt (beschädigt) die Schere. Die einzelnen Handzeichen (siehe Fotos) werden, wenn sie noch nicht bekannt sind, innerhalb der Gruppe vereinbart und geübt. Der Gewinner darf den Verlierer fangen. Dieser versucht durch eine schnelle Drehung und einen kurzen Sprint zur Ziellinie zu laufen und dem Knobelsieger zu entkommen. Wird er vorher abgeschlagen, bekommt der Fänger einen Pluspunkt. Falls beide Spieler das gleiche Handsymbol zeigen, wird direkt danach weiter geknobelt, damit es zu einer Entscheidung und zum Sprint kommt.

Nach jedem Durchgang treffen sich die Paare wieder in der Mitte und starten das Knobeln auf Kommando des Spielleiters. Da dann fast alle gleichzeitig loslaufen, wird verhindert, dass fangende Paare und zur Mitte zurückgehende Paare zusammenstoßen können.

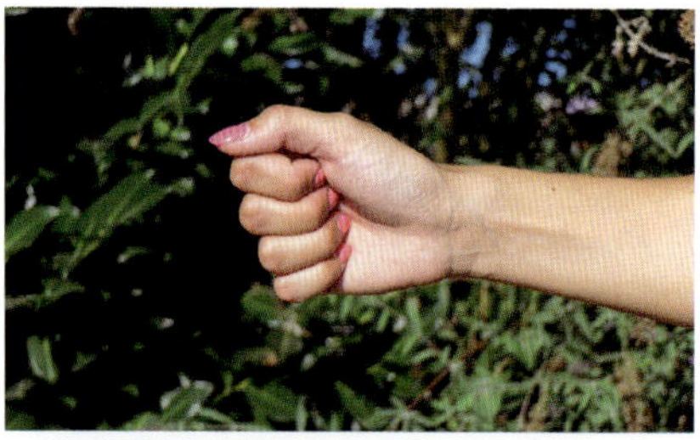

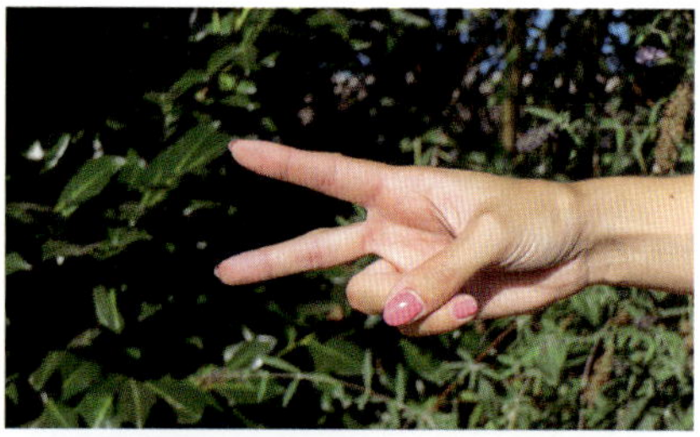

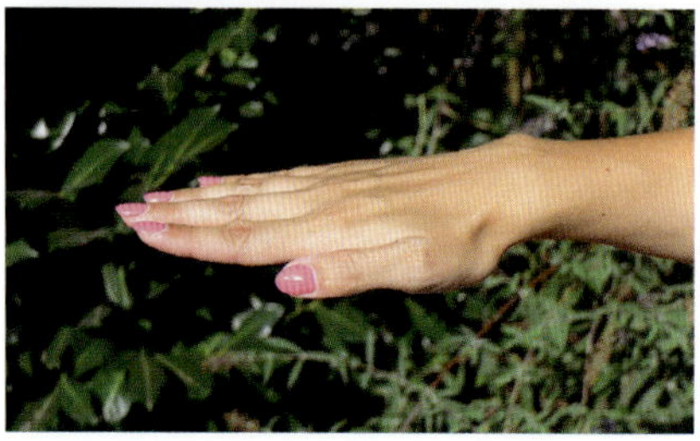

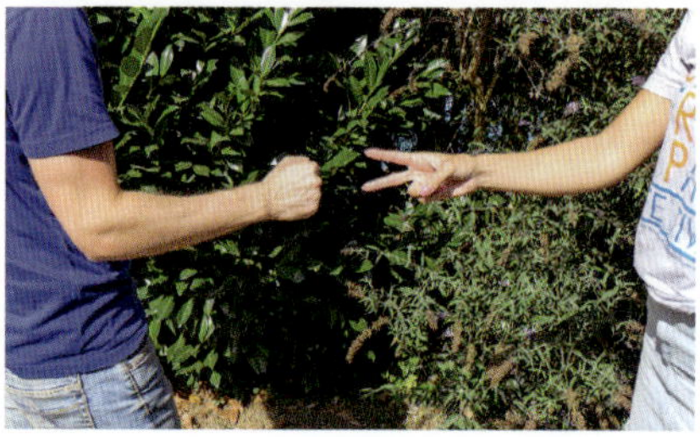

König der Erbsen

Spiele im Raum, Spiele im Freien, Spiele ohne vorgegebene Bewegungsrichtung

Denkspiel, Kommunikationsspiel, Konzentrationsspiel

ab 8 Jahre

beliebig

je Spieler fünf getrocknete Erbsen, Linsen oder Bohnen

Kontaktaufnahme, Schulung der Konzentration, Verbesserung der sprachlichen Ausdrucksfähigkeit

Jedes Gruppenmitglied bekommt vom Spielleiter jeweils fünf Erbsen (Linsen, Bohnen) in die Hand übergeben. Die Spieler gehen danach zu einem beliebigen Mitspieler und versuchen ihn mit einer Frage dazu zu bringen entweder mit „ja" oder „nein" zu antworten. Geschieht dies, muss der Befragte seinem Mitspieler eine Erbse (Linse, Bohne) geben. Ziel ist es, durch möglichst viele Gespräche und geschickte Fragen am Ende des Spiels die meisten Erbsen im Besitz zu haben und zum Erbsenkönig gekürt zu werden.

Es ist günstig, wenn ein großer Raum zur Verfügung steht und die Gruppenmitglieder sich frei bewegen können.
Falls ein Spieler keine Erbse mehr hat, scheidet er aus.

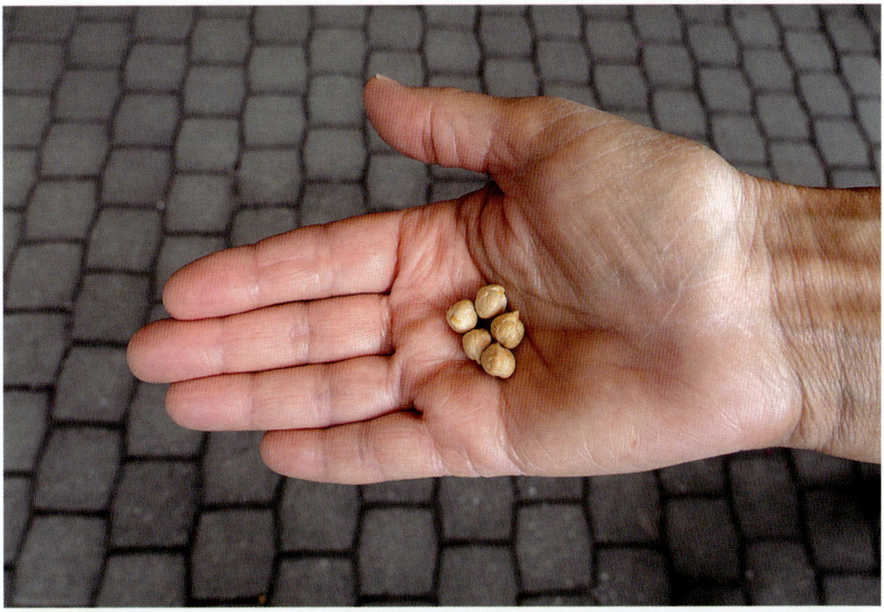

Liednamen

Spiele im Raum, Spiele am Tisch

Kreativitätsspiel

ab 8 Jahre

beliebig

ein Musikabspielgerät: Smartphone, Tablett, PC oder ähnliches und ein Bluetooth-Lautsprecher, mehrere Zeitschriften und Illustrierten, Papierkleber, Schere

Förderung der Kreativität

Jeder Mitspieler bekommt einige Seiten einer Illustrierten oder Zeitung, ein leeres Blatt, eine Schere und Papierkleber. Der Spielleiter spielt einen aktuellen Musiktitel an, der der Gruppe bekannt sein sollte (beispielsweise: „Atemlos“ von Helene Fischer). Die einzelnen Mitspieler müssen nun den Titel erraten und ihn dann schnellstmöglich aus Buchstaben oder Wortteilen, die sie aus den Zeitschriftenseiten herausschneiden, zusammenstellen und auf das leere Blatt Papier kleben. Die drei schnellsten der Gruppe bekommen jeweils drei, zwei und einen Punkt. Das Spiel kann, je nach Schwierigkeitsgrad, mit mehreren Liedern gespielt werden. Am Ende wird zusammengezählt, wer die meisten Punkte hat.

- Alternativ zu den Titeln können die Interpreten der Lieder erraten und auf die Zettel geklebt werden.
- Das Spiel kann auch mit Teams durchgeführt werden.

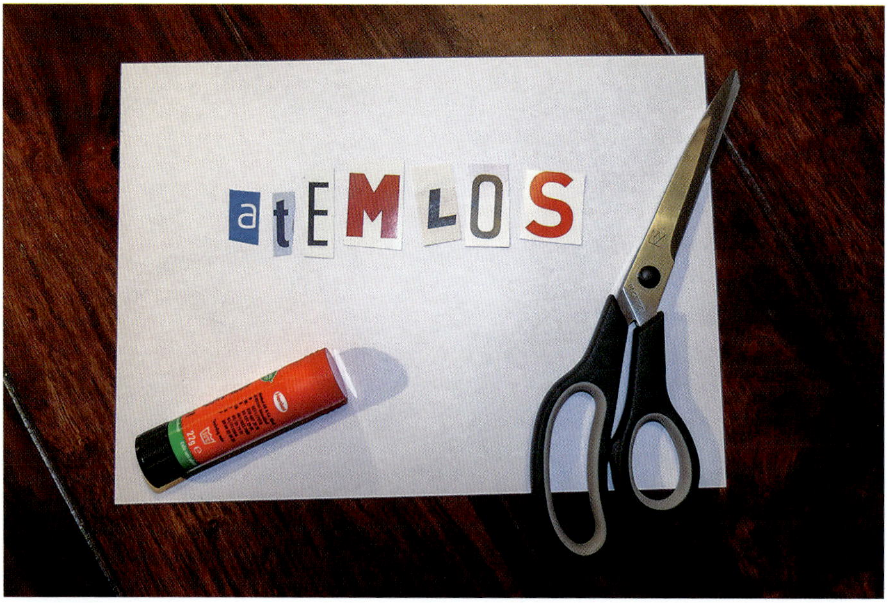

Löffelkönig

Spiele im Raum, Spiele im Freien, Spiele im Kreis sitzend, Spiele am Tisch

Bewegungsspiel, Konzentrationsspiel, Geschicklichkeitsspiel

ab 6 Jahre

mindestens 4 Spieler, höchstens 8 Spieler

je Spieler ein Löffel

Verbesserung der Konzentration, Schulung der Geschicklichkeit

Die Spieler knien oder stehen in einem Kreis und haben ihre Hände auf dem Rücken verschränkt. In der Mitte liegt ein Ring aus Löffeln, deren Stiele nach außen zeigen (siehe Foto). Der Spielleiter erzählt eine beliebige Geschichte, die des öfteren das Wort „Löffel“ beinhaltet. Immer wenn dieses Wort fällt, müssen die Mitspieler schnellstmöglich einen Löffel greifen. Da immer ein Löffel weniger in der Kreismitte liegt als Mitspieler vorhanden sind, geht ein Spieler leer aus. Dieser scheidet dann aus dem Spiel aus und die Löffel werden neu in den Kreis gelegt, wobei ein Löffel weggenommen wird. Der Gewinner des Spiels, der sogenannte „Löffelkönig“, ist derjenige, der als letzter übriggeblieben ist.
Dieses Spiel lebt vom geschickten Einsetzen des Wortes „Löffel“ in eine fantasievolle Geschichte. Der Reiz des Spieles wird noch erhöht, wenn der Spielleiter auch Wörter verwendet die mit „Lö...“ anfangen und die Mitspieler dazu verleitet, nach einem Löffel zu greifen. Auch diese Mitspieler scheiden dann aus. Beispielhafte Wörter sind: Löwe, Lötkolben, Löwenzahn, Löscher, Löhne, usw.

Das Spiel kann auch an einem Tisch gespielt werden. Entweder sitzen alle Mitspieler auf Stühlen am Tisch oder sie gehen um den Tisch herum.

Die Löffel dürfen nicht zu eng im Kreis gelegt werden, da es sonst zu Verletzungen beim Zugreifen der Spieler kommen könnte. Für jüngere Kinder sollten Plastiklöffel benutzt werden.

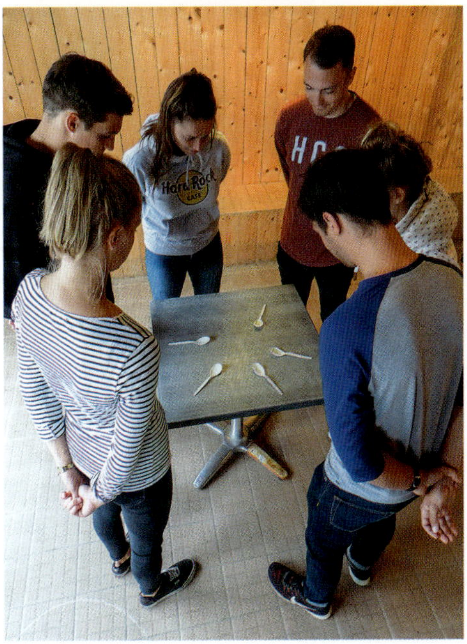

Luftballongewirr

Spiele im Raum, Spiele im Freien, Spiele ohne vorgegebene Bewegungsrichtung

Bewegungsspiel, Kennenlernspiel

ab 8 Jahre

mindestens 10 Spieler

je Spieler ein Luftballon, wasserfester Filzstift

Kennenlernen der Namen der Mitspieler

Jeder Mitspieler erhält einen Luftballon, bläst ihn auf und beschriftet ihn mit seinem Namen. Zu Beginn der Musik werden alle Luftballons in die Luft geworfen. Die Mitspieler versuchen die Luftballons hochzuhalten. Kein Ballon soll den Boden berühren. Stoppt die Musik, schnappt sich jeder einen beliebigen Luftballon (nach Möglichkeit nicht seinen eigenen) und muss nun versuchen, ihn der Person zu bringen, deren Namen darauf steht.

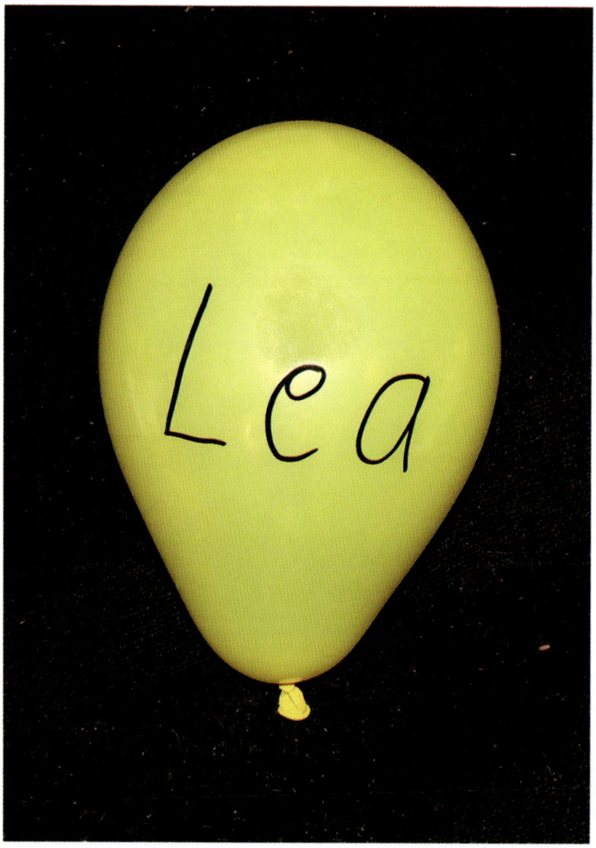

Luftballontanz

Spiele im Raum, Spiele ohne vorgegebene Bewegungsrichtung

Bewegungsspiel, Kooperations- und Vertrauensspiel, Konzentrationsspiel, Tanzspiel

beliebig

mindestens 4 Spieler

Luftballons, Musikabspielgerät (Smartphone o. ä.) und ein Bluetooth-Musiklautsprecher

Verbesserung der Konzentration, Anpassung an einen Partner

Die Mitspieler formieren sich paarweise. Jedes Spielerpaar erhält einen Luftballon und bläst ihn auf. Den Ballon platzieren beide zwischen ihren Köpfen und er darf während des Tanzes nicht mit den Händen berührt werden. Beim Beginn der Musik startet der Tanz. Die Paare versuchen den Ballon so lang wie möglich zwischen ihren Köpfen, falls er rutscht, zwischen ihren Oberkörpern oder ihren Bäuchen zu halten. Fällt der Luftballon auf die Erde, scheidet das Tanzpaar aus. Das Paar, das den Ballon am längsten zwischen seinen beiden Körpern hält, gewinnt das Spiel.

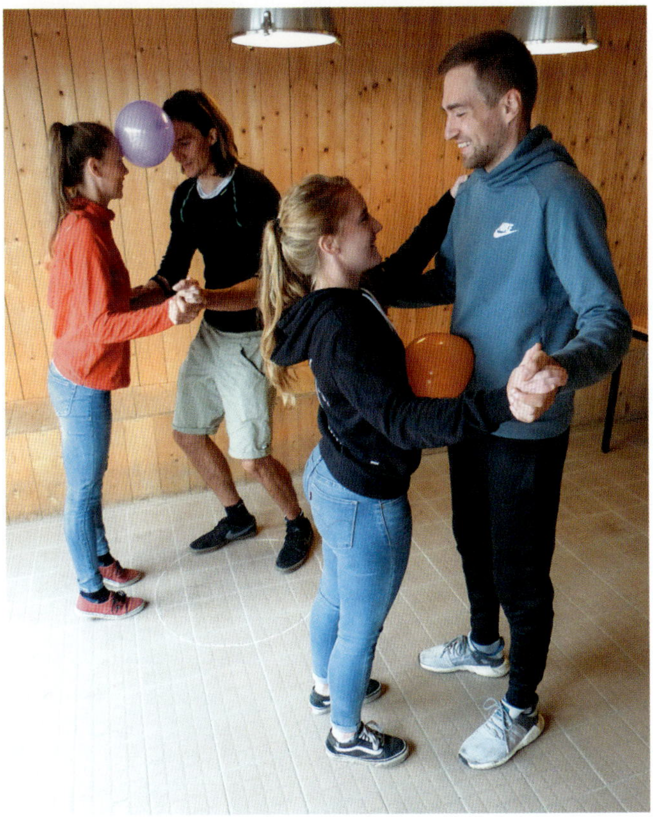

Meister des Gedächtnisses

Spiele im Raum, Spiele im Kreis sitzend, Spiele am Tisch

Konzentrationsspiel

ab 8 Jahre

beliebig

Tablett, Stifte, Papier, verschiedene Gegenstände (Bleistift, Glas, Münze, Papiertaschentuch, usw.), Tuch zum Abdecken des Tabletts

Verbesserung der Konzentrationsfähigkeit, Training des Gedächtnisses

Der Spielleiter hat ein Tablett mit ca. zehn verschiedenen Gegenständen vorbereitet. Sie sollten von unterschiedlicher Größe und Beschaffenheit sein, wie eine Brille, ein Stift, eine Flasche, ein Papiertaschentuch, ein Glas, eine Münze usw. Der Spielleiter hat die Gegenstände auf dem Tablett mit einem Tuch abgedeckt und fordert die Gruppenmitglieder auf, sich die Gegenstände, die sie gleich sehen werden, zu merken. Das Tuch wird für ca. eine halbe Minute entfernt und jeder Mitspieler versucht, die Gegenstände im Gedächtnis zu behalten. Danach wird das Tuch wieder über das Tablett gelegt und die Spielteilnehmer dürfen nun die Dinge, die sie gesehen haben, auf ihr Blatt Papier schreiben. Nach ca. einer Minute gibt der Spielleiter das Zeichen, dass nicht mehr geschrieben werden darf. Meister des Gedächtnisses ist derjenige aus der Gruppe, der sich die meisten Gegenstände behalten und aufgeschrieben hat.

- Um die Schwierigkeit zu erhöhen, kann neben dem Gegenstand auch dessen Farbe abgefragt werden.
- Falls kein Tablett vorhanden ist, können die Gegenstände auch auf einem kleinen Tisch in die Mitte des Sitzkreises gelegt und dort mit einem Tuch abgedeckt werden.
- Alternativ zu realen Gegenständen können auch Begriffe an eine Tafel oder an ein Whiteboard geheftet oder geschrieben werden. Sie sind dann für eine bestimmte Zeit zu sehen und müssen im Gedächtnis behalten werden.
- Das Spiel kann auch als Partner- und Gruppenspiel durchgeführt werden.

Es ist darauf zu achten, dass beim Aufschreiben der Gegenstände nicht vom Nebenmann abgeschrieben werden kann. Das Tablett muss so positioniert werden, dass alle Spielteilnehmer eine gute Sicht auf die Gegenstände haben.

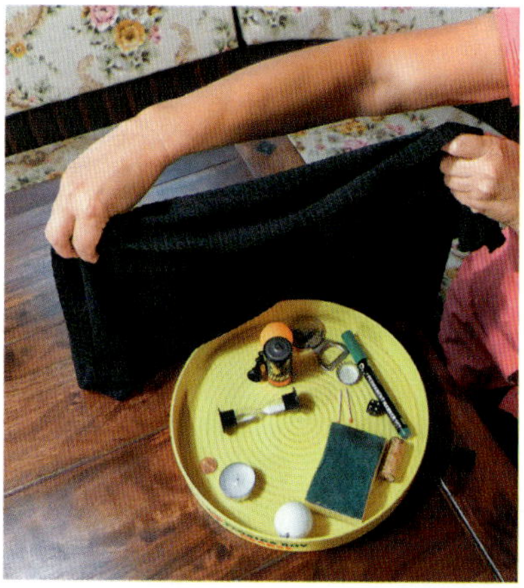

Naturfilm drehen

Spiele im Raum, Spiele im Freien

Bewegungsspiel, Kreativitätsspiel

beliebig

mindestens 10 Spieler

keine

Schulung der körperlichen und sprachlichen/stimmlichen Ausdrucksfähigkeit

Der Spielleiter versucht, als Regisseur, mit einer größeren Gruppe ohne jegliche Kostüme und Kulissen einen Naturfilm zu drehen. Er braucht dazu vor allem Fantasie und inszeniert den Film mit möglichst lustigen, ausdrucks- und bewegungsreichen Kulissen und Akteuren. Aus der Gesamtgruppe wählt er einige Spieler aus, die Geräusche oder die Kulissen darstellen.

Beispiele für Geräusche und Bewegungsaufgaben für einen möglichen Filmtitel „Der Cowboy im Schwarzwald“:
Wind: „Schschschschsch“
Tannen, die sich biegen: im Stehen hin- und herwiegen
Vogelgezwitscher: Pfeifen
Mond- oder Sonnenaufgang: Eine Person steht auf und bildet dabei mit den Armen über dem Kopf einen Kreis
Mond- oder Sonnenuntergang: Eine Person setzt sich wieder hin und der Kreis mit den Armen über dem Kopf wird kleiner
Alter Traktor: „Bum, bum, bum, bum, bum“
Kühe: „Muh, muh, muh“
Stier: „Muuuuuh, muuuuh“ (tiefe Stimme)
Hund: „Wau, wau, wau“
Katze: „Miau, miau, miau“
Entenschwarm: „Quak, quak, quak“
Wölfe heulen: „Hoouuuh, hoouuuh“
Hahn auf dem Mist: „Kikeriki“

Zu Beginn verteilt der Regisseur die Filmrollen an geeignete Gruppenmitglieder.
Personen: Förster, Bauer
Tiere: Hunde (mehrere Teilnehmer), Wildkatze (eine Person), Kühe (mehrere), Stier (eine Person), Entenschwarm (mehrere)
Kulissen und Geräusche: Tannen (mehrere Personen), Wind (mehrere Personen), alter Traktor (zwei Personen), Sonnenaufgang (eine Person)

Bevor der Film beginnt, erfolgt eine kurze Übungsrunde. Der Spielleiter erzählt folgendes Drehbuch:

„Es ist Morgen im Forsthaus im Schwarzwald und die Sonne geht auf.“
– Die Person steht auf!

„Der Förster verlässt das Haus und marschiert in Richtung Wald".

- Der Spielleiter zeigt auf die Person, welche den Förster darstellt. Er macht mit den Füßen Schrittgeräusche.

„Ihm bläst ein starker Wind entgegen"

- Die vom Spielleiter ausgewählte Gruppe von mehreren Personen stellt mit „schschschschsch" den Wind dar.

Jetzt wird der Film gedreht.
Es ist Morgen im Försterhaus im bayrischen Wald und die **Sonne** geht auf.
Der Förster verlässt das Haus und **marschiert** in Richtung Wald.
Ihm bläst ein **starker Wind** entgegen.
Halt! Der Förster hat ja seine Hunde vergessen und **läuft schnell zurück.**
Die Hunde **bellen** schon und der Förster **geht** über eine Wiese zum Wald zurück.
Der **Wind bläst** weiter stark und die **Tannen** am Waldrand biegen sich (siehe Foto). Plötzlich steigt, durch die **Hunde** aufgeschreckt, ein **Entenschwarm** auf und fliegt davon. Der Förster erreicht den Wald und der **Wind lässt nach.** Plötzlich hört der Förster eine **Kuhherde,** die sich im Wald verirrt hat. Sie stehen völlig verteilt hinter verschiedenen **Tannen.** Da lässt der Förster seine beiden **Hunde** los und die treiben die **Kuhherde** in Richtung der Wiese. Dort angekommen nimmt der Wind wieder zu, die **Tannen biegen** sich und der **Stier** auf der Wiese ruft laut nach seiner **Kuhherde.** Auf einem Weg kommt der Bauer auf einem **Traktor** gefahren. Auf dessen Radkasten sitzt eine **Katze.** Der Bauer bedankt sich beim Förster für das Zusammentreiben seiner Kuhherde mit den Worten „Vielen Dank!" und lädt ihn zu einem Kaffee ein.

Man kann die Requisiten, Kulissen und Geräusche auch von den Gruppenmitgliedern vorschlagen lassen.

Es ist sinnvoll für die einzelnen Akteure Aufgaben auszuwählen, die ihren körperlichen Eigenschaften oder Persönlichkeitsmerkmalen nahe kommen, beispielsweise können große Tanne durch große Personen dargestellt werden.
Je nach Alter der Gruppenmitglieder kann der Spielleiter die Einsätze der beteiligten Personen auch durch Handzeichen einfordern.

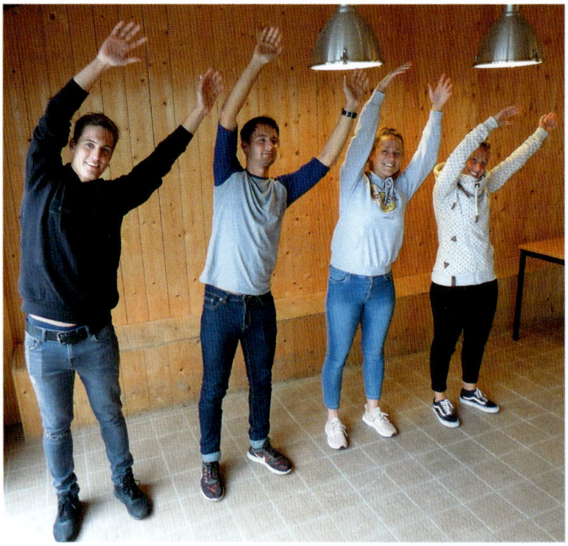

Nur-Drei-Wörter-Geschichte

Spiele im Raum, Spiele am Tisch

Denkspiel, Kreativitätsspiel

ab 10 Jahre

mindestens 4 Spieler,
höchstens 10 Spieler

je Spieler ein Blatt Papier und einen Schreibstift

Verbesserung der Kreativität, Verbesserung des Wortschatzes und der Formulierungen, Schulung des Geschichtenschreibens

Alle Mitspieler sitzen an einem Tisch. Jeder hat die Aufgabe, sich einen eigenen Titel für eine Geschichte auszudenken. Dieser Titel wird dann oben auf das Blatt Papier geschrieben und jeder schreibt auf sein Blatt die ersten drei Worten des ersten Satzes seiner Geschichte. Danach werden die Zettel nach rechts zum Nachbarn weitergegeben, der dann die nächsten drei Worte des Satzes anfügt. So werden die Blätter ständig weitergegeben und der Text vervollständigt sich. Die so entstehende Geschichte muss zum Titel passen, kann aber, aufgrund der Fantasie der Mitspieler, auch sonderbare Wege gehen. Das Spielende sollte vom Spielleiter entweder durch Festlegung einer Zeit oder durch Anzahl der Durchläufe geregelt werden. Kurz vor dem Ende des Spieles sollte der Spielleiter dies den Schriftstellern mitteilen, damit die Geschichte auch zu einem schönen Schluss gebracht werden kann. Nach dem Ende des Spiels werden die Geschichten vom Titelgeber vorgelesen.

Dieses Schreibspiel lebt von originellen Einfällen und sonderbaren Wendungen in der Geschichte.

Mein erstes Fußballspiel

Als ich fünf Jahre alt war schenkte mir mein älterer Bruder einen

Paarkniebeugen

Spiele im Raum, Spiele im Freien, Spiele mit vorgegebener Bewegungsrichtung

Bewegungsspiel, Kooperations- und Vertrauensspiel

ab 6 Jahre

beliebig

keine

Verbesserung der Körperbeherrschung, Verbesserung der Kooperation mit einem Gruppenmitglied

Die Mitspieler gehen paarweise zusammen. Sie stellen sich Rücken an Rücken und verschränken ihre Armbeugen ineinander. Aus dieser stehenden Position versucht das Paar gleichzeitig eine tiefe Kniebeuge zu machen, bis sie mit ihren Gesäßen den Boden berühren. Ist dies gelungen, geht es wieder aufwärts und beide versuchen gleichzeitig aufzustehen (siehe Foto), ohne dass sie umfallen. Welches Paar kann fünf tiefe Kniebeugen am schnellsten ausführen?

Anstatt paarweise kann das Spiel auch mit 4, 6 oder 8 Teilnehmern gespielt werden. Hierbei stellen sie sich in einer Reihe nebeneinander und haken sich bei ihrem Nebenmann ein, um die Bewegung Rücken an Rücken gemeinsam nach unten und oben ausführen zu können. Mit mehreren Personen ist eine gute Absprache und Kooperation unerlässlich, um die Aufgabe erfüllen zu können.

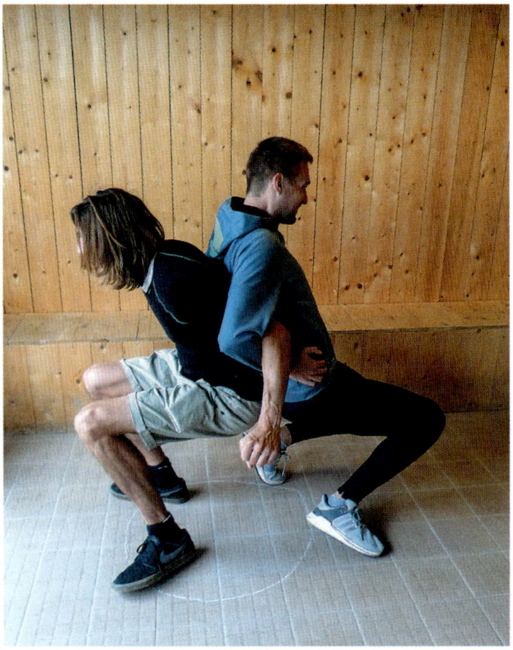

Roboter Dating

Spiele im Raum, Spiele im Freien, Spiele ohne vorgegebene Bewegungsrichtung

Bewegungsspiel, Denkspiel

ab 10 Jahre

beliebig

keine

Verbesserung des räumlichen Vorstellungsvermögens, Verbesserung der Reaktionsschnelligkeit

Die Mitspieler gehen zu dritt zusammen. Zwei davon stellen Roboter dar, der Dritte ist der Chefingenieur. Zu Beginn des Spiels stellen sich die beiden Roboter Rücken an Rücken und gehen auf Kommando des Chefingenieurs gleichzeitig in entgegengesetzte Richtungen los (siehe Foto). Die Aufgabe des Chefingenieurs ist es, die beiden Roboter durch geschickte Bewegungssteuerungen wieder zusammenzubringen, sodass sie sich frontal gegenüberstehen. Die Richtungssteuerung der Roboter geschieht durch vorsichtiges Drehen des Kopfes in eine neue Richtung (siehe Foto). Das Drehen des Kopfes darf bis höchstens 90° erfolgen und die Roboter stehen dabei still. Diese Aufgabe gestaltet sich zum Teil schwierig, da der Chefingenieur sehr schnell reagieren und zwischen den beiden Robotern hin und her springen muss. Roboterartige Bewegungen der Spieler lockern dieses Spiel zusätzlich auf.

Falls ein Roboter auf ein Hindernis oder einen anderen fremden Roboter trifft, bleibt er davor stehen und wartet bis der Chefingenieur zu ihm kommt und ihm eine neue Richtung vorgibt.
Das zur Verfügung stehende Spielfeld sollte, je nach Spieleranzahl, groß genug sein, damit sich die Roboter frei bewegen können.

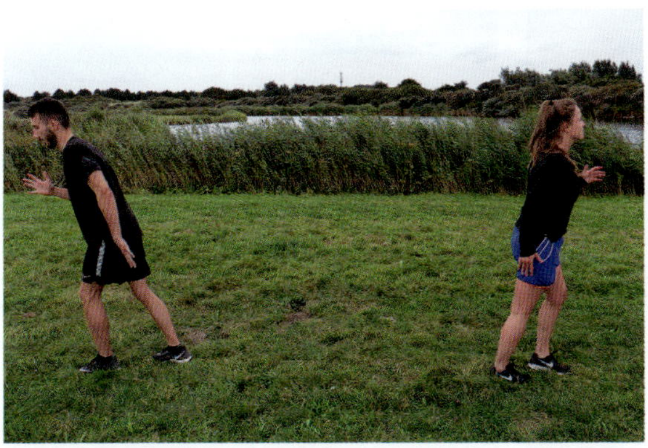

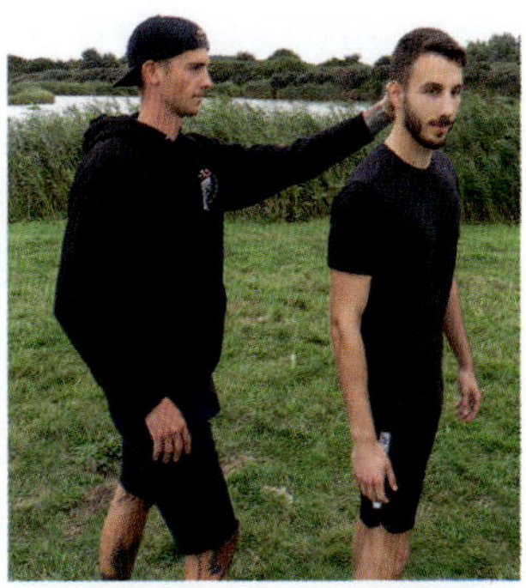

Römisches Zahlenrätsel

Spiele im Raum, Spiele am Tisch

Denkspiel, Konzentrationsspiel

ab 10 Jahre

beliebig

vier Streichhölzer je Spieler oder je Spieler ein Zettel und ein Stift

Schulung der römischen Zahlen

Der Spielleiter verteilt die Streichhölzer unter den Mitspielern und stellt das Spiel vor. Mit den Streichhölzern sollen die Mitspieler verschiedene römische Zahlen legen.

1. Aufgabe: „Lege die größtmögliche römische Zahl mit 4 Hölzern!“
   Lösung: Buchstabe M = 1000 (Foto 1)
2. Aufgabe: „Lege die kleinstmögliche römische Zahl mit 4 Hölzern!“
   Lösung: Römisch II = 2 (Foto 2)
3. Aufgabe: „Lege mit 2 Streichhölzern die größtmögliche römische Zahl!“
   Lösung: L = 50 (Foto 3)
4. Aufgabe: „Lege mit 6 Streichhölzern 3 mal 5!“
   Lösung: V V V (Foto 4)

Der Spielleiter sollte darauf achten, dass die Lösungen nicht von anderen Mitspielern abgeschaut werden können.

Falls keine Streichhölzer vorhanden sind, können die Zahlen auch auf einen Zettel geschrieben werden.

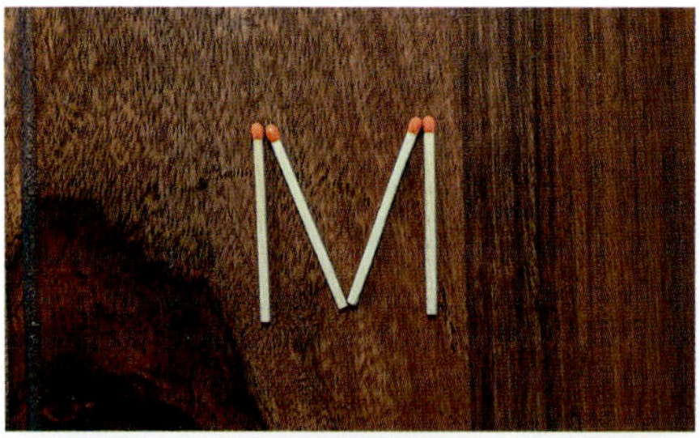

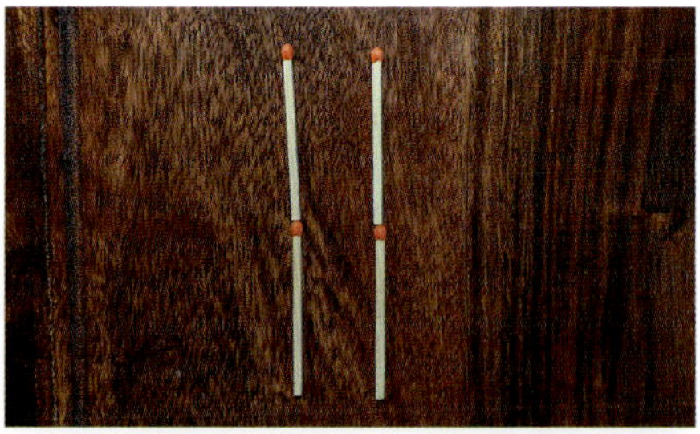

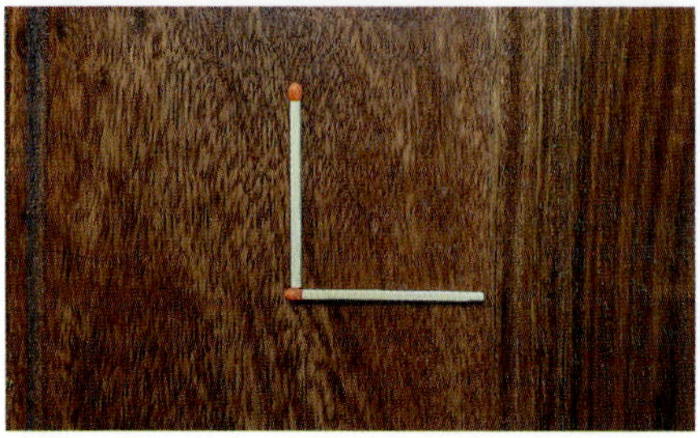

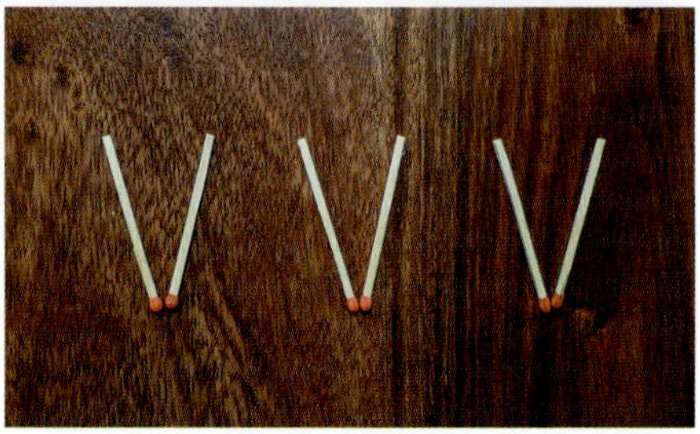

Sprache der Tiere

Spiele im Raum, Spiele im Freien, Spiele ohne vorgegebene Bewegungsrichtung

Bewegungsspiel, Kommunikationsspiel, Kreativitätsspiel

ab 4 Jahre

mindestens 4 Spieler

vorbereitete Karteikarten

Verbesserung der Kreativität, Kennenlernen von Tierlauten

Der Spielleiter hat Tiernamen in doppelter Ausführung auf Karteikarten geschrieben. Diese Tiere sollte man recht gut an ihrer Stimme bzw. an ihrem Gebrüll erkennen können. Zu Beginn des Spiels ziehen die Gruppenmitglieder jeweils eine Karteikarte, ohne dass die anderen den Tiernamen gesehen haben. Auf ein Kommando des Spielleiters versuchen sich nun die Tierpaare mittels Tierlauten zu finden. Je größer die Gruppe ist, desto höher wird der Geräuschpegel und es wird schwieriger, seinen Partner zu finden. Das Paar, welches sich als letztes findet, hat verloren.
Beispiele für Tiere:
Huhn, Ente, Kuh, Hund, Elefant, röhrender Hirsch, Seehund, Affe, Schaf, Esel, Maus, Schwein, Pferd, Kuckuck, Rabe, Wolf, Bär

Anstatt durch die Laute können sich die Partner auch durch typische Bewegungen der Tiere finden, wobei sie hier natürlich nur pantomimisch agieren dürfen.
Beispiele für Tiere:
Frosch, Känguru, Hase, Pferd, Katze, Schlange, Elefant, Vogel, Kamel

Bei der Auswahl der Tiere ist darauf zu achten, dass ihre Laute gut nachzuahmen bzw. auch die Bewegungen eindeutig erkennbar sind.

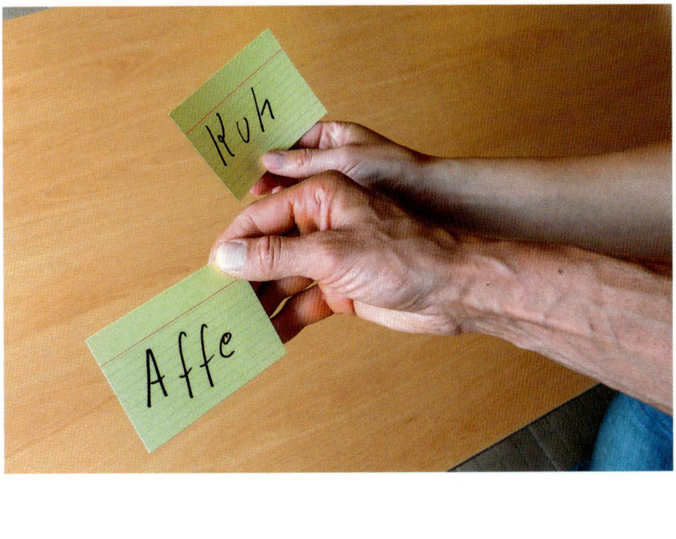

Standhaft bleiben

Spiele im Raum, Spiele im Freien, Spiele mit vorgegebener Bewegungsrichtung

Bewegungsspiel, Geschicklichkeitsspiel

ab 6 Jahre

beliebig

keine

Verbesserung des Gleichgewichtsgefühls, Schulung der Koordination, Schulung der Körperspannung und Kraft

Innerhalb der Gruppe bilden sich Paare, die körperlich ungefähr gleich groß sind. Diese stellen sich im Abstand von ca. 50 cm gegenüber, strecken die Arme aus und berühren sich mit ihren Handflächen. Auf Kommando des Spielleiters versucht jeder seinen Gegenüber aus dem Gleichgewicht zu bringen, indem er mit den Händen versucht, ihn nach hinten zu drücken oder plötzlich nachlässt, sodass der Gegner nicht mehr auf seinen beiden Füßen stehen kann. Wer als Erster aus dem Gleichgewicht kommt und seine Füße woanders hinstellen muss, hat verloren und bekommt einen Minuspunkt. Der Spielleiter bestimmt, wie viele Durchgänge gespielt werden.

- Dieser Wettkampf 1 gegen 1 kann auch als Teamwettbewerb durchgeführt werden. Hierbei werden dann die Punktzahlen der einzelnen Teammitglieder zusammengezählt.
- Es kann auch ein Turnierplan aufgestellt werden, bei dem jeweils der Sieger eines Paarkampfes eine Runde weiterkommt und es zu einem Viertel-, Halbfinale und Endkampf kommt.
- Die Schwierigkeit kann bei diesem Spiel erhöht werden, indem die Partner nur auf einem Bein stehen dürfen.

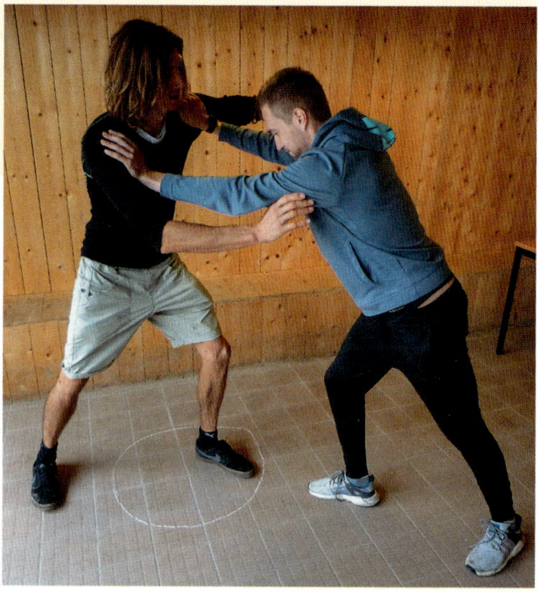

Streichholzspiele

Spiele im Raum, Spiele am Tisch

Denkspiel

ab 10 Jahre

beliebig

Streichhölzer, je nach Gruppengröße und Aufgabenstellung einige Schachteln, ein fester Tisch, eventuell Kurzzeitwecker oder Smartphone als Timer

Schulung des räumlichen Vorstellungsvermögens, Verbesserung der Konzentration, Schulung von geometrischen Figuren, Schulung von mathematischen Rechnungen

Streichholzspiele haben ihren Ursprung in China, wo die Ratespiele mit Holzstöcken durchgeführt wurden. Die Verwendung der Streichhölzer erlaubt den Einsatz in den unterschiedlichsten Umgebungen, einzig und allein eine feste Unterlage für die Streichhölzer, am besten ein Tisch, ist notwendig. Je nach Organisation können die Spielaufgaben innerhalb der Gruppe alleine, mit einem Partner oder mit Mannschaften durchgeführt werden. Hierbei ist darauf zu achten, dass die verschiedenen Teams nicht voneinander abschauen können. Für jede Aufgabe sollten die Spieler eine feste Zeitspanne, die auf einem Timer eingestellt wird, zur Verfügung haben, damit eine schnelle Lösung eines Mitspielers oder Teams nicht das Nachdenken der anderen verhindert. Wenn Paare oder Teams gegeneinander spielen, können zwei Punkte für die schnellste richtige Lösung und ein Punkt für die richtige Lösung innerhalb der vorgegebenen Zeitspanne verteilt werden.
Aus der Vielzahl von möglichen Ratespielen werden im Folgenden Streichholzspiele mit geometrischen Figuren (Quadrat und Dreieck), mit Zahlen (arabische und römische) sowie mit verschiedenen Gegenständen vorgestellt. Um dem Leser und späteren Spielleiter die Möglichkeit zu geben, die Streichholzaufgaben selbst zu durchdenken, werden die Lösungen separat hinter allen Streichholzspielen aufgeführt.

Falls keine Streichhölzer zur Verfügung stehen, können die Spiele auch mit Zahnstochern oder anderen gleich langen Gegenständen durchgeführt werden.

Falls sich Kleinkinder in der Nähe der Spieltische befinden, ist darauf zu achten, dass diese keinen Zugang zu den für sie gefährlichen Streichhölzern (Schluckgefahr) bekommen.

Streichholzspiele

Damit Sie die Aufgaben direkt im Buch zeigen können ohne die Lösungen zu verraten, finden Sie die Lösungen auf Seite 79 ff.

Streichholzspiele mit Quadraten

Aufgabe 1: Bewege zwei Streichhölzer so, dass aus der Figur fünf gleich große Quadrate entstehen!

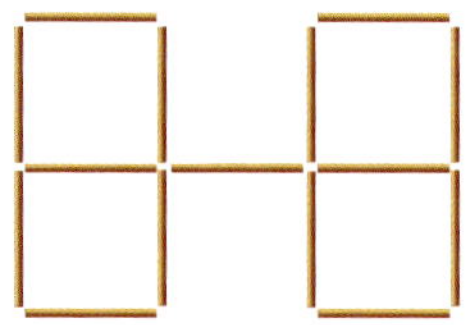

Aufgabe 2: Zwei Streichhölzer sollen so positioniert werden, dass vier gleich große Quadrate entstehen!

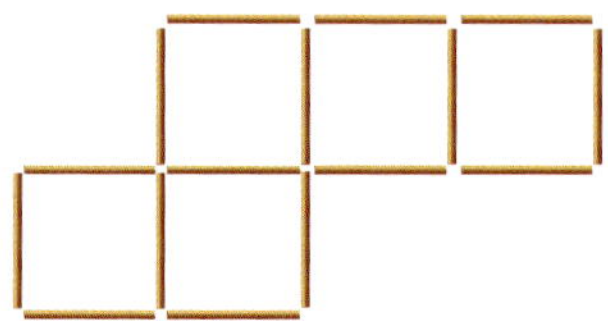

Aufgabe 3: Zehn Quadrate sollen durch das Bewegen von vier Streichhölzern erzeugt werden.

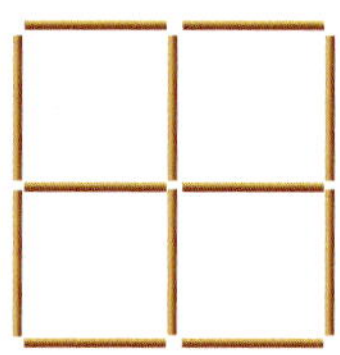

Aufgabe 4: Man kann durch das Bewegen von einem Streichholz zwei Quadrate erhalten.

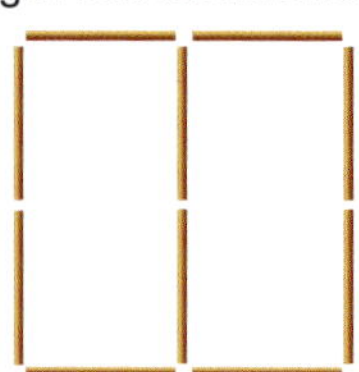

Aufgabe 5: Bewege nur zwei Streichhölzer, um fünf Quadrate zu bekommen!

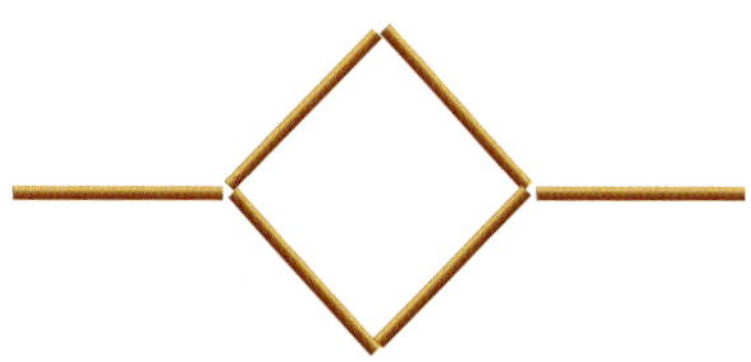

Streichholzspiele mit Dreiecken

Aufgabe 6: Wie erhält man fünf gleichseitige Dreiecke, wenn man nur drei Streichhölzer bewegen darf?

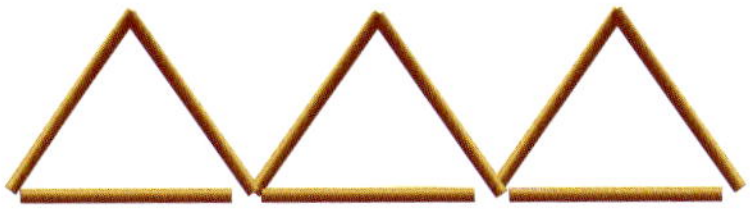

Aufgabe 7: Du darfst nur zwei Streichhölzer bewegen, damit zwei gleichseitige Dreiecke entstehen.

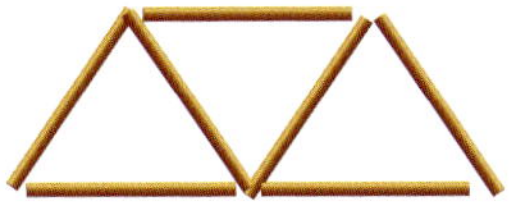

Aufgabe 8: Wie erhält man zwei gleich große Rauten, wenn man nur zwei Streichhölzer bewegen darf?

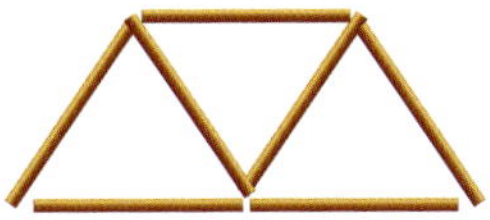

Aufgabe 9: Du darfst nur vier Streichhölzer bewegen, um einen Würfel zu erhalten.

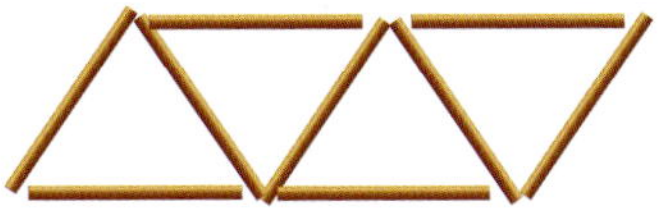

Aufgabe 10: Wie erhält man fünf gleichseitige Dreiecke, wenn nur vier Streichhölzer bewegt werden dürfen?

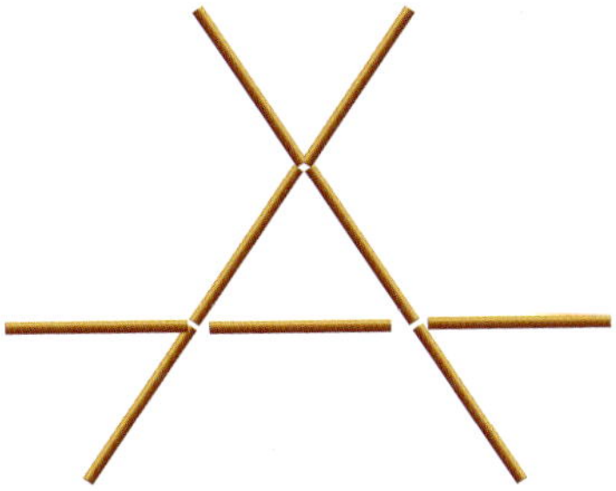

Streichholzspiele mit arabischen Zahlen

Aufgabe 11: Damit die Gleichung stimmt, darfst du nur ein Streichholz bewegen.

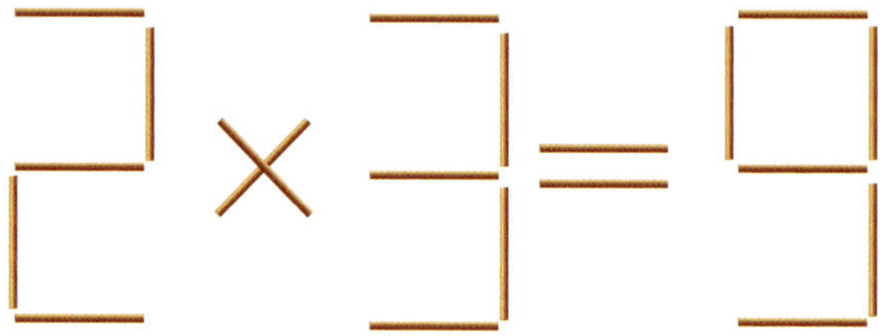

Aufgabe 12: Das Bewegen von zwei Streichhölzern genügt, damit die Gleichung richtig ist.

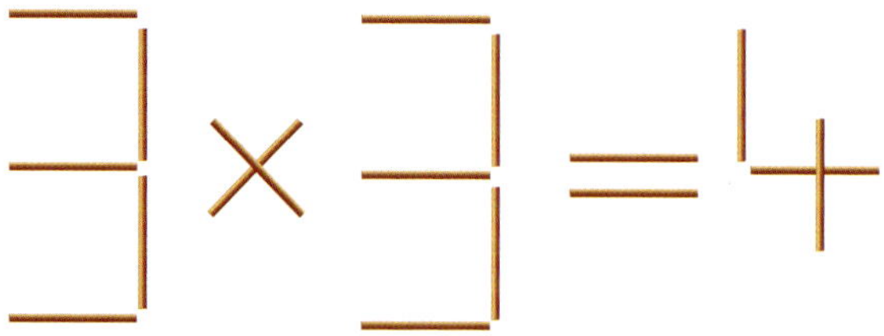

Aufgabe 13: Das Bewegen von zwei Streichhölzern genügt, damit die Gleichung richtig ist.

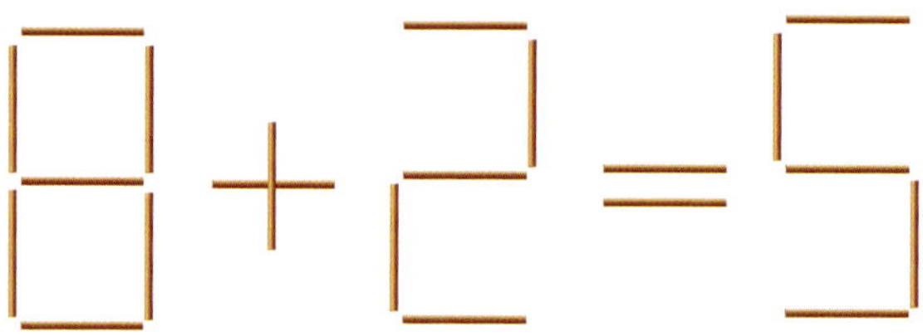

Aufgabe 14: Damit die Gleichung stimmt, darfst du nur zwei Streichhölzer bewegen.

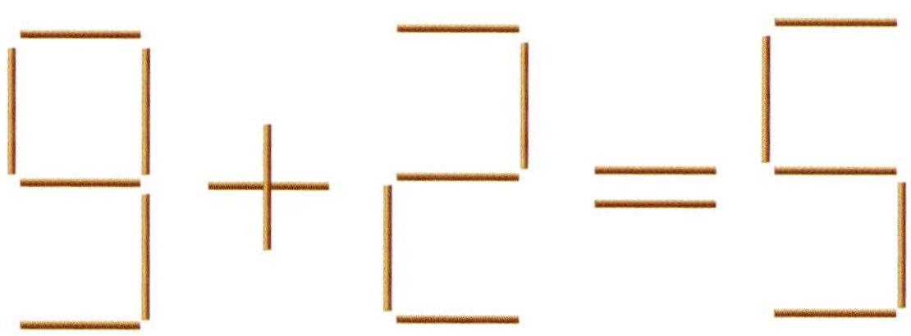

Aufgabe 15: Das Bewegen von einem Streichholz genügt, damit die Gleichung richtig ist.

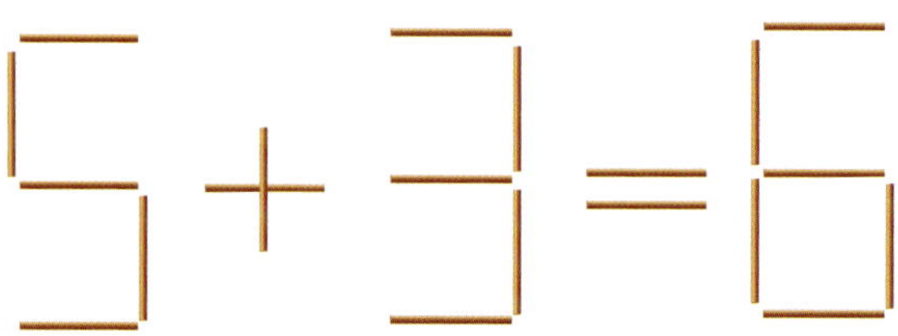

Streichholzspiele mit römischen Zahlen

Aufgabe 16: Du musst nur ein Streichholz bewegen, damit die Gleichung richtig ist.

V − I = IX

Aufgabe 17: Du musst nur ein Streichholz bewegen, damit die Gleichung richtig ist.

IV − II = V

Aufgabe 18: Durch Lageänderung eines Streichholzes stimmt die Gleichung.

VII + III = V

Aufgabe 19: Damit die Gleichung stimmt, musst du nur ein Streichholz bewegen.

X + III = V − II

Aufgabe 20: Damit die Gleichung richtig ist, muss man nur zwei Streichhölzer ändern.

X − VI = XX

Streichholzspiele mit Gegenständen

Aufgabe 21: Mit Änderungen von drei Streichhölzern schwimmt der Fisch nach rechts.

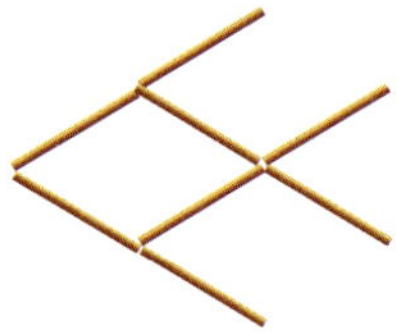

Aufgabe 22: Durch die Bewegung von zwei Streichhölzern liegt die Münze nicht mehr auf der Schaufel.

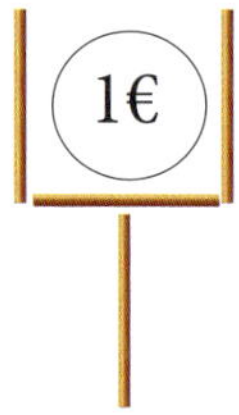

Aufgabe 23: Zwei Streichhölzer müssen bewegt werden, damit die Gabel nach unten zeigt.

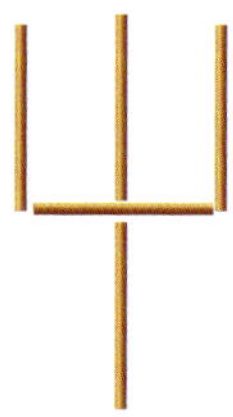

Aufgabe 24: Diese Schale kann man durch Änderung von vier Streichhölzern in einen Tannenbaum umwandeln.

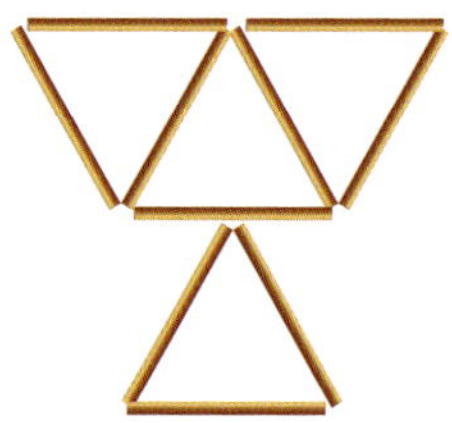

Aufgabe 25: Mit der Bewegung von zwei Streichhölzern kann man aus dieser Figur einen Hocker machen.

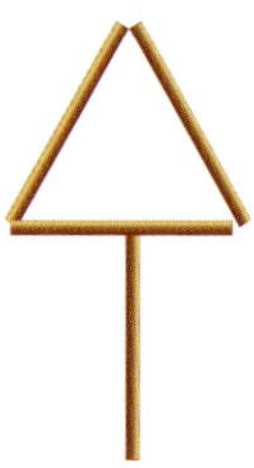

Lösungen zu den Streichholzspielen

Lösung zu Aufgabe 1:

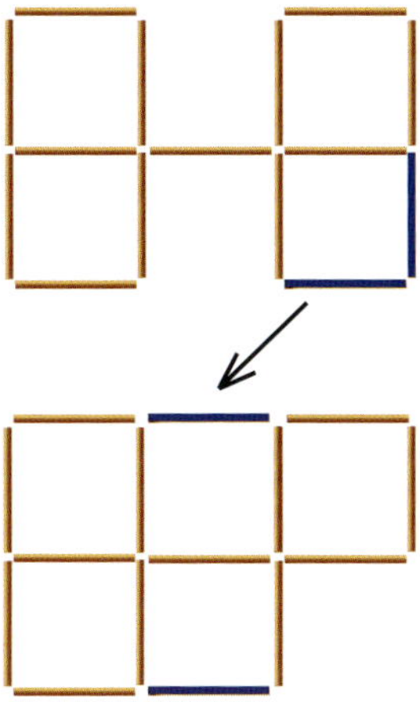

Lösung zu Aufgabe 2:

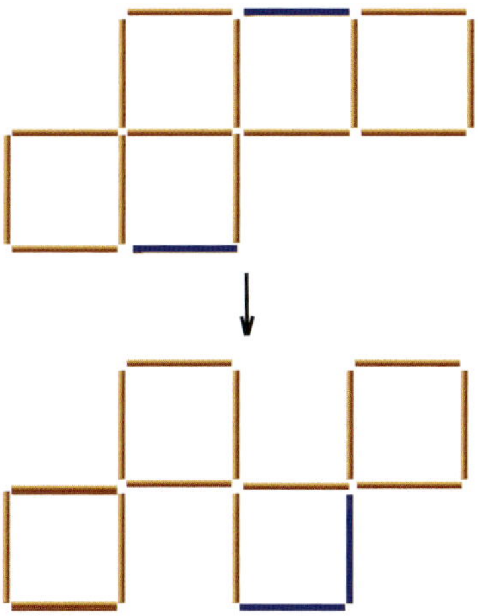

Lösung zu Aufgabe 3:

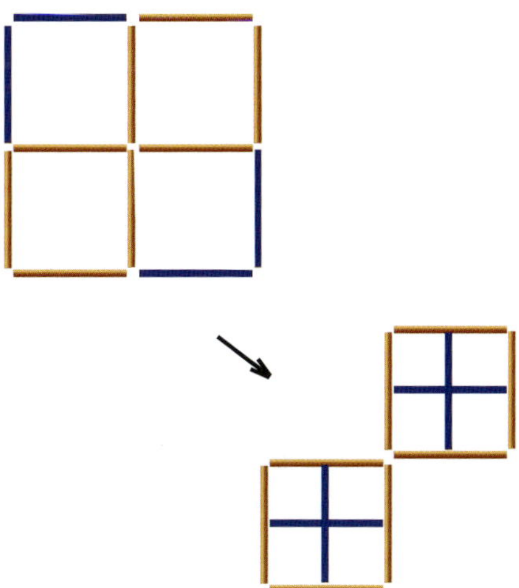

Lösung zu Aufgabe 4:

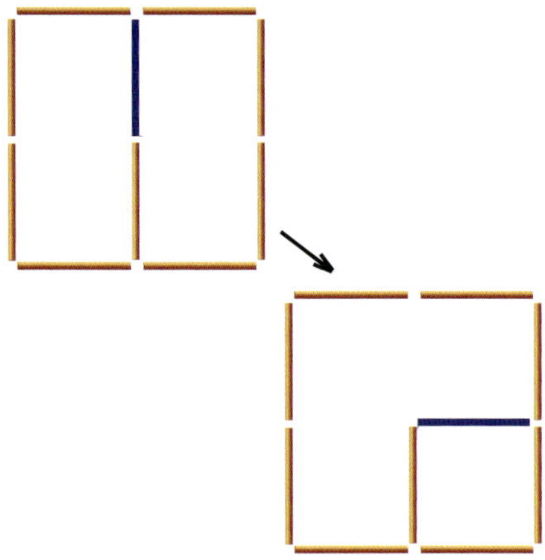

Lösung zu Aufgabe 5:

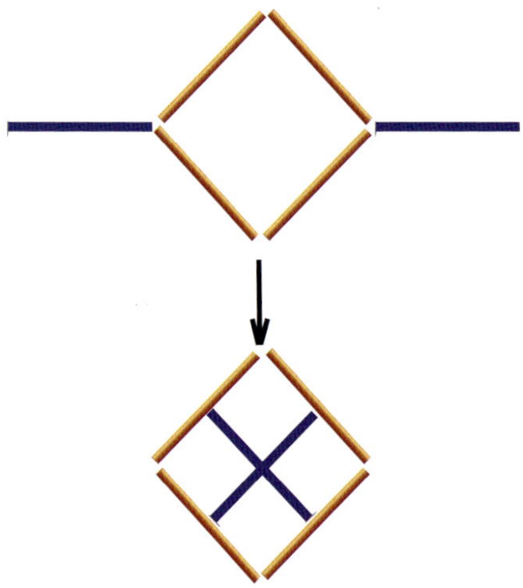

Lösung zu Aufgabe 6:

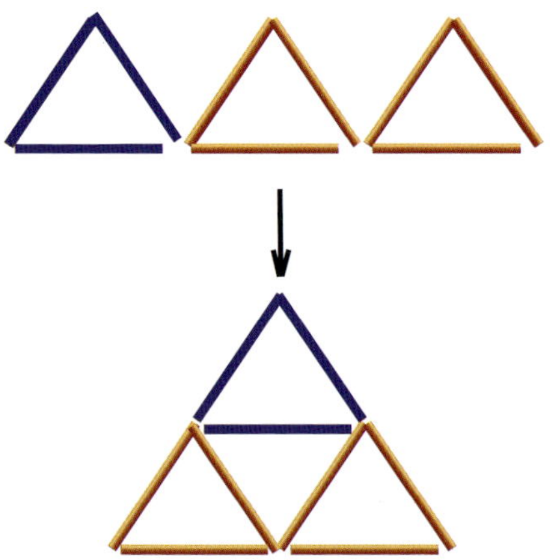

Lösung zu Aufgabe 7:

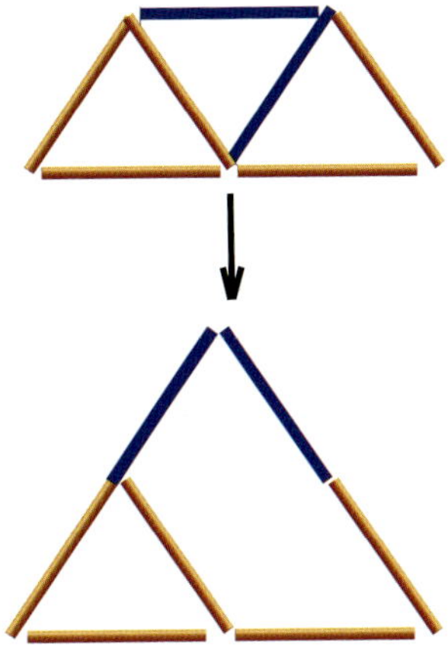

Lösung zu Aufgabe 8:

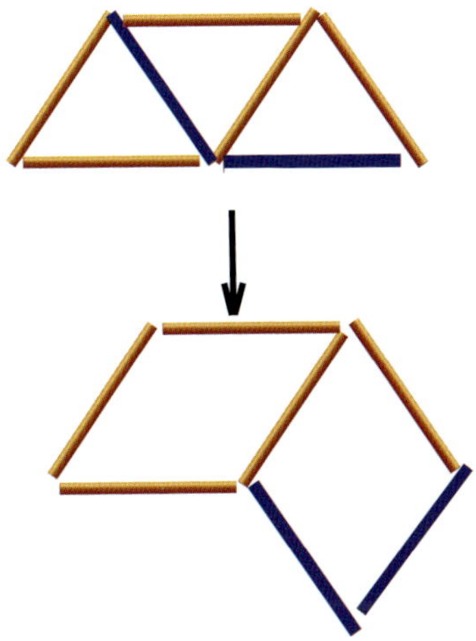

Lösung zu Aufgabe 9:

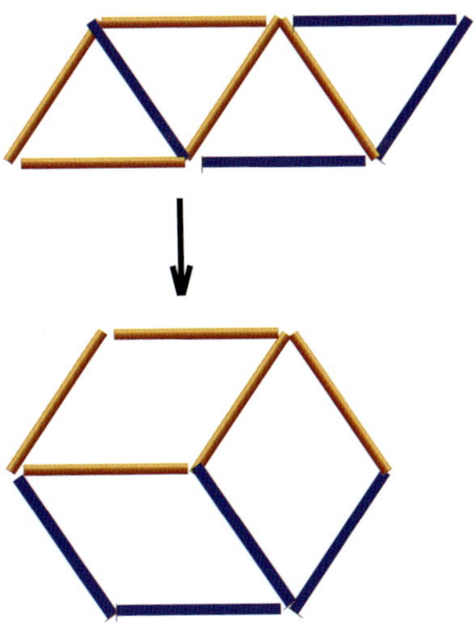

Lösung zu Aufgabe 10:

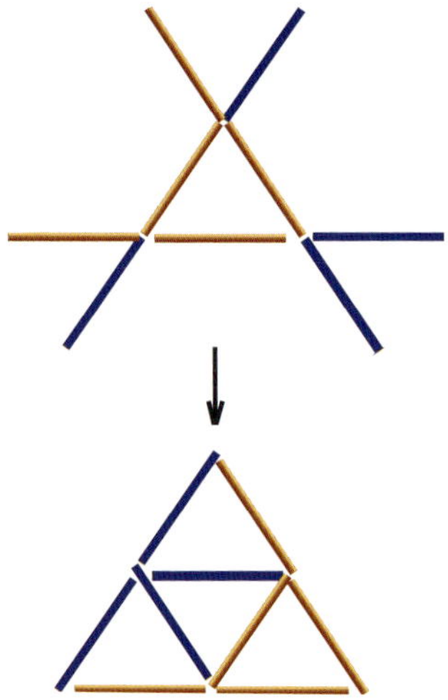

Lösung zu Aufgabe 11:

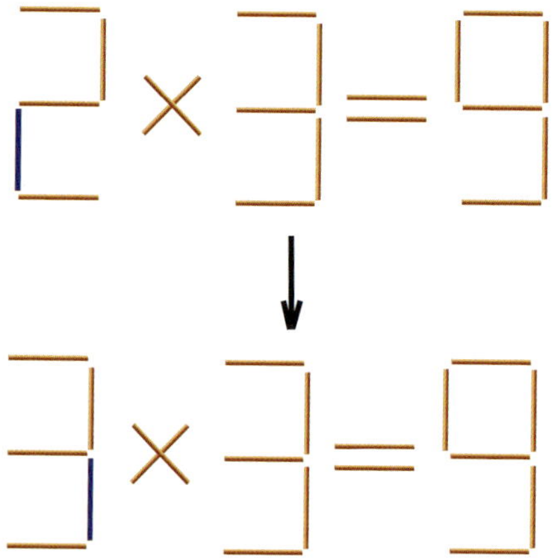

Lösung zu Aufgabe 12:

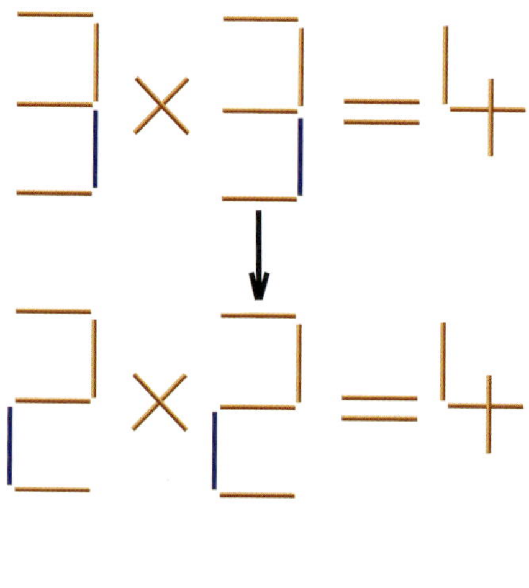

Lösung zu Aufgabe 13:

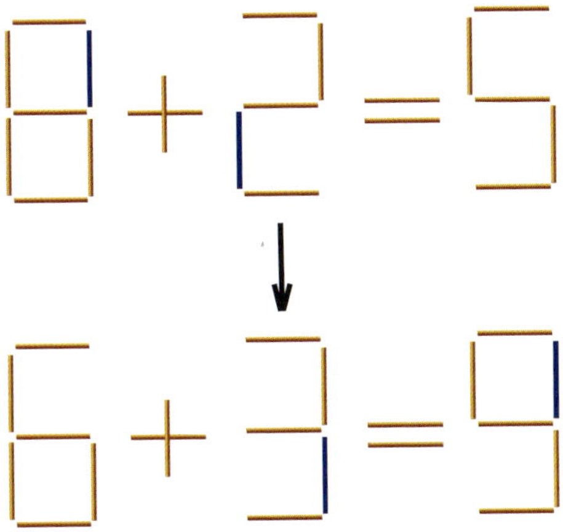

Lösung zu Aufgabe 14:

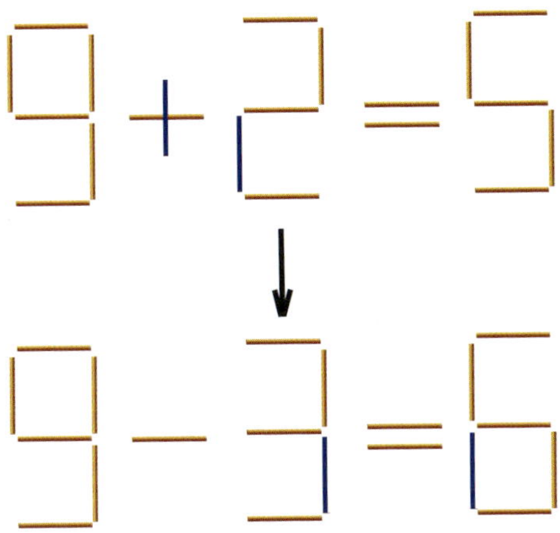

Lösung zu Aufgabe 15:

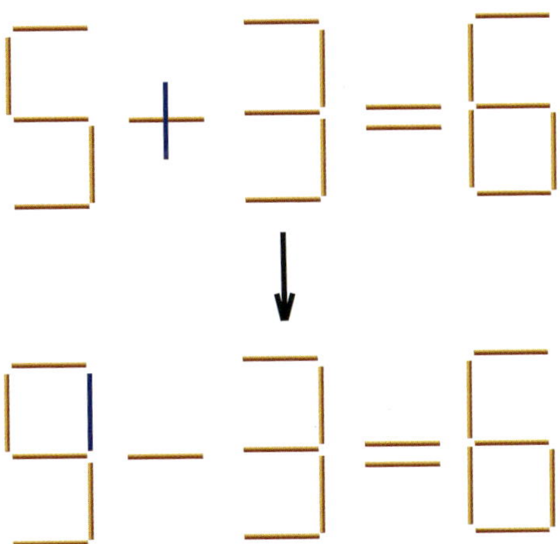

Lösung zu Aufgabe 16:

V − I = X

↓

X − I = IX

Lösung zu Aufgabe 17:

IV − II = V

↓

IV + I = V

Lösungen zu Aufgabe 18:
Möglichkeit a)

VII + III = V

↓

VIII − III = V

Möglichkeit b)

VII + III = V

↓

VII − III = IV

Lösung zu Aufgabe 19:

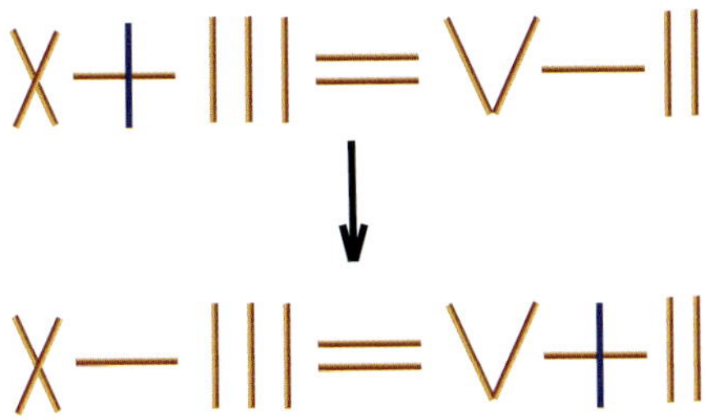

Lösung zu Aufgabe 20:

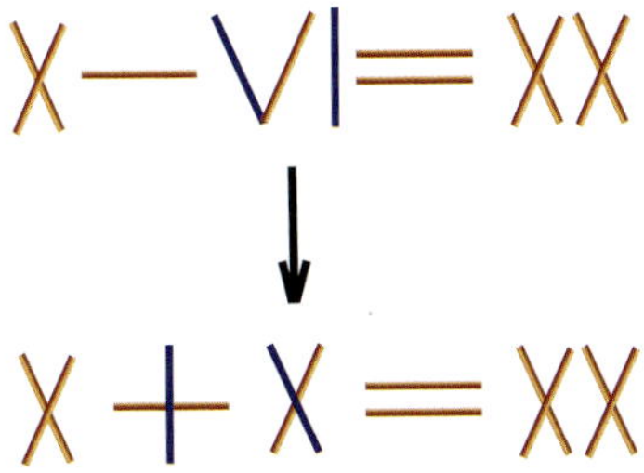

Lösung zu Aufgabe 21:

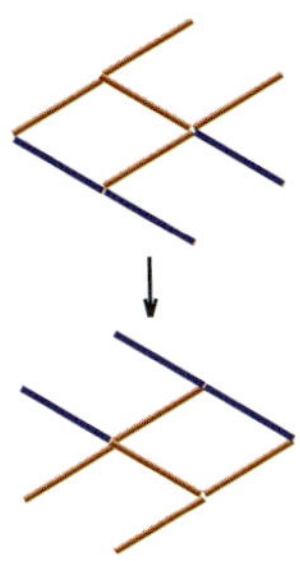

Lösung zu Aufgabe 22:

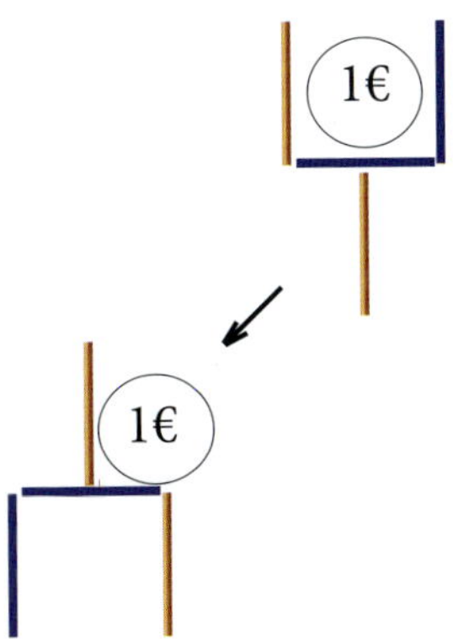

Lösung zu Aufgabe 23:

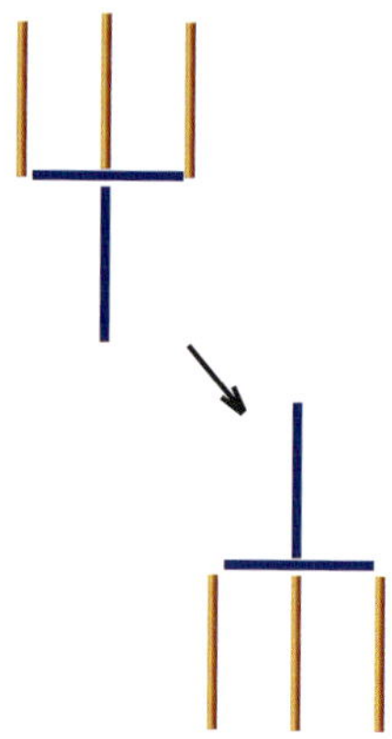

Lösung zu Aufgabe 24:

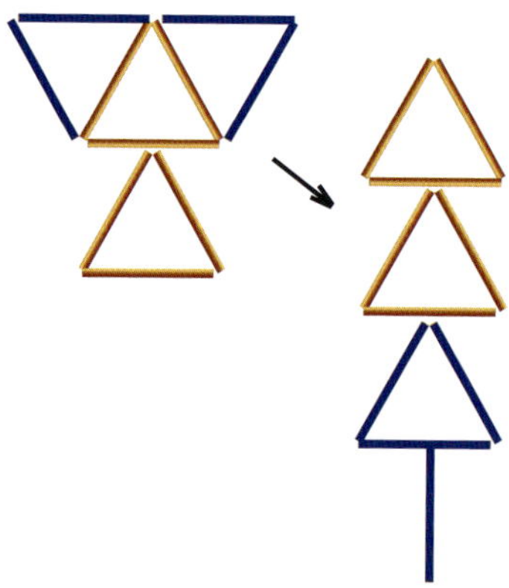

Lösung zu Aufgabe 25:

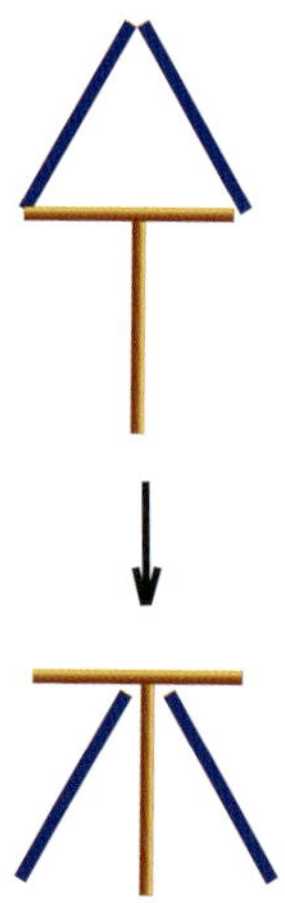

Stühle im Gleichgewicht

Spiele im Raum, Spiele im Freien, Spiele im Kreis stehend

Bewegungsspiel, Konzentrationsspiel, Geschicklichkeitsspiel

ab 10 Jahre

mindestens 4 Spieler

je Spieler ein Stuhl (Material Kunststoff)

Verbesserung der Reaktionsfähigkeit, Schulung der Geschicklichkeit

Die Gruppenmitglieder bilden einen Innenstirnkreis. Jeder hat seinen Stuhl auf die beiden vorderen Beine gestellt und hält ihn mit zwei Fingern der linken Hand im Gleichgewicht (siehe Foto). Auf Kommando des Spielleiters, der außerhalb des Kreises steht, geht jeder Spieler entgegen des Uhrzeigersinnes zum Stuhl seines Nachbarn weiter. Die Stühle dürfen dabei aber nicht umfallen, sodass schnell reagiert und der nächste Stuhl gefasst werden muss. Aufgabe ist es, dass jeder zu seinem ursprünglichen Stuhl wieder zurückkehrt, ohne dass ein Stuhl umgefallen ist.

Es können zwei Kreise gegeneinander spielen. Gewonnen hat das Team, welches die geringste Anzahl von „Stuhlumfallern" hat.
Das Spiel kann auch als Ausscheidungsspiel durchgeführt werden. Derjenige, der zu spät reagiert, nimmt den umgefallenen Stuhl aus dem Spiel und der Kreis wird kleiner.
Um die Schwierigkeit zu erhöhen, kann auch im schnellen Wechsel im und entgegen des Uhrzeigersinnes gespielt werden.

Der Spielleiter sollte immer das gleiche Kommando geben. Die Geschwindigkeit des Sprechens kann er aber variieren. Es empfiehlt sich ein Kommando mit Vorlauf, beispielsweise: „1, 2 und hopp". Bei „hopp" wird der Griffwechsel entgegen des Uhrzeigersinns und bei „1, 2 und hipp" im Uhrzeigersinn vollzogen.

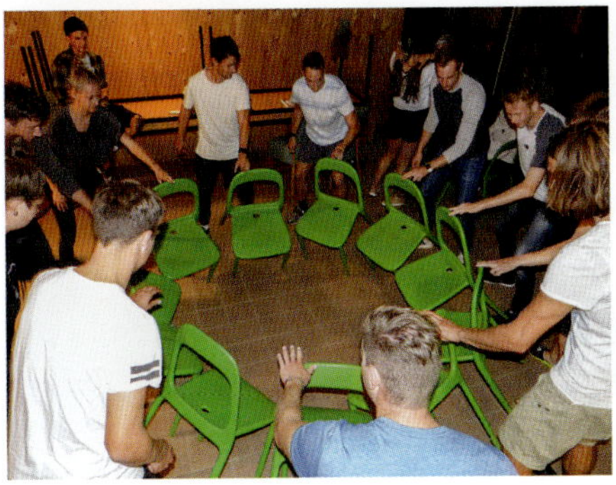

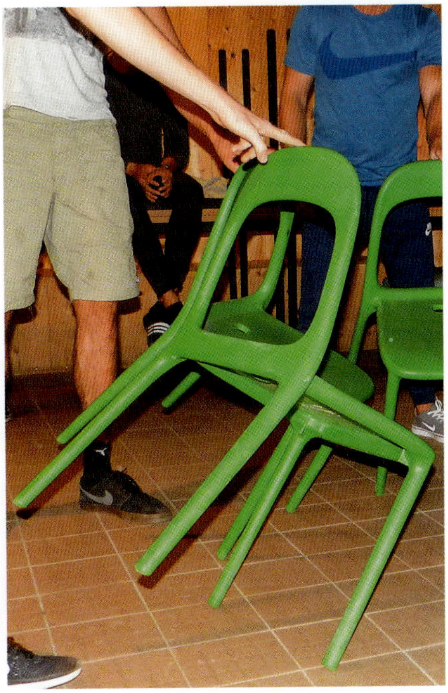

Tanz der Vampire

Spiele im Raum, Spiele ohne vorgegebene Bewegungsrichtung

Bewegungsspiel, Kooperationsspiel

ab 8 Jahre

mindestens 10 Spieler

je Spieler eine Augenbinde oder Schlafmaske

Schulung der Rücksichtnahme, Überwindung von Angstzuständen

Das Spiel findet in Transsilvanien im Schloss des Grafen Dracula statt. Es ist Abend und alle Gruppenmitglieder sind zum Ball des Grafen eingeladen worden. Da Graf Dracula ein Vampir und lichtscheu ist, wird das Licht im Ballsaal ausgeschaltet und niemand sieht etwas. Alle Teilnehmer des Balles tragen daher eine Augenbinde oder Schlafmaske und bewegen sich blind in einem festgelegten Raum. Der Spielleiter bestimmt einen Mitspieler zum Grafen Dracula, dessen Aufgabe es ist, andere Tänzer zu suchen und zu berühren. Wenn der Vampir Graf Dracula einen Tänzer findet und berührt, so stößt er einen Schrei aus und der Berührte wird auch zum Vampir mit den gleichen Spielaufgaben wie Graf Dracula. So wird die Anzahl der Vampire immer größer. Wenn sich jedoch zwei Vampire treffen und gemeinsam schreien, werden beide wieder zu lebendigen Menschen und verlassen die Gruppe der Vampire. Das Spiel wird entweder so lange gespielt bis alle zu Vampiren geworden sind oder der Spielleiter bricht mit dem Morgengrauen die Ballnacht ab.

Bei größeren Gruppen können zu Beginn auch mehrere Vampire (die Familie Dracula) gleichzeitig vom Spielleiter bestimmt werden.
Der Spielleiter kann Graf Dracula auch erst während des stattfindenden Balles festlegen, indem er einem Tänzer leise ins Ohr flüstert, dass er nun ein Vampir ist.

Da sich alle Spielteilnehmer blind im Raum bewegen, muss darauf geachtet werden, dass keine Gegenstände, die sich im Raum befinden, zu Verletzungen führen können. Eventuell müssen 2–3 Gruppenmitglieder und der Gruppenleiter, die alle sehen können, die Grenzen des Spielfeldes kontrollieren und bei Bedarf eingreifen.

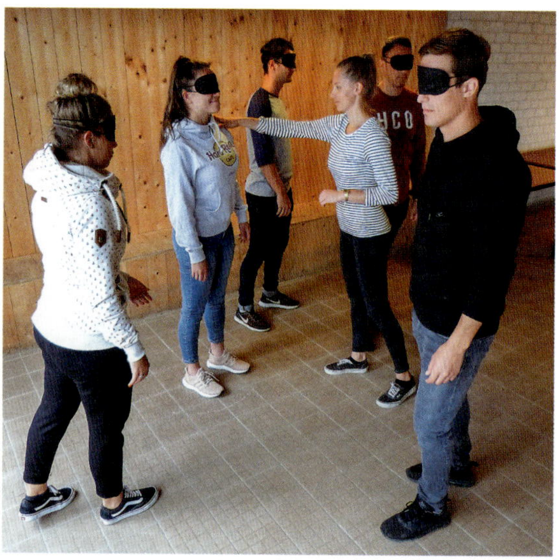

Transportstaffel

Spiele im Raum,
Spiele im Kreis sitzend

Geschicklichkeitsspiel

ab 6 Jahre

mindestens 10 Spieler

zwei kleine Gegenstände unterschiedlicher Farbe, beispielsweise ein grüner und ein roter Plastikflaschenverschluss

Schulung der Geschicklichkeit,
Spaß am Wettkampf

Die Spieler befinden sich in einem Sitzkreis und bekommen abwechselnd die Zahl 1 und 2 zugeteilt. Der Spielleiter, der zwischen einem Spieler mit 1 und einem Spieler mit 2 sitzt, hat einen roten und grünen Verschlussdeckel einer Plastikflasche in der Hand. Er gibt gleichzeitig den grünen Deckel an die Nummer 1 und den roten Deckel an die Nummer 2 zur anderen Seite weiter (siehe Foto). Die Deckel werden nun im Kreis herumgegeben, wobei der grüne Deckel nur von Spielern mit der Nummer 1 und der rote Deckel nur von Spieler mit der Nummer 2 weitergegeben werden darf. Das Team, welches als erstes seinen Deckel wieder zum Spielleiter gebracht hat, gewinnt das Spiel.

Anstatt die Gegenstände in entgegengesetzter Richtung weiter zu geben, können sie auch in gleicher Richtung im Kreis weitergereicht werden. Der Startabstand zwischen den Gegenständen sollte dann zwei Mitspieler groß sein und das Spiel ist beendet, wenn ein Gegenstand den anderen eingeholt hat.

Die Deckel dürfen nicht geworfen, sondern müssen mit der Hand weitergegeben werden.
Je kleiner die weiterzugebenden Gegenstände sind, desto schwieriger wird das Spiel.

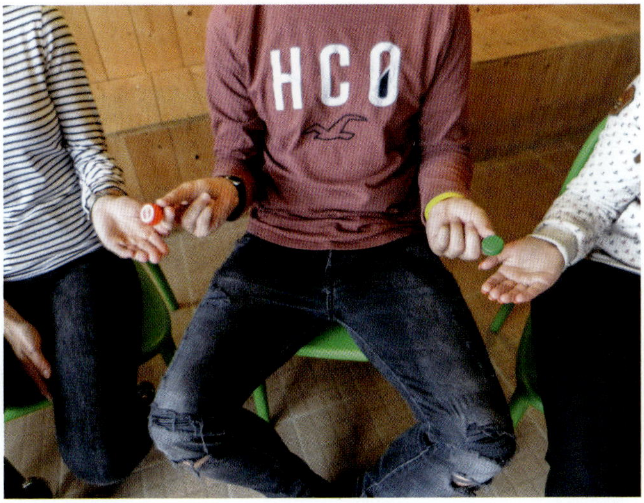

Verbindungsstifte

Spiele im Raum, Spiele im Freien, Spiele ohne vorgegebene Bewegungsrichtung

Bewegungsspiel, Konzentrationsspiel, Geschicklichkeitsspiel

ab 8 Jahre

beliebig

je Spieler ein Filzstift mit Verschlusskappe

Schulung der Geschicklichkeit, Verbesserung der Kooperationsfähigkeit, Schulung der nonverbalen Kommunikation

Der Spielleiter verteilt an jedes Gruppenmitglied einen Filzstift mit Verschlusskappe. Danach finden sich Paare zusammen, die mit ihren ausgestreckten Zeigefingern die Stifte mit angepasstem Druck gegeneinanderpressen, sodass sie nicht herunterfallen können (siehe Foto). Die Partner müssen hierbei aufeinander eingehen und sich anpassen. Nachdem die beiden Mitspieler sich sicher gegenüberstehen und nur die Stifte sie verbinden, versuchen beide einige Bewegungen auszuführen: Arme zur Seite strecken, in die Knie gehen usw.

Das Spiel kann auch mit geschlossenen Augen gespielt werden.
Durch das Abspielen von Musik kann ein zusätzlicher Reiz gegeben werden, auch ein kleines Tänzchen zu wagen.
Die Schwierigkeit kann gesteigert werden, indem drei oder vier Personen mit den Stiften verbunden werden.

Die Dicke der Filzstifte beeinflusst den Schwierigkeitsgrad des Spiels.
Zu Beginn des Spiels kann der Spielleiter mit einem Mitspieler das Spiel zur Anschauung demonstrieren.

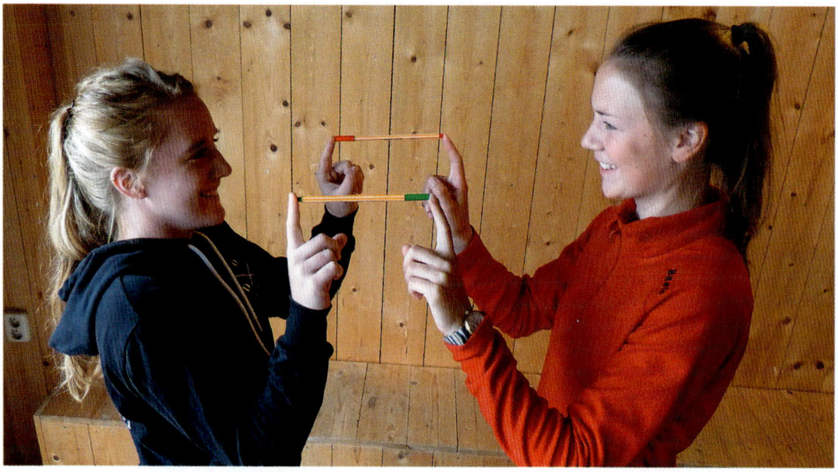

Verkehrsregelung

Spiele im Freien, Spiele ohne vorgegebene Bewegungsrichtung, Spiele mit vorgegebener Bewegungsrichtung

Bewegungsspiel, Konzentrationsspiel

ab 4 bis 10 Jahre

beliebig

Trillerpfeife

Verbesserung der Aufmerksamkeit, Verbesserung der Konzentration, Schulung der Reaktionsfähigkeit

Die Kinder stellen sich vor, dass sie Autos sind und an verschiedenen festgelegten Punkten im Freien auf ihrem Parkplatz stehen. Dann geht es los. Zuerst dürfen sie auf einem großen freien Platz im Freien wild durcheinanderlaufen (fahren). Dann plötzlich schreitet der Spielleiter als Verkehrspolizist ein und regelt den Verkehr. Mit einem Pfiff seiner Trillerpfeife gibt er das Kommando sich in Zweierreihen einzuordnen. Die so gebildete Autoschlange fährt dann auf die Kommandos des Polizisten, die jeweils mit einem Pfiff angekündigt werden, kontrolliert über den Platz. Mit „nach rechts abbiegen", „nach links abbiegen", „stopp, da kommt ein Zug von rechts" oder „wir müssen 5 Meter rückwärtsfahren" wird die Autoschlange über den Platz gelenkt. Mit „wir fahren durch eine Unterführung" müssen alle Teilnehmer in die Knie gehen und sich beim Gehen klein machen. Mit der Anweisung „zum Parkplatz fahren" begeben sich alle zu ihren Parkplätzen und das Spiel ist beendet.

Es können auch verschiedene Kleingruppen als Autokolonnen gebildet werden, die dann bei den Kommandos darauf achten müssen, nicht zusammenzustoßen.

Von den Spielteilnehmern muss Vorsicht und Rücksicht eingefordert werden, wie im richtigen Straßenverkehr.

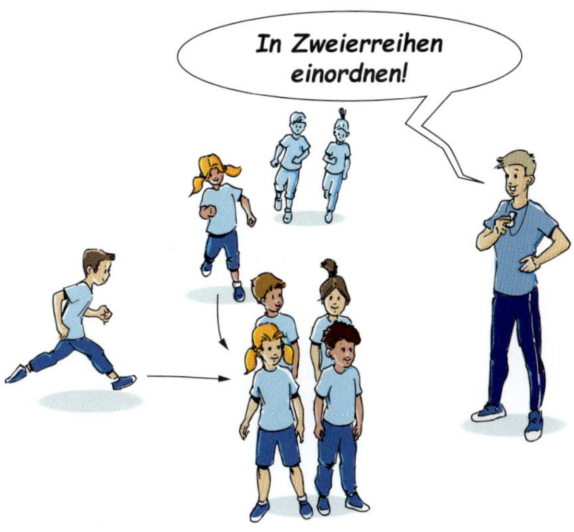

Versteckte Körperteile

Spiele im Raum, Spiele am Tisch

Denkspiel, Konzentrationsspiel

ab 10 Jahre

beliebig

je Mitspieler ein vorbereiteter Zettel und ein Stift

Verbesserung der Aufmerksamkeit, Schulung des Wortschatzes

Der Spielleiter verteilt an jeden Mitspieler einen Stift und einen Zettel auf dem verschiedene Wörter bzw. Sätze stehen. In den Sätzen oder Wörtern sind Körperteile und Organe des menschlichen Körpers versteckt, die von den Teilnehmern gefunden und mit dem Stift markiert werden müssen. Der Mitspieler, der die meisten Körperteile in einer vorher festgelegten Zeit findet, hat gewonnen. In den folgenden Wörtern ist beispielsweise jeweils ein Körperteil oder ein Organ versteckt:
Radarmessung, Grundschulterrain, gelungen, Rohrstock, Keller, Scherzfrage, Staugebiet, Schandmaul, Immundefekt, beinahe, Chorempore, Felsklippen, Bankniederlassung, bedrückend, Warmhaltekanne, Luftpioniere, Papierkleber usw.

Man kann auch Sätze mit den Wörtern bilden, dann wird es etwas schwieriger, da nicht klar ist, wo das gesuchte Wort versteckt ist. Beispielsweise: Aus dem Keller der Bankniederlassung kommt Frau Himmelreich, ein wahres Schandmaul und bringt eine Warmhaltekanne mit hoch. Beinahe wäre sie mit Herrn Müllerfein, der mit seinen Krücken und dem Rohrstock zu den naheliegenden Felsklippen gehen wollte, zusammengestoßen.

Beispiele	Lösungen
Radarmessung	Radarmessung
gelungen	gelungen
Rohrstock	Rohrstock
Keller	Keller
Scherzfrage	Scherzfrage
Staugebiet	Staugebiet
Schandmaul	Schandmaul
Immundefekt	Immundefekt
Chorempore	Chorempore
Felsklippen	Felsklippen
Luftpioniere	Luftpioniere
bedrückend	bedrückend
Papierkleber	Papierkleber

VIP-Puzzle

Spiele im Raum

Denkspiel, Konzentrationsspiel

ab 6 Jahre

beliebig

Beamer, Laptop, PowerPoint Software

Schulung der Beobachtungsfähigkeit, Verbesserung der Kombinationsfähigkeit

Der Spielleiter hat, mittels der Präsentationssoftware PowerPoint, Fotos von prominenten Personen des Umfeldes der Gruppenmitglieder in Puzzleteilen erstellt. Die Anleitung dazu findet man im Internet unter dem Begriff „Fotos in Puzzleteile mit PowerPoint erstellen". Je nach Gruppengröße werden die Mitglieder in Kleingruppen von ca. fünf Personen eingeteilt, die gegeneinander spielen. Mit Hilfe eines Beamers und PowerPoint wird das erste Puzzleteil eines Prominentenfotos vom Spielleiter auf die Leinwand geworfen. Jedes Teammitglied einer Gruppe kann mit dem Zuruf „Stopp" die Präsentation unterbrechen und laut sagen, welche Person er erkannt haben will. Hat er die Person erraten, bekommt die Gruppe einen Punkt. Wenn nicht, scheidet die Gruppe für diese Runde aus. Die einzelnen Puzzleteile werden nacheinander so lange aufgedeckt bis ein Team die Person erraten hat. Danach geht es in die zweite Runde und ein neues Foto wird präsentiert. Je nach Anzahl der passenden Teile, die vom Spielleiter vorher bestimmt worden ist, kann das Erraten einer Person länger oder kürzer dauern. Auch die Reihenfolge der Puzzleteile, die aufgedeckt werden, ist für den zeitlichen Verlauf des Spiels und die Schwierigkeit entscheidend. Gewonnen hat das Team, welches die meisten Punkte gesammelt hat.

- Neben wichtigen Personen können auch bekannte Gebäude oder Städte als Puzzle präsentiert werden.
- Nur ausgewählte Teamchefs dürfen die Personen oder Gegenstände erraten.
- Jedes Gruppenmitglied kommt der Reihe nach zum Raten dran.
- Das Ausscheiden einer Gruppe beim fehlerhaften Erraten kann auch durch einen Minuspunkt ersetzt werden, sodass alle Gruppen immer im Spiel sind.
- Die Präsentation kann vom Spielleiter, wie in einer Quizshow, auch mit Musik in PowerPoint begleitet werden. Er unterbricht dann immer die Musik, wenn ein Gruppenmitglied „Stopp" gerufen hat und den vermuteten Namen der Person nennt.

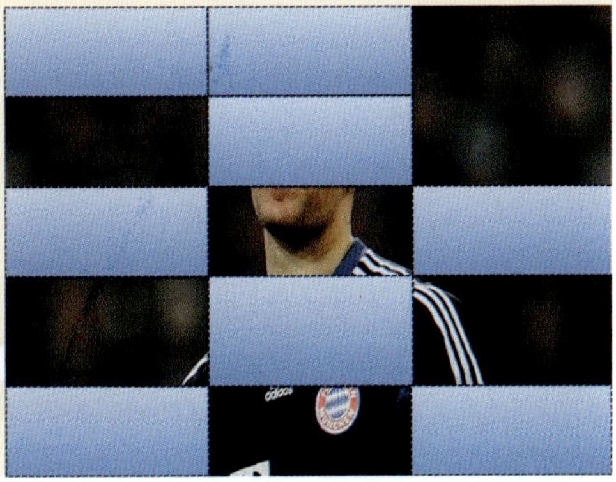

Die Auswahl der Fotos sollte der Altersgruppe angepasst sein.

Visitenkarten

Spiele im Raum,
Spiele im Kreis sitzend

Kennenlernspiel

ab 8 Jahre

mindestens 5 Spieler,
höchstens 30 Spieler

Karteikarten und Stifte

Kennenlernen des Vornamens

Jedes Gruppenmitglied schreibt seinen Vornamen auf eine Karteikarte. Der Spielleiter nimmt die Karten an sich, mischt sie durch und liest einen beliebigen Vornamen vor. Die Gruppe einigt sich auf eine Person, die zu dem Namen passen könnte: „Der sieht aus wie ein Peter“. Dieser bekommt dann die Visitenkarte in die Hand gedrückt. Nachdem alle Visitenkarten auf diese Art und Weise verteilt worden sind, stehen die Personen auf, bei denen der Vorname stimmt. Danach werden der Reihe nach die verschiedenen Karteikarten den dazugehörigen Personen gegeben, die dann auch aufstehen können. Zum Schluss hat jeder sein eigenes Namensschild bekommen.

Falls sich einige Gruppenmitglieder mit dem Vornamen schon kennen, müssen diese sich bei der Abstimmung, welche Visitenkarte zu welcher Person gehört, enthalten.

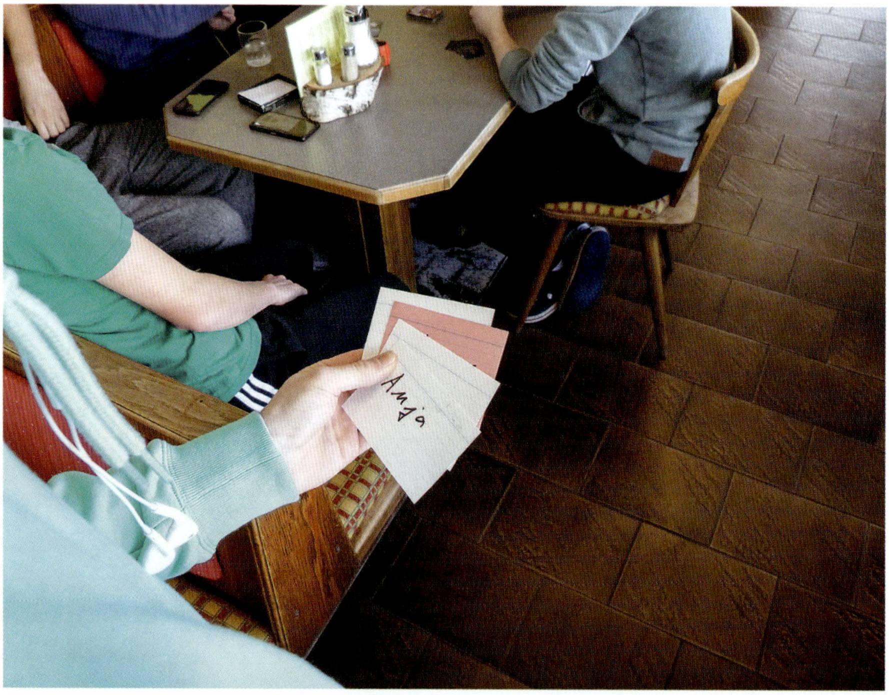

Vor und zurück

Spiele im Freien,
Spiele im Kreis stehend

Bewegungsspiel,
Kooperations- und Vertrauensspiel

ab 6 Jahre

mindestens 4 Spieler,
höchstens 16 Spieler

keine

Schulung der Körperspannung,
Verbesserung der Teamfähigkeit

Die Gruppe wird vom Spielleiter in Teams mit einer geraden Anzahl von Mitspielern geteilt. Sie bekommen die Aufgabe, sich an den Händen zu fassen und stehend einen Kreis zu bilden. Mit gestreckten Armen versucht nun abwechselnd der eine Spieler sich nach vorne und der andere sich nach hinten zu lehnen. Mit einer guten Absprache zwischen den Spielern ist es möglich das Gleichgewicht zu halten und einen stabilen Kreis zu bilden.

- Die Gruppenmitglieder entscheiden selbst, wie sich die einzelnen Personen im Kreis verteilen.
- Wenn die Gruppengröße es zulässt und mehrere Kreise gebildet werden können, kann auch ein Wettkampf stattfinden. Gewonnen hat das Team, welches am längsten das Gleichgewicht halten kann.
- Um die Schwierigkeit zu erhöhen, kann auch ein permanenter Wechsel der Positionen der einzelnen Spieler stattfinden, d. h. alle Spieler, die sich zurückgelehnt haben, gehen langsam in die Position nach vorne und umgekehrt, ohne dass der Kontakt zwischen den Händen gelöst wird.

Bei einer ungeraden Anzahl von Spielern im Kreis ist es schwierig das Gleichgewicht zu halten, da sich zwei Personen in die gleiche Richtung bewegen müssen. Hier sollten dann zwei leichte Personen nebeneinanderstehen oder eine Person kommt als Mitbeobachter zum Spielleiter.
Da es bei diesem Spiel öfters zum Auseinanderbrechen des Kreises und zu Stürzen kommt, ist darauf zu achten, dass der Boden, auf dem die Mitspieler stehen, weich ist.
Der Spielleiter sollte weiterhin darauf achten, dass körperlich sehr unterschiedliche Mitspieler nicht direkt nebeneinander stehen.

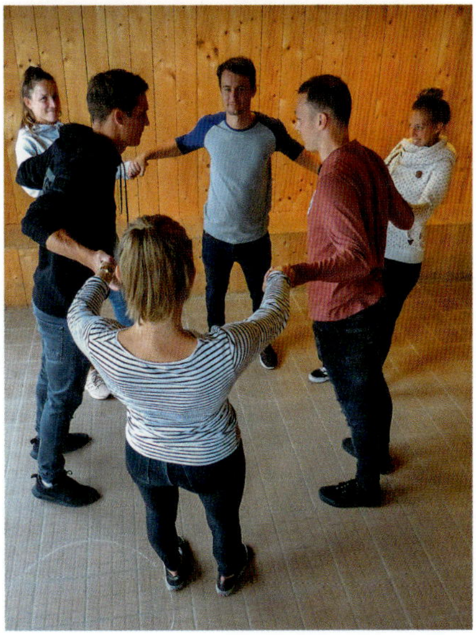

Vorlieben

Spiele im Raum,
Spiele im Kreis sitzend

Bewegungsspiel, Kennenlernspiel

beliebig

beliebig

je Spieler ein Stuhl

Kennenlernen der Vorlieben der Gruppenmitglieder

Alle Spieler sitzen im Kreis auf ihrem Stuhl. Der Spielleiter beginnt. Er steht von seinem Stuhl auf und sagt, was er gerne mag: „Ich liebe Spaghetti". Alle anderen Spieler, die die gleiche Vorliebe haben, stehen auch auf. Die Teilnehmer, denen Spaghetti egal sind, bleiben auf ihrem Stuhl sitzen. Diejenigen aus der Gruppe, die keine Spaghetti mögen, setzen sich vor den Stuhl. Danach beginnt der nächste im Stuhlkreis und nennt seine Vorlieben.

Die Vorlieben können sich auch auf Hobbys, Bekleidung, Tiere, Bücher, Musik, Sportarten usw. beziehen.

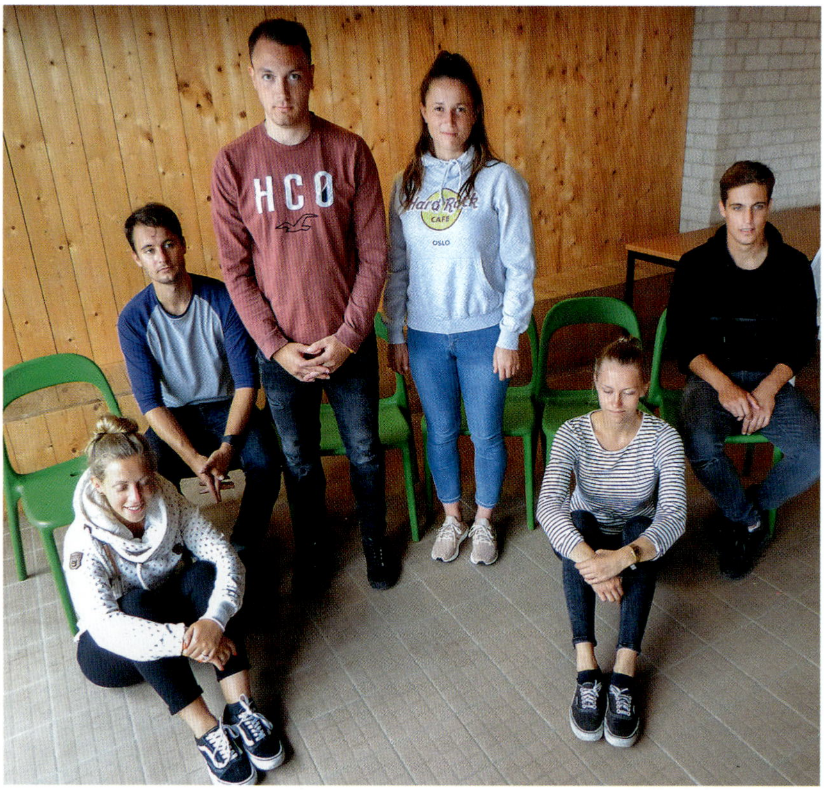

Wer bin ich?

Spiele im Raum, Spiele im Freien, Spiele ohne vorgegebene Bewegungsrichtung

Denkspiel, Kommunikationsspiel

ab 8 Jahre

beliebig

je Gruppenmitglied drei Haftzettel

Kontaktaufnahme untereinander, Entwicklung von Fragetechniken

Der Spielleiter hat je Mitspieler drei Haftzettel vorbereitet, auf denen bekannte Persönlichkeiten des öffentlichen Lebens stehen. Zu Beginn bekommt jeder Gruppenteilnehmer vom Spielleiter einen Haftzettel auf die Stirn geklebt. Den Namen, der dort steht, darf der Besitzer nicht gesehen haben. Er muss nun zu einem anderen Mitspieler gehen und durch drei geschickte Fragen herausbekommen, wer er ist. Der Gefragte darf aber nur mit „Ja" oder „Nein" antworten. Falls er schon eine Vermutung hat, darf er dem Befragten dies mitteilen. Wer erraten hat, wer er ist, geht zum Spielleiter und holt sich dort einen weiteren Namen ab, der wiederum auf die Stirn geklebt wird. Der vorher erratene Name wird auf die Brust geklebt. Falls man sich nach drei Fragen noch immer unschlüssig ist, geht man zu einem weiteren Mitspieler und fragt diesen. Wer nach einer bestimmten Zeit die meisten Namen an seine Brust geheftet hat, ist der Sieger.

Je nach Spielverlauf und Gruppengröße kann auch nur mit einem Haftzettel je Person gespielt werden. Wer sich erraten hat, kann dann genüsslich den anderen Spielern zuschauen.

Falls einige Mitspieler Schwierigkeiten haben, geeignete Fragen zu stellen, kann der Spielleiter ihnen helfen und Vorschläge unterbreiten.

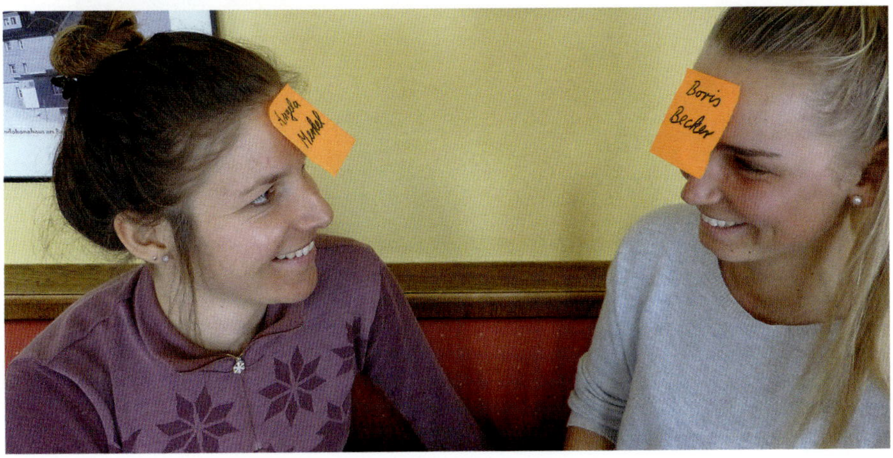

Wer gehört zu mir?

Spiele im Raum, Spiele im Freien, Spiele im Kreis stehend, Spiele ohne vorgegebene Bewegungsrichtung

Kommunikationsspiel, Konzentrationsspiel

beliebig

mindestens 10–12 Spieler, höchstens 20 Spieler

eine Augenbinde je Spieler

Schulung der Kreativität, Verbesserung der Konzentration

Es finden sich Zweier- oder Dreiergruppen zusammen. Jede Gruppe vereinbart ein bestimmtes akustisches Erkennungszeichen (Geräusche oder Tierstimmen). Alle Mitspieler erhalten eine Augenbinde, werden vom Spielleiter gemischt und müssen nach einem Startzeichen ihre Partner suchen. Als Zeichen, dass sie sich gefunden haben, halten sie sich an ihren Händen fest.

Es ist darauf zu achten, dass keine Gegenstände im Wege stehen an denen man sich verletzen bzw. die man beschädigen könnte.

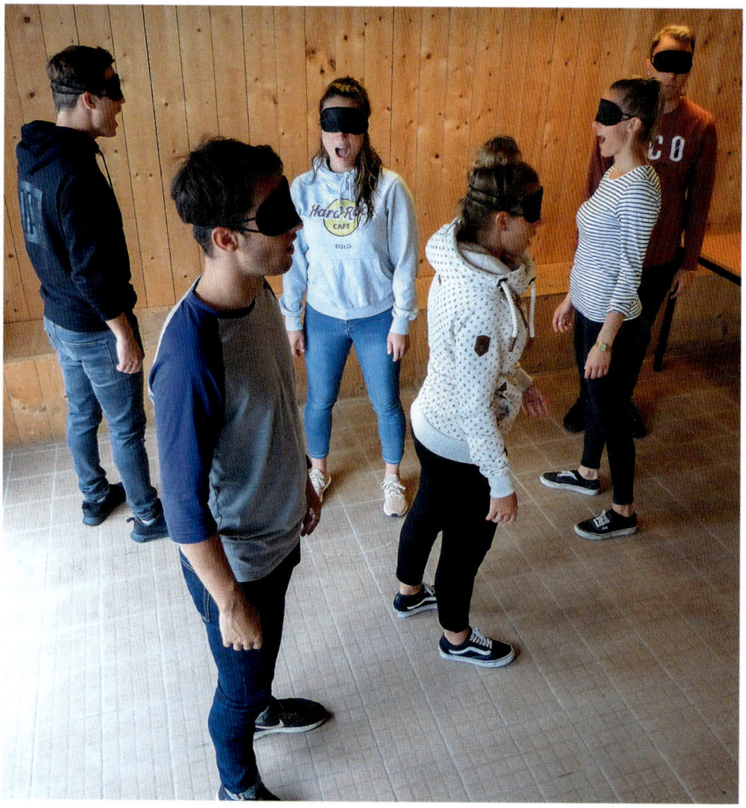

Wer ist es?

Spiele im Raum,
Spiele im Kreis sitzend

Kennenlernspiel

ab 10 Jahre

mindestens 5 Spieler,
höchstens 20 Spieler

Zettel und Stifte

Kennenlernen der Gruppenmitglieder

Jeder erhält einen Zettel, schreibt darauf seinen Namen und fünf besondere Merkmale oder Eigenschaften. Anschließend liest der Spielleiter die einzelnen Zettel vor und die Mitspieler müssen erraten, um welche Person es sich handelt.

Lea
- blond
- lustig
- mittelgroß
- blaue Augen
- unsportlich

Zeitungsspaziergang

Spiele im Raum, Spiele mit vorgegebener Bewegungsrichtung

Bewegungsspiel, Konzentrationsspiel

ab 6 Jahre

höchstens 30 Spieler

je Mitspieler ein Zeitungsblatt, ein Musikinstrument (Flöte, Klavier usw.) oder ein Smartphone in Verbindung mit einem Bluetooth Lautsprecher

Schulung der Konzentration, Verbesserung der Körperbeherrschung

Die Zeitungsbögen sind am Boden mit genügend Abstand in Kreisform verteilt worden. Wenn die Musik erklingt, bewegen sich die Gruppenmitglieder im Kreis und versuchen dabei auf die Zeitungsbögen zu treten. Wenn der Spielleiter plötzlich die Musik beendet, müssen die Spieler mit beiden Füßen auf einem Blatt Papier stehen, ansonsten scheiden sie aus. Sie können dann dem Spielleiter bei der Entscheidung helfen, wer in der nächsten Runde die Aufgabe nicht erfüllt hat. Derjenige, der übrig bleibt, hat gewonnen.

Wer ausscheidet nimmt einen Papierbogen mit aus dem Spiel.

Für die Durchführung des Spiels ist bei entsprechender Gruppengröße ein großer Raum notwendig.

Zu zweit ist man stark

Spiele im Raum, Spiele im Freien, Spiele ohne vorgegebene Bewegungsrichtung

Bewegungsspiel, Kooperations- und Vertrauensspiel

ab 8 Jahre

mindestens 15 Spieler

keine

Verbesserung der Kooperation, Bewegungsdrang stillen

Aus der Gruppe werden vom Spielleiter zwei Fänger ausgewählt. Diese starten jeweils von zwei gegenüberliegenden Ecken des Spielfeldes. Sie haben die Aufgabe zwei Mitspieler abzuschlagen, die dann ihre Aufgaben übernehmen. Erschwert wird das Abschlagen dadurch, dass dies nur zu zweit gelingen kann. Sie müssen sich deshalb erst einmal zusammenfinden und dann, an den Händen gefasst, gemeinsam ihre Mitspieler verfolgen. Erschwert wird das Zusammenfinden dadurch, dass sich die anderen Mitspieler ihnen in den Weg stellen. Diese dürfen aber dabei ihre Hände nicht benutzen. Wenn die ersten beiden Mitspieler abgeschlagen worden sind, werden die Rollen gewechselt und das Spiel startet in den gegenüberliegenden Ecken erneut.

Das Fangspiel kann auch ohne Rollenwechsel stattfinden, dann müssen die ersten beiden Fänger alle Gruppenmitglieder abschlagen. Die abgeschlagenen Spieler werden dann selbst zu Fängern.
Wenn die Gruppengröße mehr als 30 Personen beträgt, kann auch mit vier Fängern aus jeder Ecke des Spielfeldes gestartet werden.

Der Spielleiter muss darauf achten, dass das Zusammenfinden der beiden Fänger nur durch Kettenbildung und Abdrängen von Seiten der Mitspieler geschehen darf. Das Stoßen mit den Händen ist verboten.
Das Spielfeld sollte durch Markierungen klar erkennbar sein.
Je nach Aggressionspotenzial in der Gruppe sollte das Abdrängen vorher thematisiert werden, damit es nicht zu Verletzungen kommen kann.

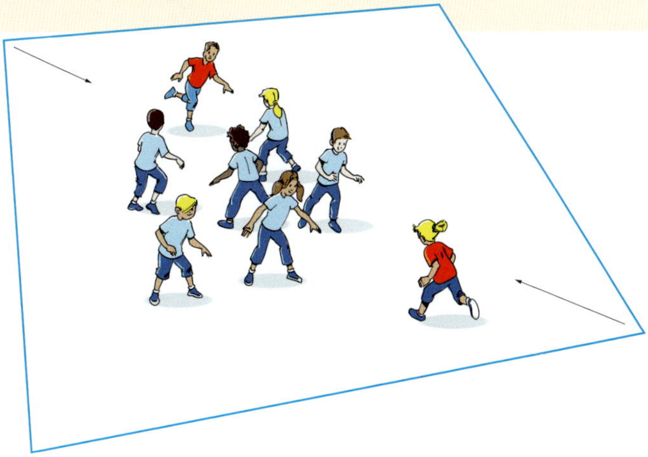

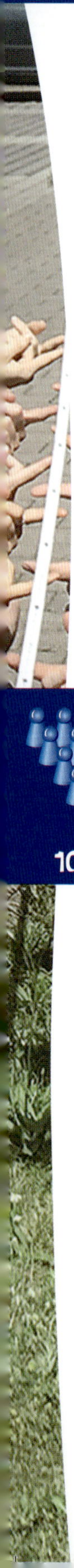

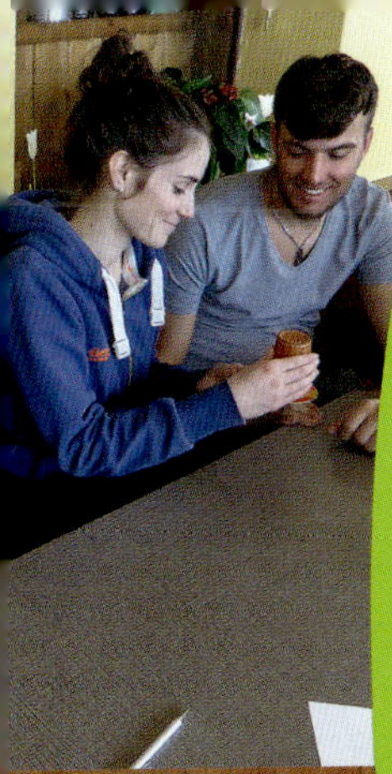
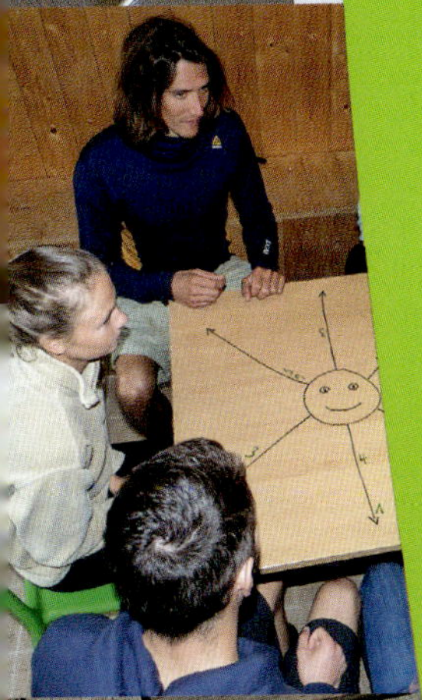
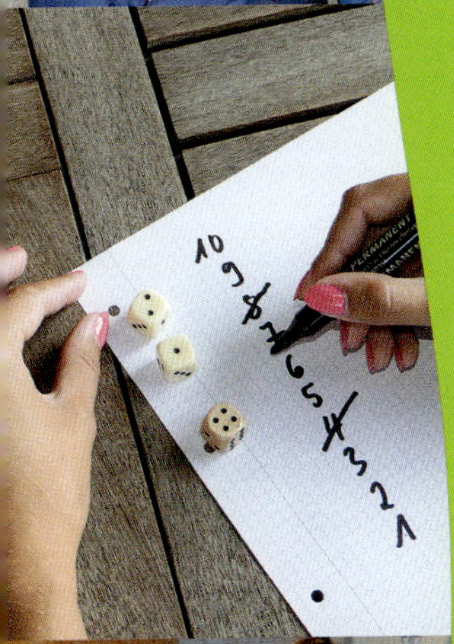
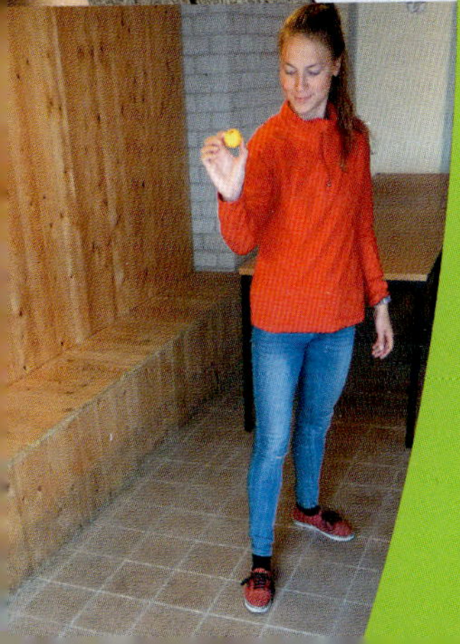

Alle Gruppenmitglieder sind nacheinander aktiv

Bei dieser gruppenpädagogischen Organisationsform spielen die einzelnen Mitglieder einer Gesamtgruppe das Gleiche nacheinander. Sie treten dabei für eine kurze Zeitspanne in den Mittelpunkt des Spiels, um danach wieder in den Schutz der Gruppe zurückkehren zu können. Die Situation, in der sie sich „zur Schau stellen", ist absehbar und häufig ohne Konsequenzen für den einzelnen exponierten Mitspieler.

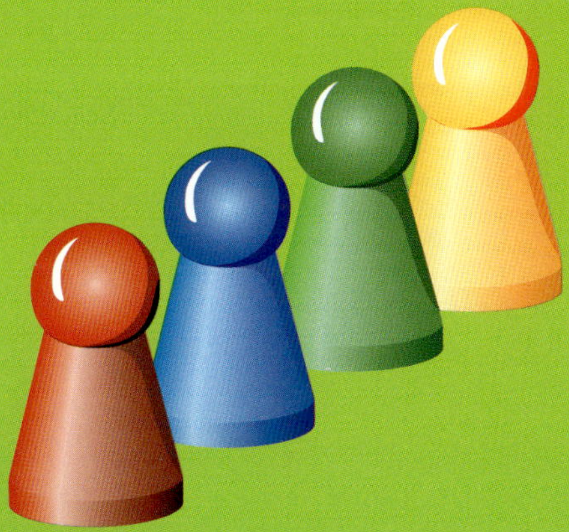

21 gewinnt

Spiele im Raum, Spiele im Kreis sitzend, Spiele am Tisch

Denkspiel, Würfelspiel

ab 8 Jahre

mindestens 3 Spieler, höchstens 10 Spieler

ein Würfel, eventuell ein Würfelbecher und Bierdeckel, Stift und Papier

Spaß am Würfelspiel, Verbesserung des Kopfrechnens

Alle Spieler sitzen an einem Tisch und würfeln einmal der Reihe nach. Die einzelnen geworfenen Würfelaugen werden zusammengezählt. Wer mit seinem Wurf genau die Endsumme 21 erreicht, hat das Spiel gewonnen. Wer über 21 kommt, scheidet in dieser Runde aus und es wird weitergewürfelt. Jeder entscheidet selbst, ob er noch würfeln möchte oder ihm die bisher geworfenen Augen reichen. Man kann auch mit 18 Augen gewinnen.
Beispiel: Mein Sitznachbar hat 18 gewürfelt, nun entscheide ich, dass ich nicht mehr würfele und nehme die 18 für mich mit. Der Nächste, der an der Reihe ist, würfelt eine 4 und scheidet aus. Wenn alle nachfolgenden Spieler 4 oder mehr würfeln, habe ich gewonnen. Wenn jemand eine 1 oder 2 würfelt, kann ich, falls zwischendurch niemand eine 3 gewürfelt hat, d. h. 21 erzielt hat, nochmals würfeln und versuchen selbst auf 21 zu kommen. Wenn dies nicht gelingt, habe ich verloren. Die Sieger der einzelnen Runden bekommen einen Punkt. Die Anzahl der Runden richtet sich nach der Gruppengröße.

Falls kein Tisch vorhanden ist, kann auch mit einem Würfelbecher und einem Bierdeckel in einem Stuhlsitzkreis gespielt werden.

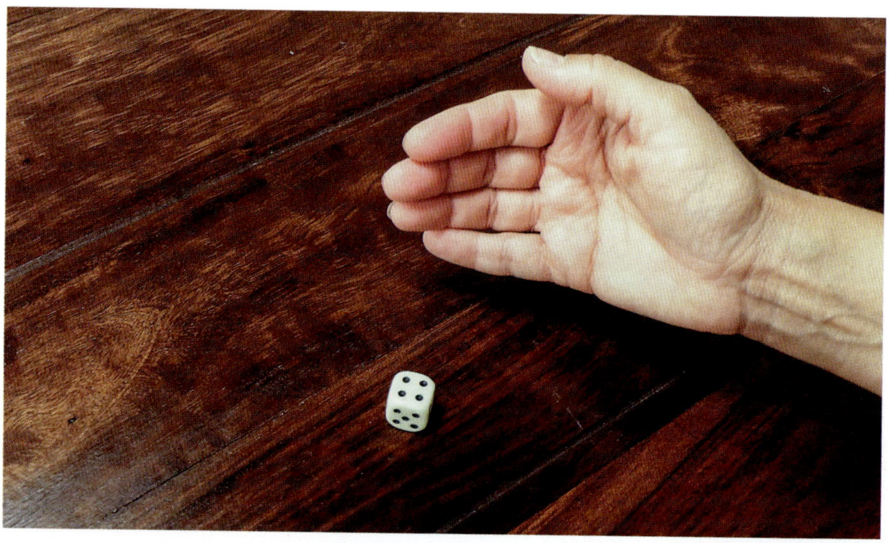

Armer schwarzer Kater

Spiele im Raum,
Spiele im Kreis sitzend

Kreativitätsspiel

beliebig

mindestens 8 Spieler,
höchstens 25 Spieler

ein Stuhl je Mitspieler

Entwickeln von Kreativität bei Gestik, Mimik und beim Einsatz der Stimme

Alle Mitspieler sitzen im Stuhlkreis. Ein Spieler ist der arme schwarze Kater, kniet sich vor einen Mitspieler und muss versuchen ihn durch fantasievolles Miauen zum Lachen zu bringen. Er darf den Mitspieler nicht berühren. Der sitzende Mitspieler muss dem Kater über den Kopf streicheln und sagen: „Armer schwarzer Kater". Dabei darf er nicht grinsen oder lachen. Der Kater hat drei Versuche seinen Mitspieler zum Lachen zu bringen. Schafft er dies nicht, muss er sein Glück bei einem anderen Spielteilnehmer versuchen. Bringt er seinen Mitspieler zum Lachen, werden die Rollen getauscht und der lachende Mitspieler wird zum armen schwarzen Kater.

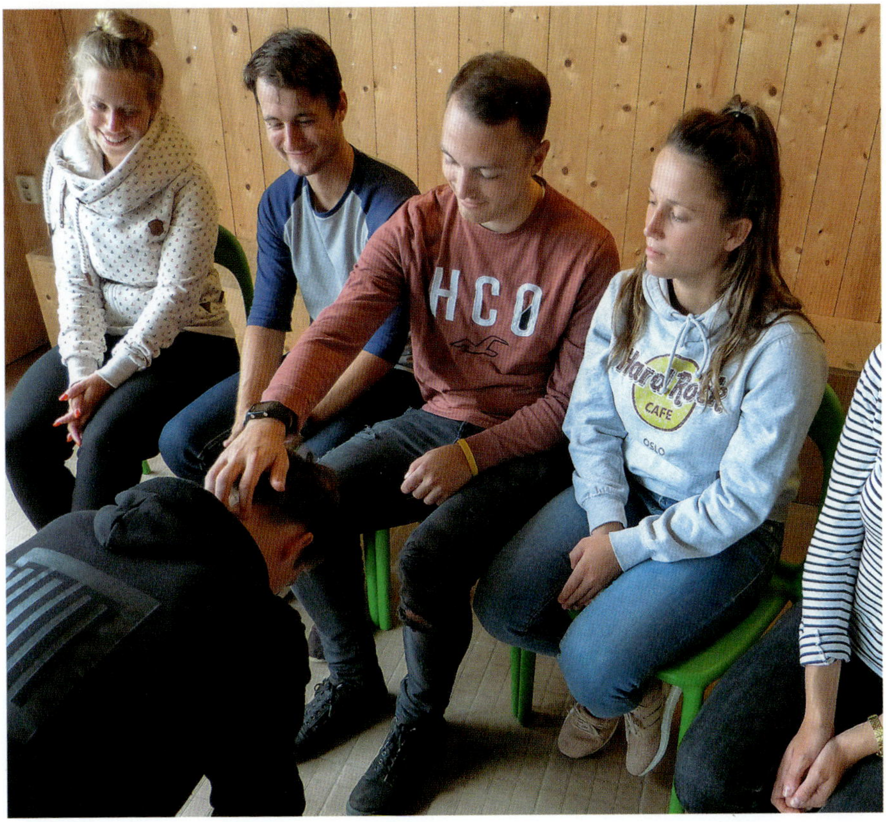

Buchstabenmonotonie

Spiele im Raum, Spiele im Kreis stehend, Spiele im Kreis sitzend

Denkspiel, Kennenlernspiel, Kommunikationsspiel

ab 6 Jahre

beliebig

keine

Kennenlernen des Vornamens, Schulung der sprachlichen Kreativität

Der Spielleiter stellt sich mit seinem Vornamen und mehreren Merkmalen vor, die alle mit dem Anfangsbuchstaben seines Vornamens beginnen. Beispiel: „Ich heiße Reiner und renne gerne über den Rasen und schenke meiner Renate gerne Rosen.“ Der Nächste in der Reihe zeigt auf Reiner und wiederholt folgenden Satz: „Dies ist der Reiner und er rennt gerne über den Rasen und schenkt seiner Renate gerne Rosen.“ Danach stellt er sich selbst mit möglichst vielen Wörtern des Anfangsbuchstabens seines Vornamens vor und der Nächste muss seinen Vorstellungssatz wiederholen. Das Spiel endet, wenn sich alle Gruppenmitglieder vorgestellt haben.

Bei kleinen Gruppengrößen können auch alle vorherigen Vorstellungssätze wiederholt werden, bis man sich selbst vorstellt.

Das Spiel kann auch im Stehen durchgeführt werden.

Catch the ball

Spiele im Raum, Spiele im Freien, Spiele mit vorgegebener Bewegungsrichtung

Bewegungsspiel, Geschicklichkeitsspiel

ab 6 Jahre

beliebig

ein Stück Kreide, ein Tischtennisball oder ein kleiner Gummiball (eventuell: Seile und mehrere Tischtennisbälle)

Verbesserung der Geschicklichkeit und des Umganges mit Bällen

In Abhängigkeit von der Raumgröße werden mindestens drei ca. 30 cm große Kreise im Abstand von ca. 2–3 Metern auf den Boden gemalt. Falls Teppichboden vorhanden ist, können auch Seile in Kreisform auf den Boden gelegt werden. Ein Spieler startet und versucht im Gehen den Tischtennisball in den ersten Kreis zu werfen und danach direkt wieder zu fangen. Anschließend wird die Übung des Werfens und Fangens in festgelegter Reihenfolge an den restlichen Kreisen durchgeführt. Wird die Aufgabe von ihm beim ersten Durchgang erfüllt, darf er sich wieder hinter seinen Mitspielern beim Start anstellen und einen weiteren Versuch absolvieren. Falls er einen Fehler macht, d.h. nicht in den Kreis wirft oder den Ball nicht mehr fängt, scheidet er aus oder bekommt einen Minuspunkt.

Wenn die Gruppe zu groß ist und der Raum es ermöglicht, kann die Gruppe auch geteilt werden und in zwei Teams gegeneinander gespielt werden.
Falls es durch zu viele Mitspieler zu langen Wartezeiten beim Start kommt, können auch zwei Spieler zeitgleich den Parcours absolvieren.

Der Spieler darf die Übung nicht im Stand ausführen, sondern immer im Gehen.

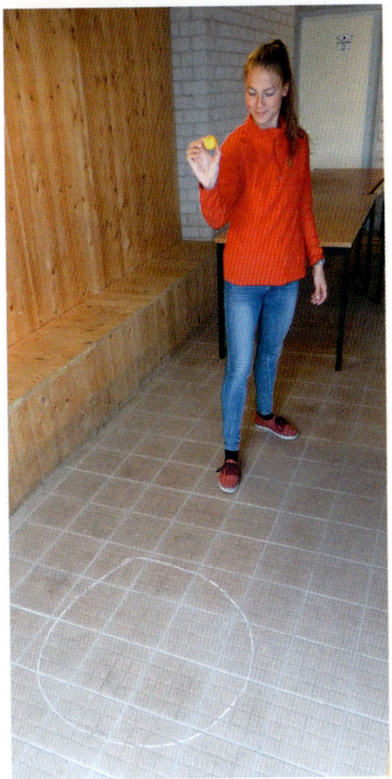

Das Ende ist der Anfang

Spiele im Raum, Spiele im Freien, Spiele im Kreis sitzend, Spiele am Tisch

Denkspiel, Konzentrationsspiel

ab 10 Jahre

beliebig

keine

Förderung der Konzentration, Schulung der Schlagfertigkeit

Alle Gruppenmitglieder sitzen oder stehen in Kreisform. Der Spielleiter beginnt mit dem Satz: „Ich fahre nach Düsseldorf, um dort einkaufen zu gehen." Der Nächste in der Reihe muss dann eine Stadt nennen, die mit dem Endbuchstaben der vorherigen Stadt (hier mit F) beginnt. Zusätzlich muss noch eine weitere Tätigkeit genannt werden. Beispiel: „Ich fahre nach Frankfurt, um dort Apfelsaft zu trinken." Der Nächste muss dann eine Stadt mit dem Anfangsbuchstaben T (Teutoburg) als Reiseziel angeben usw. Das Spiel endet, wenn jeder Spieler einmal an der Reihe war oder bei kleineren Gruppen, je nach Motivationslage, nach mehreren Durchgängen.

- Es dürfen nur deutsche Städte genannt werden.
- Es dürfen nur europäische Städte genannt werden oder nur nichteuropäische Städte.
- Die Städte und die Tätigkeiten müssen in einem Zusammenhang stehen.
- Die Städte und die Tätigkeiten müssen mit dem gleichen Anfangsbuchstaben beginnen.

Falls einem Mitspieler keine Stadt einfällt, muss er ein Pfand abgeben oder eine Strafe, wie drei Liegestütze, ausführen.

Der Mond ist rund

Spiele im Raum, Spiele im Freien, Spiele im Kreis sitzend

Denkspiel, Konzentrationsspiel

ab 6 Jahre

beliebig

Stock oder Zeigestab

Verbesserung der Beobachtungsfähigkeit

Die Gruppenmitglieder sitzen auf Stühlen im Kreis. Der Spielleiter hat einen Stab und zeichnet mit ihm auf dem Boden ein Mondgesicht. Dabei sagt er folgende Worte: „Der Mond ist rund, der Mond ist rund, er hat zwei Augen, Nase und Mund." Dann übergibt er den Stab an seinen linken Nachbarn, der die Aufgabe hat sowohl das Malen als auch das Sprechen zu wiederholen. Ob er das richtig gemacht hat, entscheidet dann der Spielleiter. Für die positive Rückmeldung „Super, das hast du richtig gemacht", sind aber weder die exakte Zeichnung noch die gesprochenen Worte ausschlaggebend. Entscheidend ist nur, dass der Spieler, wie der Spielleiter auch, mit der rechten Hand das Mondgesicht gezeichnet hat und den Stab mit der linken Hand an seinen linken Partner weitergibt. Die Mitspieler müssen genau beobachten, woran es liegt, dass der Spieler es richtig ausführt oder nicht. Es können mehrere Durchgänge ausgeführt werden, bis jeder weiß, wie es richtig geht.

Falls die Mitspieler nicht auf die Lösung kommen, kann vom Spielleiter noch folgende Variation vorgestellt werden, damit die Spieler merken, dass es nicht auf den Inhalt der Zeichnung ankommt: „Die Sonne ist rund, die Sonne ist rund und macht mit ihren Strahlen die Erde bunt."

Der Spielleiter sollte zu Beginn darauf hinweisen, dass es auf eine exakte Beobachtung seiner Aktion ankommt. Falls nach der ersten Runde noch niemand die Lösung gefunden hat, kann der Spielleiter die entscheidende Bewegung nochmals langsam vormachen. Zusätzlich kann auch der Spielleiter den Stab zu seinem rechten Partner mit der linken Hand geben. Durch diese unnatürliche Bewegungsausführung wird das Erkennen der Regel erleichtert.

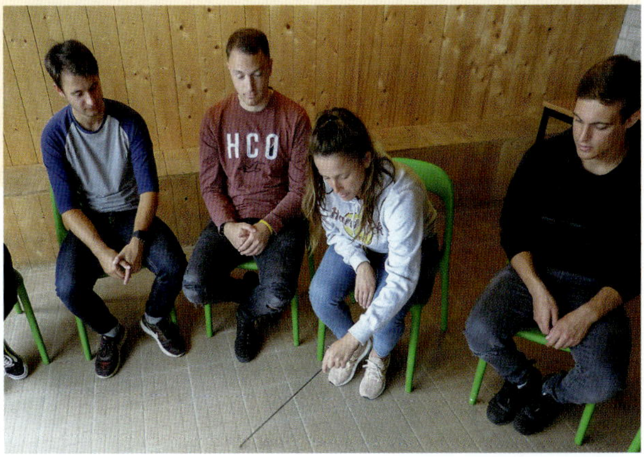

Die böse 1

Spiele im Raum, Spiele am Tisch

Denkspiel, Würfelspiel

ab 10 Jahre

höchstens 10 Spieler

Würfel, Namensliste der Teilnehmer, Stift

Verbesserung des Kopfrechnens, Spaß am Würfelspiel

Alle Spielteilnehmer sitzen an einem Tisch und der Spielleiter trägt ihre Namen der Reihe nach auf ein Papier in eine Liste ein. Jeder Spieler darf so lange würfeln, wie er möchte. Alle seine geworfenen Zahlen werden vom nächsten Spieler laut zusammengerechnet und am Ende seines Durchganges hinter seinen Namen in die Liste eingetragen. Würfelt er jedoch eine 1, so verfallen alle bisherigen Punkte und man bekommt eine Null aufgeschrieben. Jeder Spieler muss somit selbst entscheiden, wann er aufhört und mit welcher Punktzahl er sich zufrieden gibt. Danach kommt der Nächste in der Reihe dran. Je nachdem wie viele Teilnehmer es sind, kann nur eine Runde oder es können auch zwei oder drei Runden gespielt werden. Dann werden alle Teilergebnisse zusammengezählt und danach wird erst der Sieger ermittelt.

Es werden nicht alle Würfelaugen addiert, sondern nur die geraden Zahlen (2,4,6), die ungeraden Zahlen 3 und 5 werden subtrahiert und bei der „bösen 1" ist man wieder bei 0 und am Ende.

Falls kein Tisch zur Verfügung steht, kann das Spiel auch mit einem Würfelbecher und Bierdeckel gespielt werden. Die beiden Nachbarn des gerade aktiven Spielers kontrollieren dann die Augenzahl.

	1.	2.	3.
Frieda	9		
Sarah	5		
Tom	6		
Marc	0		
Elisa	17		
Alex			
Stephan			
Andrea			

Die böse 7

Spiele im Raum, Spiele im Freien, Spiele im Kreis stehend, Spiele im Kreis sitzend

Denkspiel, Konzentrationsspiel

ab 8 Jahre

beliebig

keine

Schulung der Konzentration, Verbesserung des Kopfrechnens, Schulung des Einmaleins

Die Gruppenmitglieder stehen oder sitzen in einem Kreis. Aufgabe ist es, der Reihe nach in Einserschritten bis zur Zahl 100 zu zählen. Der Spielleiter beginnt mit der Zahl 1 und sein rechter Nachbar nennt die Zahl 2 usw. Aber die Gruppenmitglieder müssen aufpassen. Immer dann, wenn die Zahl 7 oder ein Mehrfaches der Zahl 7 in einer Zahl vorkommt, darf sie nicht genannt werden, sondern der entsprechende Spieler muss dann „Bumm" sagen. Sehr schwierig wird es ab der Zahl 69, dann geht es zehnmal „Bumm" hintereinander. Wer einen Fehler macht bekommt einen Minuspunkt oder muss ein Pfand abgeben.

Dieses Spiel kann auch mit anderen Zahlen von 2 bis 9 gespielt werden.
Je nach Altersstufe bzw. Schuljahr kann hiermit sehr gut und freudvoll das kleine Einmaleins trainiert werden.

1 2 3 4 5 6 Bumm 8 9

10 11 12 13 Bumm 15 16 Bumm

18 19 20 Bumm 22 ...

Galgenmännchen

Spiele im Raum, Spiele im Kreis sitzend, Spiele am Tisch

Denkspiel, Ratespiel

ab 8 Jahre

beliebig

Tafel und Kreide oder Flipchart und Stift

Verbesserung der Rechtschreibung, Verbesserung der Konzentration

Die Gruppe sitzt im Halbkreis um eine Tafel oder ein Flipchart. Der Spielleiter bringt das Spiel zum Laufen, indem er an die Tafel so viel waagrechte Striche macht, wie sein vorher ausgedachtes Wort Buchstaben besitzt. Dann beginnt er die Gruppenmitglieder zu fragen, welche Buchstaben in seinem Wort vorkommen könnten. Wenn der Befragte einen richtigen Buchstaben nennt, schreibt der Spielleiter ihn an die Position an der er im Wort vorkommt. Wenn der Buchstabe falsch ist, beginnt der Spielleiter ein sogenanntes Galgenmännchen an die Tafel zu zeichnen.
Nun muss der Nächste einen Buchstaben raten. Bei einer richtigen Nennung darf die Gruppe weiterspielen, bei einem Buchstaben, der nicht im Wort vorkommt, zeichnet der Spielleiter das Galgenmännchen weiter.

Er beginnt mit einem kleinen Hügel (siehe auf dem Foto Nr. 1), es folgt ein senkrechter Strich (2) und danach malt er den Querbalken (3) und den Stützbalken (4). Anschließend wird das Seil, der Kopf, der Rumpf, die Arme und zu guter Letzt werden die Beine gezeichnet.

Erraten die Spielteilnehmer das Wort bevor das Männchen am Galgen hängt, haben sie das Spiel gewonnen. In der nächsten Spielrunde kann auch ein Gruppenmitglied ein Wort aussuchen, die Buchstabenanzahl mit waagrechten Strichen an der Tafel notieren und das Galgenmännchen zeichnen.

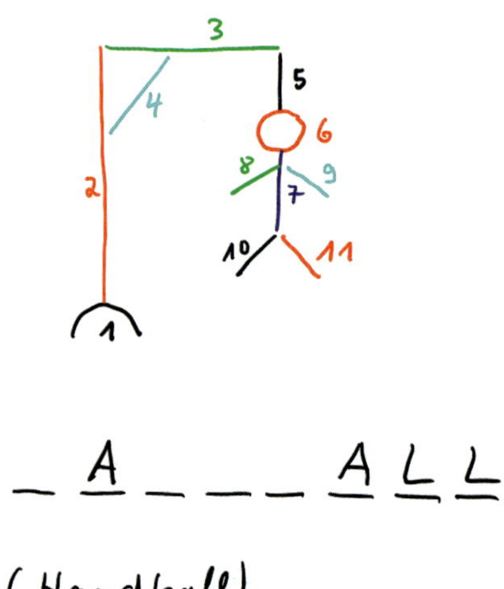

Geschickt rechnen

Spiele im Raum, Spiele am Tisch

Denkspiel, Würfelspiel

ab 10 Jahre

höchstens 10 Spieler

drei Würfel, für jeden Spieler einen Zettel und einen Stift

Spaß am Würfelspiel, Verbesserung des Kopfrechnens

Alle Spielteilnehmer sitzen am Tisch und haben einen leeren Zettel vor sich. Aufgabe ist es, die Zahlen 1 bis 10 mit den drei Würfeln zu erzielen und auf den Zettel zu schreiben. Der erste Spieler wirft gleichzeitig mit den drei Würfeln und schreibt die Augenzahlen und die möglichen Summen auf den Zettel. Wenn er eine 1, 4 und 5 würfelt, kann er die drei Zahlen, die 6 (1+5), die 9 (4+5) und die 10 (1+4+5) aufschreiben. Danach kommt der Nächste in der Reihe dran. Wenn die Zahlen 1 bis 10 auf dem jeweiligen Zettel stehen, wird weitergewürfelt und die Zahlen werden nach den entsprechenden Augenzahlen wieder durchgestrichen. Sieger ist, wer als erster alle Zahlen aufgeschrieben und wieder gelöscht hat.

Je nach Gruppengröße kann auch mit folgender Regel gespielt werden: Wer zuletzt fertig ist, hat verloren.

Die Zahlen 1 bis 10 von unten nach oben in Form eines Turmes aufschreiben lassen (siehe Beispielzettel).

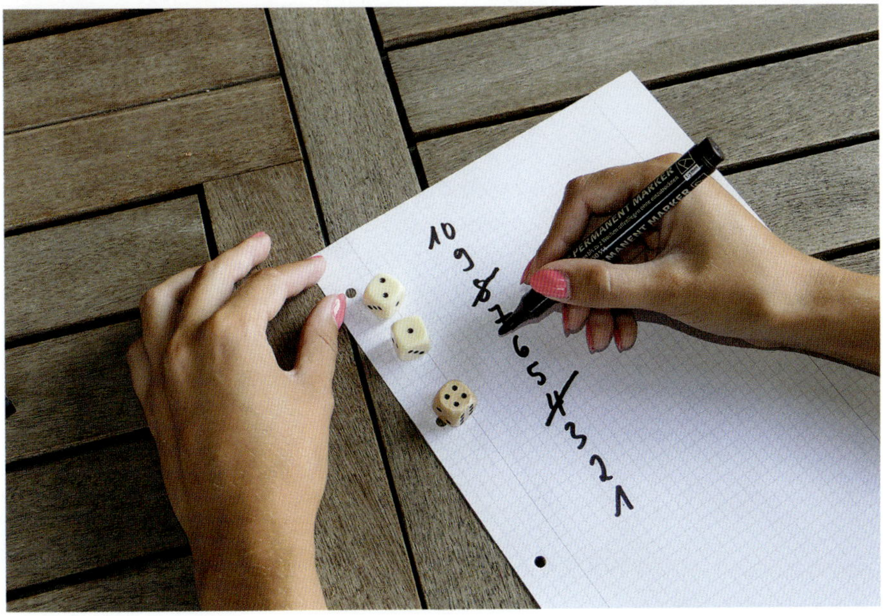

Hänschen, piep einmal!

Spiele im Raum,
Spiele im Kreis sitzend

Kooperations- und Vertrauensspiel,
Konzentrationsspiel

beliebig

mindestens 8 Spieler

je Spieler ein Stuhl, eine Augenbinde oder Schlafmaske

Verbesserung der akustischen Wahrnehmungsfähigkeit

Die Mitspieler sitzen im Stuhlkreis. Ein Spielteilnehmer geht mit verbundenen Augen im Kreis herum, setzt sich auf den Schoß eines Mitspielers und sagt: „Hänschen, piep einmal!“ Der Mitspieler gibt irgendeinen Laut von sich. Der „blinde“ Spieler muss nun erraten, auf wessen Schoß er sitzt. Schafft er es nicht, muss er bei einem anderen Mitspieler sein Glück erneut versuchen. Erkennt er das „Hänschen“, werden die Rollen getauscht.

Die Spieler, die im Kreis sitzen, tauschen heimlich ihre Plätze.

Die Mitspieler müssen darauf achten, dass der Spieler mit den verbundenen Augen den Kreis nicht verlässt und nicht stolpert oder stürzt.

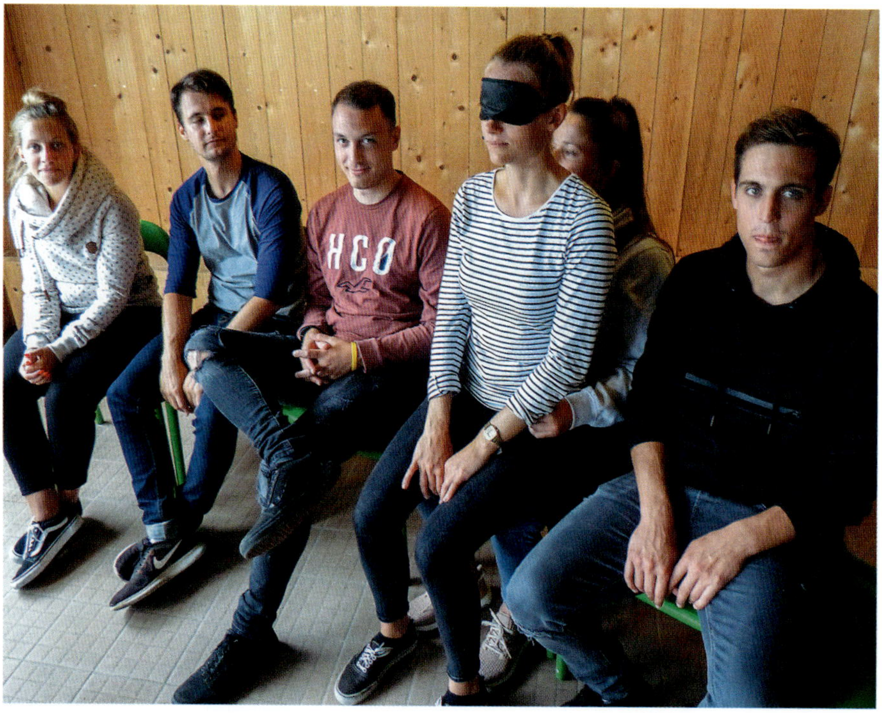

Ich hab dich gleich!

Spiele im Raum, Spiele im Kreis sitzend, Spiele am Tisch

Würfelspiel

ab 8 Jahre

mindestens 12 Spieler, höchstens 30 Spieler

zwei Würfel, bei einem Sitzkreis ohne Tisch: zusätzlich zwei Würfelbecher mit zwei Bierdeckeln

Spaß am Würfelspiel

Alle Mitspieler sitzen in einem Kreis. Jeweils zwei Spieler, die sich gegenübersitzen, erhalten einen Würfel. Sitzen alle an einem großen Tisch, wird auf der Tischplatte gewürfelt. Wenn dies nicht der Fall ist, erhält jeder Spieler zusätzlich noch einen Würfelbecher und einen Bierdeckel, auf dem gewürfelt werden kann. Auf das Kommando des Spielleiters beginnen beide Spieler zu würfeln und geben den Würfel im Uhrzeigersinn an die Person weiter, die so weit entfernt sitzt, wie man gewürfelt hat. Hat man beispielsweise eine 1 gewürfelt, gibt man den Würfel direkt an seinen linken Nachbarn, bei einer 4 an die vierte Person links vom Würfelnden. Ziel ist es, den anderen Würfel einzuholen. Dies kann natürlich nur durch schnelles Würfeln und Glück geschehen. So entsteht ein Spiel mit viel Dynamik und Freude.

Bei kleineren Gruppen kann auch nur bei bestimmten Zahlen der Würfel nach links zur nächsten Person weitergegeben werden. So muss beispielsweise eine 6 oder 1 gewürfelt werden, damit man den Würfel weitergeben kann.
Man kann auch gerade bzw. ungerade Würfelzahlen zum Weitergeben nehmen.

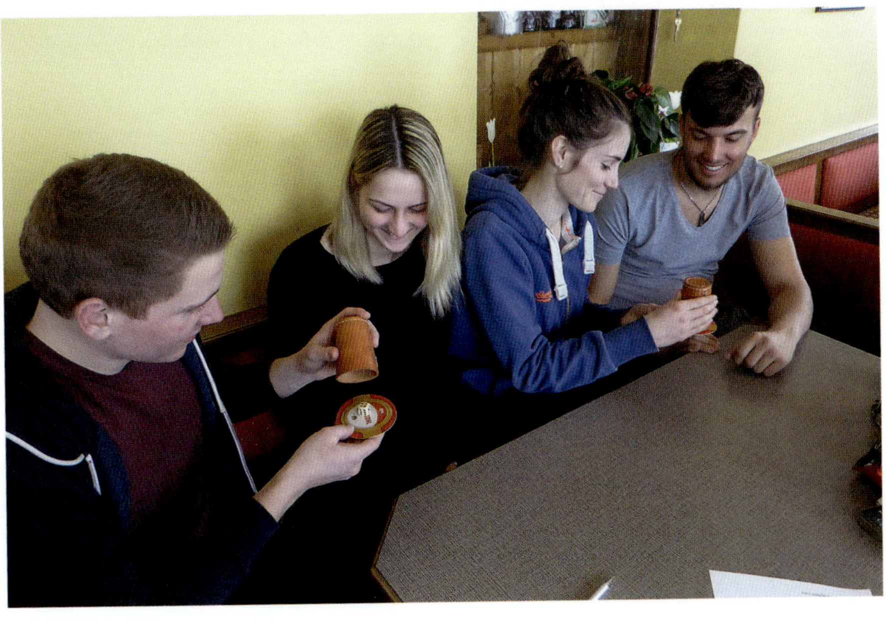

Ich packe meinen Koffer

Spiele im Raum, Spiele im Freien, Spiele im Kreis sitzend

Konzentrationsspiel

ab 6 Jahre

mindestens 8 Spieler, höchstens 20 Spieler

keine

Verbesserung der Konzentrationsfähigkeit

Alle Mitspieler sitzen im Kreis. Der Spielleiter beginnt mit dem Satz: „Ich packe meinen Koffer und nehme eine Zahnbürste mit." Der nächste Spieler muss den Gegenstand seines Vorgängers wiederholen und einen eigenen neuen Gegenstand nennen, den er eingepackt: „Ich packe meinen Koffer und nehme eine Zahnbürste und eine Badehose mit." Reihum müssen alle Spieler die bereits genannten Gegenstände ihrer Vorgänger wiederholen und einen eigenen hinzufügen. Falls ein Mitspieler Dinge vertauscht oder vergisst, muss er einen Gegenstand (Schuh, Haargummi, Uhr, Ring ...) als Pfand in die Kreismitte legen.

Die Pfänder werden nach Spielende eingelöst, indem der betroffene Spieler eine Aufgabe lösen oder ausführen muss (Tippkasten).

Vom Spielleiter können verschiedene Taschenmodelle vorgegeben werden, die gepackt werden müssen: „Ich packe meine Sporttasche, meinen Schulranzen, meine Kosmetiktasche, meinen Picknickkorb..."

Ein zusätzlicher Schwierigkeitsgrad entsteht, wenn die genannten Gegenstände durch Bewegungen ergänzt werden.

Ich und mein Tier

Spiele im Raum,
Spiele im Kreis stehend

Bewegungsspiel, Kennenlernspiel, Kreativitätsspiel

ab 8 Jahre

beliebig

keine

Kennenlernen des Vornamens, Verbesserung der Bewegungsdarstellung

Jedes Gruppenmitglied nennt seinen Vornamen und macht pantomimisch ein Tier nach, welches auch mit dem ersten Buchstaben des Vornamens beginnt. Beispiel: „Ich bin Paula und schleiche wie ein Panther" oder „Ich bin Elke und stampfe wie ein Elefant." Der Spielleiter beginnt und gibt dadurch ein Beispiel vor.

Die pantomimischen Darstellungen können zusätzlich mit Geräuschen verbunden werden.

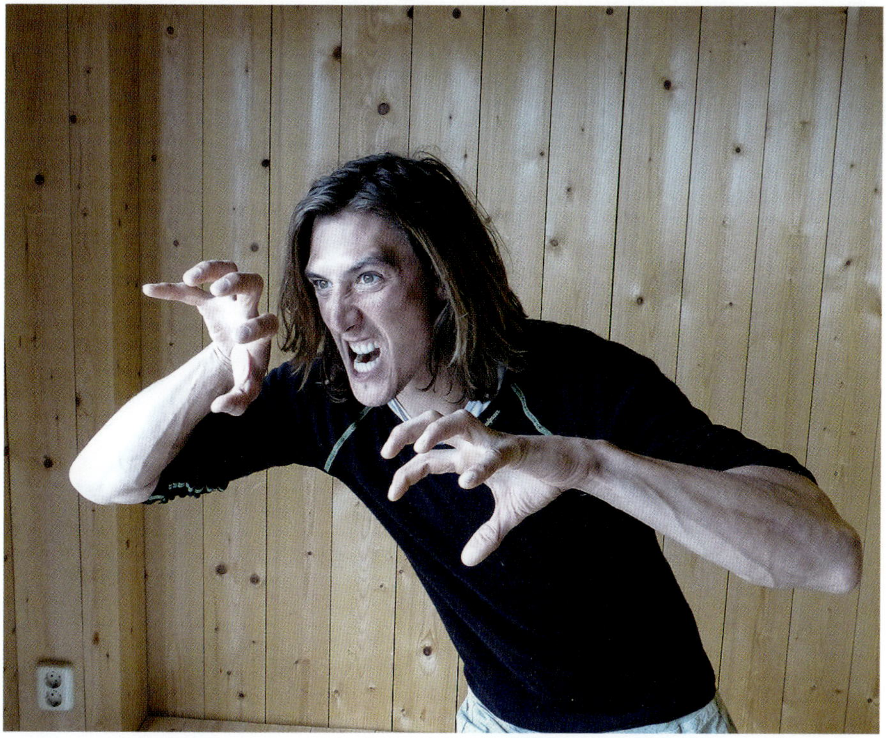

Jackpot 666

Spiele im Raum, Spiele im Kreis, Spiele am Tisch

Würfelspiel, Denkspiel

ab 10 Jahre

mindestens 3 Spieler, höchstens 10 Spieler

ein Würfel, Zettel und Stift

Spaß am Würfelspiel, Verbesserung der Konzentration

Alle Spieler sitzen im Kreis um einen Tisch. Der Spielleiter schreibt der Reihe nach die Namen der Spielteilnehmer auf. Hinter jeden Namen werden drei Kästchen oder drei Striche gezeichnet, wobei das erste Kästchen für die Hunderter, das zweite für die Zehner und das letzte Kästchen für die Einer steht. Es wird mit einem Würfel dreimal reihum gewürfelt und der Würfelnde sagt dem Spielleiter, ob er die gewürfelte Augenzahl an erster, zweiter oder dritter Stelle geschrieben haben will. Ziel ist es, die höchste Zahl, den Jackpot 666, zu erreichen. Nach drei Durchgängen hat der Spieler mit der höchsten Zahl gewonnen.

Es kann auch auf eine möglichst niedrige Gesamtaugenzahl (Minimum 111) gespielt werden.

Die Namensliste mit den bisherigen Ergebnissen sollte für alle Mitspieler zu sehen sein, damit man auch taktisch die Zahlen setzen kann, um zu gewinnen.

	100er	10er	1er
André	4		
Sophia			2
Anna		3	
Martin	5		
Ben		4	

Kieselsteinwürfeln

Spiele im Raum, Spiele am Tisch

Würfelspiel, Geschicklichkeitsspiel

ab 6 Jahre

höchstens 10 Spieler

zwei Würfel, Versandrolle aus Pappe ca. 75 x 10 cm, 14 runde Kieselsteine

Spaß am Würfelspiel, Schulung der Geschicklichkeit

Der Spielleiter hat von einer Versandrolle einen Deckel entfernt und 14 möglichst runde Kieselsteine hineingefüllt. Ein Spieler beginnt, am Tisch sitzend, mit zwei Würfeln zu würfeln. Danach muss er versuchen aus der mit Kieselsteinen gefüllten Versandrolle exakt die Anzahl Steine der von ihm geworfenen Augen herausrollen zu lassen. Weicht die auf dem Tisch liegende Steinanzahl von der gewürfelten Augenzahl ab, wird die Differenz als Fehlerpunkte auf einer Namensliste der Mitspieler vom Spielleiter notiert. Beträgt die Augenzahl beider Würfel beispielsweise sieben und es rollen aber zehn Steine aus der Versandrolle, so bekommt er drei Minuspunkte aufgeschrieben. Er kann aber auch schon bei fünf Steinen aufhören, dann reduzieren sich die Minuspunkte auf zwei. Es wird reihum gewürfelt. Je nach Spieleranzahl entscheidet der Spielleiter, wie viele Runden gespielt werden. Gewonnen hat der Spieler, der am Ende die wenigsten Minuspunkte hat.

Es kann auch partnerweise gespielt werden: Jeder Spieler eines Paares würfelt dann nur einmal, die Augenzahlen werden zusammengezählt und die Rolle muss gemeinsam (jeder nur mit einer Hand) gekippt werden.

Zu Beginn des Herausrollens der Kieselsteine aus der Röhre, wird die Versandrolle senkrecht hingestellt, damit sich die Kieselsteine am Boden befinden und die Ausgangslage für alle gleich ist. Wenn versucht wird die Kieselsteine herausrollen zu lassen, muss sie sich komplett in der Luft befinden.

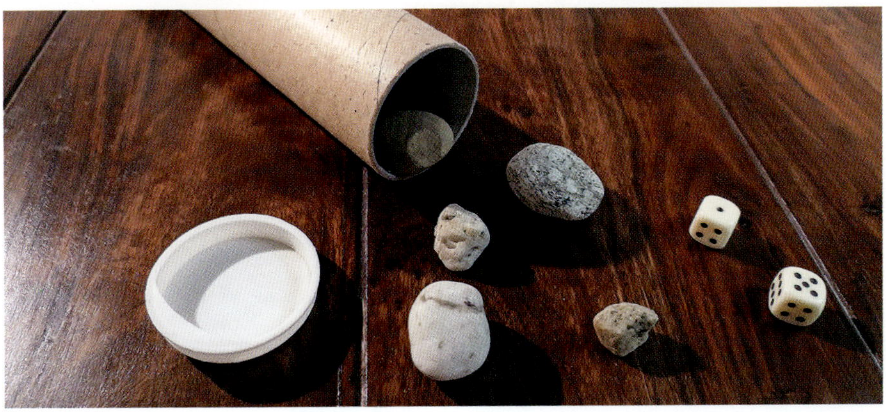

Lagerfeuerwürfeln

Spiele im Raum, Spiele am Tisch

Würfelspiel

ab 8 Jahre

höchstens 10 Spieler

Würfelbecher, Streichhölzer, ein Würfel, kleine Süßigkeiten

Spaß am Würfelspiel

Alle Gruppenmitglieder sitzen im Kreis an einem Tisch. In der Mitte des Tisches steht ein umgedrehter Würfelbecher unter dem sich eine kleine Süßigkeit befindet. Am Becherrand sind viele Streichhölzer stehend angelehnt (= das Lagerfeuer). Die einzelnen Gruppenmitglieder fangen der Reihe nach an zu würfeln. Je nachdem, welche Zahl sie gewürfelt haben, können sie Holz vom Lagerfeuer wegnehmen. Wenn es mit dem Abräumen des Lagerfeuers zu Ende geht, und beispielsweise nur noch drei Hölzer stehen, werden zu hohe Punktzahlen, wie eine 4, ungültig und der nächste Spieler ist an der Reihe. Gewonnen hat der Spieler, der mit dem letzten Wurf genau die Anzahl der noch stehenden Streichhölzer würfelt. Als Belohnung darf er dann den Würfelbecher umdrehen und sich seine Belohnung in Form einer kleinen Süßigkeit abholen. Falls der Tisch instabil ist oder die Würfelaktionen zu wild durchgeführt werden, sodass die Streichhölzer leicht umfallen, können sie, anstatt zu stehen, auch im Kreis um den Würfelbecher gelegt werden.

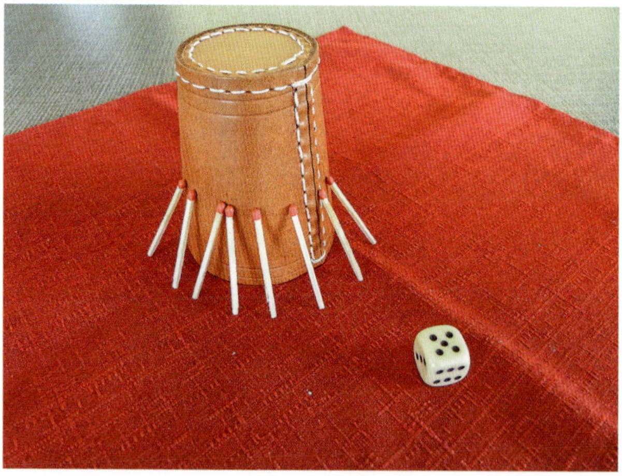

Lautlose Schulnoten

Spiele im Raum, Spiele am Tisch

Würfelspiel, Konzentrationsspiel

ab 8 Jahre

mindestens 3 Spieler,
höchstens 8 Spieler

ein Würfel, Kreide oder Whiteboardstift oder Stift und Papier

Verbesserung der Konzentration, Beruhigung der Gruppe

Die Spieler sitzen an einem Tisch. Auf der Tischplatte ist eine Sonne als Kreis gemalt. Von der Sonne geht jeweils ein Strahl zu jedem Spieler. Bei einer dunklen Tischplatte eignet sich zum Malen ein Stück Kreide, bei einer hellen Tischplatte kann man auch einen abwischbaren Whiteboardstift nehmen. Falls es zu Beschädigungen der Tischplatte durch das Zeichnen kommen kann, ist es auch möglich, die Sonne und die Strahlen auf einem Poster mit einem Bleistift zu zeichnen. Jeder beginnt der Reihe nach einmal zu würfeln. Die jeweilige Augenzahl wird entlang des Sonnenstrahls geschrieben und zwar in der Reihenfolge der Schulnoten, d. h. die 1 zeigt Richtung Spieler und die 6 Richtung Sonne. Ziel ist es, so schnell wie möglich alle Schulnoten neben dem Sonnenstrahl eingetragen zu haben. Der Spielleiter verkündet aber eine wichtige Regel: „Wenn jemand zwei Noten neben dem Sonnenstrahl stehen hat, darf er nicht mehr reden oder lachen.“ Tut er dies trotzdem, werden alle Noten, die er bisher gewürfelt hat, wieder gestrichen und er muss von neuem beginnen, seine Zahlenreihe zu füllen. Diejenigen Spieler, die noch keine oder nur eine Note haben, versuchen natürlich die anderen zum Sprechen oder Lachen zu bringen.

Da dieses Spiel, bei optimalem Verlauf, nach einer Runde praktisch stumm gespielt wird, eignet es sich, um eine Gruppe nach einem vorherigen lauten und bewegungsintensiven Spiel wieder zu beruhigen.

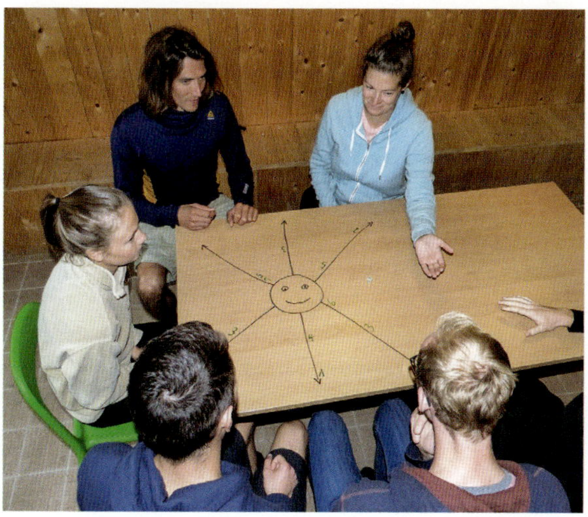

Lügenmäxchen

Spiele im Raum, Spiele im Freien, Spiele im Kreis sitzend, Spiele am Tisch

Denkspiel, Würfelspiel

ab 12 Jahre

höchstens 10 Spieler

zwei Würfel, ein Würfelbecher, ein Bierdeckel, Zettel und Stift

Spaß am Würfelspiel und am Bluffen

Alle Mitspieler sitzen im Kreis. Einer beginnt mit dem Würfelbecher, der umgedreht auf dem Bierdeckel steht, mit den beiden Würfeln zu würfeln. Er hebt den Würfelbecher auf dem Bierdeckel so an, dass der Nächste in der Runde nicht sieht, was er gewürfelt hat. Der höchste Wurf heißt Mäxchen und ist die 1 mit der 2. Die niedrigste Augenzahl ist die 31, dann kommt die 32. Danach kommt in der Reihenfolge die 41, 42, 43 usw. (siehe Rangfolge der gewürfelten Augen). Ziel ist es, dass der Nächste in der Reihe immer eine höhere Zahl würfelt wie sein Vorgänger. Falls dies durch einen Wurf nicht gelingt, kann der Spieler lügen (bluffen) und eine höhere Zahl sagen, die über der Zahl seines Vorgängers liegt. Da der nächste Spieler die Zahl des Wurfes nicht gesehen hat, muss er die Augenzahl glauben und versuchen einen höheren Wert zu würfeln oder er hebt den Würfelbecher an und kontrolliert die genannte Augenzahl. Stimmt sie, bekommt er einen Minuspunkt aufgeschrieben, da er seinem Vorgänger nicht geglaubt hat und das Spiel beginnt jetzt bei ihm. Stimmt die Zahl nicht und der Vorgänger hat gelogen, so bekommt dieser „Lügner“ einen Minuspunkt und die Runde startet beim ihm. Wenn ein Spieler ein Mäxchen gewürfelt hat, muss er den Würfelbecher aufdecken und der Nächste in der Reihe bekommt zwei Minuspunkte. Gelogen werden kann bei jedem Wurf, um den Nächsten in der Reihe unter Druck zu setzen, auch wenn man höher gewürfelt hat als ein Vorgänger und die Lüge nicht notwendig gewesen wäre. Wenn man drei Minuspunkte hat, scheidet man aus. Es wird bis zum Finale 1 gegen 1 gespielt. Sieger ist, wer übrig bleibt.

Würfelt man die gleiche Zahl wie sein Vorgänger kann dies auch ausreichen. Man sagt dann seinem Nachfolger nach dem Würfeln, dass man „mit“ hat. Er kann dies dann entweder glauben, d. h. er würfelt weiter und muss mehr als die vorher gesagte Zahl würfeln, oder er deckt den Würfelbecher auf und kontrolliert die vom Vorgänger genannte Zahl.

Das Weitergeben des Würfelbechers muss vorsichtig geschehen, damit die Würfel nicht umkippen können.
Nach dem Würfeln muss der Spieler den Becher so geschickt aufdecken, dass keiner sehen kann, welche Augen er geworfen hat. So kann der Spieler unbedarft lügen.
Für das Lügen können auch Bierdeckel oder Streichhölzer als Minuspunkte verteilt werden.

Aufsteigende Rangfolge der Würfelaugen:

31
32
41
42
43
51
52
53
54
61
62
63
64
65
11 Pasch 1
22 Pasch 2
33 Pasch 3
44 Pasch 4
55 Pasch 5
66 Pasch 6
21 Mäxchen

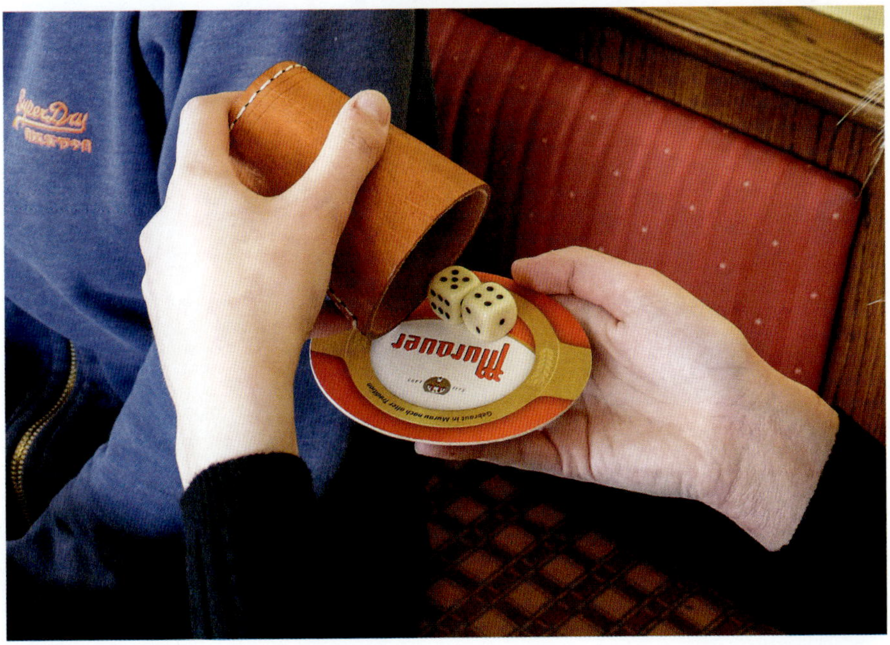

Mein rechter Platz ist frei

Spiele im Raum,
Spiele im Kreis sitzend

Bewegungsspiel, Kennenlernspiel

beliebig

mindestens 10 Spieler

je Spieler ein Stuhl und ein Extrastuhl

Kennenlernen der Vornamen, Schulung der Kreativität

Alle Mitspieler sitzen im Stuhlkreis. Im Kreis befindet sich ein zusätzlicher, freier Stuhl. Der Spielteilnehmer, der links vom freien Stuhl sitzt, schlägt mit der rechten Hand auf die Stuhlsitzfläche und sagt: „Mein rechter, rechter Platz ist frei. Ich wünsche mir den/die ________ herbei." Der genannte Mitspieler fragt: „Als was soll ich kommen?" Der Spieler, der den Vornamen gerufen hat, bestimmt ein Tier, ein Fahrzeug etc. Der Mitspieler wechselt in der vorgegebenen Bewegungsform den Platz. Nun ist der Mitspieler an der Reihe, dessen rechter Stuhl jetzt freigeworden ist.

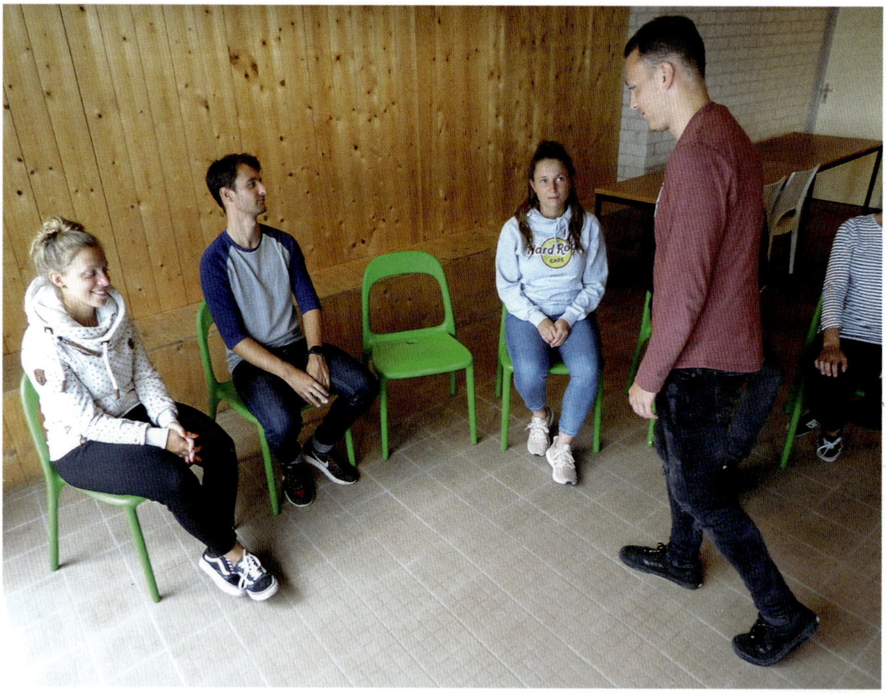

Namenskette

Spiele im Raum, Spiele im Freien, Spiele im Kreis sitzend, Spiele am Tisch

Kennenlernspiel, Konzentrationsspiel

ab 6 Jahre

mindestens 5 Spieler, höchstens 20 Spieler, je nach Alter

beliebiger kleiner Gegenstand, z. B. ein Bleistift

Verbesserung der Konzentration, Verbesserung der Gedächtnisleistung, Kennenlernen der Vornamen der Gruppenmitglieder

Die Gruppe befindet sich mit dem Spielleiter in einem Sitzkreis. Der Spielleiter nimmt einen Gegenstand und reicht ihn zu seinem Nebenmann mit den Worten: „Ich bin der ... (Vorname des Spielleiters) und behaupte, dies ist ein Hund.“ Dieser Nachbar nimmt den Gegenstand und reicht ihn an den Nächsten weiter mit den Worten: „Ich bin der ... (Vorname des Spielleiters) und ich behaupte, dies ist ein Hund.“ Der Dritte in der Reihe wiederholt den Vorgang und gibt den Gegenstand weiter mit den Worten: „Ich bin der ... (Vorname des Spielleiters) und der ... und ich behaupten dies ist ein Hund.“ So werden der Reihe nach bei jeder Übergabe alle Vornamen der bisherigen Spieler wiederholt. Je weiter die Runde fortgeschritten ist, desto schwieriger wird es. Wenn der Gegenstand wieder zum Spielleiter übergeben wird, müssen alle Vornamen des kompletten Sitzkreises genannt werden. Bei fehlerhafter Namensnennung kann der Gegenstand bei kleineren Gruppen (max. zehn Personen) wieder eine Station zurückgegeben werden. Bei größeren Gruppen sollte dem Spieler geholfen werden, damit das Spiel nicht zu lange dauert.

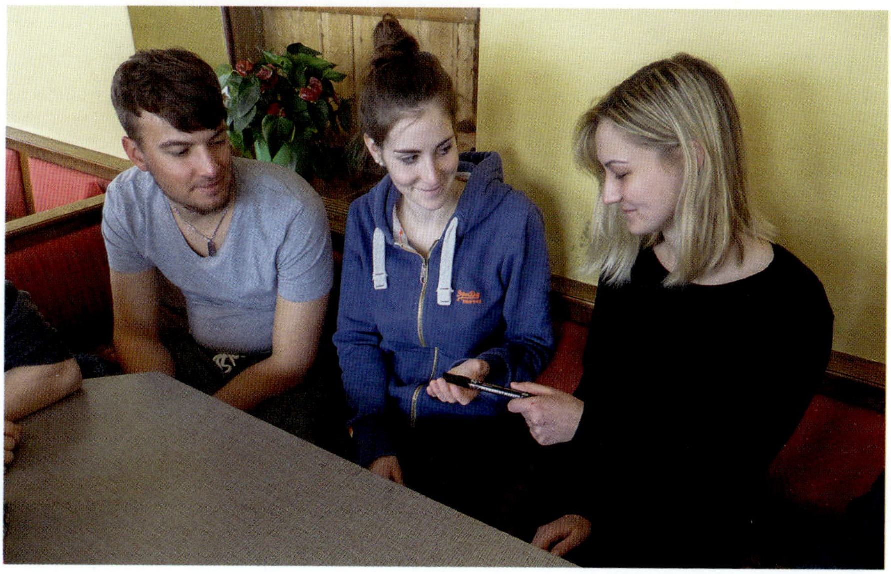

Neu sortiert

Spiele im Raum, Spiele im Freien, Spiele mit vorgegebener Bewegungsrichtung

Kooperations- und Vertrauensspiel, Konzentrationsspiel

ab 6 Jahre

mindestens 6 Spieler, höchstens 15 Spieler

Brett, Turnbank, liegender Baumstamm

Schulung der Kooperationsfähigkeit, Verbesserung der Konzentrationsfähigkeit

Alle Spielteilnehmer stellen sich nebeneinander auf einem Brett, einer Turnbank oder im Freien auf einem liegenden Baumstamm auf. Die Gruppenmitglieder müssen sich nach Anweisung des Spielleiters neu formieren (nach dem Alphabet, der Körpergröße (siehe Foto), dem Alter etc.). Kein Mitspieler darf von der Turnbank, vom Baumstamm fallen oder das Brett verlassen.

Zwei Gruppen können gegeneinander spielen. Wer schafft es am schnellsten? Falls nur ein Brett, eine Turnbank oder ein Baumstamm vorhanden ist, spielen die Gruppen nacheinander und der Spielleiter stoppt die jeweilige Zeit.

Unter dem Brett, Baumstamm usw. sollte kein gefährlicher Untergrund sein.

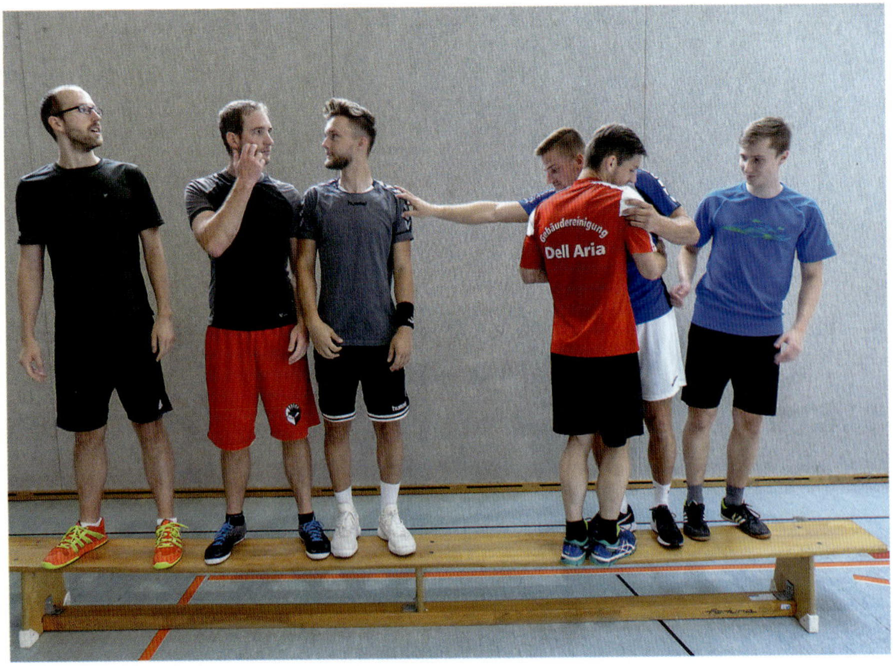

Plätze tauschen

Spiele im Raum, Spiele im Kreis

Konzentrationsspiel

beliebig

mindestens 10 Spieler

ein Stuhl je Mitspieler

Förderung der Konzentration

Alle Mitspieler sitzen im Kreis. Ein Spielteilnehmer prägt sich die Sitzplätze seiner Mitspieler ein und verlässt den Raum. Von den im Raum verbleibenden Mitspielern wechseln zwei ihre Plätze. Der außen wartende Mitspieler wird hereingerufen und muss erraten, welche beiden Personen ihre Plätze getauscht haben. Wie viele Versuche ihm gewährt werden, bestimmt die Gruppe.

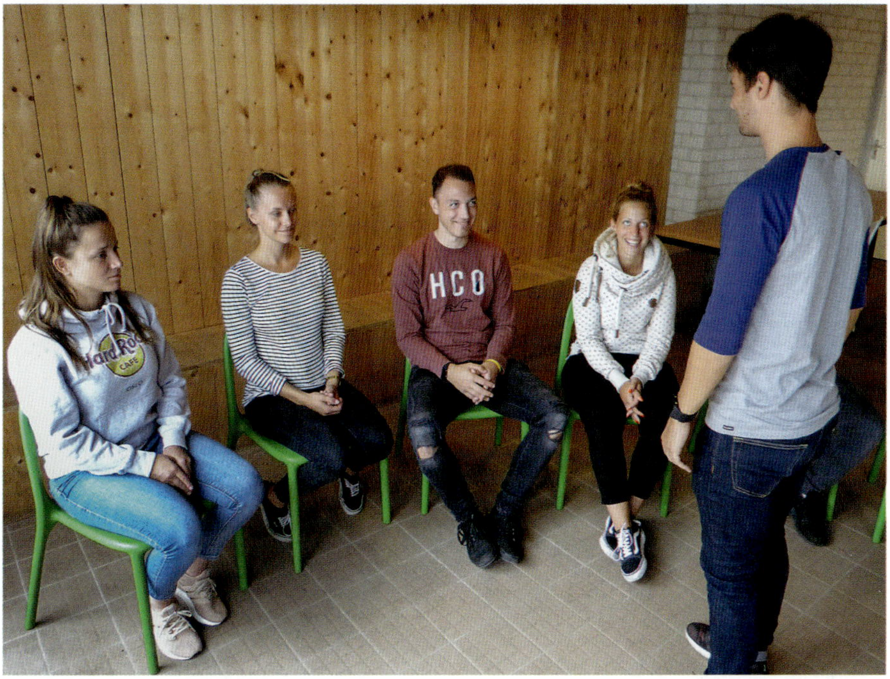

Reiß die Pyramide ab!

Spiele im Raum, Spiele am Tisch

Würfelspiel

ab 8 Jahre

höchstens 10 Spieler

je Spieler ein Zettel mit einer Zahlenpyramide und ein Stift, 2–3 Würfel

Spaß am Spiel

Jedes Gruppenmitglied sitzt am Tisch und hat vor sich einen Zettel auf dem eine Zahlenpyramide gezeichnet ist. An der Spitze ist einmal eine Eins, in der nächsten Reihe zwei Zweier, dann drei Dreier usw. In der letzten Zeile sind dann sechs Sechser (siehe Abbildung). Die Würfel werden gleichmäßig am Tisch an drei Spieler verteilt. Sie fangen gleichzeitig an zu würfeln und können die Zahl, die sie gewürfelt haben, auf der Pyramide durchstreichen. Dann geben sie den Würfel an den rechten Nachbarn weiter, der wiederum würfelt und eine Zahl wegstreicht. Es wird so lange gewürfelt bis der Erste alle Zahlen auf der Pyramide durchgestrichen hat. Wenn ein Spieler eine Zahl würfelt, die er nicht mehr durchstreichen kann, gibt er den Würfel einfach an den nächsten Mitspieler weiter.

Neben einer Pyramide können auch andere geometrische Formen mit Zahlen von 1–6 erstellt werden, die dann abgeräumt werden müssen.

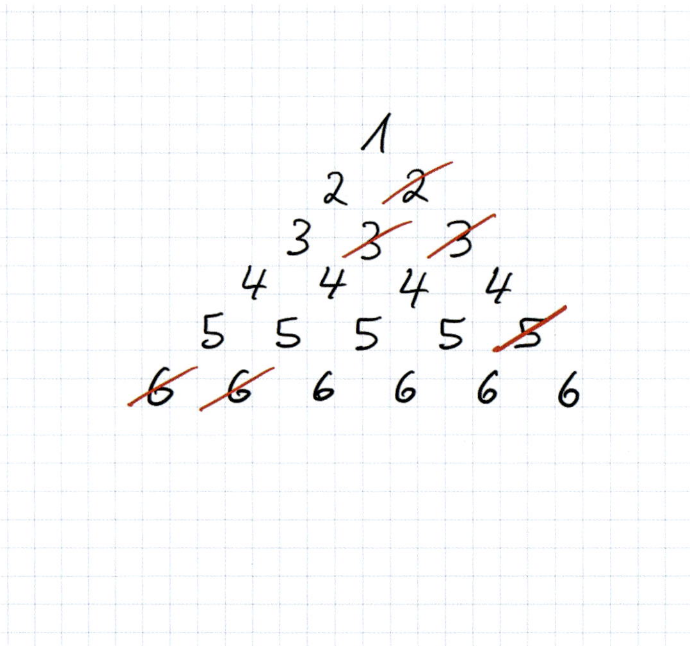

Schokoladenchallenge

Spiele im Raum, Spiele am Tisch

Konzentrationsspiel, Würfelspiel

ab 6 Jahre

mindestens 3 Spieler, höchstens 10 Spieler

ein Würfel, eine Tafel Schokolade, ein Messer und eine Gabel, eine Mütze, ein Paar Handschuhe, ein Schal, Packpapier, Paketschnur

Verbesserung der Auge-Hand-Koordination

Eine Tafel Schokolade wird vorher sorgfältig mit Papier und der Paketschnur als Geschenk eingepackt. Die Paketschnur sollte so gebunden sein, dass man sie, ohne sie zu zerschneiden, mit Messer und Gabel lösen kann. Alle Mitspieler sitzen an einem Tisch, auf dem die eingepackte Tafel Schokolade und die restlichen Gegenstände liegen. Der Reihe nach versuchen die Spieler mit jeweils einem Wurf eine Sechs zu würfeln. Wenn ein Spieler eine Sechs gewürfelt hat, muss er sich schnellstmöglich die Mütze aufsetzen, die Handschuhe und den Schal anziehen und versuchen mit dem Messer und der Gabel die eingepackte Schokolade zu öffnen. Dies kann er so lange probieren, bis ein weiterer Mitspieler eine Sechs gewürfelt hat. Dann werden schnellstmöglich die Rollen getauscht und dieser versucht sein Glück. Wenn ein Spieler so weit gekommen ist, dass er braune Schokolade sieht, darf er sich ein kleines Stück abschneiden und mit der Gabel essen. Die Finger dürfen niemals das Verpackungsmaterial oder die Schokolade berühren. Da die restlichen Mitspieler während des Auspackens weiterwürfeln, kann ein schneller Wechsel der „Schokoladenesser" auftreten. Diese Dynamik macht den Spaß des Spiels aus.

Das verwendete Messer sollte stumpf sein, damit man sich in der Spielhektik nicht verletzen kann.

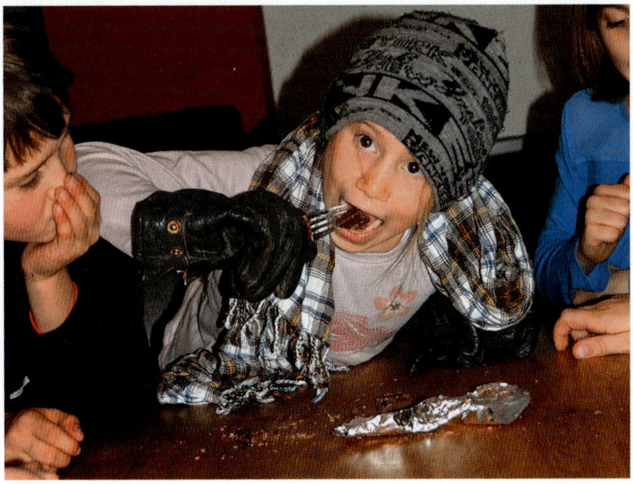

Sechstagerennen

Spiele im Raum, Spiele am Tisch

Würfelspiel

ab 6 Jahre

mindestens 5 Spieler,
höchstens 15 Spieler

Würfelanzahl: bei 15 Mitspielern
höchstens 5 Würfel

Spaß am Würfelspiel

Die Spielteilnehmer sitzen an einem Tisch. Die Würfel werden zu Beginn des Spieles gleichmäßig im Kreis verteilt. Der Abstand zwischen den Würfelbesitzern und die Anzahl der Würfel kann der Tabelle entnommen werden. Auf das Kommando „Los" versuchen alle Spieler mit ihrem Würfel eine 6 zu werfen, um den Würfel an den Nächsten weitergeben zu können. Ziel ist es, den nächsten Spieler, der sich im Würfelbesitz befindet, einzuholen. Wenn dieser dann zwei Würfel hat, scheidet er aus dem Spiel aus. Die Würfel werden danach erneut gerecht verteilt und eine weitere Runde beginnt. Wenn nur noch zwei Spieler übrig sind, kommt es zum Duell bei dem der Spieler gewinnt, der zuerst eine 6 gewürfelt hat.

Um das Spiel zu beschleunigen, kann auch mit einer Augenzahl von 1 und 6 der Würfel an den Nächsten weitergegeben werden.

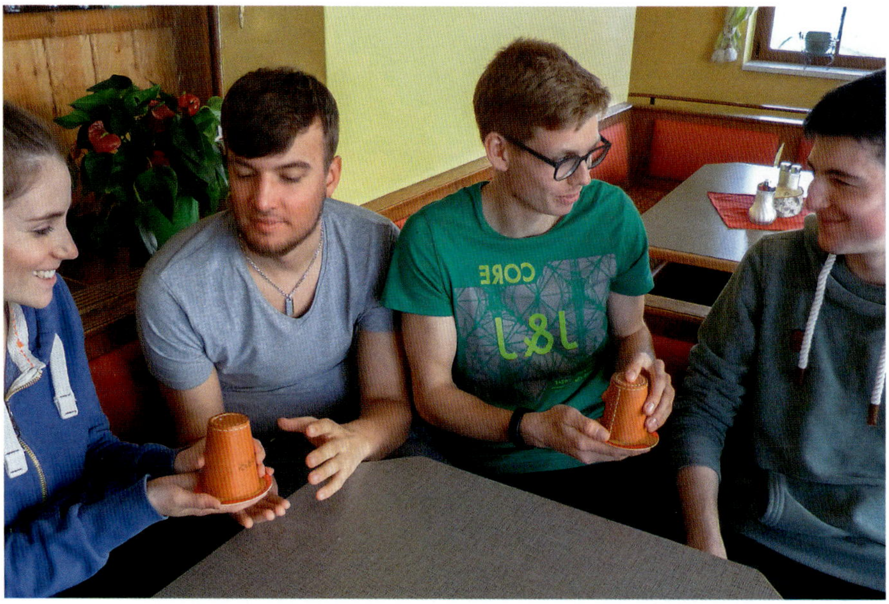

Gruppengröße	Würfelanzahl gesamt	Abstand 3 ohne Würfel	Abstand 2 ohne Würfel	Abstand 1 ohne Würfel
15	5	-	5	-
14	5	-	4	1
13	4	1	3	-
12	4	-	4	-
11	4	-	3	1
10	3	1	2	-
9	3	-	3	-
8	3	-	2	1
7	2	1	2	-
6	2	-	2	-
5	2	-	1	1
4	2	-	-	2
3	2	-	-	1
2	2	-	-	-

Spaghetti-Makkaroni-Staffel

Spiele im Raum, Spiele im Freien, Spiele im Kreis stehend

Geschicklichkeitsspiel

ab 8 Jahre

beliebig

Anzahl der Nudeln:
Für zwei Spieler: zwei Spaghetti und eine Makkaroni sowie Ersatznudeln

Verbesserung der Geschicklichkeit

Die Gruppenteilnehmer werden in zwei Teams geteilt. In jeder Mannschaft bilden sich Paare, die sich in einer Reihe im Abstand von ca. 50 cm gegenüberstellen und eine Spaghettinudel im Mund haben. Bei einem Partner wird zusätzlich noch ein kleines Makkaroniteilchen über die Spaghettinudel geschoben. Beide Mannschaften starten auf Kommando des Spielleiters gleichzeitig. Das erste Paar in jeder Reihe versucht nun die Makkaroni von Spaghetti zu Spaghetti zu übergeben, ohne dabei die Hände zu benutzen (siehe Foto). Wenn der Makkaroniwechsel komplett vollzogen ist und der andere Partner die Makkaroni auf seiner Spaghettinudel hat, gibt er dem Nachbarpaar das Kommando „finito" (= fertig auf italienisch). Auch dieses Paar muss das Makkaroniteilchen wechseln. Das Team, bei dem alle Paare am schnellsten die Nudeln gewechselt haben, ist Sieger der Spaghetti-Makkaroni-Staffel.

Falls es keine gerade Anzahl von Teammitgliedern gibt, ergänzt ein Mitspieler aus dem ersten Paar das letzte Gruppenmitglied, welches noch alleine ist.
Da es mittlerweile ganz unterschiedliche Dicken von Spaghetti und Makkaroni auf dem Markt gibt, sollte der Spielleiter vorher testen, ob die Nudeln auch ineinander passen. Die Spaghettinudel muss länger als die Makkaroninudel sein, eventuell muss die Makkaroni gekürzt werden.
Falls eine Nudel beim Versuch der Übergabe zerbricht, darf sie ersetzt werden.

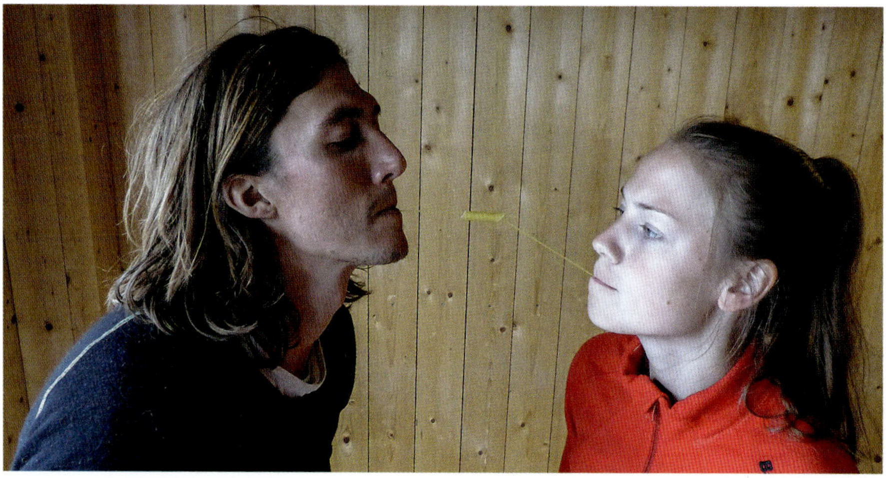

SpongeBob würfeln

Spiele im Raum, Spiele am Tisch

Würfelspiel

ab 6 Jahre

mindestens 3 Spieler,
höchstens 10 Spieler

mindestens zwei Würfel, je Spieler ein Blatt und ein Stift, SpongeBob Zeichnung

Schulung der Mal- und Zeichenkompetenz

Die Gruppenmitglieder sitzen an einem Tisch und jeder hat einen Stift und ein Blatt Papier vor sich. In der Mitte des Tisches liegt die Zeichnung der Comic-Figur SpongeBob (siehe Abbildung). Folgende Körperteile des SpongeBobs sind mit Zahlen gekennzeichnet: der Schwamm (Körper) hat die Zahl 3, die Beine jeweils die Zahl 1, die Arme jeweils die Zahl 2, die beiden Augen die Zahl 4, die Nase die 5 und der Mund die Zahl 6. Es wird der Reihe nach gewürfelt. Damit das Spiel flott vonstattengeht, wird mindestens mit zwei oder mehreren Würfeln gespielt. Erst wenn eine 3 gewürfelt wird, darf der Spieler das Zeichnen der Figur mit dem Körper beginnen. Danach ist die Reihenfolge der weiteren Körperteile egal. Es müssen aber zweimal eine 1 für die Beine und zweimal eine 2 für die beiden Arme gewürfelt werden. Man muss somit achtmal die gewünschten Zahlen würfeln, um zu gewinnen und als Erster das Bild vollständig fertig zu haben.

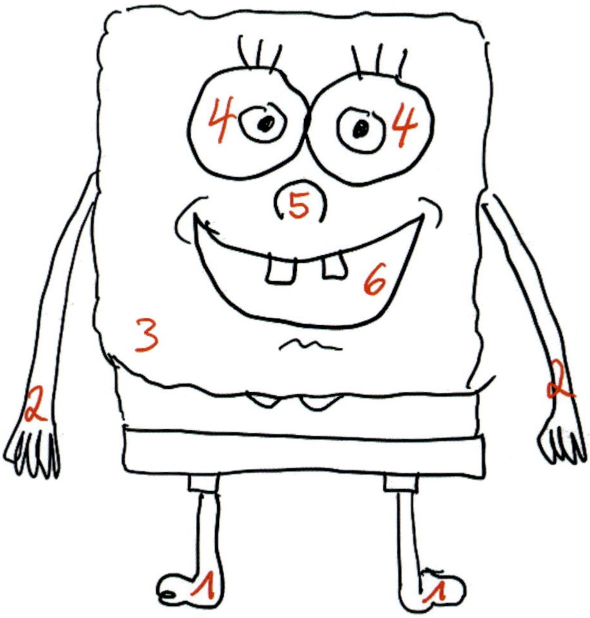

Sprichwörterpuzzle

Spiele im Raum, Spiele im Freien, Spiele mit vorgegebener Bewegungsrichtung

Denkspiel

ab 12 Jahre

höchstens 20 Spieler

Karteikarten mit Sprichwortteilen

Erweiterung des Sprachschatzes, Verbesserung der Kombinationsgabe

Der Spielleiter hat Sprichwörter in zwei Hälften geteilt. Den ersten Teil des Sprichwortes hat er auf eine rote Karteikarte geschrieben, den zweiten Teil auf eine weiße Karte. Die Karten werden gemischt und unter den Spielteilnehmern gleichmäßig verteilt. Nun stellen sich die Besitzer der roten und weißen Karten in einer Reihe gegenüber. Der Erste in der roten Reihe liest den ersten Teil eines Sprichwortes vor. Wer von den gegenüberstehenden Gruppenmitgliedern meint das Sprichwort mit seiner weißen Karte vervollständigen zu können, stellt sich wortlos hinter den Vorleser. Hierbei kann es vorkommen, dass sich entweder keiner oder mehrere Personen mit weißen Karten hinter den Vorleser stellen. Danach liest der Zweite in der Reihe der roten Karteikartenbesitzer seinen Teil eines Sprichwortes vor und wartet, wer sich nun hinter ihn stellt. Der Reihe nach lesen alle roten Karteikartenbesitzer ihren Teil des Sprichwortes vor. Währenddessen können weiße Karteikartenbesitzer noch ihren Standplatz wechseln.
Sind die roten Karteikartenbesitzer fertig, werden nun die entstandenen Sprichwörter laut vorgelesen und von den Gruppenmitgliedern oder dem Spielleiter als richtig oder falsch bewertet. Zum Teil kommen neue lustige Sprichwörter heraus.

Beispiele von Sprichwörtern und Redewendungen:

- Man muss die Feste feiern, wie sie fallen.
- Gut Ding will Weile haben.
- Vorbeugen ist besser als Heilen.
- Kleine Geschenke erhalten die Freundschaft.
- Der Krug geht so lange zum Brunnen, bis er bricht.
- Die Schweine von heute sind die Schinken von morgen.
- Wo du eine Tür zumachst, geht eine andere auf.
- Wie man in den Wald hineinruft, so schallt es heraus.
- Lügen haben kurze Beine.
- Jedes Ding hat zwei Seiten.
- Was sich neckt, das liebt sich.
- Übermut tut selten gut.
- Der Schuster hat die schlechtesten Schuhe.

Weitere Beispiele sind unter dem Begriff „Sprichwörter" auf Internetseiten zu finden.

Es können auch die weißen Karteikartenbesitzer mit dem Vorlesen beginnen, d. h. der zweite Teil des Sprichwortes wird zuerst genannt. Ansonsten bleiben die Spielregeln gleich.

Der Spielleiter sollte sich vorher über seine ausgewählten Sprichwörter informieren, damit er die Herkunft und ihre Bedeutung den Gruppenmitgliedern erklären kann. Um den Schwierigkeitsgrad zu steigern, können, je nach Altersgruppe, auch unbekannte Sprichwörter genommen werden.

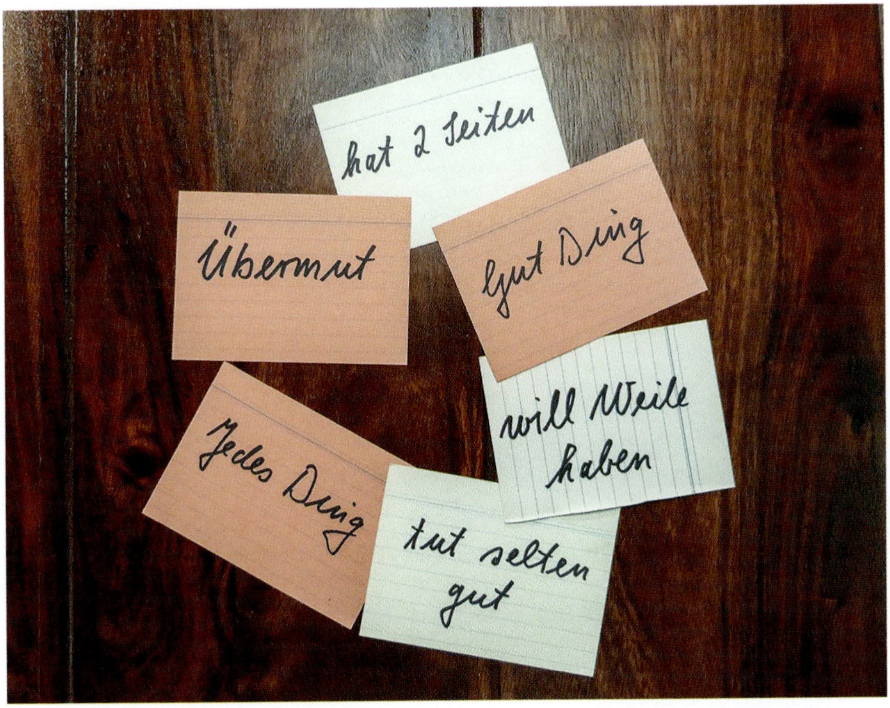

Startsprung ins Wasser

Spiele im Raum, Spiele im Freien, Spiele im Kreis stehend, Spiele im Kreis sitzend

Konzentrationsspiel

ab 8 Jahre

höchstens 20 Spieler

keine

Verbesserung der Konzentration

Die Gruppe steht oder sitzt mit dem Spielleiter im Kreis. Innerhalb dieses Kreises wird folgender Satz nacheinander gesprochen: „Ein Schwimmer, zwei Beine, springen ins Wasser, Platsch." Der Spielleiter beginnt mit „Ein Schwimmer", der Nächste im Kreis sagt „zwei Beine", der Nächste im Kreis „springen ins Wasser" und der Letzte vervollständigt den Satz mit „Platsch". Danach beginnt der Nächste im Kreis mit dem Satz „Zwei Schwimmer", der neben ihm Sitzende sagt dann „vier Beine", der Nächste spricht „springen ins Wasser" und der Nächste „Platsch" und der Übernächste dann wieder „Platsch". Es wird so oft „Platsch" von unterschiedlichen Gruppenmitgliedern gesagt, wie Schwimmer ins Wasser springen. Falls bei der Anzahl bzw. den Inhalten der Sätze Fehler auftreten, muss der folgende Spieler wieder mit „ein Schwimmer" beginnen.

Die Schwierigkeit liegt darin, bei schnellen Durchgängen, die Anzahl der Schwimmerbeine und die „Platscher" zu berechnen.

Wenn mit zwei Gruppen gespielt wird, kann das Spiel auch als Wettbewerb ausgeführt werden. Das Team, das nach einer bestimmten Zeit die höchste Schwimmeranzahl erreicht hat, gewinnt.

Dieses Kreisspiel lässt sich auch als Ausscheidungsspiel durchführen. Wer einen Fehler macht, scheidet aus.

Der Spielleiter sollte darauf achten, dass auftretende Fehler nicht zu ernst genommen werden, sondern es ein freudvolles Kreisspiel wird.

Stille Post

Spiele im Raum,
Spiele im Kreis sitzend

Entspannungsspiel,
Konzentrationsspiel

beliebig

mindestens 10 Spieler

ein Stuhl je Mitspieler

Gruppe kommt zur Ruhe,
Verbesserung der Konzentration

Im Sitzkreis sollten die Stühle möglichst eng aneinander stehen. Ein Mitspieler denkt sich ein Wort aus und flüstert es seinem Nachbarn ins Ohr. Dieser muss den Begriff genau so weiterflüstern, wie er ihn gehört hat. Es geht reihum bis zum letzten Mitspieler im Kreis, der das Wort nun den anderen Spielteilnehmern laut mitteilt. Der Mitspieler, der das Wort ausgesucht hat, bestätigt es oder nennt den anderen das richtige Wort.

Es können auch ganze Sätze mitgeteilt werden.

Es darf bei Verständnisschwierigkeiten nicht nachgefragt werden.

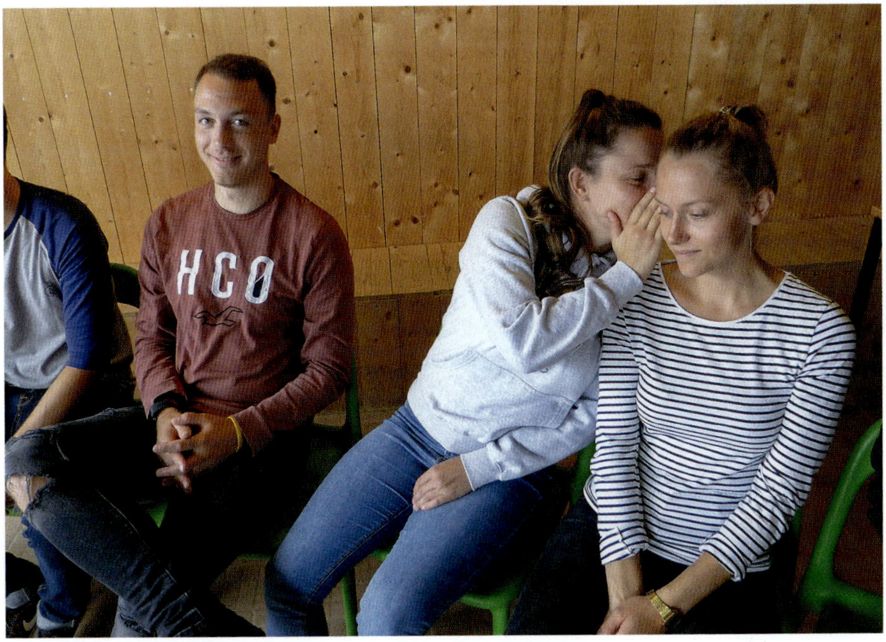

Substantive im Rhythmus

Spiele im Raum, Spiele im Freien, Spiele im Kreis sitzend

Bewegungsspiel, Denkspiel, Konzentrationsspiel

ab 8 Jahre

höchstens 20 Spieler

keine

Schulung der Rhythmusfähigkeit, Verbesserung der Reaktionsfähigkeit, Schulung des Wortschatzes

Alle Gruppenteilnehmer sitzen in einem Stuhlkreis und führen gemeinsam folgenden Bewegungsablauf durch: Mit beiden Händen einmal auf die Oberschenkel klatschen, danach einmal in die Hände klatschen und zum Schluss mit Daumen und Mittelfinger schnalzen. Diese rhythmische Übung wird drei- bis viermal gemeinsam geübt, bis sich alle an den Rhythmus gewöhnt haben. Danach fängt der Spielleiter an beim Schnalzen einen Buchstaben zu sagen, beispielsweise „B". Der Nächste neben ihm muss dann beim nächsten Schnalzdurchgang ein Substantiv nennen, welches mit „B" anfängt, beispielsweise Bauer. Dann klatschen alle wieder im Rhythmus auf die Oberschenkel und in die Hände und wenn das Schnalzen kommt, nennt dieser einen neuen Buchstaben, der als Vorgabe für seinen Nachbarn gilt, beim nächsten Schnalzen ein Wort mit diesem Anfangsbuchstaben zu bilden. So geht es im Rhythmus des Spiels reihum bis alle einmal an der Reihe waren. Wer sich verspricht bzw. wem kein Wort mit dem genannten Anfangsbuchstaben einfällt, scheidet aus und muss sich hinter seinen Stuhl stellen. So wird die klatschende und schnalzende Rhythmusgemeinde immer kleiner und man kommt immer schneller zum Zuge.
Das Spiel eignet sich besonders für Grundschulkinder, um ihren Wortschatz zu erweitern.

1) Das Spiel kann auch zum Vokabelüben in Fremdsprachen genutzt werden. Die Anfangsbuchstaben werden dann in der jeweiligen Fremdsprache genannt und man muss ein entsprechendes Substantiv in der vereinbarten Sprache nennen.
2) Das Spiel kann, anstatt mit Substantiven, auch mit Verben oder, noch schwieriger, mit Adjektiven gespielt werden.

Wenn man keine Stühle zur Verfügung hat, kann man das Spiel auch im Stehen spielen. Wer verloren hat, muss sich dann auf den Boden setzen.

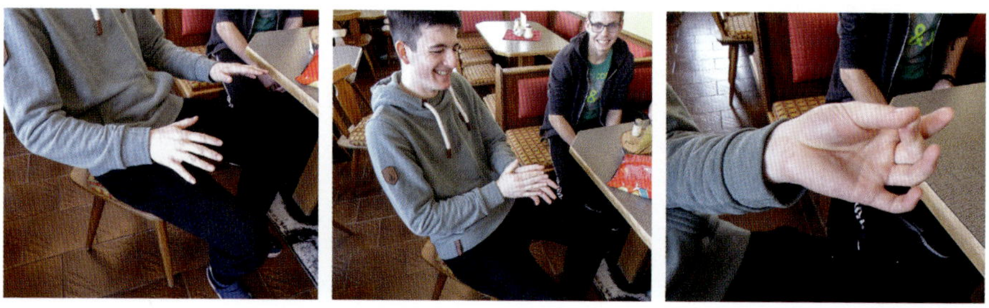

Tante aus Spanien

Spiele im Raum,
Spiele im Kreis sitzend

Bewegungsspiel

ab 6 Jahre

höchstens 10 Spieler

keine

Verbesserung der Konzentration, Schulung der Darstellungsfähigkeit, Schulung der schauspielerischen Tätigkeit

Alle Gruppenmitglieder sitzen in einem Stuhlkreis. Der Spielleiter sagt zu seinem Nachbarn: „Meine Tante aus Spanien ist gekommen, sie hat einen Sonnenschirm mitgebracht." Er hält dabei seinen linken Arm hoch, als ob er einen Sonnenschirm in der Hand hat. Sowohl diese Information als auch die Bewegung werden nun von Gruppenmitglied zu Gruppenmitglied weitergegeben. Wenn der Satz wieder beim Spielleiter angekommen ist, erweitert er die Geschichte mit folgender Aussage: „Meine Tante aus Spanien ist angekommen, sie hat einen Sonnenschirm und einen Waschlappen mitgebracht." Zusätzlich zum Hochhalten des linken Armes wird nun mit der rechten Hand eine kreisende Bewegung vor dem Kopf ausgeführt, als ob das Gesicht gewaschen wird (siehe Foto). Reihum werden der neue Satz und die beiden Bewegungen weitergegeben. In den nächsten Runden werden weitere Informationen vom Spielleiter gegeben:

„Meine Tante aus Spanien ist gekommen, sie hat einen Sonnenschirm, einen Waschlappen und einen Schaukelstuhl mitgebracht." (Der Oberkörper wird nun zusätzlich hin- und hergeschaukelt).

4. Runde
... und ein Fahrrad mitgebracht (Tretbewegung der Beine).

5. Runde
... und einen Papagei mitgebracht (Spieler rufen „Cora").

6. Runde
... und einen Ochsen mitgebracht (Spieler machen eine Kaubewegung).

Zum Ende des Spiels sagt der Spielleiter: „Meine Tante aus Spanien ist wieder weg und hat alle Sachen wieder mitgenommen." Danach ist das Spiel beendet.

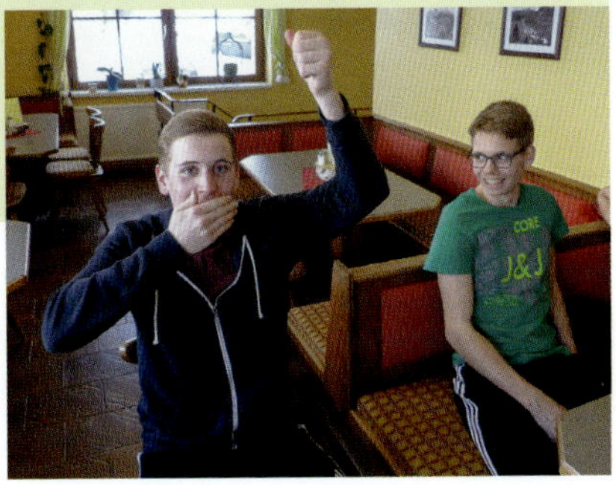

Es ist darauf zu achten, dass alle Mitspieler die Informationen und Bewegungen richtig wiederholen.

Teufelskralle

Spiele im Raum, Spiele im Freien, Spiele im Kreis stehend

Bewegungsspiel, Konzentrationsspiel, Geschicklichkeitsspiel

ab 6 Jahre

beliebig

ca. 1 Meter langer Stab (Gymnastikstab oder Besenstiel)

Schulung der Reaktionsschnelligkeit

Der mittlere Teil des Stabes wird markiert (anmalen oder mit einem Klebeband umwickeln). Der Spielleiter stellt sich vor einen Spieler und hält ihm den Stab senkrecht hin. Dieser muss versuchen den Stab, den der Spielleiter plötzlich fallen lässt, im markierten Bereich zu packen. Vorher muss er mit seiner Hand das untere Stabende umschließen, darf jedoch den Stab dabei nicht berühren (siehe Fotos). Reagiert der Spieler zu spät und rutscht der markierte Teil durch seine Hand, darf er einen erneuten Versuch starten. Nach drei Versuchen kommt der nächste Spieler an die Reihe.

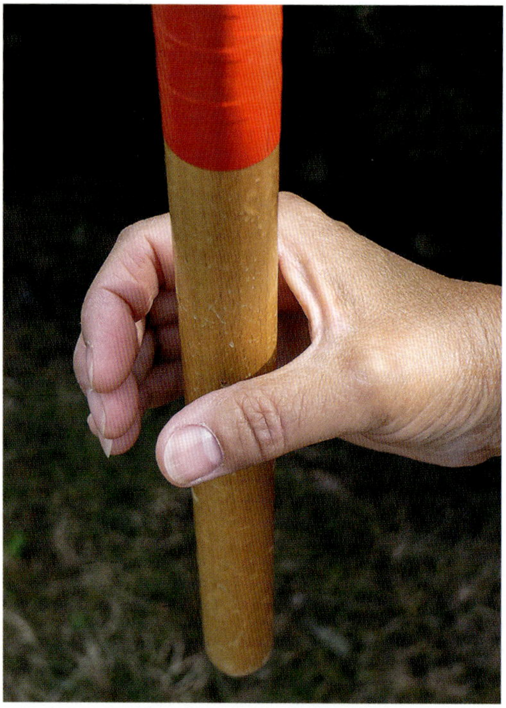

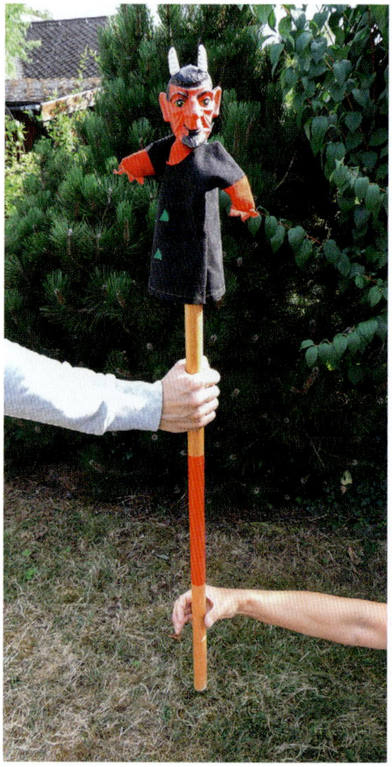

Titanic würfeln

Spiele im Raum, Spiele am Tisch

Würfelspiel, Geschicklichkeitsspiel

ab 10 Jahre

höchstens 8 Spieler

ein Würfel, eine Schüssel mit Wasser, ein Plastikbecker, eine große Wasserflasche oder kleine Gießkanne

Spaß am Würfeln, Schulung der Feinkoordination

Alle Spieler sitzen an einem Tisch. In der Mitte des Tisches steht eine Schüssel mit Wasser. In der Schüssel schwimmt ein Becher, der zur Hälfte mit Wasser gefüllt ist.
Es wird reihum gewürfelt. Wenn ein Spieler eine Sechs würfelt, muss er mit der Wasserflasche ein wenig Wasser in den Becher füllen (siehe Foto). Zu Beginn der Runde ist dies einfach, da der Becher noch gut schwimmt. Später wird es schwieriger, da ab einer gewissen Wassermenge der Becher (die Titanic) untergeht. Wer die Titanic versenkt, hat verloren und muss ein Pfand abgeben oder eine spezielle Aufgabe erfüllen.

Beim Nachfüllen des Wassers in den Becher darf kein weiterer Spieler den Tisch berühren, damit der Becher, wenn er fast voll ist, nicht unbeabsichtigt durch eine Erschütterung versenkt wird.

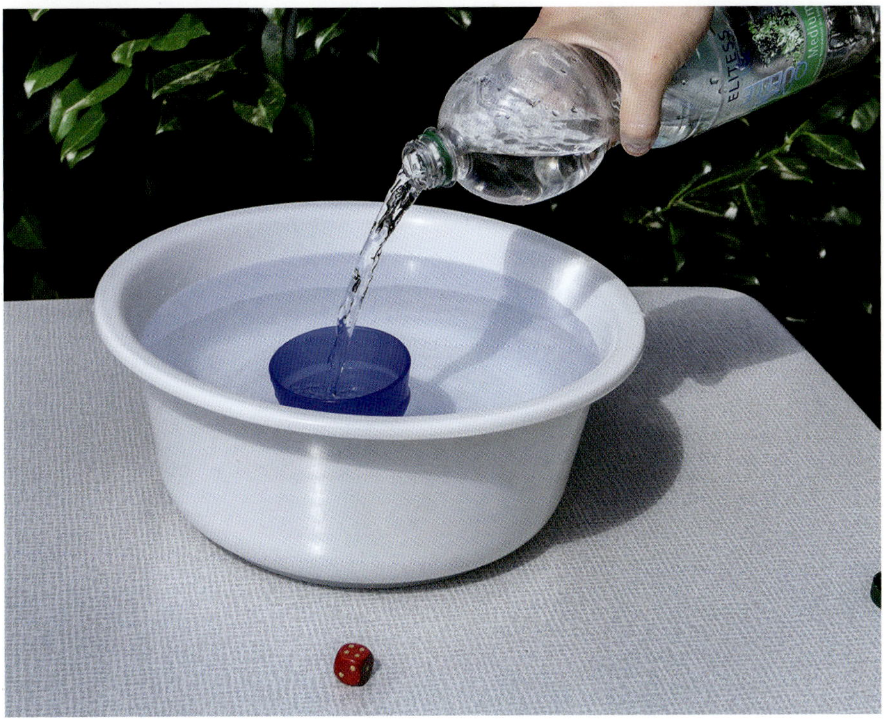

Triff die Münze!

Spiele im Raum, Spiele am Tisch

Geschicklichkeitsspiel

ab 6 Jahre

beliebig

eine Wäschewanne (Höhe ca. 30 cm), eine 1-Euro-Münze, fünf 1-Cent-Münzen für einen Spieler

Verbesserung der Geschicklichkeit

Eine große Wäschewanne wird mit Wasser gefüllt. Auf dem Boden der Wanne wird eine 1-Euro-Münze platziert. Der Spieler erhält fünf 1-Cent-Münzen. Er muss versuchen, die Cent-Münzen so zu versenken, dass sie auf der Euro-Münze, welche sich auf dem Wannenboden befindet, zum Liegen kommen. Beim Versenken der Münze müssen sich Hand und Münze über der Wasseroberfläche befinden. Legt sich ein Cent-Stück auf die Euromünze, erhält der Gewinner einen Applaus oder einen kleinen Preis. Danach darf der nächste Spieler sein Glück versuchen.

Es können auch zwei Teams gegeneinander spielen. Die Mitspieler sollten dann nacheinander antreten und die gesamten Treffer der Gruppe werden zusammengezählt.
Um die Trefferquote zu erhöhen, können mehrere Münzen auf dem Wannenboden verteilt werden.
Es gibt mehrere Möglichkeiten den Gewinner zu belohnen:
– er darf die Münze, die er getroffen hat, behalten
– er erhält einen kleinen Preis
– er darf den nächsten Spieler auswählen

Dieses Spiel eignet sich besonders gut als Station bei Spielfesten.
In einer hellen Wanne (weiß, hellgelb oder auch durchsichtig) sind die Münzen für den Werfer besser zu sehen.

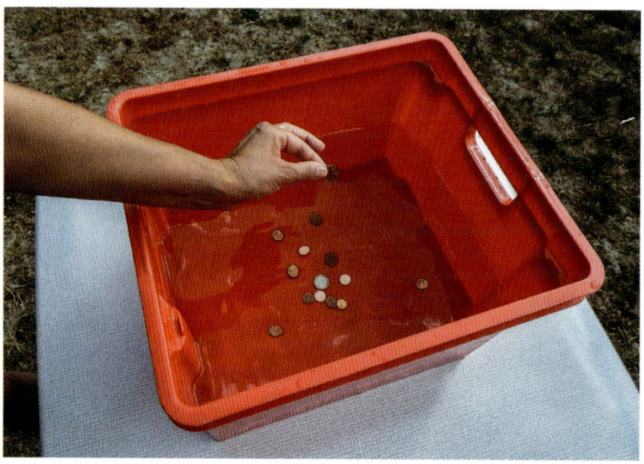

Verfolgungsjagd

Spiele im Raum, Spiele im Kreis sitzend, Spiele am Tisch

Würfelspiel

ab 12 Jahre

mindestens 5 Spieler, höchstens 10 Spieler

zwei Würfel am Tisch, zwei Würfelbecher und zwei Bierdeckel (ohne Tisch)

Spaß am Würfelspiel, Verbesserung des Kopfrechnens

Alle Spieler sitzen im Kreis um einen Tisch. Ein Spieler ist der Dieb und rennt vor der Polizei davon. Der Dieb beginnt mit zwei Würfen nacheinander zu würfeln, die erzielten Augenzahlen werden dabei zusammengerechnet. Danach kommt der Nächste in der Reihe dran und versucht ihn als „Polizist" mit einem Wurf einzuholen. Hat er dies nicht geschafft, kommt wieder der Dieb mit einem Wurf dran und erhöht damit seine Gesamtpunktzahl. Dann versucht der nächste Polizist mit einem Wurf die Gesamtpunktzahl der Verfolger so zu erhöhen, dass der Dieb gefangen ist. Wird der Dieb nach einer Runde nicht eingeholt, hat er gewonnen. Wenn der Dieb gefangen wird, ist das Spiel beendet. Sein Nachbar wird zum neuen Dieb. Er darf wieder mit zwei Würfen starten.

Falls kein Tisch zur Verfügung steht, kann auch im Sitzkreis mit zwei Würfelbechern und zwei Bierdeckeln gespielt werden.

Damit das Spiel nicht zu lange dauert, hat der Dieb einen eigenen Würfel. Die Polizisten geben ihren Würfel weiter.

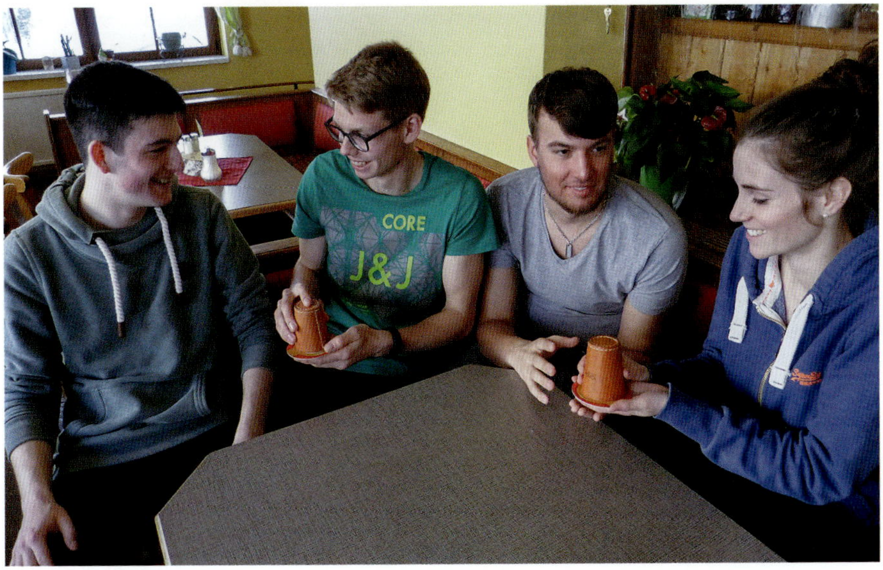

Volljährig mit 18

Spiele im Raum, Spiele im Kreis sitzend, Spiele am Tisch

Denkspiel, Würfelspiel

ab 10 Jahre

mindestens 3 Spieler, höchstens 8 Spieler

Würfelbecher mit vier Würfeln, Zettel zum Aufschreiben

Spaß am Würfelspiel, Verbesserung der Addition und des Kopfrechnens

Die Spielteilnehmer sitzen an einem Tisch. Jeder Spieler beginnt der Reihe nach mit allen vier Würfeln gleichzeitig zu würfeln. Ziel ist es, 18 Augen zu würfeln. Dies kann mit einem Wurf oder mehreren Versuchen geschehen. Schafft man es nicht mit einem Wurf, muss aber mindestens ein Würfel zur Seite gelegt werden. Die Augenzahl der rausgelegten Würfel wird zusammengezählt. Man kann aber auch zwei oder drei Würfel rauslegen. Es wird sooft gewürfelt bis kein Würfel mehr da ist. Gezählt wird wie folgt:

- Hat man ein Endergebnis über 18, beispielsweise 21, so bekommt der nachfolgende Würfelspieler 3 Minuspunkte aufgeschrieben,
- Bei einem Ergebnis unter 18 erhält man selbst die Differenz als Minuspunkte. Beim Endergebnis 11 sind dann beispielsweise 7 Minuspunkte für den Würfelspieler fällig.
- Hat man exakt 18 Augen mit allen 4 Würfeln erreicht, bekommt man einen zusätzlichen Wurf, dessen Augenzahl dann dem Nachbarn als Minuspunkte angeschrieben werden.

Wer als erster 18 Minuspunkte erreicht, hat das Spiel verloren.

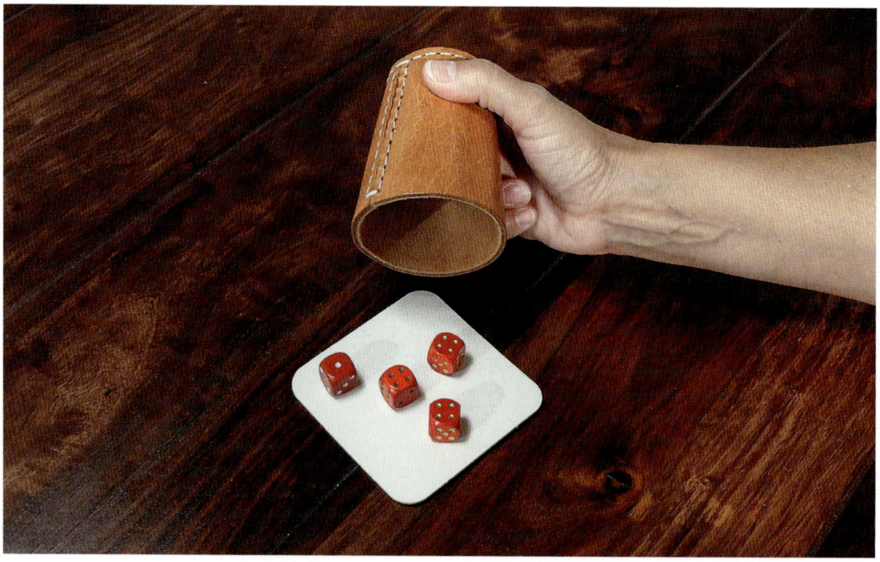

Was ist im Turnbeutel?

Spiele im Raum, Spiele im Kreis sitzend, Spiele am Tisch

Konzentrationsspiel

beliebig

höchstens 10 Spieler

Turnbeutel, verschiedene kleine Gegenstände zum Ertasten (wie z. B. Radiergummi, Bleistiftspitzer, Münze, Bonbon, Kaugummi, Kronenkorken, Plastikflaschenverschlusskappe usw.)

Verbesserung der Konzentrationsfähigkeit, Schulung des Tastsinnes

In einem Turnbeutel hat der Spielleiter mindestens genauso viele kleine Gegenstände versteckt wie Gruppenmitglieder anwesend sind. Der Turnbeutel wird dem ersten Spielteilnehmer überreicht und er darf durch die Öffnung mit der Hand die Gegenstände ertasten. Wenn er einen Gegenstand erkennt, darf er ihn nennen und den anderen Mitspielern zeigen. Er legt dann den richtig oder falsch geratenen Gegenstand wieder in den Turnbeutel und der nächste Spieler beginnt zu tasten. Dieser darf aber nur einen Gegenstand benennen und zeigen, der noch nicht erraten wurde. Das Spiel endet, wenn alle Gegenstände ertastet wurden.

Es ist darauf zu achten, dass die Öffnung des Turnbeutels möglichst klein ist, damit die Spieler die Gegenstände nicht sehen können, sondern sich nur auf ihren Tastsinn verlassen müssen.

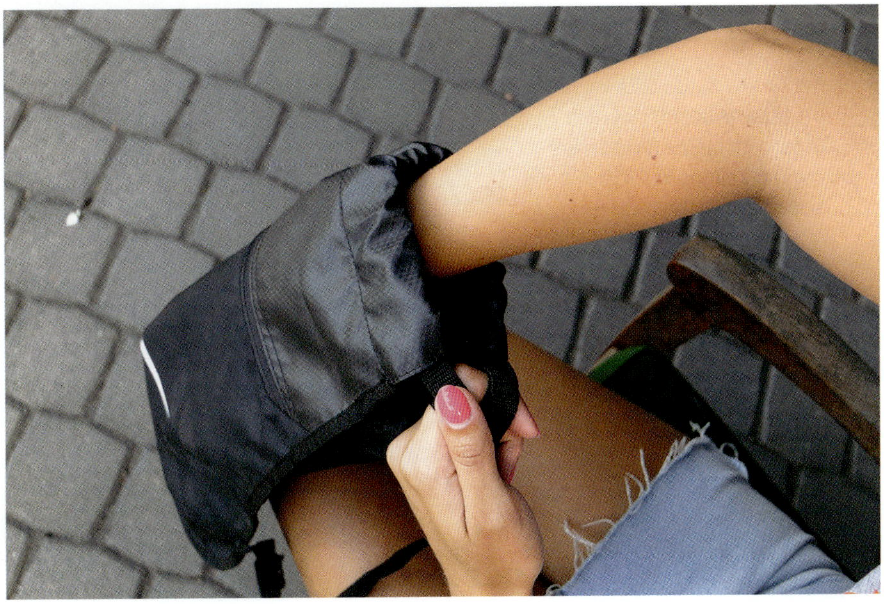

Weg mit dem Tischtennisball

Spiele im Raum, Spiele im Freien, Spiele mit vorgegebener Bewegungsrichtung

Bewegungsspiel, Konzentrationsspiel

ab 12 Jahre

beliebig

Plastikflasche, Tischtennisball, Sand oder Steine

Verbesserung der Konzentration, Schulung der Auge-Hand-Koordination

Auf einem Tisch oder Pfosten wird eine große Plastikflasche gestellt, die zum Zwecke der Stabilität etwas mit Sand oder kleinen Steinen gefüllt ist. Der Verschlussdeckel fehlt und auf der Flaschenhalsöffnung liegt ein Tischtennisball. Die Gruppenmitglieder stehen in einer Reihe im Abstand von ca. 5 Metern zur Flasche. Mit schnellen Schritten geht der Erste mit seitlich gestrecktem Arm Richtung Flasche und versucht mit dem gestreckten Zeigefinger den Tischtennisball von der Flasche zu stoßen. Die Plastikflasche darf dabei nicht berührt werden. Das Spiel hört sich leichter an, als es ist. Beim ersten Versuch wird es kaum ein Spieler schaffen, den Tischtennisball von der Flasche zu stoßen. Es ist wichtig, dass mit hoher Geschwindigkeit gegangen wird und Arm und Zeigefinger gestreckt sind. Das Spiel kann so lange gespielt werden, bis jeder einmal den Tischtennisball von der Flasche gestoßen hat.

Anstatt eines Tischtennisballes kann auch ein Korken auf die mindestens 20 cm hohe Flasche gelegt werden.

Bei diesem Spiel sollte keine Glasflasche benutzt werden, damit die Flasche nicht zerbrechen und man sich durch die Scherben verletzen kann.

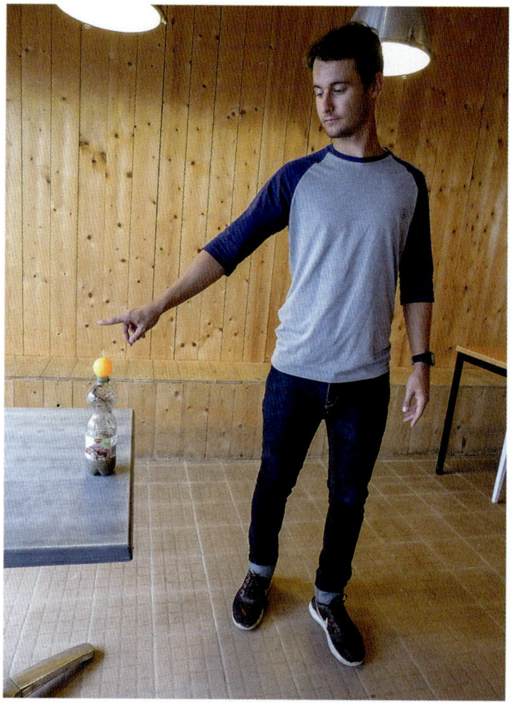

Wenig gewinnt

Spiele im Raum, Spiele am Tisch

Würfelspiel

ab 10 Jahre

beliebig

ein Würfel, Zettel und Stift

Spaß am Würfelspiel

Alle Spieler sitzen am Tisch. Ziel ist es, so wenig Punkte wie möglich zu sammeln. Jeder Spieler würfelt pro Runde einmal mit einem Würfel. Der Spielleiter notiert für jeden Mitspieler die Punktzahl. Wenn ein Spieler eine Sechs würfelt, werden seine bisherigen Augenzahlen verdoppelt. Die Rundenanzahl richtet sich nach der Größe der Gruppe.

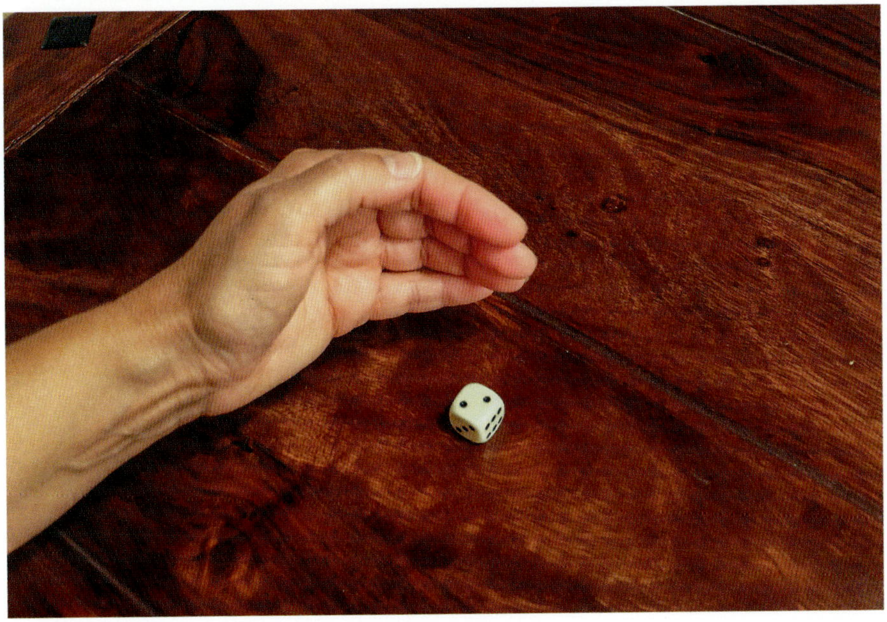

Wörter aus Einzelbuchstaben

Spiele im Raum, Spiele im Freien, Spiele im Kreis stehend, Spiele im Kreis sitzend

Denkspiel, Kreativitätsspiel

ab 10 Jahre

mindestens 10 Spieler, höchstens 20 Spieler

keine

Verbesserung des Wortschatzes, Schulung der sprachlichen Kreativität

Die Gruppenmitglieder bilden einen Kreis. Der Spielleiter denkt sich einen beliebigen Begriff aus (beispielweise „Autoreifen") und teilt der Gruppe nur den Anfangsbuchstaben (A) mit. Der Nächste in der Reihe versucht zu erraten, welchen Begriff sein Vorgänger sich mit A überlegt hat (beispielsweise Angst) und nennt nur den nächsten Buchstaben (N). Der dritte Mitspieler nimmt nun die beiden ersten Buchstaben (AN) und fügt nun einen dritten Buchstaben (H) hinzu, der einen sinnvollen Begriff ergibt (beispielsweise Anhalter). So entwickelt sich von Spieler zu Spieler aus den Einzelbuchstaben ein neues Wort. Wenn ein Spieler keinen Buchstaben mehr anfügen kann, muss er ein Pfand abgeben oder er bekommt einen Minuspunkt. Der vorletzte Spieler muss zur Kontrolle sein komplettes Wort nennen. Der Verlierer in der Runde beginnt mit dem Anfangsbuchstaben eines neuen Wortes und das Spiel wird im Kreis fortgesetzt.

Das Spiel kann auch von zwei Teams gegeneinander gespielt werden. Die Mitglieder jedes Teams können sich beraten und auf einen nächsten Buchstaben einigen.

Wörterkette im Spinnennetz

Spiele im Raum, Spiele im Freien, Spiele im Kreis stehend, Spiele im Kreis sitzend

Denkspiel, Konzentrationsspiel, Geschicklichkeitsspiel

ab 10 Jahre

höchstens 10 Spieler

Wollknäuel

Verbesserung des Wortschatzes, Schulung der Auge-Hand-Koordination

Die Mitglieder stehen oder sitzen mit dem Spielleiter in einem Innenstirnkreis. Der Spielleiter bindet den Faden des Wollknäuels einmal um seinen Finger und wirft das Wollknäuel dann einem beliebigen Mitspieler zu. Gleichzeitig sagt er ein zusammengesetztes Substantiv, beispielsweise „Fußnagel". Der Mitspieler bindet sich den Faden wie sein Vorgänger um den Finger und sucht sich einen neuen Partner aus, dem er den Wollknäuel zuwirft. Das Wort, welches er hierbei dem neuen Mitspieler zuruft, muss mit dem zweiten Teil des vorherigen Wortes beginnen. Aus „Fußnagel" wird beispielsweise „Nagellänge" und beim nächsten Wurf könnte der neue Werfer „Längenmaß" sagen und danach der Nächste „Maßkrug" usw. Die so entstandene Wörterkette wird auch visuell mit dem Spinnennetz des Wollknäuelfadens dargestellt. Wem kein passendes Wort einfällt, bekommt vom Spielleiter einen Minuspunkt zugeteilt. Der Spielleiter beendet das Spiel, wenn das Spinnennetz sehr engmaschig ist.

Das Spiel kann auch mit der Ausscheidungsvariante gespielt werden. Derjenige, dem innerhalb von drei Sekunden kein passendes Wort einfällt, scheidet aus und setzt sich mit seinem Stuhl ein wenig nach hinten, wobei er seinen Faden aber noch behält.

Wenn die Wurf- und Fangqualitäten der Mitspieler schlecht sind, kann das Wollknäuel auch über den Boden gerollt werden.

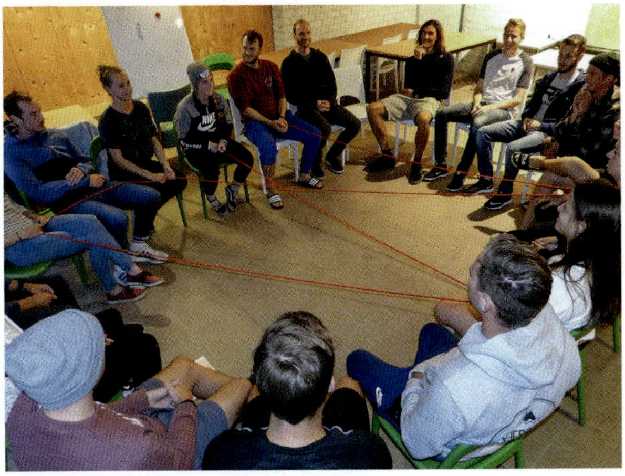

You must do it!

Spiele im Raum, Spiele am Tisch

Bewegungsspiel, Kreativitätsspiel, Singspiel, Tanzspiel, Würfelspiel

ab 6 Jahre

höchstens 10 Spieler

ein Würfel, ein Aufgabenzettel

Das Spiel hat, je nach Aufgabenstellung, unterschiedliche Ziele. Diese können unter anderem die Verbesserung von schauspielerischen, sportlichen oder tänzerischen Kompetenzen sein.

Der Spielleiter hat auf einen Zettel die Zahlen 1–6 aufgeschrieben. Hinter jeder Zahl stehen drei Aufgaben, die abhängig vom Alter, der Zusammensetzung der Gruppe und den Zielen des Spielleiters sind. Jeder Spieler, der eine entsprechende Zahl würfelt, muss eine von ihm auszuwählende Aufgabe auf dem Zettel erfüllen. So kann beispielsweise hinter der Zahl vier die Aufgabe stehen, mit einem weiteren Gruppenmitglied einen Walzer zu tanzen (siehe Foto). Verweigert der Spieler das Erfüllen der Aufgabenstellung, so kann er vom Spielleiter eine Zusatzaufgabe oder einen Minuspunkt bekommen. Die Aufgabenstellungen können sehr vielfältig sein. Als Anregung können folgende Beispiele dienen:
Tänze, Pantomime, Nachmachen von Tierlauten, Lieder singen, malen usw.

Der Spielleiter legt die Aufgabe aus den drei Möglichkeiten für den einzelnen Mitspieler fest.

Damit das Spiel Spaß und Freude bereitet, sollte der Spielleiter lustige Aufgaben aufschreiben. Es sollten Tätigkeiten, die den Spielern peinlich sein könnten, vermieden werden. Hier ist insbesondere auf die Altersstufe und die geschlechtsspezifische Zusammensetzung der Gruppe zu achten.

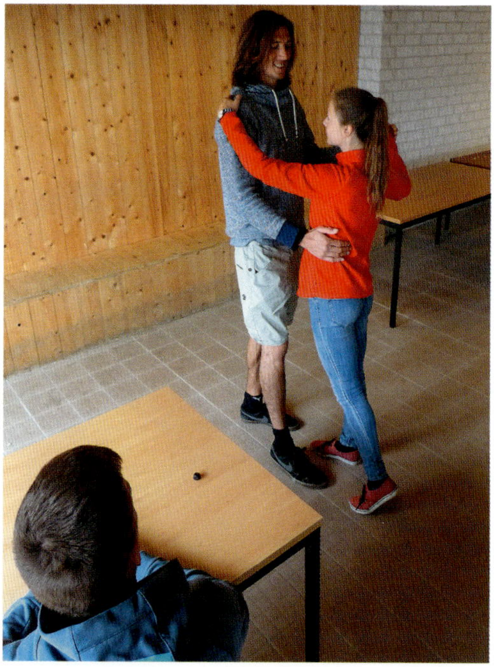

Zeitungsschlagen

Spiele im Raum,
Spiele im Kreis sitzend

Bewegungsspiel

ab 6 Jahre

mindestens 10 Spieler

Papierkorb oder Eimer, Zeitung, Klebeband oder ein Heizungsisolationsrohr (50 cm)

Schulung des Reaktionsvermögens

Die Spieler sitzen auf Stühlen im Kreis. In der Mitte des Kreises steht ein umgedrehter Eimer oder Papierkorb. Darauf liegt die Zeitungsrolle (siehe Foto). Ein Mitspieler nimmt die zusammengerollte Zeitung und schlägt sie auf den Oberschenkel eines im Kreis sitzenden Mitspielers. Danach legt er die Zeitungsrolle schnellstmöglich zurück auf den Papierkorb und versucht den Stuhl seines abgeschlagenen Mitspielers zu erreichen. Der Spieler, der mit der Zeitung berührt wurde, springt auf, schnappt sich den Zeitungsstab vom Papierkorb und muss nun versuchen seinen Mitspieler zu berühren, bevor dieser es schafft sich hinzusetzen. Gelingt ihm eine Berührung, darf er sich wieder auf seinen Stuhl setzen und der „Zeitungsschläger" muss sein Glück bei einem anderen Mitspieler versuchen.
Falls die Zeitung nach dem Ablegen vom Papierkorb herunterrollt, beginnt das Spiel von vorne und der „Zeitungsschläger" muss einen anderen Spieler am Oberschenkel berühren.

Der Spielleiter sollte die Mitspieler vor dem Spielbeginn darauf hinweisen, dass sie nicht zu fest schlagen dürfen.

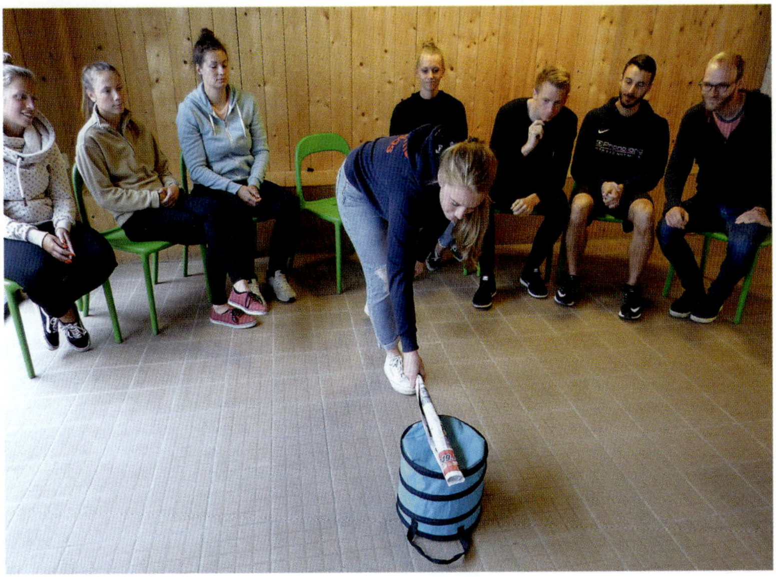

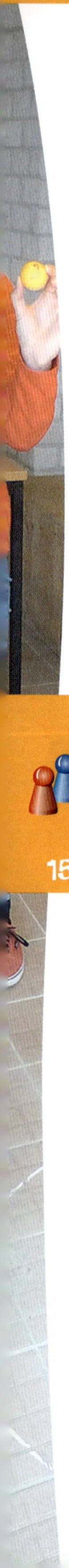

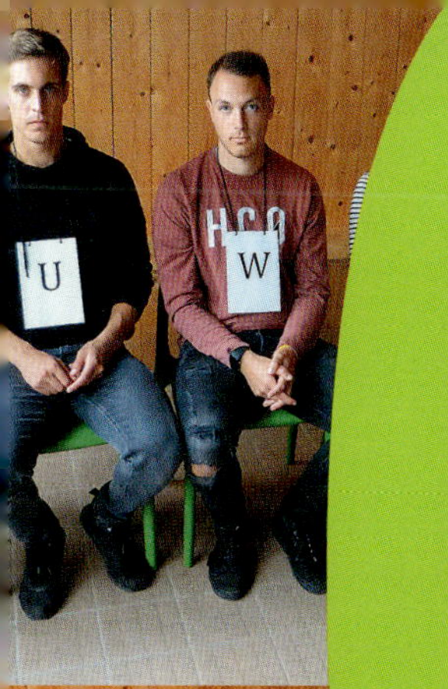

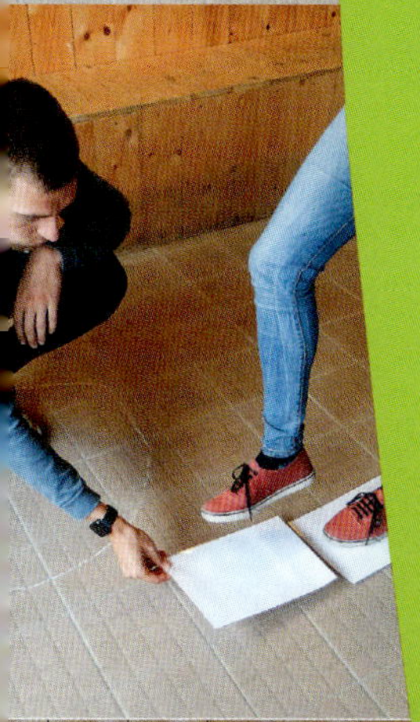

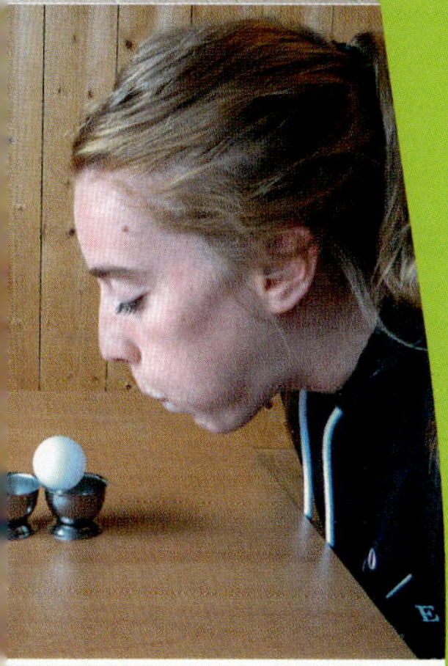

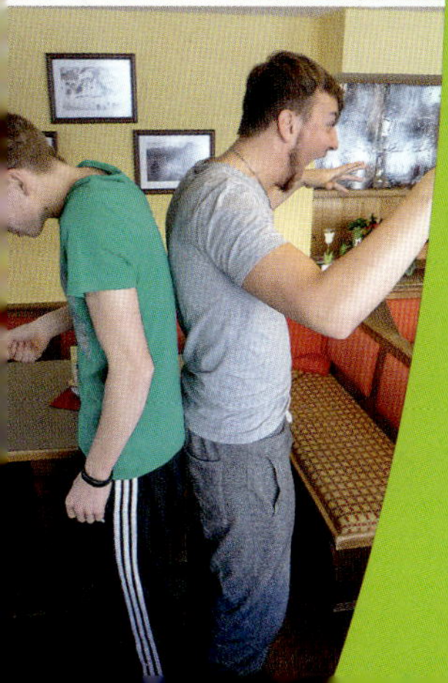

Teams spielen gegeneinander

Bei dieser gruppenpädagogischen Organisationsform werden Mannschaften oder Paare gebildet, die gleichzeitig gegeneinander spielen. Bei diesen Wettbewerben müssen die einzelnen Teilnehmer auf ihre Mitspieler eingehen. Die Schulung von kooperativen und kommunikativen Fähigkeiten steht im Vordergrund dieser Wettkämpfe. Hierbei können mehrere Spieler eine Aktion gemeinsam durchführen oder sie müssen bestimmte Rollen innerhalb der Mannschaft einnehmen, die zum gemeinsamen Erreichen des Spielziels führen. Insbesondere die unterschiedlichen Reaktionen auf den Sieg oder die Niederlage in einem Wettspiel werden von allen Mannschaftsmitgliedern wahrgenommen und müssen von ihnen verarbeitet werden. Gerade bei dieser Spielform müssen die einzelnen Teammitglieder die Leistungsunterschiede ihrer Mannschaftskameraden erkennen und berücksichtigen.

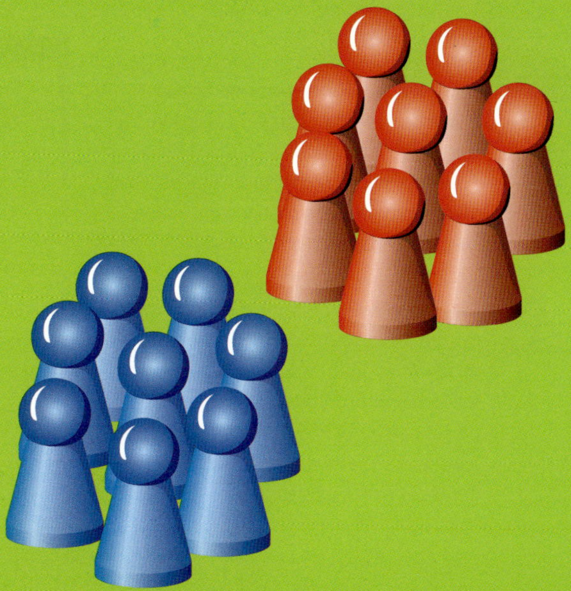

1 gegen 1 im Fußball

Spiele im Raum, Spiele am Tisch

Würfelspiel

ab 8 Jahre

mindestens 2 Spieler

je Paar ein Würfel, ein Spielstein und ein Spielfeld auf Papier

Spaß am Würfelspiel

Die Gruppe wird in zwei Mannschaften unterteilt. Von jedem Team spielt ein Spieler gegen einen anderen der gegnerischen Mannschaft. Die Paare, die an Tischen sitzen, würfeln um die Wette, um den Spielstein (Ball) über die gegnerische Torlinie zu bringen. Der Ball befindet sich zu Beginn in der Mitte eines Spielfeldes, welches rechts und links von dem Anstoßfeld zehn freie Felder hat (siehe Foto). Nachdem mit dem Würfel (die höchste Zahl gewinnt) bestimmt wurde, wer zuerst würfeln darf, startet beispielsweise Spieler A. Er darf dann mit dem Spielstein seine gewürfelte Augenzahl in Richtung der Torlinie von Spieler B voranschreiten. Danach würfelt Spieler B und der Ball wandert dann mit der Augenzahl in entgegengesetzter Richtung. So geht es abwechselnd immer hin und her. Wer als erstes mit dem Ball die gegnerische Torlinie überwindet, hat ein Tor erzielt und es erfolgt ein neuer Anstoß durch den Verlierer von der Mitte aus. Das Spiel wird entweder beendet, wenn fünfmal von der Mitte ein Anstoß stattgefunden hat oder eine bestimmte Zeitspanne verstrichen ist. Sieger ist, wer die meisten Tore erzielt hat. Die erzielten Tore jeder Mannschaft werden zusammengezählt und der Gesamtsieger ermittelt.

Das Spiel kann auch nur paarweise gespielt werden, ohne dass die Einzelergebnisse zusammengezählt werden. Das Spiel kann auch im Rahmen eines Turnierplanes durchgeführt werden, der Sieger kommt dann immer eine Runde bis zum Endspiel weiter.

Die Spielpläne können für eine bessere Haltbarkeit laminiert werden. Falls nicht genügend Spielpläne bzw. Würfel vorhanden sind, können einige Spieler auch pausieren und als Zuschauer fungieren. Nach jeweils einem Durchgang werden dann die Paare gewechselt.

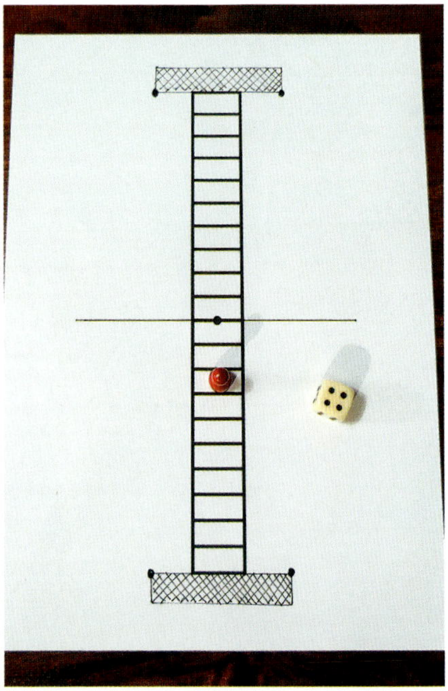

Alphabetbeispiele

Spiele im Raum, Spiele ohne vorgegebene Bewegungsrichtung

Denkspiel, Kreativitätsspiel

ab 8 Jahre

beliebig

Je Team sind alle Buchstaben des Alphabets einzeln auf Papier ausgedruckt worden. Falls möglich, können sie zur besseren Haltbarkeit auch laminiert werden.

Verbesserung des Wortschatzes, Schulung der Kreativität

Die Gruppe wird in zwei Mannschaften aufgeteilt. Beide legen alle Buchstaben in alphabetischer Reihenfolge vor sich auf den Boden. Auf Kommando des Spielleiters müssen die Mannschaftsmitglieder Gegenstände mit dem gleichen Anfangsbuchstaben auf die jeweilige Buchstabenkarte legen. Sieger ist, wer innerhalb einer bestimmten Zeit, beispielsweise zehn Minuten, die meisten Gegenstände gefunden hat.

Wenn ein Team schon einen Gegenstand gefunden und auf den Buchstaben gelegt hat, muss das andere Team einen anderen Gegenstand suchen. Das gleiche Beispiel zählt dann nicht.

Der Spielleiter kann, je nach Altersstufe, Tipps geben, beispielsweise liegt ja der „Sauerstoff" aus der Luft immer auf dem Buchstaben S.

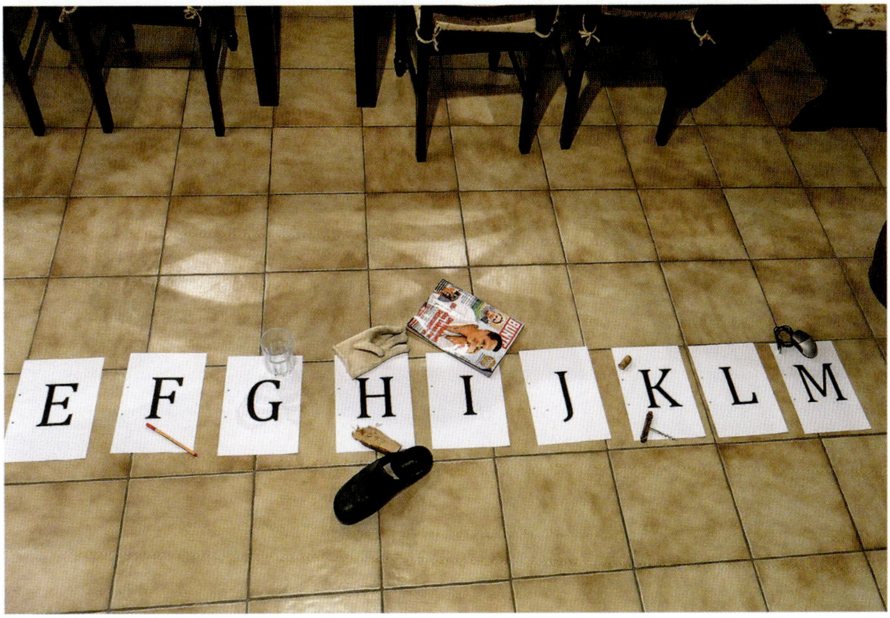

Buchstaben aus Menschen

Spiele im Raum, Spiele im Freien, Spiele ohne vorgegebene Bewegungsrichtung

Denkspiel, Kommunikationsspiel

ab 10 Jahre

mindestens 10 Spieler

Keine

Verbesserung der Kreativität und der nonverbalen Kommunikation, Schulung der Lese- und Schreibkompetenz

Die Gruppe wird in Teams zu jeweils fünf bis sechs Mitspielern eingeteilt, davon stellen vier oder fünf mit ihren Körpern liegend auf dem Boden Buchstaben dar und der übrig gebliebene Spieler muss als Teamchef die Buchstaben erraten. Falls bei der Gruppeneinteilung Gruppenmitglieder übrig bleiben, können sie den Teamchef unterstützen oder als passive Beobachter kurz aussetzen, um in der nächsten Runde aktiv in einem neuen Team mitspielen zu dürfen. Der Spielleiter sagt jeweils einem Spieler aus der Buchstabengruppe einen Buchstaben ins Ohr, der dann von der gesamten Gruppe auf dem Boden liegend mit ihren Körpern dargestellt werden muss. Der Gruppenchef, der den Buchstaben seiner Gruppe als erstes errät, bekommt einen Punkt.

Es können auch ein- oder mehrstellige Zahlen dargestellt werden.
Als Steigerung können ganze Wörter in Form von Einzelbuchstaben von der Gruppe dargestellt werden.

Die Mitteilung des jeweiligen Buchstabens, der Zahl oder ganzer Wörter kann auch über vorbereitete Zettel oder Karteikarten erfolgen.
Es müssen nicht alle Personen zur Darstellung eines Buchstabens aktiv sein, beispielsweise würde für den Buchstaben I auch eine Person genügen.

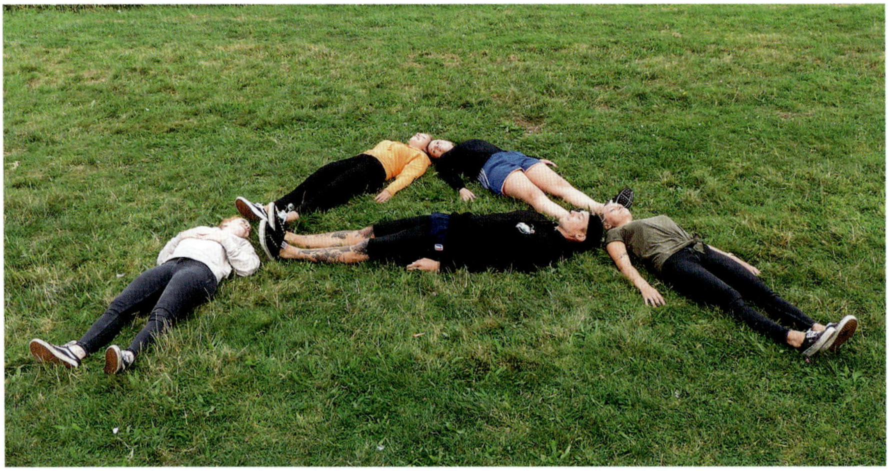

Darf ich bitten?

Spiele im Raum, Spiele im Freien, Spiele im Kreis stehend

Bewegungsspiel, Konzentrationsspiel, Tanzspiel

ab 6 Jahre

beliebig

Smartphone und Bluetooth-Lautsprecher oder Musikinstrument

Schulung der Reaktionsfähigkeit

Die Gruppenmitglieder sollen sich zu zweit zusammenfinden und sich in zwei Kreisen aufstellen. Die Paare stellen sich als Promenade im Kreis auf, d.h. die Partner stehen sich gegenüber und halten sich an den Händen in ihrem jeweiligen Kreis (innerer oder äußerer) fest. Der Spielleiter startet die Musik oder beginnt ein Instrument zu spielen. Daraufhin setzen sich der innere Kreis entgegen des Uhrzeigersinns und der äußere Kreis im Uhrzeigersinn in Bewegung. Wenn die Musik stoppt, müssen sich die ursprünglichen Paare wiederfinden, sich verbeugen und sagen: „Darf ich bitten?“. Welches Paar sich als letztes findet, scheidet aus und kann als Schiedsrichter eingesetzt werden. Das Spiel dauert so lange, bis nur ein Paar als Sieger übrig geblieben ist.

Anstatt sich zu verbeugen können die Paare sich auch an den Händen fassen und in die Hocke gehen.

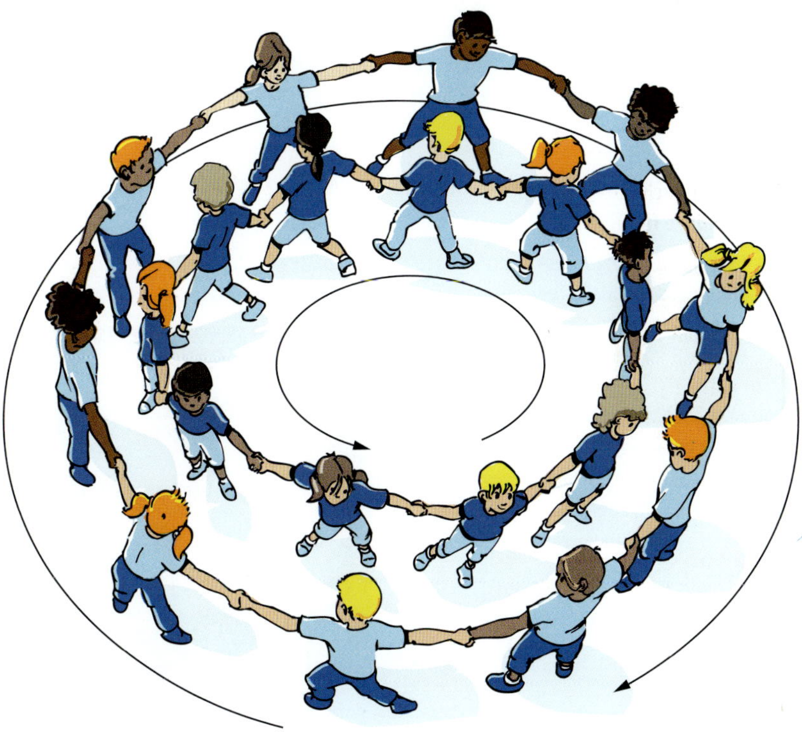

Das Farbenspiel

Spiele im Raum, Spiele im Freien, Spiele mit vorgegebener Bewegungsrichtung

Kommunikationsspiel, Konzentrationsspiel

ab 8 Jahre

mindestens 8 Spieler

drei Pappkarten in unterschiedlichen Farben und je Spieler ein Stuhl

Verbesserung der Konzentration, Schulung der nonverbalen Kommunikation

Die Gruppe wird, je nach Größe, in mindestens zwei Mannschaften mit vier Spielern oder mehr unterteilt. Die Spieler jeder Mannschaft sitzen in einer Reihe hintereinander auf Stühlen mit dem Rücken zum Spielleiter und nur der vorderste Spieler schaut zum Spielleiter hin. Sowohl der Spielleiter als auch der Letzte in der Reihe haben drei verschiedenfarbige Pappkartons in den Händen. Das Spiel beginnt, indem der Spielleiter den Spielern, die ihm zugewandt sind, eine beliebige Farbe zeigt (siehe Foto). Diese drehen sich dann um und geben dem Nächsten in der Reihe auf dem Rücken mit dem Finger ein Zeichen, um welche Farbe es sich handelt. Dieses vorher vereinbarte Zeichen kann beispielsweise ein Klopfen mit dem Zeigefinger auf die linke Schulter oder auf den Hinterkopf sein. Der Empfänger des Signals gibt nun die Farbe weiter, bis sie beim Letzten in der Reihe angekommen ist. Dieser muss dann, aus seinen vorhandenen dreifarbigen Plakatkarten die ihm übermittelte Farbe schnellstmöglich hochhalten. Das Team, welches als schnellstes, ohne zu sprechen, die richtige Farbe bis zum Ende übertragen hat, bekommt einen Punkt. Nach mehreren Durchgängen wird dann die Siegermannschaft mit den meisten Gesamtpunkten ermittelt.

Die Farben können auch als Buchstaben auf den Rücken gemalt werden.

Nach einigen Durchgängen können auch die Plätze des ersten und letzten Spielers getauscht werden, sodass jeder einmal Sender und Empfänger ist.

Der Spielleiter muss darauf achten, dass auf keinen Fall gesprochen wird.

Den Mannschaften muss genügend Zeit gelassen werden, um die Zeichen für die einzelnen Farben zu verabreden.

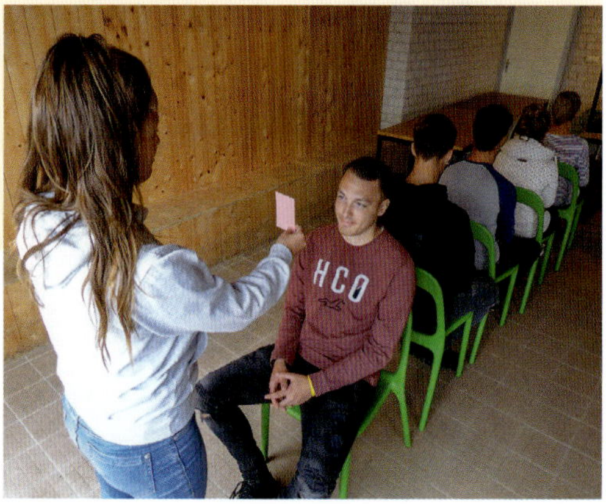

Das Geld liegt auf der Straße

Spiele im Raum, Spiele ohne vorgegebene Bewegungsrichtung

Bewegungsspiel, Kooperations- und Vertrauensspiel, Kommunikationsspiel, Geschicklichkeitsspiel

ab 6 Jahre

mindestens 8 Spieler

alte ungültige in- und ausländische Münzen (Münzschrott)

Schulung der Kooperationsfähigkeit, Verbesserung der Geschicklichkeit, Verbesserung der nonverbalen Kommunikation

Die Gruppe wird in Teams von 4–6 Personen eingeteilt, deren Aufgabe es ist, sich an den Händen festzuhalten. In einem markierten Feld hat der Spielleiter eine große Anzahl alter ungültiger in- und ausländischer Münzen auf dem Boden verteilt. Auf Kommando des Spielleiters müssen die Teams versuchen in kürzester Zeit so viele Münzen wie möglich aufzusammeln. Die Gruppen müssen aber immer in ihrer Kette zusammenbleiben und dürfen ihre Hände nicht lösen. Dadurch können nur die beiden äußeren Mitspieler mit ihrer einen freien Hand die Münzen aufsammeln. Da die Teammitglieder nicht miteinander reden dürfen, müssen sie nonverbal kommunizieren und auf Signale und Mimik ihrer Mitspieler achten. Das Spiel wird beendet, wenn keine Münze mehr am Boden zu finden ist. Gewonnen hat das Team, welches die meisten Münzen gesammelt hat.

Beim abschließenden Zusammenzählen der Münzen können auch die einzelnen Zahlenwerte addiert werden.

Die einzelnen Teams müssen darauf hingewiesen werden, dass das Aufsammeln der Münzen mit einer gewissen Vorsicht zu tätigen ist, damit es nicht zu Zusammenstößen mit anderen Teams kommen kann.

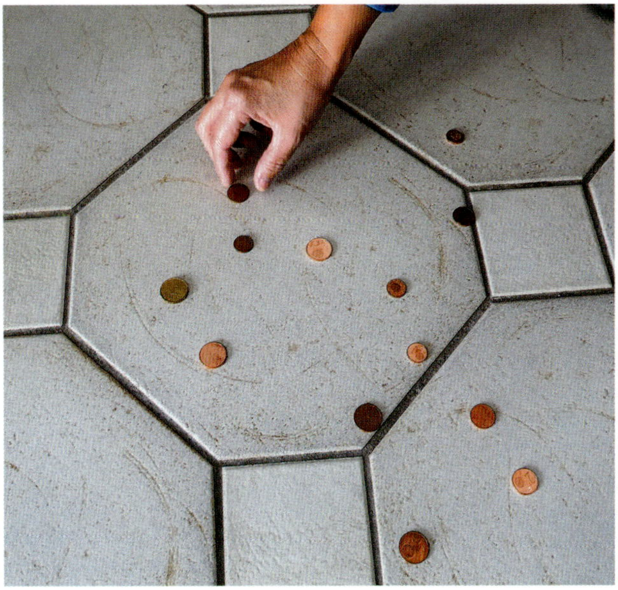

Das verrückte Gegenteil

Spiele im Raum, Spiele im Freien, Spiele mit vorgegebener Bewegungsrichtung

Denkspiel, Kreativitätsspiel

ab 10 Jahre

höchstens 20 Spieler

keine

Verbesserung der sprachlichen Kreativität, Verbesserung der Konzentration

Die Gruppe wird vom Spielleiter in zwei gleich große Teams, die sich gegenüberstehen, unterteilt. Abwechselnd nennt eine Mannschaft einen Begriff, der aus zwei Wörtern besteht. Das gegnerische Team muss dann zu diesem Begriff ein neues Wort erfinden, welches das Gegenteil des Begriffes darstellt. Schafft dieses Team dies nicht, so bekommt es einen Minuspunkt. Der Spielleiter entscheidet, je nach Motivationslage, wie viele Runden gespielt werden.
Beispiele: Großmutter - Kleinmutter
Neujahr – Altjahr
Brennstab – Löschstab
Schwerlaster – Leichtlaster
Falschfahrer – Richtigfahrer
Faultier – Fleißigtier

Um die Schwierigkeit zu erhöhen, müssen beide Teile der Wörter ins Gegenteil umgewandelt werden.
Beispiel: Schwarzwild – Weißzahm
Schwanzende – Kopfanfang
Das Spiel kann auch umgedreht gespielt werden. Das verrückte Gegenteil wird von einem Team genannt und das andere Team muss den richtigen Begriff erraten.
Beispiel: Monddunkel – Sonnenlicht

Je nach Leistungsfähigkeit der Gruppe sollte der Spielleiter eine Liste mit entsprechenden Begriffen, welche der Altersstufe der Gruppe angepasst sind, vorbereitet haben.
Um die Vorgehensweise bei diesem Spiel zu verdeutlichen, sollte der Spielleiter ein oder zwei Beispiele vorgeben.

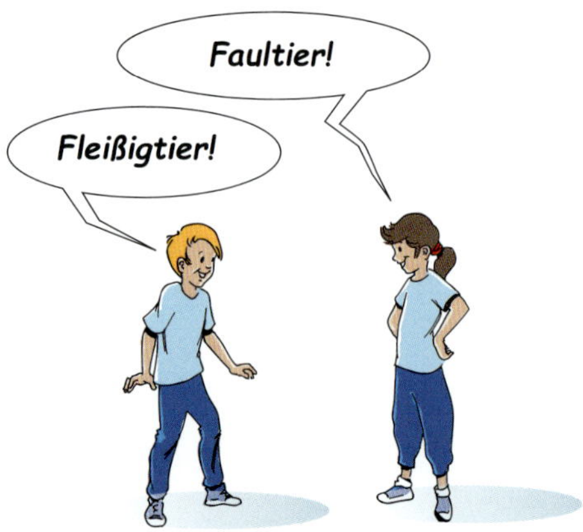

Denkmalbauer

Spiele im Raum, Spiele im Freien, Spiele ohne vorgegebene Bewegungsrichtung

Denkspiel, Kooperations- und Vertrauensspiel, Kommunikationsspiel, Kreativitätsspiel

ab 6 Jahre

mindestens 10 Spieler

keine

Verbesserung der Kreativität, Schulung der Kooperationsfähigkeit, Verbesserung der Kommunikationsfähigkeit

Der Spielleiter unterteilt die Gruppe in Mannschaften von 4–8 Personen. Diese Teams stellen Handwerker dar und sollen aus ihren Körpern ein Denkmal bauen. Der Spielleiter gibt als Architekt Vorgaben, wie das Denkmal auszusehen hat. Seine erste Anweisung lautet, dass sie ein Denkmal bauen sollen bei dem möglichst wenig Füße auf dem Boden stehen. Bei der Planung und Ausführung des Baus müssen die Gruppenmitglieder intensiv miteinander kommunizieren und sich auf einen Baustil einigen, der dann vor den anderen Gruppen präsentiert wird. Das schönste Denkmal bekommt einen Preis.

Verschiedene Bauauflagen können sein:
Baue ein Denkmal, bei dem alle Hände auf dem Boden sind.
Baue ein Denkmal, welches möglichst hoch ist.
Baue ein Denkmal, welches möglichst breit ist.
Baue ein Denkmal, welches den kleinsten Platz benötigt.
Baue ein Denkmal, welches am stabilsten ist und durch äußere Einflüsse des Spielleiters nicht seine Form verliert.
Das Spiel kann auch als Wettkampf zwischen den einzelnen Teams durchgeführt werden. Hier wäre beispielsweise die Zeit, die zur Erstellung des Denkmals benötigt wird, bei der Bewertung zu berücksichtigen.

Da es bei diesem Spiel zu engem Körperkontakt kommen kann, ist darauf zu achten, dass eventuell Schuhe und Gürtel mit Metallschnallen vorher ausgezogen werden.

Der Kellner auf dem Hochseil

Spiele im Raum, Spiele im Freien, Spiele mit vorgegebener Bewegungsrichtung

Bewegungsspiel, Geschicklichkeitsspiel

ab 8 Jahre

mindestens 6 Spieler

je Team zwei Plastikflaschen

Schulung der Geschicklichkeit und Konzentration

Die Gruppe wird in zwei oder mehrere gleich große Teams aufgeteilt. Von einer Startlinie aus müssen die einzelnen Spieler jedes Teams gleichzeitig nebeneinander zu einem Ziel „balancieren". Balancieren bedeutet, dass ein Fuß genau vor den anderen gesetzt werden muss. Um besser auf dem „Hochseil" balancieren zu können, müssen die einzelnen Spieler ihre Arme ausstrecken und auf ihren Handflächen jeweils eine Wasserflasche balancieren (siehe Foto). Fällt eine der Wasserflaschen herunter, muss der Spieler wieder am Start von vorne beginnen. Hat ein Spieler das Ziel erreicht, kann er ganz normal zum Start zurücklaufen und dem Nächsten in seiner Gruppe die Wasserflaschen übergeben. Das Team, welches als erstes fertig ist, hat gewonnen.

Wenn die zu balancierende Strecke aufgrund der Raumgröße nicht lang genug ist, kann das Spiel auch als Umkehrstaffel durchgeführt werden, d. h. auch auf dem Rückweg muss „auf dem Seil" balanciert werden.
Um die Schwierigkeit zu erhöhen, können die Wasserflaschen auch auf beiden Handrücken balanciert werden.

Je nach Größe der Wasserplastikflaschen, können diese teilweise mit Wasser gefüllt werden, damit sie schwerer und einfacher zu transportieren sind.
Sowohl die Startlinie als auch der Wendepunkt sollte durch eine Markierung klar gekennzeichnet sein.
Der Spielleiter bzw. weitere Kampfrichter müssen darauf achten, dass beim Balancieren ein Fuß genau vor den anderen, praktisch „Hacke an Zehen", gesetzt wird und keine Lücke bleibt.

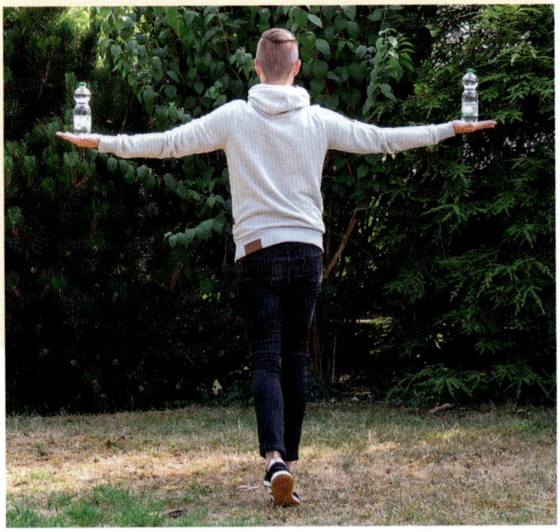

Der X-Lauf

Spiele im Raum, Spiele im Freien, Spiele mit vorgegebener Bewegungsrichtung

Bewegungsspiel

ab 6 Jahre

beliebig

keine

Verbesserung der koordinativen Fähigkeiten

Die Gruppenmitglieder werden in Mannschaften mit 5–6 Personen unterteilt. Diese Teams stellen sich nebeneinander auf, um einen Staffellauf über 7–8 Metern durchzuführen. Die Start- und Ziellinie sollte mit Gegenständen gekennzeichnet sein.
Das Besondere an diesem Staffellauf ist die Bewegungsart. Beim Start schlagen die Spieler ihre gestreckten Beine im Stehen übereinander. Die Spieler müssen somit die Strecke mit einem Bein hinter dem anderen, in einer Art X, bewältigen. Hat der erste Spieler das Ziel erreicht, darf der nächste loslaufen. Durch die sonderbare Fortbewegungsart kommt es zu lustigen Bewegungen während des Laufes. Gewonnen hat die Mannschaft, die als erstes komplett hinter der Ziellinie ist.

Neben einem Teamwettbewerb kann das Spiel auch als Einzellauf stattfinden. Hierbei treten immer die jeweils Ersten in der Reihe gegeneinander an und der Schnellste gewinnt. Zusätzlich können die Gewinner der verschiedenen Runden noch gegeneinander laufen, sodass es danach zu einem Endlauf mit den besten Läufern aus den Vorrunden kommt.
Anstatt der beschriebenen Einwegstaffel kann auch eine Pendelstaffel oder Umkehrstaffel bei den X-Läufen eingesetzt werden.

Der Spielleiter muss darauf achten, dass immer regelgerecht und fair gewechselt wird.

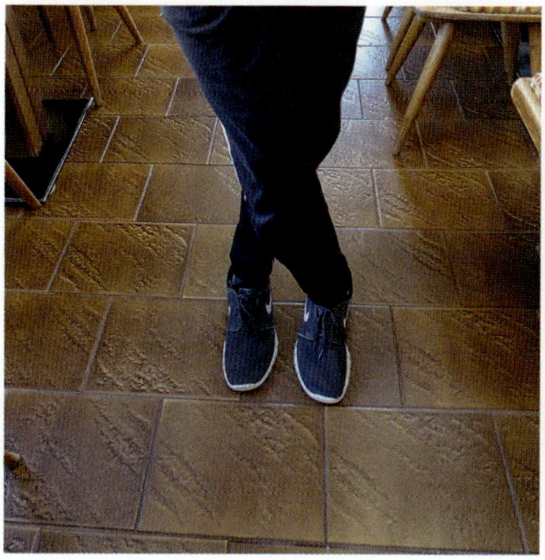

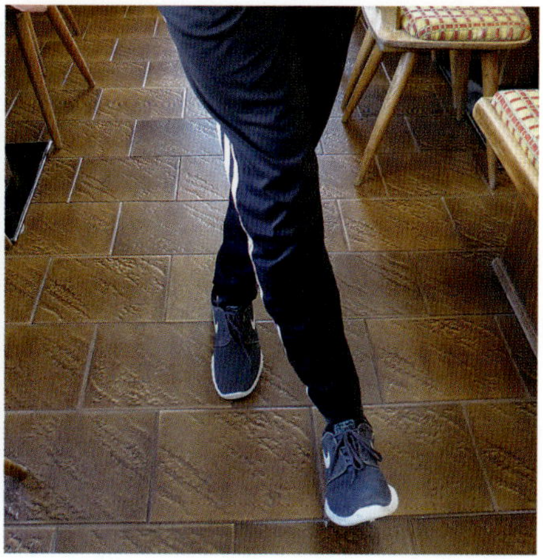

Die Raupe

Spiele im Raum, Spiele im Freien, Spiele mit vorgegebener Bewegungsrichtung

Bewegungsspiel, Kooperations- und Vertrauensspiel

ab 6 Jahre

mindestens 12 Spieler, höchstens 30 Spieler

keine

Schulung der Gewandtheit, Förderung der Teamfähigkeit

Die Gruppe wird in Teams zu mindestens 6 und höchstens 15 Personen eingeteilt. Jede Mannschaft bildet eine Raupe, indem die einzelnen Teammitglieder sich mit gespreizten Beinen auf den Boden setzen und eng aneinanderrücken. Der Hintermann fasst den Vordermann mit beiden Händen an den Schultern an, sodass alle Teammitglieder miteinander verbunden sind (siehe Foto). Die verschiedenen Raupen sitzen vor der Startlinie nebeneinander und müssen sich auf ein Kommando des Spielleiters auf dem Hosenboden sitzend vorwärts bewegen. Welche Raupe als erste komplett über die Ziellinie gekrochen ist, hat gewonnen.

Bei genügend Platz kann auch ein Slalomparcours eingebaut werden.

Der Kontakt zum Vordermann mit den Händen darf nicht unterbrochen werden.
Das Spiel kann gut auf einem glatten Fußboden, auf einer Wiese oder am Strand im Sand gespielt werden.
Die Start- und Ziellinie muss gut gekennzeichnet sein.
Bei mehreren Raupen sollten zusätzliche Kampfrichter eingesetzt werden, damit auch fair gespielt wird.

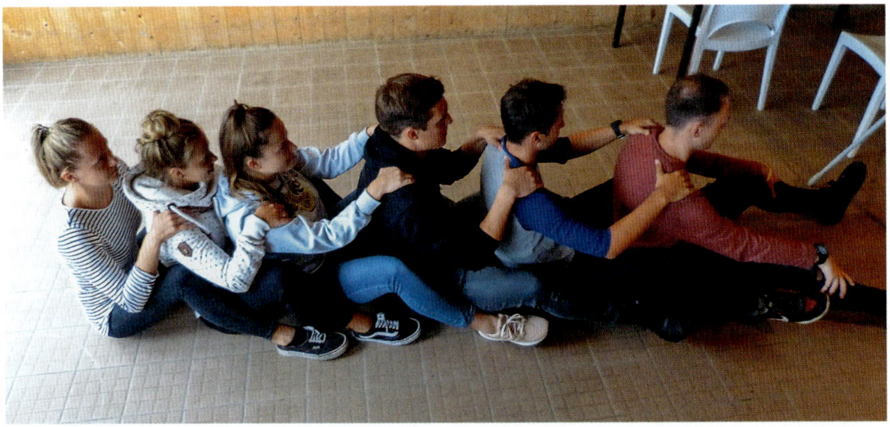

Die Reihenfolge ändern

Spiele im Raum, Spiele mit vorgegebener Bewegungsrichtung

Denkspiel, Kommunikationsspiel, Konzentrationsspiel

ab 12 Jahre

mindestens 12 Spieler

für jeden Spieler ein Stuhl und je Team ein Extrastuhl, sechs Karten mit Buchstaben zum Umhängen oder Anheften

Verbesserung der Kommunikation innerhalb der Gruppe, Schulung der Kombinationsfähigkeit, Verbesserung der Konzentration

Mindestens zwei oder mehrere Mannschaften spielen gegeneinander. Jedes Teammitglied bekommt einen Buchstaben umgehängt oder angeheftet. Dann werden Stühle in einer Reihe aufgestellt, wobei ein Stuhl mehr, wie Mitspieler im Team sind, benötigt wird. Bei einer Teamgröße von sechs Personen und den verteilten letzten sechs Buchstaben des Alphabetes werden die Mitspieler in folgender Reihenfolge auf die sieben Stühle gesetzt, wobei der erste Stuhl frei bleibt.

Stuhlnummer:	1	2	3	4	5	6	7
Spieler		U	V	W	X	Y	Z

Ziel des Spiels ist es, so schnell wie möglich mit der geringsten Anzahl von Platzwechsel folgende Sitzordnung zu bekommen:

Stuhlnummer:	1	2	3	4	5	6	7
Spieler	X	Y	Z	U	V	W	

Hier bleibt dann der letzte Stuhl frei.
Ein Platzwechsel wird dann gezählt, wenn ein Spieler aufgestanden ist und sich auf einen anderen Stuhl gesetzt hat.

Anstatt der Buchstaben kann auch mit Zahlen gespielt werden.

Für jedes Team muss ein Schiedsrichter als Beobachter und Zähler der Platzwechsel vorhanden sein, damit es fair zugeht.

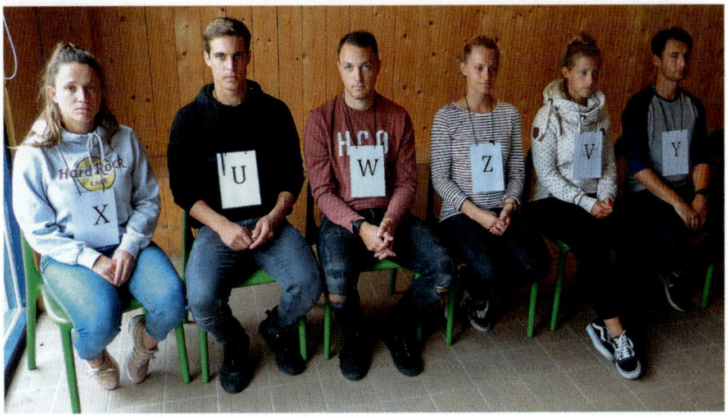

Dosen verstecken

Spiele im Raum, Spiele am Tisch

Konzentrationsspiel, Geschicklichkeitsspiel, Partyspiel

ab 10 Jahre

mindestens 2 Spieler

je Team drei Getränkedosen und drei Becher (0,4 oder 0,5 l) sowie jeweils ein Tisch

Schulung der Geschicklichkeit, Spaß am Wettkampf

Je nach Gruppengröße werden mindestens zwei Teams gebildet, die gegeneinander spielen. Jedes Team bekommt einen Spieltisch auf dem jeweils drei ungeöffnete Getränkedosen im Abstand von mindestens 20 cm stehen. Jeweils ein Spieler von jeder Mannschaft versucht nun so schnell wie möglich den Pappbecher über die Getränkedose zu stülpen. Der Pappbecher wird dazu mit seinem Boden auf die senkrecht stehende Getränkedose gestellt. Der Boden des Pappbechers sollte dabei etwas über den Rand der Dose stehen (siehe Foto). Dadurch ist es möglich, dass man mit dem Zeigefinger den Pappbecher so hochschnippt, dass er sich umdreht und mit der Öffnung über die Dose fällt. Wer zuerst die drei Dosen unter den Pappbechern versteckt hat, gewinnt das jeweilige Duell. Danach treten zwei neue Spieler gegeneinander an. Gewonnen hat das Team, das die meisten Duelle gewonnen hat.

Es können auch nur ausgewählte Spieler jedes Teams den Wettbewerb bestreiten.

Es ist darauf zu achten, dass genügend Ersatzbecher zur Verfügung stehen, falls diese beim Spielen beschädigt werden.

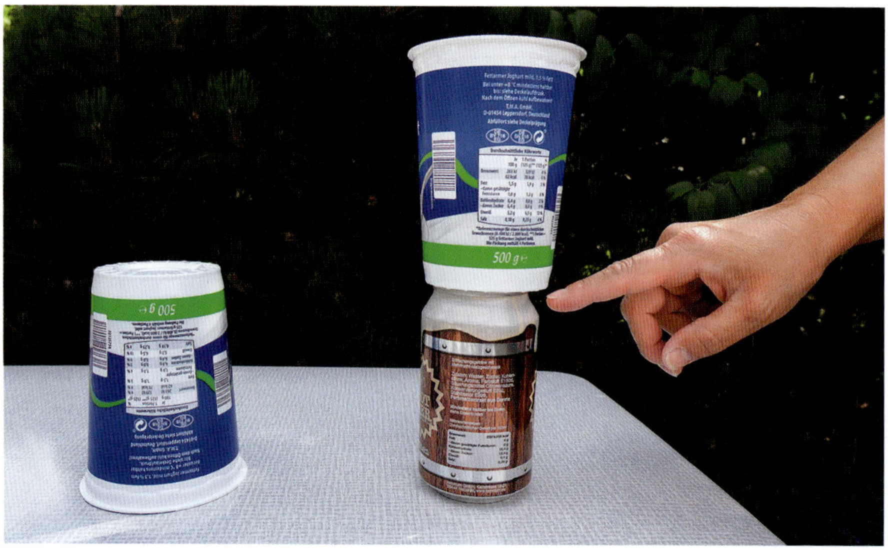

Eierbechergolf

Spiele im Raum, Spiele am Tisch

Geschicklichkeitsspiel, Konzentrationsspiel

ab 10 Jahre

beliebig

Je Team zwei Eierbecher und ein Tischtennisball

Schulung der Geschicklichkeit, Verbesserung der Konzentration

Die Gruppe wird in mindestens zwei oder mehr gleich große Mannschaften, die gegeneinander spielen, unterteilt. Jede Mannschaft sollte aus mindestens 5–10 Personen bestehen. In der Mitte des Raumes steht ein Spieltisch, der von allen Beteiligten gut eingesehen werden kann. Für jede Mannschaft stehen sich zwei Stühle am Tisch gegenüber. Hinter jedem Stuhl stellt sich die Hälfte der Mannschaft auf. Auf dem Tisch stehen je Mannschaft zwei Eierbecher direkt hintereinander. In dem einen Eierbecher liegt ein Tischtennisball. Das Spiel beginnt, indem der Erste eines Mannschaftsteils sich auf den Stuhl setzt und versucht den Tischtennisball, der sich im Eierbecher direkt vor ihm befindet, mit seinem Mund herauszublasen, sodass er in den dahinter stehenden Eierbecher fällt (siehe Foto). Gelingt dies, versucht sein Partner gegenüber den Tischtennisball wieder in den anderen Eierbecher zurück zu blasen. So geht es hin und her bis alle ihren Tischtennisball einmal in den anderen Eierbecher befördert haben. Gewonnen hat die Mannschaft, die dies als erste geschafft hat. Falls die Mannschaften aus einer unterschiedlichen Anzahl von Personen bestehen, muss ein Spieler des Teams, welches in Unterzahl ist, zweimal ran.

Es können auch zwei gegnerische Mannschaften an zwei Eierbechern und mit einem Tischtennisball spielen. Hierbei wird immer eins gegen eins gespielt. Wenn beide es schaffen, ist es unentschieden, wenn nicht, werden die Punkte der Einzelsieger für die jeweilige Mannschaft addiert. Gewonnen hat das Team, welches am Ende die meisten Punkte hat.

Die Eierbecher dürfen mit der Hand in eine optimale Position gebracht werden, bevor man mit dem Blasen anfängt. Danach dürfen keine Hände mehr benutzt werden.
Es sollte vorher mit den vorhandenen Eierbechern und den Tischtennisbällen ausprobiert werden, ob es mit diesen auch funktioniert.

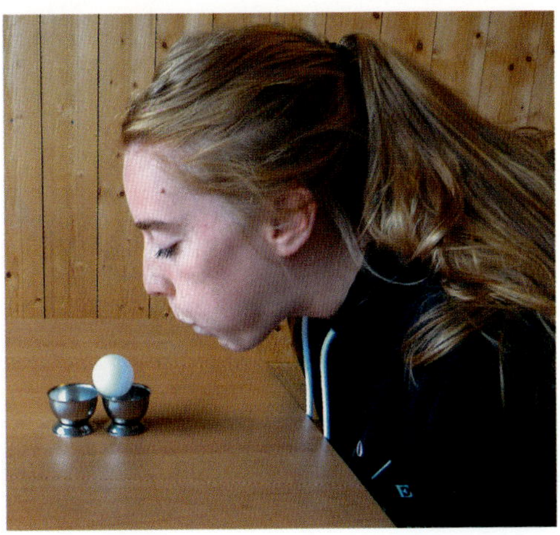

Es meldet sich unser Reporter

Spiele im Raum, Spiele ohne vorgegebene Bewegungsrichtung

Bewegungsspiel, Denkspiel, Kommunikationsspiel, Kreativitätsspiel

ab 8 Jahre

beliebig

je Team ca. sechs ausgeschnittene Fotos aus Illustrierten, ein Gegenstand, welcher als Handmikrofon verwendet werden kann (Banane, Kugelschreiber, Haarbürste o. ä.)

Verbesserung der Teamfähigkeit, Schulung der Redegewandtheit, Schulung der Fantasie

Der Spielleiter unterteilt die Gruppe in kleinere Teams von etwa fünf Spielern. Jedes Team bekommt vom Spielleiter gleich viele unterschiedliche Fotos überreicht. Die Teammitglieder haben nun fünf Minuten Zeit sich eine Geschichte rund um das Bildmaterial auszudenken, die dann ein vorher von ihnen bestimmter Reporter mit den Bildern dem Rest der Personen präsentieren muss. Die „Live"-Fernsehübertragung wird gestartet mit: „Es meldet sich unser Reporter aus..." und wird vom Spielleiter oder einer vorher festgelegten Jury bewertet. Die beste Reportage gewinnt.

Bei kleinen Gruppen können auch einzelne Mitspieler die Reportage komplett erstellen und vortragen.
Neben einer aktuellen Reportage kann auch ein Werbespot mit den Bildern aufgeführt werden.

Die Einbindung der Fotos in die Reportage sollte so geschehen, dass alle Zuschauer die Bilder auch sehen können.

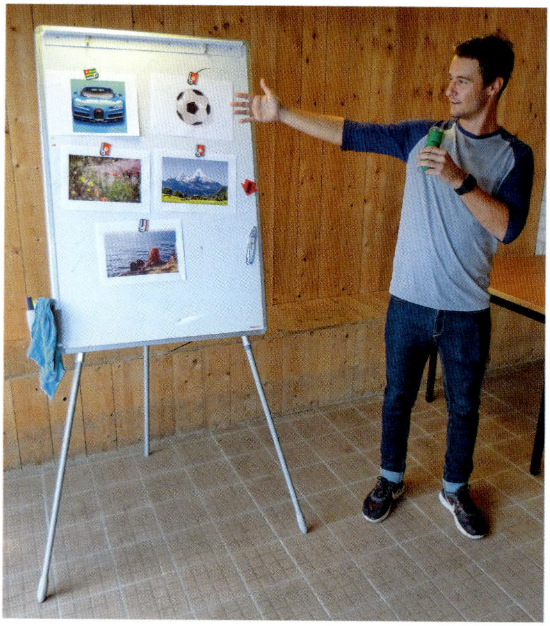

Familienspaziergang

Spiele im Freien, Spiele mit vorgegebener Bewegungsrichtung

Bewegungsspiel

ab 4 Jahre

mindestens 10 Spieler

je Team ein Markierungszeichen, z. B. Stuhl, Pylone, Stein oder Stock

Schulung der Teamfähigkeit, Verbesserung der Schnelligkeit

Die Gruppe wird in zwei oder mehrere Mannschaften, die aus ca. 5–6 Personen bestehen sollten, unterteilt. Jede Mannschaft stellt eine Familie dar. Der Erste jedes Teams, der Vater, steht an einer Startlinie und muss um ein Markierungszeichen schnellstmöglich herumgehen, aber nicht laufen. Dann holt er die Mutter ab, nimmt sie an die Hand und beide gehen um die Markierung. Bei jedem Durchgang erweitert sich die Familie um die verschiedenen Personen. Das Spiel wird durchgeführt bis alle Spieler einer Mannschaft eine Reihe bilden und diese um die Markierung herumspazieren (siehe Foto). Wenn die erste Familie wieder am Ausgangspunkt des Spazierganges angekommen ist, hat sie gewonnen.

Der Spielleiter muss darauf achten, dass nicht gelaufen, sondern nur gegangen wird. Alle Spieler müssen sich an den Händen fassen.

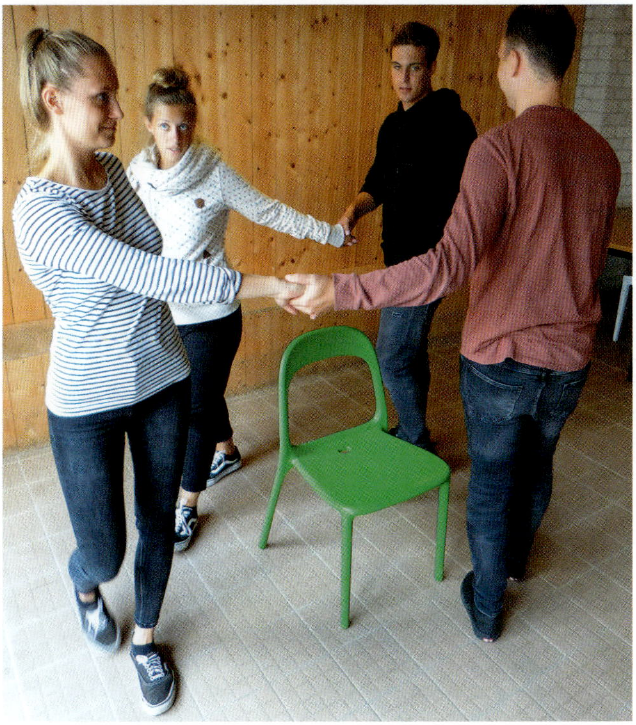

Familienzuwachs

Spiele im Raum, Spiele sitzend

Denkspiel, Konzentrationsspiel

ab 8 Jahre

mindestens 10 Spieler,
höchstens 20 Spieler

Karteikarten oder Tafel und Kreide

Verbesserung der Gedächtnisleistung, Schulung der Konzentration

Die Gruppe wird in zwei Mannschaften unterteilt, die sich im Abstand von 2–3 Metern gegenübersitzen und eine große Familie von unterschiedlichen Tieren darstellen. Jeder Mitspieler teilt dem Spielleiter entweder mündlich, aber so, dass es keiner hört, oder auf einer Karteikarte mit, welches Tier er darstellen möchte. Der Spielleiter notiert sich die Tiere auf einem Zettel und schreibt diese dann in unterschiedlicher Reihenfolge mit Kreide auf die Tafel oder heftet die Karteikarten mit Magneten an ein Whiteboard oder an die Tafel. Der Erste einer Mannschaft sucht sich an der Tafel ein Tier aus und beginnt einen beliebigen Mitspieler der gegnerischen Mannschaft zu fragen, ob er beispielsweise eine Katze ist. Wenn dies bejaht wird, steht dieser Spieler auf und stellt sich zu seiner neuen Familie hinter die andere Gruppe. Der Befrager darf dann weiterfragen. Falls der Mitspieler aber nicht das Tier ist, was häufiger auftreten wird, so kann dieser dann Folgendes antworten: „Nein, ich bin keine Katze, aber Joachim bist du eine Schlange?“ So geht das Spiel hin und her, bis keiner mehr sitzt. Sieger ist die Familie, welche den größten Familienzuwachs hinter den Stühlen bekommen hat.

Es können verschiedene Themenbereiche angesprochen werden: bekannte Fußballer, Politiker, Sänger usw.
Je nach vereinbarten Spielregeln können die abgegebenen Familienmitglieder auch wieder durch richtiges Erraten einer gegnerischen Person zurückgeholt werden.
Die Namen der Familienmitglieder können komplett durcheinander, aber auch gruppiert nach den Teams an die Tafel platziert werden. Das Spiel wird durch die Gruppierung vereinfacht, da die gegnerischen Tiernamen eingegrenzt werden.

Der Spielleiter muss an die Fairness appellieren und die Spielenden müssen auf die Fragen wahrheitsgemäß antworten, da sonst das Spiel nicht durchzuführen ist. Zur Vereinfachung können die Namen der erratenen Familienmitglieder auch durchgestrichen oder abgehängt werden.

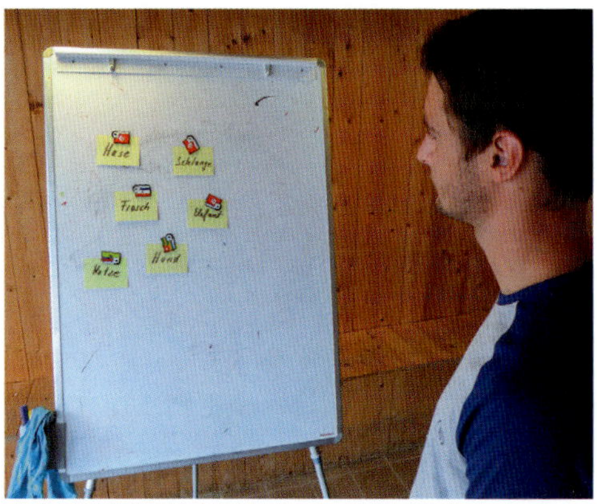

Farben telegrafieren

Spiele im Raum, Spiele im Freien, Spiele mit vorgegebener Bewegungsrichtung

Kooperations- und Vertrauensspiel, Kommunikationsspiel, Konzentrationsspiel, Kreativitätsspiel

ab 10 Jahre

mindestens 10 Spieler

farbige Zettel oder Karten

Verbesserung der nonverbalen Kommunikation, Schulung der Kreativität und der Konzentrationsfähigkeit, Schulung der Kooperationsfähigkeit

Der Spielleiter unterteilt die Gruppe in Mannschaften von 5–10 Personen. Diese setzen oder stellen sich eng hintereinander in eine Reihe auf und blicken in eine Richtung. Jeweils der Erste jeder Mannschaft, der auf den Rücken seines nächsten Partners schaut, dreht sich um und kann nun als einziger seines Teams den Spielleiter sehen. Dieser hat vorbereitete farbige Zettel in seiner Hand, von denen er einen auf Kommando wortlos hochhält und damit den ersten sehenden Mitgliedern die Aufgabe stellt, die Information über die Farbe des Zettels zu ihren letzten Gruppenmitgliedern weiterzugeben. Wenn die Information angekommen ist, hält der Letzte schnellstmöglich aus einer Auswahl farbiger Zettel das gleiche farbige Kärtchen hoch. Die Farbe des Zettels darf aber nicht verbal übermittelt werden, sondern nur durch taktile Reize (Drücken der Hände). Die einzelnen Teammitglieder müssen sich daher, bevor das Spiel startet, einen lautlosen Code mittels „Telegrafie" überlegen, der die einzelnen Farben eindeutig charakterisiert.

Die Teams sollten die Möglichkeit haben ihre Übermittlungstechnik für einzelne Farben vorher auszuprobieren.

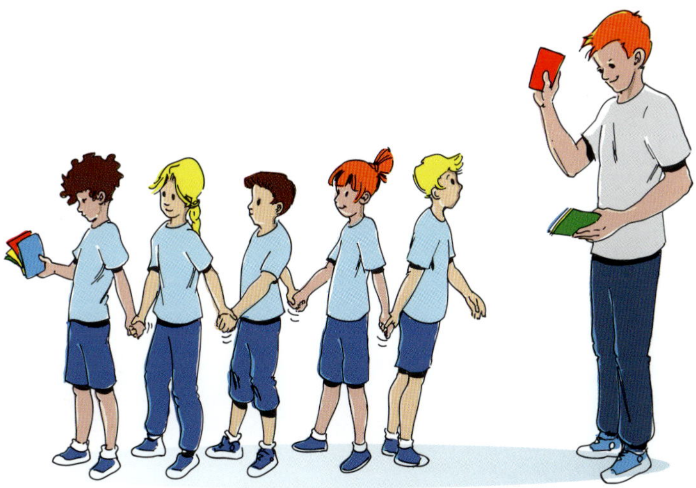

Filmtitelscharaden

Spiele im Raum, Spiele ohne vorgegebene Bewegungsrichtung

Bewegungsspiel, Kooperations- und Vertrauensspiel, Kommunikationsspiel, Kreativitätsspiel

ab 12 Jahre

beliebig

keine

Verbesserung des schauspielerischen Vermögens, Schulung der Kreativität, Verbesserung der Teamfähigkeit

Die Gruppe wird in Mannschaften von 6–8 Personen unterteilt. Sie erhalten vom Spielleiter die Aufgabe, sich einen bekannten Kinofilm auszusuchen und dessen Titel mit allen Teammitgliedern pantomimisch darzustellen. Hierbei ist es wichtig, dass es nur um den Titel geht und nicht um den Inhalt des Films. Es dürfen keine Requisiten benutzt werden und auch das Zeigen auf Gegenstände oder Körperteile ist nicht erlaubt. Nach einer kurzen separaten Einübungsphase von ca. fünf Minuten werden die Teams wieder zusammengeführt und jede Gruppe versucht den Titel pantomimisch darzustellen. Die pausierenden Mannschaften müssen den Titel erraten. Da es hier nicht um Schnelligkeit bzw. um das Gewinnen geht, sollen die Szenen bis zum Ende gespielt werden, erst dann dürfen die anderen Teams ihre Mutmaßungen äußern.

In den Einübungsphasen haben sich separate Räume als zweckmäßig erwiesen. Falls dies nicht möglich ist, sollte darauf geachtet werden, dass die Gruppen genügend großen Abstand zueinander haben.
Bei Gruppen, die wenig Erfahrung in der Pantomime haben, kann der Spielleiter einige Tipps geben, damit alle Beteiligten daran teilhaben können. Beispielsweise können Mitspieler auch Gegenstände oder Landschaften darstellen, die im Zusammenhang mit dem Filmtitel stehen.

Finde den Fehler!

Spiele im Raum, Spiele im Freien

Konzentrationsspiel

ab 8 Jahre

beliebig

keine

Schulung der Konzentration, Verbesserung der Beobachtungsfähigkeit

Die Gruppe wird in zwei Mannschaften eingeteilt. Jeder Spieler sucht sich einen Partner aus der gegnerischen Mannschaft mit dem er ein Paar bildet, welches sich im Abstand von etwa zwei Metern gegenübersteht. Jedes Paar hat nun eine Minute Zeit sich die Kleidung und das Aussehen seines Gegenübers gut einzuprägen. Nach dieser Zeitspanne gibt der Spielleiter das Kommando sich umzudrehen und die Spieler haben die Aufgabe, drei äußerlich sichtbare Veränderungen an sich vorzunehmen. Nach zwei Minuten müssen sie sich auf Kommando des Spielleiters wieder umdrehen und sich erneut eine Minute lang anschauen, um die Veränderungen am Partner und die „Fehler" zu finden. Danach geht der Spielleiter die einzelnen Paare der Reihe nach durch. Diese müssen dann die drei Veränderungen des Gegenübers nennen. Für jeden gefundenen „Fehler" gibt es einen Pluspunkt, falls man falsch liegt einen Minuspunkt. Der Spielleiter notiert für jedes Team die einzelnen Plus- und Minuspunkte und erhält somit am Ende eine Siegermannschaft.

Es können auch zwei Paare gegeneinander spielen und die Fehleranzahl kann ebenfalls erhöht werden.

Das Spiel „Finde den Fehler" funktioniert nur, wenn ehrlich und fair gespielt wird. Falls dies von der Gruppenstruktur her schwierig sein sollte, kann ein gegnerischer Schiedsrichter die Veränderungen notieren und später kontrollieren.

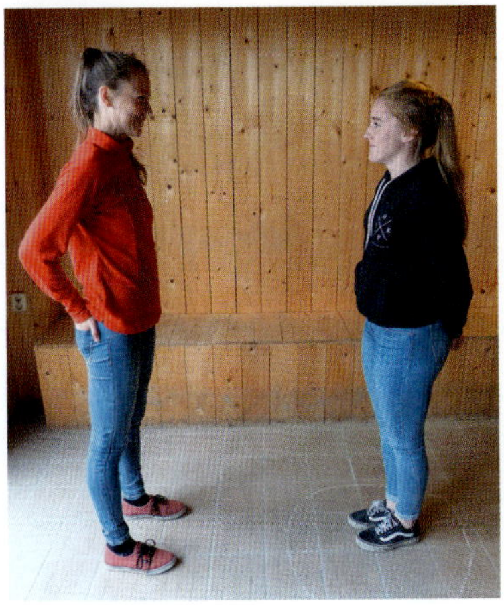

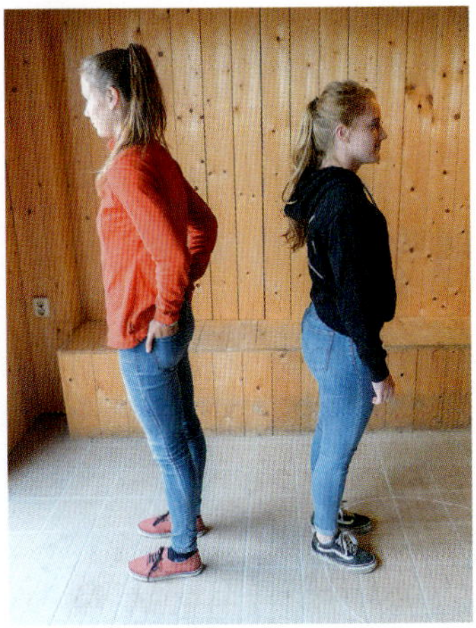

Fisch die Rolle

Spiele im Raum, Spiele im Freien, Spiele im Kreis sitzend

Geschicklichkeitsspiel

ab 6 Jahre

höchstens 12 Spieler

je Team ein ca. zwei Meter langer Stab (Bambusstock oder Zeltstange) und je Spieler mindestens eine leere Toilettenpapierrolle

Verbesserung der Geschicklichkeit

Die Gruppe wird in zwei Mannschaften von höchstens sechs Personen eingeteilt. Beide Teams bilden einen Sitzkreis, wobei das eine Team einen Halbkreis und das andere Team den anderen Halbkreis formt. Zwischen den beiden Halbkreisen wird eine kleine Lücke gelassen. In der Mitte des Kreises verteilt der Spielleiter eine genügend große Anzahl von leeren Toilettenpapierrollen. Diese sollten von den einzelnen Spielern mit einem langen Stab von ihrem Stuhl erreicht werden können. Auf das Startkommando versucht nun der erste Spieler jeder Mannschaft, sich eine Rolle zu angeln. Er nimmt diese an sich und gibt den Stab an das nächste Teammitglied weiter. Der Halbkreis, der als erstes fertig ist, hat gewonnen.

Der Stock wird im Halbkreis so lange hin und her gegeben, bis keine Rolle mehr am Boden liegt. Gewonnen hat das Team, welches die meisten Rollen gesammelt hat.
Falls die Gruppe zu groß sein sollte, kann auch in zwei ganzen Kreisen gespielt werden. Jedes Team bildet dann einen Vollkreis und spielt gegen den anderen Kreis. Hierbei beobachtet der Spielleiter genau den Spielverlauf und ist für die Bekanntgabe des Siegers zuständig.
Der Mitspieler, der gerade am Angeln ist, kann auch von seinem Stuhl aufstehen und die Rolle fischen.

Der Durchmesser des Kreises sollte auf die Länge der beiden Stäbe abgestimmt sein, damit jeder aus dem Sitzen eine Rolle angeln kann.

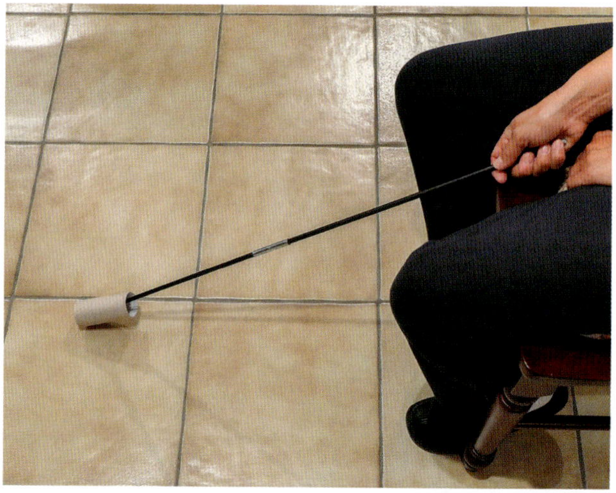

Flussüberquerung mit 3 Steinen

Spiele im Raum, Spiele im Freien, Spiele mit vorgegebener Bewegungsrichtung

Bewegungsspiel, Geschicklichkeitsspiel

ab 6 Jahre

beliebig

sechs Bierdeckel je Mannschaft

Verbesserung der Gewandtheit und Geschicklichkeit

Die Gruppe wird in gleich große Teams von ca. sechs Personen unterteilt. Jedes Team bekommt sechs Bierdeckel, die Steine darstellen sollen. Die komplette Mannschaft soll trockenen Fußes einen Fluss überqueren. Jedem Spieler stehen drei Steine zur Verfügung. Auf zwei können sie mit den Fußballen stehen und der dritte Stein kann mit der Hand immer von hinten nach vorne gelegt werden. Die Mannschaften stehen alle an einem Ufer und starten gleichzeitig mit ihrem ersten Spieler. Wenn dieser das rettende Ufer ohne ins Wasser zu treten auf der anderen Seite erreicht hat, darf der Nächste starten. Sieger ist das Team, welches als erstes komplett auf der anderen Seite des Flusses steht.

Jedes Team kann nochmals in zwei gleich große Gruppen geteilt werden, die an unterschiedlichen Ufern stehen. Ziel ist es, dass beide Gruppen die Seiten wechseln. Ein Spieler beginnt auf einer Seite und übergibt auf der anderen Seite die drei Steine dem nächsten Mitspieler.
Das Spiel kann auch als Einzelwettkampf gespielt werden. Die Ergebnisse jedes Durchganges werden dann für jedes Team zusammengezählt.

Der Abstand zwischen den beiden Ufern, die mit Kreide oder einem Klebeband gekennzeichnet sind, sollte, je nach Alter der Mitspieler, 3–6 Meter betragen.
Sind nicht genügend Bierdeckel (Steine) vorhanden, müssen die Steine zurückgetragen werden. Es ist darauf zu achten, dass die Regeln exakt eingehalten werden. Eventuell muss für jedes Team ein eigener Schiedsrichter bestellt werden. Falls jemand ins Wasser tritt, wird er einen Meter zurückgeschickt.

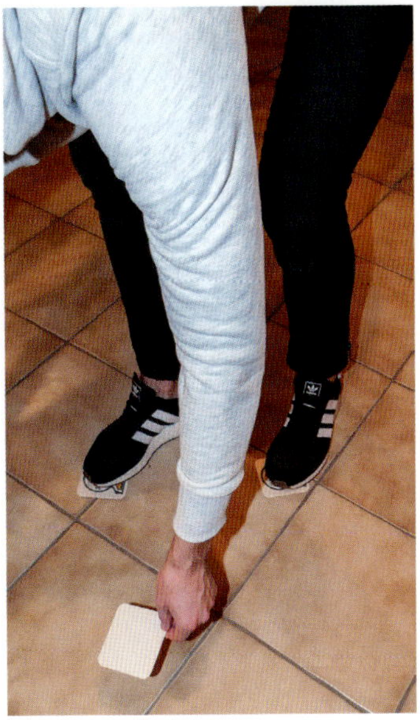

Gläsernes Tischtennis

Spiele im Raum, Spiele im Freien, Spiele mit vorgegebener Bewegungsrichtung

Bewegungsspiel, Konzentrationsspiel, Geschicklichkeitsspiel

ab 8 Jahre

beliebig

je Mannschaft ein Glas und ein Tischtennisball

Verbesserung der Geschicklichkeit, Schulung der Konzentration

Die Gruppe wird in mehrere Mannschaften unterteilt, wobei die Teamgröße nicht mehr als acht Personen betragen sollte. Die Teams stellen sich in einer Linie auf, sodass die einzelnen Teammitglieder die Versuche ihres Mannschaftskameraden beobachten und ihn anfeuern können. Ca. zwei Meter von der Mannschaft entfernt, wird auf dem Boden ein Kreis mit einem Durchmesser von ungefähr 30 cm mit Kreide gezeichnet. Der Erste jedes Teams geht nun zu dem Kreis in dem ein Trinkglas mit einem Tischtennisball steht. Aufgabe ist es nun aus ca. einem halben Meter Höhe den Tischtennisball aus dem Glas rollen zu lassen. Der Tischtennisball muss dann im gezeichneten Kreis einmal aufspringen und vom Spieler wieder mit dem Glas aufgefangen werden. Dies macht er so lange bis es funktioniert hat. Dann stellt er das Glas wieder in den Kreis und der Nächste seiner Mannschaft ist an der Reihe. Gewonnen hat die Mannschaft, die als erstes mit allen Spielern fertig ist und das Glas wieder am Boden steht.

Damit das Spiel nicht zu lange dauert, kann, auch bei motorisch schwachen Schülern, nach fünf Fehlversuchen automatisch der Nächste drankommen.
Bevor der Tischtennisball mit dem Glas gefangen wird, darf er höchstens dreimal aufspringen.

Bei jedem neuen Versuch muss der Tischtennisball wieder ins Glas zurückgelegt und aus einer Höhe von 50 cm fallen gelassen werden.

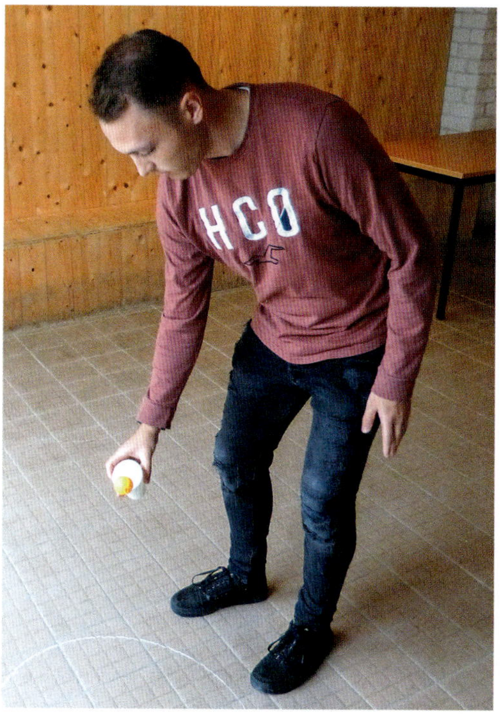

Gruppenscharaden

Spiele im Raum, Spiele im Freien, Spiele ohne vorgegebene Bewegungsrichtung

Bewegungsspiel, Kooperations- und Vertrauensspiel, Kommunikationsspiel, Kreativitätsspiel

ab 6 Jahre

beliebig

keine

Schulung der schauspielerischen Fähigkeiten, Verbesserung der Ausdrucksfähigkeit, Schulung der Kooperationsfähigkeit, Verbesserung der Teambildung

Die Gruppe wird in drei Mannschaften unterteilt. Zwei Teams spielen immer gegeneinander und das dritte Team übernimmt die Rolle des Kampfrichters. Der Spielleiter nennt einen Begriff, beispielsweise „Herzoperation“, der von den beiden Mannschaften pantomimisch parallel dargestellt werden muss. Die Kampfrichter schauen sich die Aufführungen intensiv an und stimmen danach ab, welches Team die Situation besser dargestellt hat. Dieses Team bekommt einen Punkt. Danach werden die Rollen gewechselt und ein anderes Team übernimmt die Rolle des Schiedsrichters. So geht es reihum, bis jede Mannschaft mindestens zweimal einen Begriff dargestellt hat. Sieger ist das Team, welches die meisten Punkte bekommen hat.
Beispiele für Gruppenscharaden: Faschingsumzug, Reifenwechsel, Siegerehrung, Pizza backen, Verkehrskontrolle usw.

Bei kleineren Gruppen, aus denen nur zwei Mannschaften gebildet werden können, übernimmt der Spielleiter die Rolle des Bewertungsrichters.

Bei drei Durchgängen kommt jedes Team zweimal dran, bei sechs Durchgängen muss jede Mannschaft vier Begriffe bzw. Situationen darstellen.
Die Position der beiden spielenden Teams sollte so gewählt werden, dass die Kampfrichter beide Gruppen gut beobachten können.

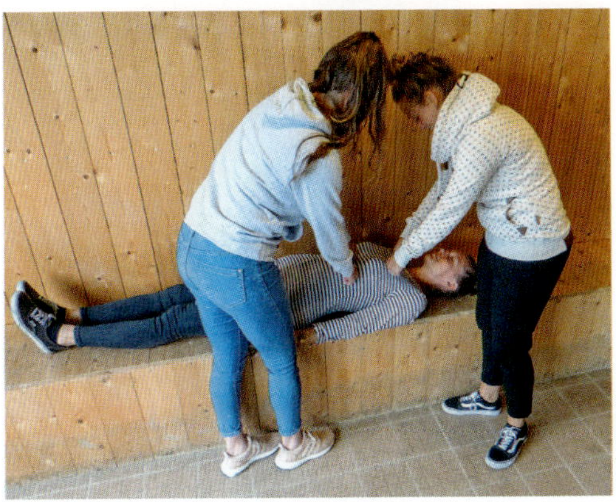

Herzoperation

Hula-Hoop-Reifen-Rennen

Spiele im Raum, Spiele im Freien, Spiele im Kreis stehend

Bewegungsspiel, Kooperations- und Vertrauensspiel, Geschicklichkeitsspiel

ab 4 Jahre

mindestens 5 Spieler

ein Hula Hoop Reifen oder Gymnastikreifen je Team

Verbesserung der Geschicklichkeit, Verbesserung der Kooperations- und Kommunikationsfähigkeit

Der Spielleiter unterteilt die Gruppe in zwei Teams mit mindestens fünf Personen. Die Teams bilden einen Innenstirnkreis und fassen sich dabei an den Händen. An einer Stelle des Kreises werden kurz zwei Hände getrennt und ein Gymnastikreifen eingehängt. Die Aufgabe für jedes Teams ist es nun, den Reifen im Uhrzeigersinn durch den Kreis zu bewegen ohne die Hände loszulassen. Der komplette Körper muss sich demnach durch den Reifen zwängen. Durch geschickte Bewegungen, auch des Partners, kann der Reifen schnell wieder zu seinem Startpunkt gebracht werden. Gewonnen hat das Team, welches den Reifen als erstes wieder zum Ausgangspunkt befördert hat.

Bei dem Spiel können, je nach Gruppengröße, auch zwei oder drei Reifen gleichzeitig im Kreis bewegt werden.
Um den Schwierigkeitsgrad zu erhöhen, kann das Spiel auch im Sitzen durchgeführt werden.
Ziel des Spiels kann es auch sein, den Reifen im Kreis zum Ausgangspunkt und wieder zurück zu befördern.

Falls sich Hände lösen, muss der Reifen wieder zum Startpunkt zurückgebracht werden.

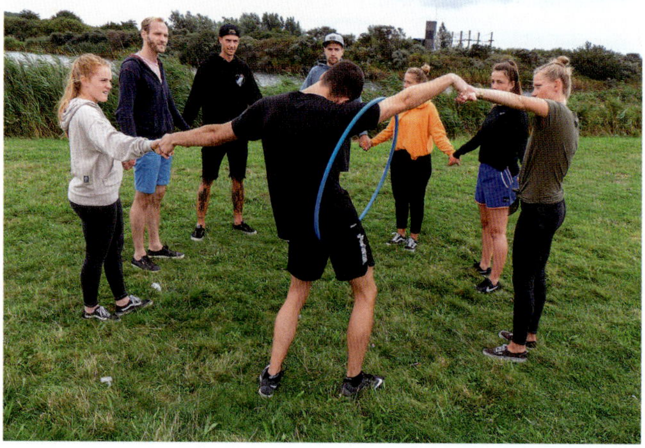

Kavalier der alten Schule

Spiele im Raum, Spiele mit vorgegebener Bewegungsrichtung

Bewegungsspiel, Geschicklichkeitsspiel

ab 6 Jahre

mindestens 4 Spieler

je Paar zwei DIN-A4-Blätter Papier (am besten laminiert)

Verbesserung der Gewandtheit, Schulung des Gleichgewichts

Die Gruppe wird in zwei gleich große Mannschaften unterteilt. In jeder Mannschaft bilden sich Paare, wobei einer davon eine Dame und der andere den Kavalier alter Schule darstellt. Es hat sehr stark geregnet und die Dame möchte von einem Bürgersteig (Startlinie) trockenen Fußes zum anderen (Ziellinie) kommen. Der Kavalier nimmt dazu zwei Blatt Papier. Auf Kommando des Spielleiters starten beide Mannschaften. Die Damen stehen dabei hinter der Startlinie und die Kavaliere legen die erste DIN-A4-Seite vor die Füße ihrer Damen. Die Damen treten mit beiden Füßen darauf und der Kavalier legt das nächste Blatt direkt daran, sodass die Dame auf das nächste Blatt treten kann. Das nun freie letzte Blatt wird wieder nach vorne gelegt usw. Zwischen den einzelnen Blättern darf kein Spalt sein. Wenn das erste Paar die Ziellinie erreicht hat, bringt der Kavalier die beiden Blätter im Laufschritt zurück zu seinem Team und übergibt diese dem nächsten Paar, das dann wiederum die Straße mit den beiden Blättern überqueren muss. Gewonnen hat das Team, welches als schnellstes mit allen Paaren auf der gegnerischen Seite angekommen ist.

Die Dame darf abwechselnd nur mit einem Fuß auf einem Blatt stehen.
Die Dame darf nur den linken bzw. den rechten Fuß auf ein Blatt stellen.
Wenn der Raum zu klein ist, kann das Spiel auch in Form einer Wendestaffel durchgeführt werden. Dies bedeutet, dass die Dame auch den Rückweg wieder absolvieren muss. Erst danach können die Paare wechseln.

Die Breite der „Straße“ kann zwischen drei und sechs Metern betragen.
Es muss vorher festgelegt werden, ob die Blätter an der Längs- oder an der Querseite angelegt werden müssen.
Wenn eine Dame neben das Blatt tritt, muss wieder von vorne angefangen werden.
Für jedes Team sollte ein Schiedsrichter zur Verfügung stehen.
Die Start- und Ziellinien sollten deutlich markiert werden.

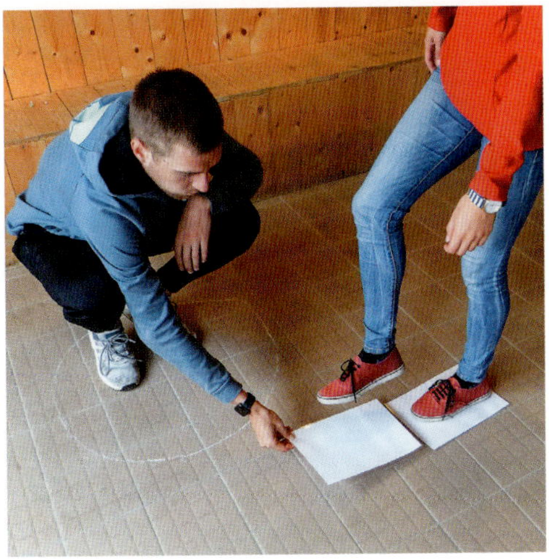

Kopierer des 18. Jahrhunderts

Spiele im Raum, Spiele am Tisch

Denkspiel, Konzentrationsspiel

ab 8 Jahre

beliebig

je Team ein Blatt Zeichenpapier, Malstifte und ein Tisch

Schulung der Beobachtungsfähigkeit, Schulung der Merkfähigkeit

Die Gruppe wird vom Spielleiter in Teams von 3–5 Personen unterteilt. Der Spielleiter zeigt den Teams für eine begrenzte Zeit ein Foto oder ein Bild, welches sich die Teammitglieder einprägen sollen. Die Teams gehen danach zu ihren Tischen und bekommen die Aufgabe, das vorher gezeigte Bild genau zu malen (zu kopieren). Das Team, das möglichst detailgenau das Originalbild aufgezeichnet hat, gewinnt. Es können mehrere Durchgänge mit unterschiedlichen Bildern gespielt werden.

Der Spielleiter kann auch mehrere verschiedene Bilder oder Fotos zeigen und stellt erst nach der Einprägphase den Teams die Aufgabe, welches der Bilder kopiert werden soll. Hierbei kommt es auf die Absprache innerhalb der Gruppe an.

Die Tische der einzelnen Teams sollten möglichst weit auseinander stehen, damit nicht vom Gegner abgeschaut werden kann.
Die Zeit zum Anschauen der Bilder und deren Inhalt sollte dem Leistungsniveau und der Altersstufe der Gruppenteilnehmer angepasst sein.

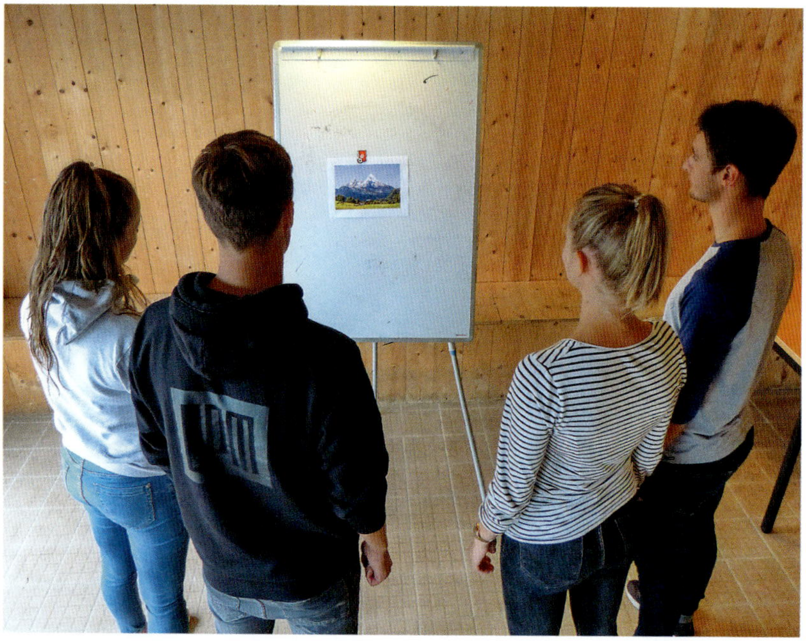

Kraniche oder Krähen?

Spiele im Freien, Spiele mit vorgegebener Bewegungsrichtung

Bewegungsspiel, Konzentrationsspiel

beliebig

höchstens 30 Spieler

keine

Verbesserung der Reaktionsfähigkeit

Die Gruppe wird in zwei Mannschaften unterteilt. Die Mitglieder der einen Mannschaft sind die Kraniche und die anderen sind die Krähen. Beide Mannschaften stellen sich an zwei Linien in langen Reihen im Abstand von zwei Metern gegenüber. Je nach vorhandenem Raum, befindet sich hinter jeder Startlinie der beiden Mannschaften im Abstand von 5–10 Metern auch eine Ziellinie. Die vom Spielleiter aufgerufene Vogelgruppe dreht sich um und rennt schnellstmöglich zu ihrer Ziellinie, um nicht von der anderen Vogelgruppe gefangen zu werden. Wer von einem gegnerischen Spieler vorher abgeschlagen wird, muss zur anderen Gruppe wechseln. Sieger ist, wer nach einer bestimmten Zeit die meisten Mitglieder in seiner Vogelgruppe hat oder wenn alle einer Vogelart gefangen wurden.

Zusätzlich zu den beiden Anweisungen „Kraniche" und „Krähen" kann auch das Wort „Krebse" mit in das Spiel eingebaut werden. Bei dem Wort „Krebse" darf niemand laufen. Wer dennoch reagiert, gilt als gefangen und muss die Gruppe wechseln.

Der Spielleiter sorgt durch seine lang gezogenen Worte wie „Krrrrraniche" oder Krrrrrähen" für zusätzliche Spannung, da die Spieler erst verzögert wissen, welche Gruppe gemeint ist. Wenn jemand zu früh losläuft, gilt er als gefangen und muss die Gruppe wechseln.
Sowohl die Start- als auch die Ziellinien sollten klar gekennzeichnet werden, damit es nicht zu Streitigkeiten kommt.

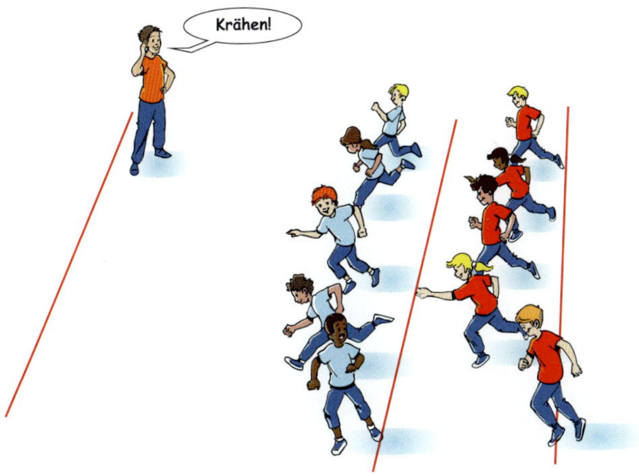

Lebendige Stuhlstaffel

Spiele im Freien, Spiele mit vorgegebener Bewegungsrichtung

Bewegungsspiel, Konzentrationsspiel

ab 6 Jahre

beliebig

je Spieler einen Stuhl

Schulung der Gewandtheit, Verbesserung der Reaktionsfähigkeit

Die Gruppe wird vom Spielleiter in gleich große Teams unterteilt, die aus ca. zehn Personen bestehen. Jede Mannschaft setzt sich in eine Stuhlreihe mit genügend Abstand nebeneinander. Die Sitzflächen zeigen dabei zu einer Seite. Die Stuhlreihen sollten gleich lang sein, damit Chancengleichheit gewährleistet ist. Diejenigen aus der Gruppe, die ganz vorne am Kopf sitzen, sind die Mannschaftsführer. Auf Kommando des Spielleiters laufen die Mannschaftsführer nach hinten und geben dem Letzten in der Gruppe einen kleinen Klaps auf die Schulter. Dieser Spieler steht dann auf, macht für den Teamchef Platz und gibt seinem Vordermann einen Klaps auf die Schulter, der steht dann wieder auf, macht Platz usw. So setzt sich der Platzwechsel bis zur Spitze fort. Wenn der Zweite in der Reihe den Platz des Teamchefs eingenommen hat, läuft dieser los und beginnt den Platzwechsel wieder am Ende der Reihe. Die Stuhlstaffel wird so lange durchgeführt bis der Teamchef wieder auf seinem Stuhl sitzt. Es siegt die Mannschaft, die als erste wieder in der Ausgangsposition sitzt.

Die einzelnen Gruppenmitglieder müssen sich exakt an die geforderten Regeln halten, da es ansonsten zu Streitigkeiten kommt. Insbesondere muss sich derjenige, der sich auf dem zweiten Stuhl befindet, nach dem Klaps seines Vorgängers richtig auf den ersten Stuhl hinsetzen, bevor er nach hinten losläuft.
Bei schwierigen Gruppen kann für jede Mannschaft ein eigener Schiedsrichter notwendig sein. Bei fehlerhaften Ausführungen muss die letzte Aktion wiederholt werden.

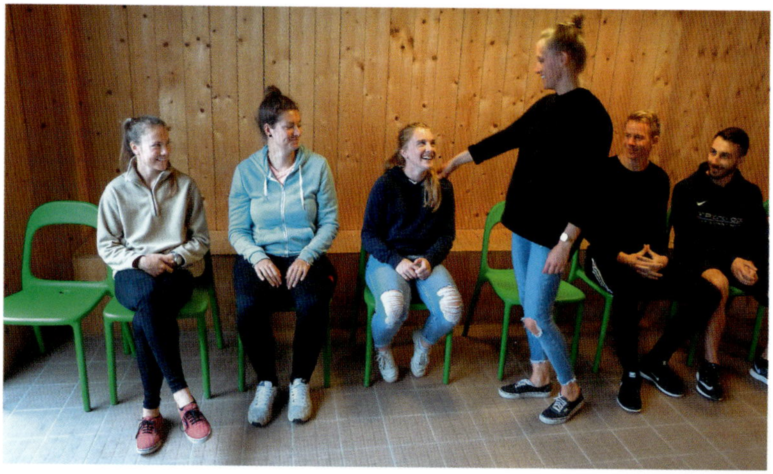

Luftballongruppentransport

Spiele im Raum, Spiele im Freien, Spiele mit vorgegebener Bewegungsrichtung

Bewegungsspiel, Kooperations- und Vertrauensspiel

ab 6 Jahre

mindestens 8 Spieler

für 2 Spieler ein Luftballon, eine Luftballonpumpe

Verbesserung der Teamfähigkeit

Aus den Gruppenmitgliedern werden, je nach Gruppengröße, zwei oder mehrere gleich große Teams gebildet. Jedes Team sollte aus mindestens vier Mitspielern bestehen. Aufgabe ist es, die vorher aufgeblasenen Luftballons über eine bestimmte Strecke zu transportieren. Die Luftballons müssen von den einzelnen Teammitgliedern zwischen Rücken und Bauch eingeklemmt werden.

Die Strecke kann auch rückwärts absolviert werden.

Die Start- und Ziellinie muss eindeutig gekennzeichnet sein. Bei Verlust eines Ballons muss dieser entweder schnellstmöglich wieder aufgenommen und eingeklemmt werden oder, bei einer kürzeren Strecke, muss die Gruppe am Start neu beginnen.

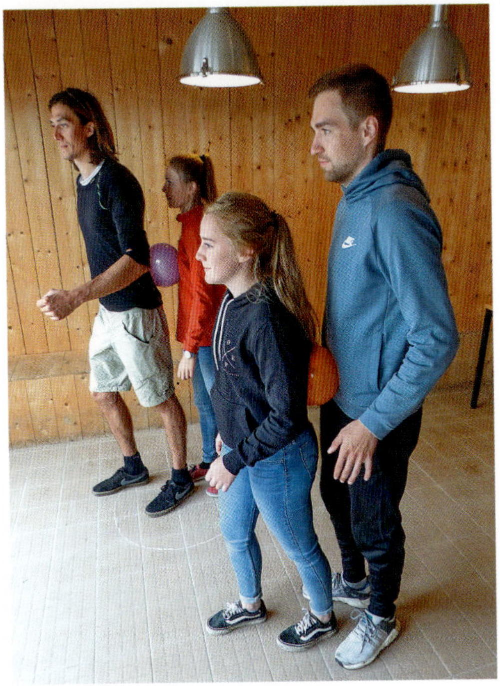

Menschliche Kegel

Spiele im Raum, Spiele im Freien, Spiele im Kreis stehend

Bewegungsspiel, Geschicklichkeitsspiel

ab 6 Jahre

mindestens 12 Spieler

Medizinball oder Basketball

Schulung der Geschicklichkeit mit dem Ball

Zu Beginn des Spiels teilt der Spielleiter die Gruppe in zwei unterschiedlich große Teams ein. Das Verhältnis sollte ca. 60% zu 40% sein. Das größere Team bildet einen Innenstirnkreis im Abstand zum Mittelpunkt von ca. 5–10 Metern, je nach Altersstufe. Die restlichen Spieler stellen sich in der Mitte als menschliche Kegel auf. Ihren Abstand und die Positionen können sie selbst frei wählen. Die Spieler des äußeren Kreises (die Kegelbrüder) versuchen nun reihum mit einem Medizinball oder Basketball durch Rollen über den Boden die menschlichen Kegel, die sich nicht bewegen dürfen, zu treffen. Wird ein Kegel getroffen, so scheidet er aus der Mitte aus und wird auch ein Kegelbruder. Es wird so lange gespielt bis der letzte Kegel getroffen wurde.

Je nach Gruppengröße kann auch mit zwei oder mehreren Bällen gekegelt werden.
Die menschlichen Kegel müssen sich an den Händen anfassen.
Die menschlichen Kegel dürfen sich bewegen und den Bällen ausweichen.
Die Spieler in der Mitte müssen sich in bestimmten geometrischen Formen, wie Dreieck, Kreis oder Viereck, aufstellen.

Die Bälle dürfen nur über den Boden gerollt werden, damit die Trefferfläche nur die Beine sein können.
Der Spielleiter muss darauf achten, eventuell durch Setzen von Markierungen, dass der Wurfabstand nicht verringert wird.

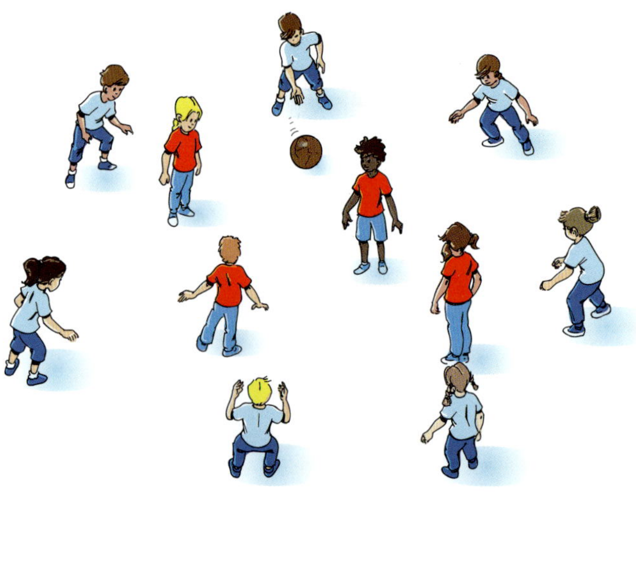

Monatsscharaden

Spiele im Raum, Spiele ohne vorgegebene Bewegungsrichtung

Bewegungsspiel, Kommunikationsspiel, Kreativitätsspiel

ab 10 Jahre

beliebig

keine

Verbesserung der schauspielerischen Fähigkeiten, Schulung der Teamfähigkeit, Schulung der Kreativität

Die Gruppe wird in Mannschaften von 6–10 Personen unterteilt. Die einzelnen Teams ziehen aus einem Lostopf einen Monatsnamen, den die anderen Mannschaften nicht sehen sollen. Sie begeben sich danach am besten in unterschiedliche Räume und haben ca. 10 Minuten Zeit, eine Szene, in der der Monat dargestellt wird, pantomimisch zu planen. Hierbei sollten alle Mitspieler jeder Mannschaft eingebunden werden. Danach wird sich wieder im großen Raum getroffen und die einzelnen Gruppen stellen ihren Monat vor den anderen Teams pantomimisch dar. Am Ende der Szene sollen die anderen Mannschaften erraten, welcher Monat dargestellt wurde. Hierbei geht es nicht um das Gewinnen, sondern um den Spaß bei der schauspielerischen Darstellung der einzelnen Teams.

Die vorbereiteten Szenen sollten bis zum Ende durchgespielt werden und erst danach dürfen die anderen Teams sich zum dargestellten Monat äußern.
Der Spielleiter kann für unerfahrene Schauspieler Tipps geben, wie eine solche Szene mit allen Mitgliedern gestaltet werden kann. Beispielsweise können einzelne Mitspieler auch einen Gegenstand, der für den Monat charakteristisch ist, wie beispielsweise einen Adventskranz, darstellen.

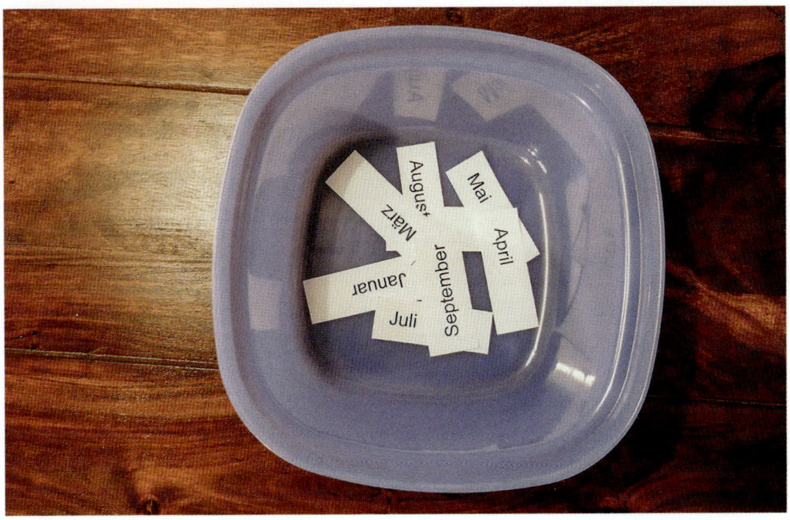

Mumienspiel

Spiele im Raum, Spiele im Kreis stehend

Kooperations- und Vertrauensspiel, Kreativitätsspiel, Geschicklichkeitsspiel

beliebig

beliebig

Toilettenpapierrollen

Förderung des Teamgeistes, Förderung der Geschicklichkeit

Zwei oder mehrere Gruppen mit je zwei oder drei Mitspielern spielen gegeneinander. Jede Gruppe wählt eine Person aus, die als Mumie verpackt werden soll. Die gewählte Person muss ganz gerade und starr stehen oder liegen. Die Mitspieler müssen sie so schnell wie möglich mit dem Toilettenpapier umwickeln. Die Gruppe, deren Mumie zuerst fertig ist, gewinnt. Haut und Kleidung dürfen nicht mehr zu sehen sein.

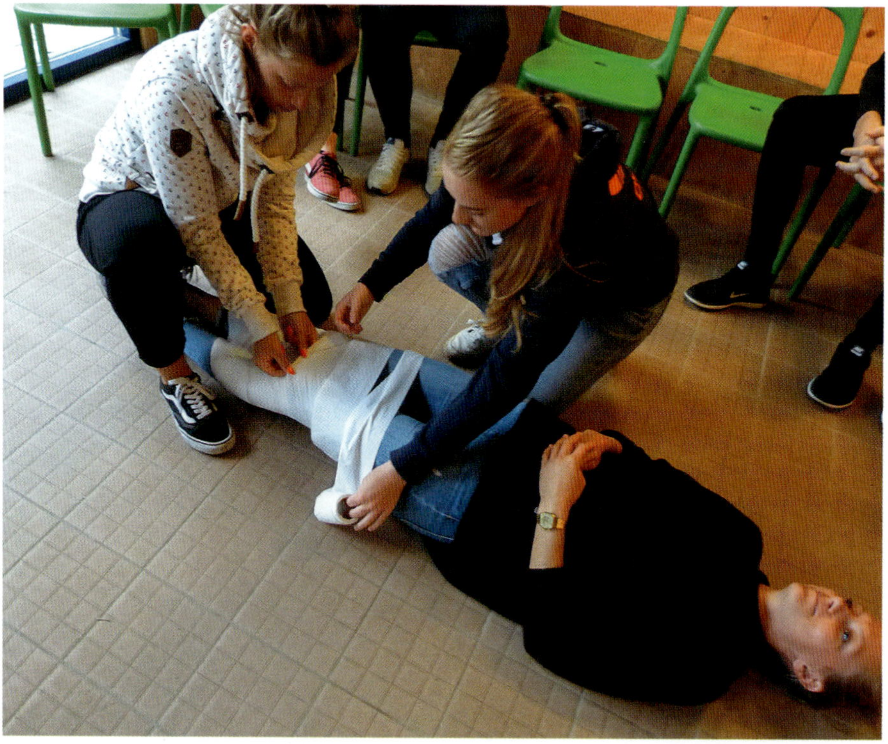

Mütterchen, Jäger und Löwe

Spiele im Raum, Spiele im Freien, Spiele mit vorgegebener Bewegungsrichtung

Bewegungsspiel

ab 6 Jahre

mindestens 10 Spieler, höchstens 20 Spieler

keine

Verbesserung der schauspielerischen Fähigkeiten

Die Gruppe wird in zwei gleich große Mannschaften geteilt. Beide Teams stellen sich in einer Reihe hintereinander. Beide Reihen stehen im Abstand von zwei Metern zueinander. Die beiden Ersten in der Reihe treten zu Beginn des Spiels zwei Meter nach vorne und stellen sich mit dem Rücken zueinander. Sie können sich nun eine darzustellende Person aus folgenden drei Möglichkeiten aussuchen: 1) Mütterchen, welches gebückt mit einem Stock humpelt, 2) Jäger, der das Gewehr im Anschlag hat und 3) Löwe, der wild seine Krallen zeigt.
Während die Rollen pantomimisch dargestellt werden, gehen beide drei Schritte auseinander. Auf das Kommando des Spielleiters drehen sich beide um, spielen ihre Rollen weiter und das Resultat der Begegnung wird deutlich: Wenn sie die gleichen Rollen spielen, scheiden beide aus dem Spiel aus. Ansonsten schlägt der Jäger den Löwen, der Löwe frisst das Mütterchen und das Mütterchen schlägt den Jäger. Der jeweils Geschlagene scheidet aus dem Spiel aus und der Sieger kehrt in seine Mannschaft zurück. Danach kommen die nächsten zwei Spieler nach vorne und spielen, wie beschrieben, ihre beiden Rollen. Das Spiel ist beendet, wenn aus einem Team alle Spieler ausgeschieden sind.

Das Spiel kann auch nach einer bestimmten Zeitdauer beendet werden. Sieger ist dann das Team, welches am Spielende mehr Spieler hat.

Die Rollen dürfen nicht mit Geräuschen untermalt werden. Die spielenden Darsteller sollten sich so hinstellen, dass sie von allen gut gesehen werden können.

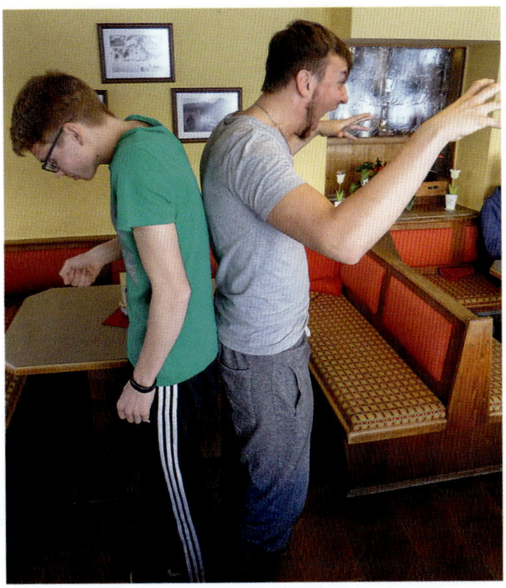

Ohne dies geht es nicht!

Spiele im Raum

Denkspiel, Konzentrationsspiel, Kreativitätsspiel

ab 10 Jahre

mindestens 8 Spieler

keine

Schulung des Wortschatzes, Verbesserung der Schlagfertigkeit

Die Gruppe wird vom Spielleiter in zwei oder mehrere Teams zu je 3–5 Personen unterteilt. Das erste Team beginnt und nennt zwei Begriffe, die eng miteinander verbunden sind, beispielsweise „kein Leben ohne Wasser". Danach muss das nächste Team daran anknüpfen und mit dem zweiten Begriff beginnen, beispielsweise „kein Wasser ohne Feuchtigkeit". Das nächste Team könnte sagen: „Keine Feuchtigkeit ohne Nässe" usw. Wenn ein Team keine Antwort mehr weiß, bekommt es einen Minuspunkt aufgeschrieben und darf neu beginnen.

Der Spielleiter kann auch spezielle Themengebiete vorschlagen, wie beispielsweise „Auto".
Mögliche Sätze wären hier: „kein Auto ohne Reifen", „keine Reifen ohne Felgen", „keine Felgen ohne Radkappen", „keine Radkappen ohne Klammern", „keine Klammern ohne Befestigung", usw.

Der Spielleiter hat die Aufgabe die Sinnhaftigkeit der Aussagen zu überprüfen.

Pantomimische Staffel

Spiele im Raum, Spiele ohne vorgegebene Bewegungsrichtung

Bewegungsspiel, Denkspiel

ab 10 Jahre

beliebig

Liste von Berufen auf einem Zettel

Schulung der Beobachtungsfähigkeit, Verbesserung der körperlichen Ausdrucksfähigkeit

Die Gruppe wird in zwei Mannschaften unterteilt, die sich getrennt in einem Raum hinsetzen. Der Spielleiter ruft von jeder Mannschaft einen Spieler zu sich und sagt jedem leise einen unterschiedlichen Beruf ins Ohr, der auf seiner Liste steht und den sie pantomimisch vor ihrer Gruppe darstellen sollen. Sobald ein Mitspieler vermutet den dargestellten Beruf seines Teamkameraden erkannt zu haben, geht er zum Spielleiter und flüstert ihm den Beruf ins Ohr. Hat er die Lösung gefunden, bekommt er sofort einen neuen Beruf mitgeteilt, den er dann vor seiner Gruppe darstellen muss. Falls seine Vermutung aber falsch ist, kann ein anderer aus seiner Gruppe sein Glück versuchen. So werden die einzelnen Berufe nacheinander abgearbeitet, bis alle erraten wurden. Gewonnen hat die Mannschaft, die als erste alle Berufe erraten hat.

Der Pantomime darf auf keinen Fall sprechen, dies muss der Spielleiter exakt kontrollieren.
Da die zu erratenen Berufe für beide Mannschaften insgesamt gleich sein müssen, sollte der Spielleiter auf seiner Liste die schon benutzten Berufe für jede Mannschaft abhaken. Die Reihenfolge der darzustellenden Berufe sollte für die einzelnen Mannschaften unterschiedlich sein, damit man nicht bei der Nachbargruppe abschauen kann.

Team A	Berufe	Team B
✓	Automechaniker	✓
✓	Koch	
✓	Arzt	
	Lehrer	
	Gärtner	

Plakatpuzzle

Spiele im Raum, Spiele am Tisch

Denkspiel, Konzentrationsspiel

ab 8 Jahre

beliebig

je Team ein Plakat, welches in 20–30 gleich große Teile zerschnitten wurde

Verbesserung der Kombinationsfähigkeit, Verbesserung der räumlichen Vorstellungskraft

Die Gesamtgruppe wird in Teams von 5–6 Personen unterteilt. Für jede Mannschaft hat der Spielleiter ein Plakat, am besten in der Größe A0, in 20–30 gleich große Teile zerschnitten, die sich in einem Umschlag befinden. Auf den Umschlag hat der Spielleiter wesentliche Merkmale des Plakates geschrieben, beispielsweise blauer Hintergrund, Schrift überwiegend in Gelb usw. Die Umschläge werden den jeweiligen Gruppen zugelost und diese müssen sich die Merkmale ihres Plakates behalten. Falls genügend Tische vorhanden sind, werden sie im Kreis um einen größeren Tisch in der Mitte platziert. Die Teams verteilen sich an den äußeren Tischen und der Spielleiter schüttet die Puzzleteile aus allen Umschlägen auf den mittleren großen Tisch. Die Rückseite der Teile sollte nach oben zeigen, sodass die Spieler die Puzzleteile nicht erkennen können. Das Spiel beginnt damit, dass ein Spieler jedes Teams zum mittleren Tisch läuft und dort je nach Anzahl der Teams und Größe der Puzzleteilchen sich ca. 10–20 Teile an seinen Tisch holen darf. Alle Mitglieder seiner Mannschaft versuchen dann das Plakat zusammenzusetzen. Falls sich fremde Teile auf ihrem Tisch befinden, kann ein Spieler diese wieder zurückbringen und sie gegen andere Teile austauschen. Wenn ein Team der Meinung ist, dass es keine falschen Teile mehr an seinem Tisch hat, wird ein anderer Spieler losgeschickt, der nun fünf neue Teile holen darf. Sieger ist die Mannschaft, die das Plakat als erstes fertiggestellt hat.

Anstatt gleich große Puzzleteile zu erstellen, können die Plakate auch in unterschiedlich große Teile zerschnitten werden.

Die Punkteverteilung kann nach der Reihenfolge der Fertigstellung der Plakate erfolgen.

Die Puzzleteile auf dem mittleren großen Tisch können auch mit ihrer Bildseite nach oben gelegt werden. Dadurch wird das Spiel vereinfacht.

Je nach Alter und Leistungsfähigkeit der Gruppe sollten unterschiedlich schwierige Plakate ausgewählt werden. Kostenlose Plakate sind u. a. bei Vereinen oder Geschäften zu bekommen.
Der Spielleiter muss darauf achten, dass die Puzzleteile für jedes Plakat, falls das Spiel schon öfter mit anderen Gruppen gespielt wurde, wieder vollständig sind.
Der Spielleiter kann das Originalplakat mit einem Smartphone vorher abfotografieren, um das Endergebnis der einzelnen Gruppen leichter kontrollieren zu können.
Falls keine Tische vorhanden sind, können die Plakate auch auf dem Boden zusammengesetzt werden.

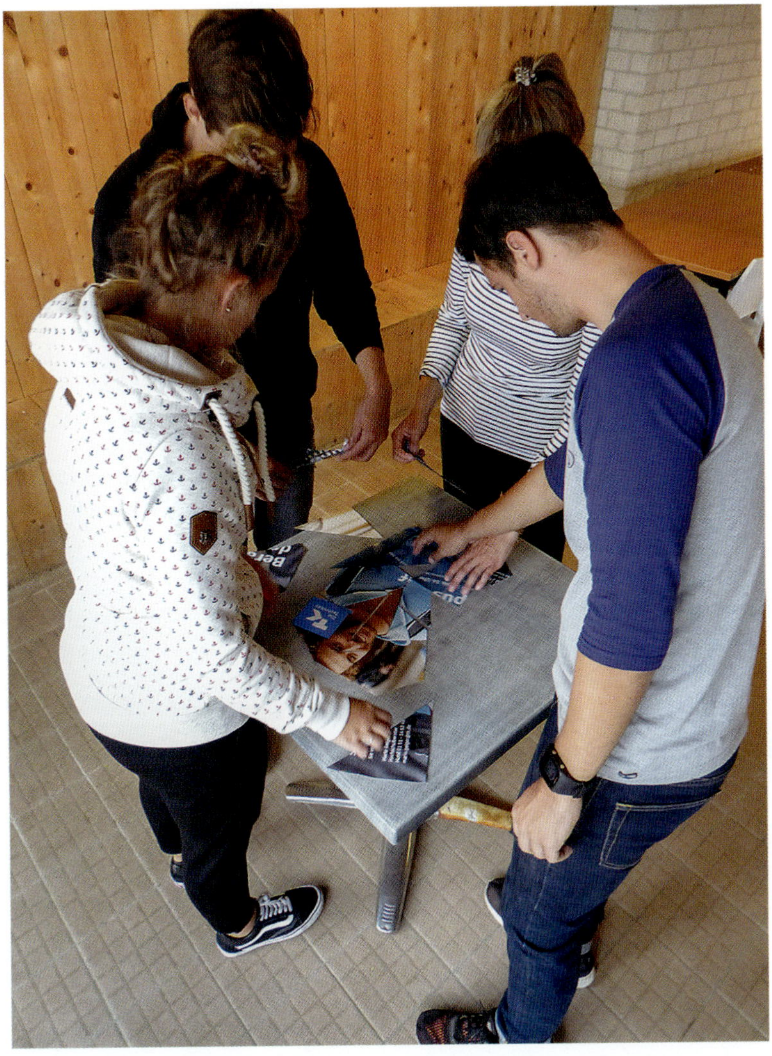

Rennen der Tausendfüßler

Spiele im Raum, Spiele im Freien, Spiele mit vorgegebener Bewegungsrichtung

Bewegungsspiel, Kooperations- und Vertrauensspiel

ab 6 Jahre

mindestens 12 Spieler

keine

Schulung der Beweglichkeit, Verbesserung der Gewandtheit, Verbesserung der Teamfähigkeit

Die Gruppe wird in gleich große Teams mit mindestens sechs Personen geteilt. Die Spieler jeder Mannschaft stellen sich in einer Reihe auf und fassen in gebückter Haltung mit beiden Händen um die Knöchel ihrer Vordermänner. In dieser Haltung, eng miteinander verbunden, gilt es von einer Startlinie so schnell wie möglich zur Ziellinie zu gelangen, die, je nach Mannschaftsgröße, zwischen 6 und 10 Metern entfernt liegt. Welche Mannschaft diese Aufgabe als erste erfüllt hat, stellt den Sieger dar.

Es können auf dem Weg zur Ziellinie auch Hindernisse eingebaut werden.

Falls es für einige Teams schwierig ist, sich fortzubewegen, kann der Spielleiter den Tipp geben, dass es günstiger ist, sich im Gleichschritt zu bewegen.
Die Start- und Ziellinie sollte klar markiert werden.
Die Knöchel dürfen nicht losgelassen werden. Falls dies geschieht, muss wieder von vorne begonnen werden. Zur Kontrolle können auch weitere Schiedsrichter eingesetzt werden.

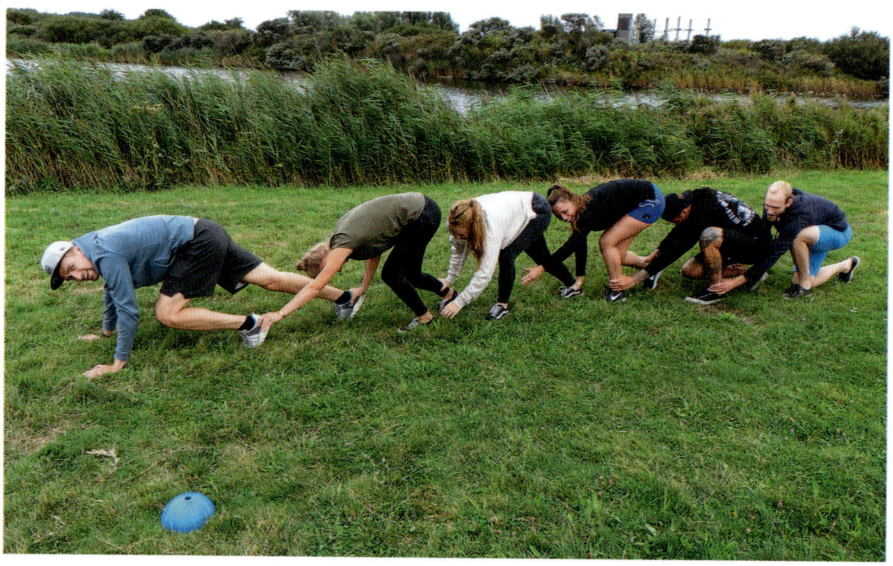

Richtig oder falsch?

Spiele im Raum, Spiele mit vorgegebener Bewegungsrichtung

Bewegungsspiel, Denkspiel, Konzentrationsspiel

ab 6 Jahre

mindestens 6 Spieler

je Spieler ein Stuhl und vier zusätzliche Stühle, auf einem Zettel vorbereitete Fragen

Verbesserung der Reaktionsfähigkeit, Schulung der Gewandtheit

Die Gruppe wird in zwei Mannschaften unterteilt, die sich jeweils paarweise auf Stühlen im Abstand von ca. zwei Metern gegenüber- oder hintereinandersitzen. Für jede Mannschaft steht am Ende und am Beginn ihrer Stuhlreihe ein freier Stuhl. Der Spielleiter teilt den Mannschaften mit, welche freien Stühle „Richtig-Stühle" oder „Falsch-Stühle" sind. Das Spiel beginnt, indem der Spielleiter dem ersten Paar eine Frage vorliest, die nur mit „Richtig" oder „Falsch" beantwortet werden kann. Dies geschieht, indem der Spieler schnellstmöglich aufsteht und zu seinem „Richtig- oder Falsch-Stuhl" läuft. Wer den richtigen Stuhl zuerst berührt hat, sammelt einen Punkt für seine Mannschaft. Danach stellt der Spielleiter dem zweiten Spielerpaar die zweite Frage, das dann wiederum entsprechend reagieren muss usw. Sieger ist das Team, welches nach mehreren Durchgängen die meisten Punkte gesammelt hat.

Je nach Gruppengröße wechseln die Spieler nach einigen Durchgängen ihre Sitzposition, damit immer wieder unterschiedliche Spielpaare zustande kommen können. Anstatt den Stuhl nur zu berühren, muss ein darauf liegender Gegenstand, beispielsweise ein Tennisball, in die Hand genommen werden.

Die vorbereiteten Fragen sollten dem Alter der Spielgruppe angepasst werden. Hierbei können auch lustige Fragen die Stimmung aufhellen.

Beispielfragen:
Hat der Spielleiter schwarze Schuhe an?
Ist heute Freitag?
Spielen 22 Personen bei diesem Spiel mit?
Hatte Goethe schon ein Telefon?
usw.

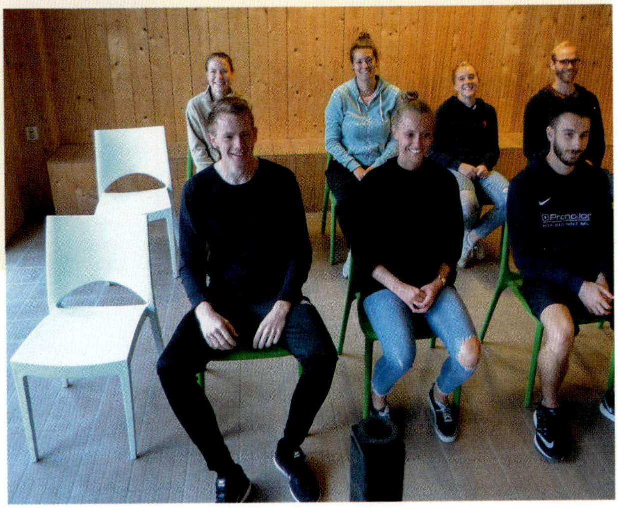

Rund um den Ball

Spiele im Freien, Spiele mit vorgegebener Bewegungsrichtung

Bewegungsspiel

ab 6 Jahre

beliebig

je Team ein Tennisball

Verbesserung der Gewandtheit, Schulung der Koordination, Verbesserung der Schnelligkeit

Die Gruppe wird in gleich große Mannschaften von ca. 6–10 Mitspielern geteilt. Die Teams bestreiten untereinander einen Wettlauf, der als Wendestaffel ausgeführt wird. Das Besondere an diesem Spiel ist, dass am Wendepunkt ein Tennisball am Boden liegt, der nicht nur umlaufen wird, sondern hier wird eine Sonderaufgabe gestellt. Der Spieler, der die Strecke von ca. 15 Metern von der Startlinie zum Tennisball läuft, muss dort mit einer Hand den Ball am Boden festhalten und dreimal den Ball umkreisen. Danach darf er zu seinem nächsten Mitspieler zurücklaufen und ihn abschlagen. Während des Umkreisens darf die Hand nicht vom Ball genommen werden. Sieger ist das Team, welches zuerst mit all seinen Läufern fertig ist.

Die Startlinie muss klar gekennzeichnet sein und die Mitspieler dürfen immer erst hinter dieser Linie starten.

Falls es, aufgrund der Gruppengröße, zu ungleichen Mannschaftsgrößen kommt, muss ein Spieler der Mannschaft, die weniger Mitglieder hat, nochmals laufen.

Zwischen den zu laufenden Strecken der einzelnen Teams, muss genügend Abstand sein, da nach der Drehung die Läufer etwas „aus der Bahn geworfen werden“ und sie die direkte Strecke zurück selten schaffen werden. Es ist daher empfehlenswert, dieses Spiel auf einer Wiese oder am Strand durchzuführen, damit es bei eventuellen Stürzen zu keinen Verletzungen kommt.

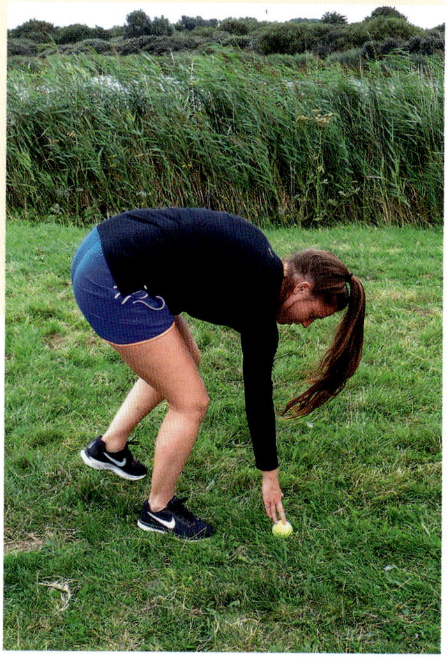

Satzteilstaffel

Spiele im Raum, Spiele im Freien, Spiele mit vorgegebener Bewegungsrichtung

Bewegungsspiel, Denkspiel, Kommunikationsspiel

ab 8 Jahre

mindestens 8 Spieler

je Team die gleichen kleinen Zettel mit Satzteilen und Wörtern

Schulung der Schnelligkeit, Verbesserung der Kombinationsfähigkeit, Schulung der Teamfähigkeit

Die Gruppe wird in gleich große Teams von ca. 4–8 Personen unterteilt. Der Spielleiter hat sich vorher Aufgaben für die Teams überlegt und niedergeschrieben. Dies können Rechen- oder Bewegungsaufgaben sein. Beispielsweise könnte der Spielleiter auf einen Zettel für jedes Team geschrieben haben: „Alle Teammitglieder hüpfen auf ihrem linken Bein und halten sich an den Händen fest!“ Mit einer Schere hat der Spielleiter diesen Satz, je nach Alter oder sprachlichem Leistungsniveau der Spieler, entweder in einzelne Wörter oder in Satzteile zerschnitten. Diese kleinen Papierzettel werden dann an einer Wendemarke auf den Boden gelegt. Aufgabe für jedes Team ist es, dass jeder Spieler einzeln zur Wendemarke läuft, einen Zettel holt, zur Startlinie bringt und den Nächsten von seinem Team abschlägt. Die wartenden Spieler jedes Teams versuchen dann aus den bisher mitgebrachten Zetteln die Aufgabenstellung zusammenzusetzen. Gewonnen hat die Mannschaft, die als erstes den Satz richtig zusammengesetzt und die Aufgabe erfüllt hat.

Falls die Anzahl der Teammitglieder größer als die Teile des Satzes ist, können die einzelnen Teams ihre Aufgaben auch aufteilen: einige Spieler laufen und die anderen setzen den Satz zusammen.
Die Schwierigkeit des Spieles kann durch die Länge der einzelnen Satzteile, von einzelnen Wörtern bis zu Nebensätzen variiert werden.

Falls die Strecke zwischen Start- und Wendemarke für das schnelle Laufen zu gering ist, darf nur gegangen oder auf einem Bein gehüpft werden. Die Zettel können auch laminiert werden, damit sie nicht im „Eifer des Gefechtes“ beschädigt werden.
Es ist empfehlenswert, dass der Spielleiter bei den vorbereiteten Aufgaben die Fähigkeiten und Vorlieben der Gruppe kennt und berücksichtigt.

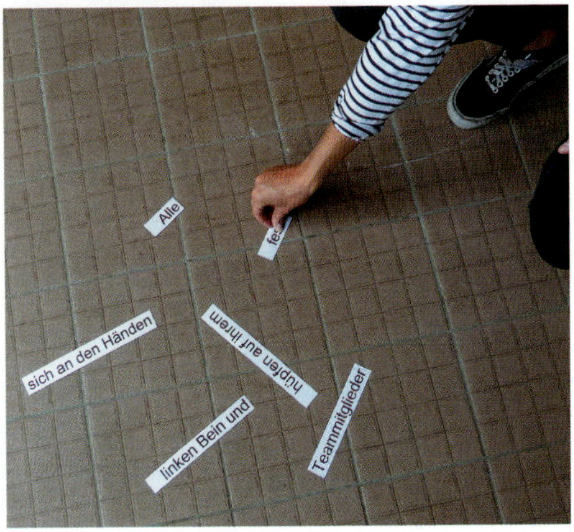

Schachtel pusten

Spiele im Raum, Spiele mit vorgegebener Bewegungsrichtung

Konzentrationsspiel, Geschicklichkeitsspiel

ab 6 Jahre

beliebig

ein Zollstock, eine leere Streichholzschachtel, ein Stück Kreide oder Kreppband und Schreibutensilien

Verbesserung der Geschicklichkeit

Zu diesem Wettkampf treten zwei gleich große Mannschaften gegeneinander an. Am Fußboden, der glatt sein sollte, wird eine Linie mit Kreide oder Kreppband markiert. Auf diese Linie wird die leere Streichholzschachtel hochkant gestellt. Jeder Spieler versucht nun durch Pusten die Schachtel möglichst weit weg von der Linie zu befördern. Der Abstand der Schachtel wird im rechten Winkel zur Linie gemessen, d. h. wer diagonal pustet, hat keinen Vorteil. Die Mannschaftsmitglieder wechseln sich ab, d. h. zuerst pustet ein Spieler der einen Mannschaft in die eine Richtung und das Ergebnis wird gemessen. Danach pustet ein Spieler der gegnerischen Mannschaft in die entgegengesetzte Richtung und auch dieses Ergebnis wird festgehalten. Gestartet wird bei jedem Versuch immer wieder neu an der Mittellinie. Am Ende, wenn alle Gruppenmitglieder gepustet haben, wird das Endergebnis zusammengerechnet und der Sieger kann ermittelt werden.

Eine vorher festgelegte Strecke muss möglichst schnell oder mit möglichst wenigen Versuchen überwunden werden.
Das Spiel kann auch als „Zielpusten" gespielt werden. Dann wird ein Gegenstand in die Mitte eines Spielfeldes gelegt und die einzelnen Spieler versuchen die Streichholzschachtel so nahe wie möglich ans Ziel zu pusten.

Der Untergrund sollte für beide Mannschaften gleich sein. Falls dies nicht möglich ist, pusten beide Mannschaften in die gleiche Richtung.

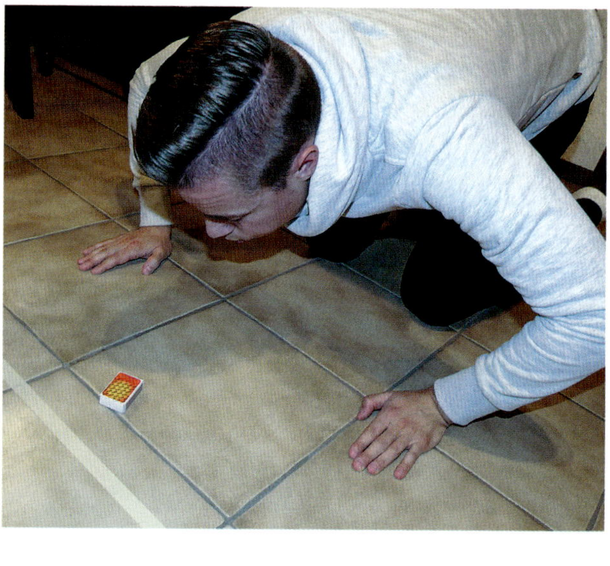

Schlagfertig

Spiele im Raum, Spiele im Freien

Denkspiel, Konzentrationsspiel, Kreativitätsspiel

ab 8 Jahre

beliebig

alle Buchstaben des Alphabets auf einzelnen Blättern (Mindestgröße: A5)

Verbesserung des Wortschatzes, Schulung der Schlagfertigkeit, Schulung der Konzentration

Die Gruppe wird in zwei Teams unterteilt. Beide Mannschaften setzen sich räumlich getrennt hin. Der Spielleiter beginnt das Spiel, indem er einen Themenbereich nennt, beispielsweise „Tiere". Dann zieht er aus einem Umschlag einen Buchstaben des Alphabets, zum Beispiel „G", mit dem die Antworten aus dem Themenbereich beginnen müssen. Die Mannschaft des Spielers, der als erster einen Tiernamen mit dem Anfangsbuchstaben G, beispielsweise „Giraffe" oder „Gans", gerufen hat, bekommt einen Punkt. Danach nennt der Spielleiter einen anderen Themenbereich, wie zum Beispiel „Sängerinnen", und zieht den nächsten Buchstaben. Je nach Spielverlauf endet das Spiel nach einer gewissen Anzahl von Durchgängen oder wenn alle Buchstaben gezogen worden sind.

Der Spielleiter nennt den ersten Begriff, danach gibt das Themengebiet jeweils derjenige an, der den letzten Punkt gemacht hat. Die Buchstaben werden vom Spielleiter gezogen.
Das Spiel kann auch in umgekehrter Reihenfolge durchgeführt werden. Der Spielleiter zieht zuerst den Buchstaben und nennt dann den Themenbereich. Hierdurch ist gewährleistet, dass es auch eine Lösung für den Buchstaben gibt, da er sich eine mögliche Lösung überlegen kann.

Die Themenbereiche sollten dem Alter und der kognitiven Leistungsfähigkeit der Gruppe angepasst sein. Der Spielleiter kann auch nur eine begrenzte Auswahl von Buchstaben in den Umschlag legen und die komplizierten, wie beispielsweise „Y", weglassen. Die Schwierigkeit des Spiels lässt sich durch weite oder enge Themenbereiche leicht steuern. Neben dem allgemeinen Themenbereich „Tiere" können auch spezielle Unterkategorien, wie „Fische" oder „Vögel", genannt werden.
Die Buchstaben sollten möglichst groß auf das Papier gedruckt werden, damit sie von allen Mitspielern erkannt werden können.
Falls nur wenige oder gar keine Antwortmöglichkeiten für den jeweiligen Buchstaben möglich sind bzw. das Raten der Spieler zu lange dauert, geht der Spielleiter zur nächsten Frage über.

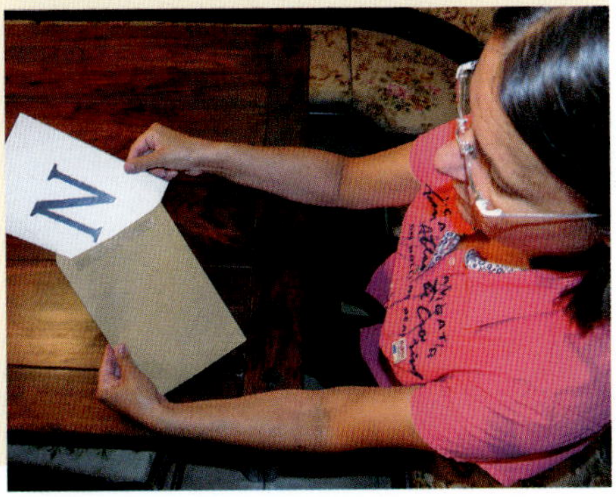

Schnelligkeit gewinnt

Spiele im Raum,
Spiele im Kreis sitzend

Bewegungsspiel, Denkspiel, Kreativitätsspiel

ab 10 Jahre

beliebig

kleine Karteikarten mit den Buchstaben des Alphabets, eine Liste mit Fragen (der Altersstufe angepasst), je Spieler ein Stuhl

Schulung des Wortschatzes, Verbesserung der Kreativität, Förderung der Konzentration

Die Gruppe wird in zwei Mannschaften unterteilt, die sich getrennt in einem Sitzkreis auf Stühlen befinden. Der Spielleiter zieht aus den Buchstaben des Alphabets einen heraus und nennt diesen laut, dass jeder im Kreis ihn verstehen kann: Beispielsweise „L". Danach liest er eine seiner vorbereiteten Fragen der Gesamtgruppe vor, z. B. „Wie heißt ein Fluss in Deutschland?" Welcher Spieler eine Antwort weiß, steht von seinem Stuhl auf. Der Erste, der von seinem Stuhl aufgestanden ist, darf beginnen. Wenn er beispielsweise „Lahn" sagt, bekommt sein Team zwei Punkte aufgeschrieben. Diejenigen, die auch „Lahn" nennen wollten, müssen sich wieder hinsetzen. Wer noch einen anderen Fluss mit dem Anfangsbuchstaben weiß, bleibt stehen und kann einen Punkt gewinnen. In dieser zweiten Runde geht es nicht mehr nach der Schnelligkeit, sondern alle, die noch stehen und einen richtigen Begriff nennen können, bekommen einen Punkt. Danach wird ein neuer Buchstabe gezogen und eine andere Frage gestellt. Nach einer gewissen Anzahl von Fragen wird zusammengezählt und das Team mit den meisten Punkten hat gewonnen.

Anstatt von zwei Mannschaften kann bei diesem Spiel auch jeder gegen jeden gespielt werden.

Der Spielleiter muss eine genaue Punkteliste für die einzelnen Mannschaften erstellen. Hierfür ist ein zweiter Schiedsrichter zu empfehlen.
Ein Sitzkreis ist für dieses Spiel von Vorteil, da hierbei der Spielleiter gut die Übersicht behält und die Mitspieler die Aussagen der anderen gut verstehen können.

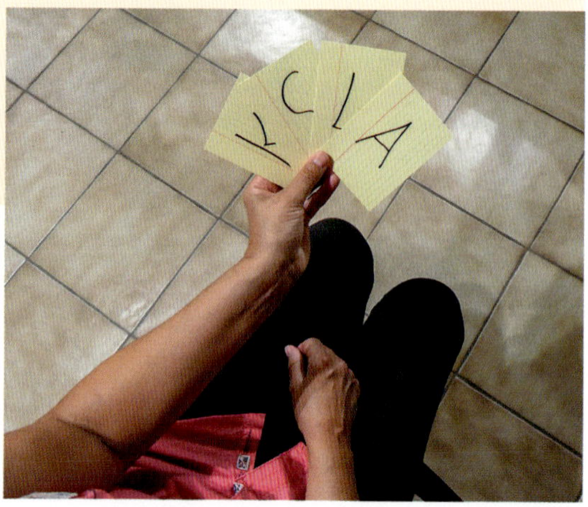

Schockgefroren

Spiele im Raum, Spiele ohne vorgegebene Bewegungsrichtung

Konzentrationsspiel, Tanzspiel

ab 16 Jahre

beliebig

Musikabspielgerät: Smartphone und Bluetooth-Lautsprecherbox

Schulung der Reaktionsfähigkeit, Verbesserung der Körperbeherrschung

Die Gruppenmitglieder, die sich in gegengeschlechtlichen Paaren zusammenfinden sollten, müssen Grundkenntnisse im Paartanz besitzen. Der Gruppenleiter spielt Tanzmusik und die Paare beginnen gemeinsam zu tanzen. Wenn der Spielleiter die Musik plötzlich unterbricht, werden die Paare in der Position in der sie sich gerade befinden „schockgefroren". Wenn es einem Paar nicht gelingt in der jeweiligen Stellung zu verharren, indem es aus dem Gleichgewicht kommt, scheidet es aus und kann bei den nächsten Durchgängen zusätzlich als Schiedsrichter eingesetzt werden. Welches Paar zum Schluss übrig bleibt, hat gewonnen.

Der Spielleiter kann durch die Musikauswahl (vom langsamen Walzer bis hin zum Rock ‚n' Roll) den Schwierigkeitsgrad des Spiels steuern.
Für das Spiel eignen sich kurze und abwechslungsreiche Musikstücke, damit die Teilnehmer auch auf die jeweilige Tanzmusik entsprechend reagieren müssen.
Zu Beginn des Spiels, wenn nur der Spielleiter als Schiedsrichter fungiert, muss besonders an die Fairness und das Einhalten des Regelwerks appelliert werden.

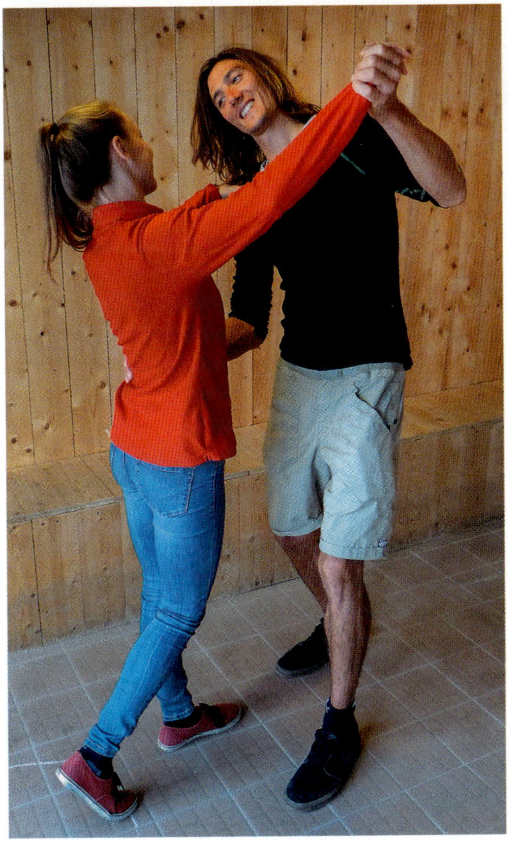

Schreibstaffel

Spiele im Raum, Spiele mit vorgegebener Bewegungsrichtung

Bewegungsspiel, Denkspiel, Kreativitätsspiel

ab 8 Jahre

ca. 20 Personen

je Team ein Stück Kreide und eine Tafelseite

Verbesserung des Wortschatzes, Schulung der Konzentration

Die Gruppe wird in zwei gleich große Mannschaften mit ca. zehn Personen unterteilt. Diese Teams stellen sich in fünf Meter Abstand hinter eine Markierung vor eine Tafelseite. Auf Kommando des Spielleiters läuft der Erste mit einem Stück Kreide zur Tafel und schreibt ein Wort hin. Dann läuft er zurück und übergibt das Stück Kreide seinem wartenden Mitspieler, der dann an der Tafel das nächste Wort schreiben soll. So geht es der Reihe nach, bis alle Mannschaftsmitglieder ein Wort an die Tafel geschrieben haben. Am Ende des Spiels soll an der Tafel ein sinnvoller, vollständiger Satz stehen, der genauso viele Wörter wie Mannschaftsmitglieder hat. Das Team, welches als erstes seinen Satz fertig hat, ist Sieger. Beispielsweise könnte bei zehn Mitspielern folgender Satz an der Tafel stehen: „Die Mutter sitzt müde in der neuen Küche und schläft."

Es kann oder muss von einem Spieler auch mehr als ein Wort geschrieben werden.

Die Mannschaftsmitglieder dürfen sich untereinander nicht besprechen, sodass jeder alleine für sein Wort zuständig ist. Der Spielleiter muss für die Einhaltung der Regeln sorgen. Wenn der geschriebene Satz keinen Sinn macht, hat dieses Team verloren.

Der Hund läuft

Stich die Flasche

Spiele im Raum, Spiele im Freien, Spiele mit vorgegebener Bewegungsrichtung

Bewegungsspiel, Geschicklichkeitsspiel

ab 8 Jahre

mindestens 10 Spieler

je Team eine Plastikflasche und zwei dünne Bambusstöcke

Verbesserung der Geschicklichkeit

Die Gruppe wird in zwei Teams unterteilt. Jede Mannschaft teilt sich auf und stellt sich im Abstand von ca. acht Metern in zwei gleich großen Gruppen gegenüber. Es wird auf Kommando des Spielleiters eine Pendelstaffel durchgeführt, wobei das Staffelholz aus einer Plastikflasche besteht, welche nur mit einem dünnen Stock transportiert werden darf. Zu Beginn steht die Flasche auf dem Boden und der erste Spieler versucht mit seinem Stock in die Flaschenöffnung zu kommen, um die Flasche senkrecht nach oben zu seinem Gegenüber zu bringen. Dieser wartet schon mit seinem Stock auf die Übergabe. Die Flasche wird nun hin- und hertransportiert bis alle ihren Platz gewechselt haben. Sieger ist die Mannschaft, die zuerst diese Aufgabe bewerkstelligt hat.

Das Spiel kann auch als Umkehrstaffel gespielt werden. Der laufende Spieler hat dabei in der linken und rechten Hand einen Stock und muss am Wendepunkt die Flasche vom einen auf den anderen Stock wechseln. Dann erst darf er den Rückweg antreten und dem nächsten Spieler die zwei Stöcke und die Flasche übergeben.

Wenn die Flasche zu Boden fällt, muss der Spieler wieder von vorne anfangen.
Die Wechselpunkte müssen mit einem Gegenstand markiert werden.

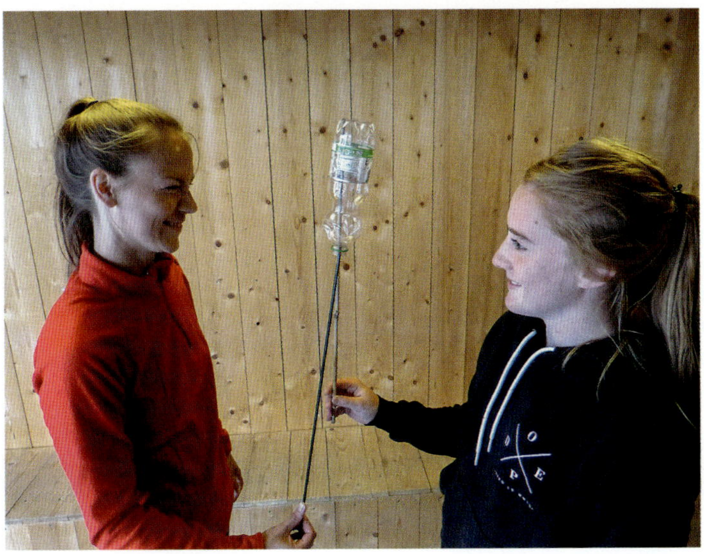

Stuhlfußball

Spiele im Raum, Spiele mit vorgegebener Bewegungsrichtung

Bewegungsspiel, Geschicklichkeitsspiel, Kooperations- und Vertrauensspiel

ab 6 Jahre

mindestens 8 Spieler, höchstens 16 Spieler

ein Softball und je Mitspieler ein Stuhl

Verbesserung der Kooperation im Team, Schulung der Geschicklichkeit mit dem Ball

Die Gruppe wird in zwei Mannschaften mit jeweils 4–8 Personen unterteilt. Die Spieler jedes Teams setzen sich in einem Abstand von ca. drei Metern in Stuhlreihen gegenüber. Die Abstände zwischen den Stühlen sollten so groß sein, dass die Spieler mit ausgestreckten Beinen ihre Nachbarn berühren können. Der Spielleiter rollt von der Seite den Softball mitten zwischen die Stuhlreihen und das Spiel kann beginnen. Ziel jeder Mannschaft ist es, ein Tor beim Gegner mit den Füßen zu erzielen. Es ist ein Tor, wenn der Ball hinter die vordere Stuhlbeinreihe des Gegners geschossen worden ist. Durch geschicktes Hin- und Herpassen des Balles innerhalb der eigenen Mannschaft können Lücken beim Gegner genutzt werden, um ein Tor zu erzielen. Sieger ist das Team, welches entweder zuerst eine vorher festgelegte Anzahl von Toren erzielt hat oder nach einer bestimmten Zeit die meisten Tore getroffen hat.

Um die Abstände zwischen den Stühlen zu gewährleisten, können sich die Mitspieler zusätzlich an den Händen fassen.

Aufgrund des sehr lebhaften und emotionalen Spiels muss der Spielleiter strikt auf die Einhaltung der Regeln achten:

1) Das Spielen des Balles mit den Händen ist verboten!
2) Keiner darf seinen Stuhl verlassen!
3) Die Bälle dürfen nur flach geschossen werden!

Das Spiel sollte nur mit einem Softball gespielt werden, um die Verletzungsgefahr mit einem harten Ball zu vermeiden.

Da die Stuhlreihen die Tore darstellen, sollten diese in Räumen so aufgestellt werden, dass die Bälle, falls sie am Tor vorbeigehen, nichts beschädigen können.

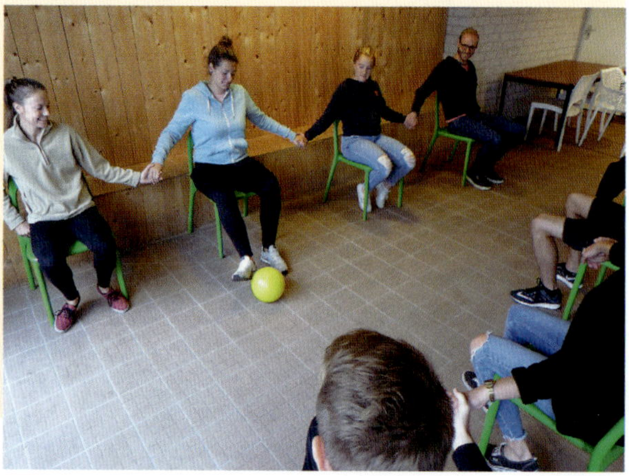

Stuhlvolleyball

Spiele im Raum, Spiele ohne vorgegebene Bewegungsrichtung

Bewegungsspiel, Kooperations- und Vertrauensspiel, Geschicklichkeitsspiel

ab 6 Jahre

beliebig

eine lange Schnur und ein Luftballon sowie je Spieler ein Stuhl

Schulung der Teamfähigkeit, Verbesserung der Ballgeschicklichkeit

Die Gruppe wird in zwei gleich große Mannschaften unterteilt. In der Mitte eines Spielfeldes wird eine Schnur in etwa der Kopfhöhe der Spieler gespannt. Die Spieler beider Mannschaften nehmen ihre Stühle und setzen sich jeweils auf eine Seite. Mit einem aufgeblasenen Luftballon wird nun Volleyball gespielt, wobei die Spieler dabei nicht vom Stuhl aufstehen dürfen. Die Kontaktanzahl auf jeder Seite ist beliebig, sodass die Mannschaften untereinander gut kooperieren können. Fällt der Luftballon trotzdem einmal in dem eigenen Spielfeld auf den Boden, so erhält die gegnerische Mannschaft einen Punkt. Sieger ist, wer entweder als erstes eine feste Punktzahl erreicht hat oder nach einer festgelegten Zeit die meisten Punkte besitzt.

Dieses Spiel kann auch sitzend auf dem Boden gespielt werden, wobei auch hier der Sitzplatz nicht verlassen werden darf.

Die Größe des Spielfeldes in Verbindung mit der Spieleranzahl ist entscheidend. Es muss nämlich genügend Platz zwischen den Spielern vorhanden sein, damit der Ball auch zu Boden fallen kann.

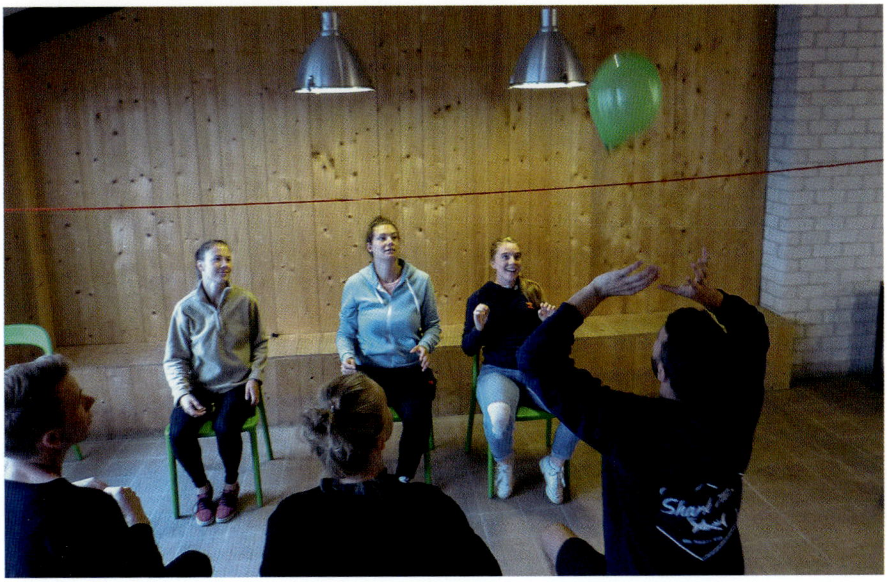

Tischtennisstaffel mit den Beinen

Spiele im Raum,
Spiele im Kreis sitzend

Kooperations- und Vertrauensspiel, Konzentrationsspiel, Geschicklichkeitsspiel

ab 8 Jahre

beliebig

je Spieler ein Stuhl und je Sitzkreis ein Tischtennisball

Verbesserung der Geschicklichkeit, Schulung der Kooperationsfähigkeit

Die Gruppe wird in gleich große Mannschaften von ca. zehn Personen unterteilt. Diese setzen sich mit ihren Stühlen in einem eigenen Kreis möglichst eng aneinander. Innerhalb jedes Teams wird der erste und letzte Spieler, die nebeneinandersitzen, bestimmt. Diese stellen ihre Stühle ein wenig auf Lücke, damit sie klar zu erkennen sind. Ziel des Spiels ist es, den Tischtennisball, der dem Ersten im Kreis auf seine ausgestreckten Beine gelegt wird, dem Nachbarn auf dessen Beine zu übergeben. Es dürfen dabei keine Hände benutzt werden. Als zweckmäßig hat sich erwiesen, dass der ballbesitzende Spieler seine Beine über die seines Nachbarn hält und den Tischtennisball dann nach unten durchfallen lässt. So wandert der Tischtennisball von Mitspieler zu Mitspieler und bis zum Letzten im Kreis. Von dort aus geht es in entgegengesetzter Richtung wieder zum Startpunkt. Welche Mannschaft als erste den Tischtennisball wieder zum Startpunkt transportiert hat, ist der Sieger. Falls der Tischtennisball herunterfällt und den Boden berührt, wird er an der Stelle auf die Beine gelegt, wo das Missgeschick geschehen ist.

Zur Vereinfachung kann das Spiel auch mit einem Tennisball gespielt werden.

Je nach Gesamtgruppengröße kann auch mit mehr als zwei Teams gegeneinander gespielt werden.
Der Spielleiter muss strikt auf die Einhaltung der Regeln achten.
Es sollten Ersatzbälle zur Verfügung stehen.

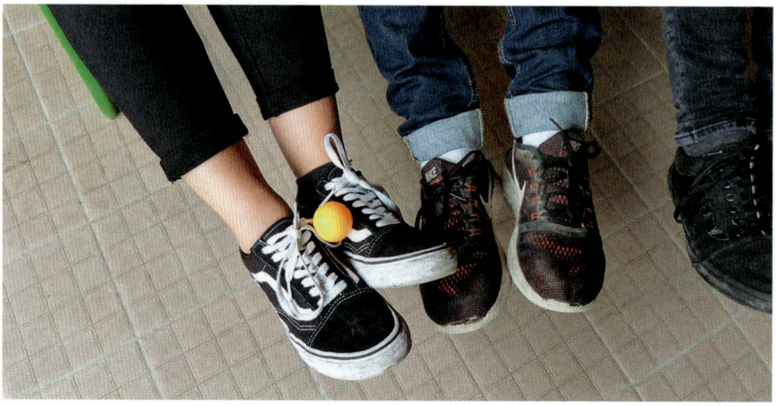

Top oder Flop?

Spiele im Raum, Spiele ohne vorgegebene Bewegungsrichtung

Tanzspiel

ab 16 Jahre

beliebig

Kreppklebeband oder Kreide, Musikabspielgerät, ein Stück Pappe oder ein Bierdeckel mit einer roten und einer grünen Seite

Verbesserung der tänzerischen koordinativen Fähigkeiten

Die Gruppenmitglieder, die Grundlagen im Paartanz besitzen sollten, finden sich selbstständig in Tanzpaaren zusammen. Die Tanzfläche hat der Spielleiter mit einem Kreidestrich oder Kreppklebeband in zwei gleich große Bereiche, die grüne und die rote Hälfte, unterteilt. Wenn die Musik anfängt zu spielen, tanzen die Paare beliebig über beide Hälften. Wenn der Spielleiter die Musik unterbricht, müssen die Paare in der Hälfte stehen bleiben, wo sie sich gerade befinden. Danach wirft der Spielleiter den Bierdeckel in die Luft und lässt ihn zu Boden fallen. Die farbige Seite, die dann nach oben zeigt, scheidet aus. Das Spiel wird so lange durchgeführt bis nur noch ein Paar übrig bleibt, welches dann als Sieger gekürt wird.

Wenn sich ein Tanzpaar genau auf der Trennlinie der beiden Hälften beim Musikstopp befindet, muss der Spielleiter dieses Paar auffordern sich zu entscheiden zu welcher Seite es gehen möchte. Erst danach wird er die „Münzpappe" werfen.

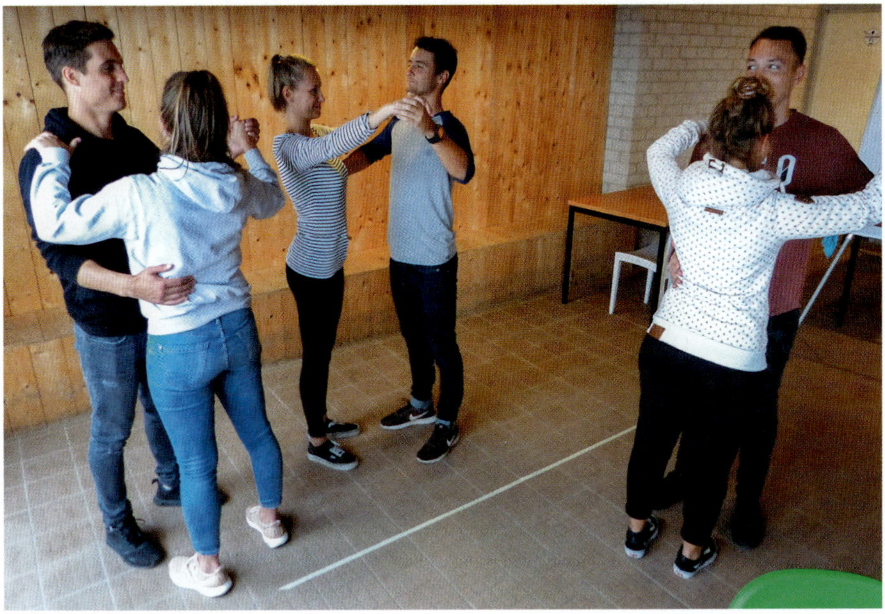

Undurchdringbare Menschenkette

Spiele im Freien, Spiele mit vorgegebener Bewegungsrichtung

Bewegungsspiel

ab 6 Jahre

mindestens 12 Spieler

keine

Schulung der Gewandtheit

Die Gruppe wird in zwei gleich große Mannschaften geteilt. Die Teammitglieder halten sich an den Händen fest und bilden so Menschenketten, die sich im Abstand von ca. acht Metern gegenüberstehen. Das Spiel beginnt, indem ein Spieler einer Mannschaft versucht durch die gegnerische Menschenkette zu kommen. Gelingt der Durchbruch, so darf dieser Spieler einen Spieler der Bruchstelle auswählen, der dann das Team wechseln muss. Wenn er es nicht schafft, die Kette zu durchbrechen, muss der Spieler dort bleiben und das Team wechseln. Dann versucht ein Spieler des anderen Teams die gegnerische Kette zu durchbrechen. So geht es abwechselnd immer hin und her. Es kann auf Zeit gespielt werden, dann gewinnt das Team mit den meisten Mitgliedern oder so lange bis sich eine Kette ganz aufgelöst hat.

Bei langen Menschenketten können auch zwei Spieler gleichzeitig versuchen, die Kette zu durchbrechen.

Der Spielleiter muss darauf achten, dass nicht mit brachialer Gewalt versucht wird die Ketten zu durchbrechen und es dadurch zu Verletzungen kommen könnte. Die Spieler in der Kette dürfen ihre Hände nicht loslassen. Sie müssen versuchen mit ihrem Körper den Durchbruch abzuwehren.

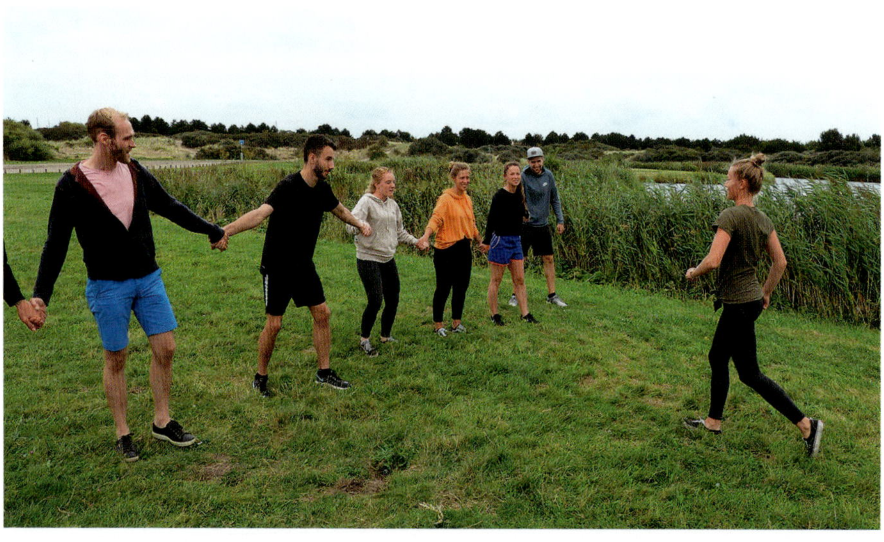

Verwirrendes Diktat

Spiele im Raum, Spiele mit vorgegebener Bewegungsrichtung

Konzentrationsspiel

ab 10 Jahre

acht Spieler

acht Stühle, vier Karten mit Texten, vier Schreibblöcke, vier Schreibstifte

Schulung der Konzentration, Verbesserung der selektiven Wahrnehmung

Es werden vier Spielerpaare gebildet, jeweils ein „Lehrer" mit seinem „Schüler". In jeder Ecke des Raumes stehen zwei Stühle hintereinander. Die Lehrer stellen sich auf die Stühle, der jeweilige Schüler nimmt auf dem Stuhl Platz, der seinem Lehrer diagonal gegenübersteht. Jeder Schüler sitzt also direkt vor einem „fremden" Lehrer. Die Lehrer bekommen vom Spielleiter eine Karte mit einem gleich langen Text unterschiedlicher Thematik. Die Schüler erhalten einen Schreibblock und einen Stift. Nach dem Startzeichen des Spielleiters diktiert jeder Lehrer seinem ihm diagonal gegenübersitzenden Schüler seinen Text. Da alle vier Lehrer zur gleichen Zeit verschiedene Texte diktieren, müssen sich die Schüler gut konzentrieren, denn sie sollen aus dem Wortsalat den Text ihres Lehrers heraushören und notieren. Sobald ein Lehrer sein Diktat beendet hat, bricht der Spielleiter das Spiel ab. Nun lesen die Schüler nacheinander ihre Diktate vor und anschließend verliest der Lehrer den dazugehörigen Originaltext. Sieger ist der Schüler, der die wenigsten Fehler und den vollständigsten Text hat.

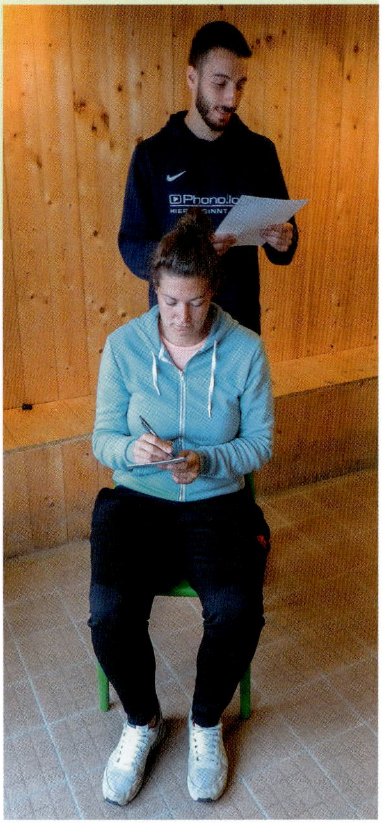

Die Schwierigkeit der Texte sollte an die Altersstufe der Gruppe angepasst werden. Bei jüngeren Mitspielern reichen einfache Sätze aus, bei älteren Teilnehmern kann man Texte aus Zeitungen nehmen. Die Wortanzahl muss jedoch bei allen vier Texten gleich sein, damit ein fairer Wettstreit stattfinden kann.

Watteballpusten

Spiele im Raum, Spiele am Tisch

Konzentrationsspiel, Geschicklichkeitsspiel

beliebig

mindestens 2 Spieler, höchstens 10 Spieler

Tisch, Wattebällchen

Förderung des Reaktions- und Konzentrationsvermögens

Die Mitspieler (zwei oder mehr) stehen oder sitzen sich an einer Tischplatte gegenüber. Ein Wattebällchen wird in die Mitte des Tisches gelegt. Der Spielleiter gibt ein Startzeichen und jeder Mitspieler versucht, das Wattebällchen auf der gegenüberliegenden Seite vom Tisch zu pusten.

Das Spiel kann als Einzelwettbewerb, aber auch als Teamwettkampf gespielt werden, dabei zählt man dann die Ergebnisse der einzelnen Durchgänge zusammen.

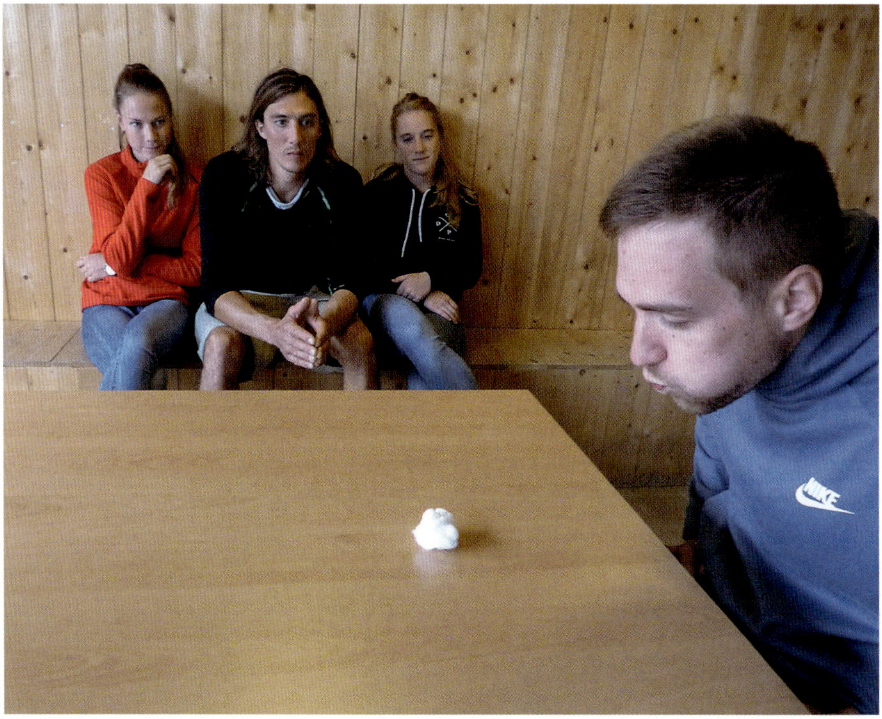

Wedelstaffel

Spiele im Raum, Spiele mit vorgegebener Bewegungsrichtung

Bewegungsspiel, Konzentrationsspiel, Geschicklichkeitsspiel

ab 6 Jahre

beliebig

je Team ein Tischtennisball und ein Tischtennisschläger oder eine Zeitschrift

Schulung der Geschicklichkeit und der Konzentration

Je nach Gruppengröße werden gleich große Teams mit 6–8 Personen gebildet. Die Teams stellen sich hinter einer Startlinie auf und müssen jeweils einzeln in Form einer Staffel einen Tischtennisball um eine Wendemarke, die 7–8 Meter entfernt ist, bewegen. Das geschieht durch das Wedeln mit einem Tischtennisschläger oder einer Zeitschrift, wobei der Tischtennisball nicht berührt werden darf. Nur durch die Erzeugung des Luftzuges wird er fortbewegt. Bei der Start- und Ziellinie wird der Tischtennisschläger übergeben, der Tischtennisball wieder auf die Startlinie gelegt und der Nächste beginnt seinen Lauf. Gewonnen hat das Team, das zuerst mit der kompletten Mannschaft im Ziel angekommen ist.

Je nach Alter der Gruppenmitglieder können auch zusätzliche Gegenstände als Slalomstangen auf den Hin- und Rückweg mit eingebaut werden.
Anstatt einer Staffelform können auch Einzelspieler jeder Mannschaft 1 gegen 1 gegeneinander spielen. Die gewonnenen Punkte werden dann für ihre Mannschaft zusammengezählt.
Es kann auch als Ausscheidungsspiel durchgeführt werden. Der Sieger ist dann immer eine Runde weiter und es kommt so zu einem Halbfinale und Finale.

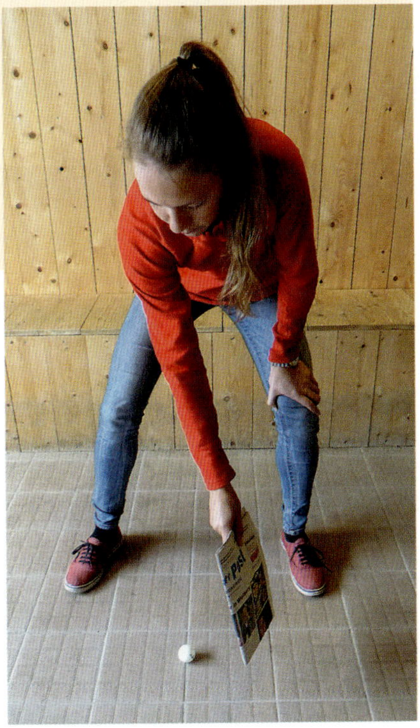

Wer errät das Verb?

Spiele im Raum, Spiele ohne vorgegebene Bewegungsrichtung

Bewegungsspiel, Denkspiel, Konzentrationsspiel, Kreativitätsspiel

ab 10 Jahre

beliebig

keine

Schulung der Pantomime und der Kreativität, Verbesserung des Wortschatzes

Der Spielleiter teilt die Gruppe in zwei gleich große Mannschaften. Eine Mannschaft muss den Raum verlassen. Die andere Mannschaft einigt sich auf ein Verb, welches die anderen dann pantomimisch darstellen müssen. Dieses Verb wird der wartenden Gruppe aber nicht einfach mitgeteilt, dies wäre ja zu einfach, sondern sie bekommen nur die Information, dass sich das Verb auf etwas reimt. Hat sich das eine Team beispielsweise auf das Wort „laufen" geeinigt, so informiert ein Spieler dieser Gruppe die Außenstehenden darüber, dass das gesuchte Wort, welches sie darstellen müssen sich auf -aufen reimt. Nachdem sie beispielsweise die sechs Tätigkeitswörter raufen, saufen, laufen, kaufen, taufen, schnaufen gefunden haben, die sich auf ...aufen reimen, einigen sie sich darauf, wer welches Verb pantomimisch darstellt. Alle Gruppenmitglieder werden dann hereingerufen und dürfen ihr Verb nacheinander darstellen. Haben sie das gesuchte Verb gefunden, bekommen sie einen Punkt und die Aufgabe der beiden Teams wird gewechselt.

Der Spielleiter muss darauf achten, dass nur Verben als Suchbegriffe vorgegeben werden und dass die Reime darauf passen.

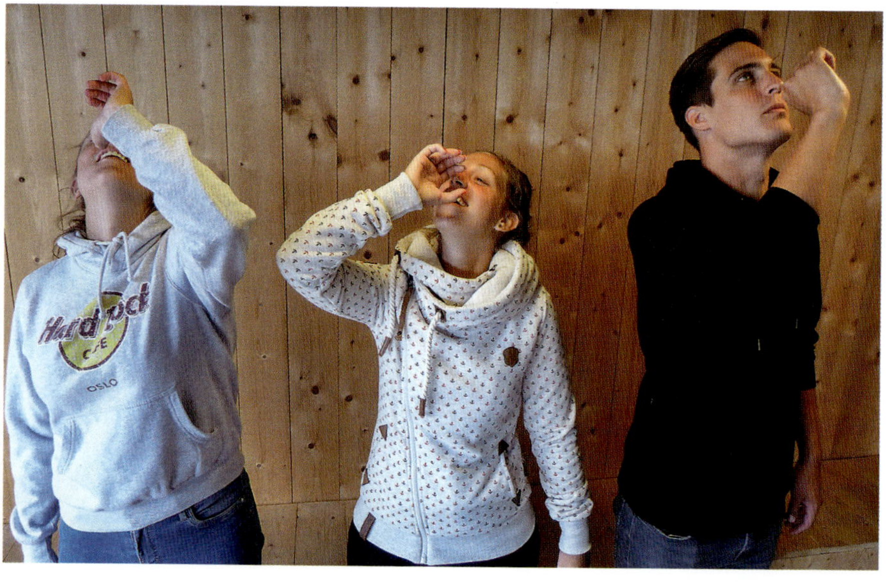

Wettlauf der Zahlen

Spiele im Freien, Spiele im Kreis stehend, Spiele mit vorgegebener Bewegungsrichtung

Bewegungsspiel, Konzentrationsspiel

ab 6 Jahre

mindestens 12 Spieler

keine

Schulung der Beweglichkeit, Verbesserung der Reaktionsfähigkeit

In Abhängigkeit von der Größe der Gruppen werden gleich große Mannschaften gebildet, die zwischen sechs und zehn Personen haben sollten. Diese Teams stellen sich in Kreisen auf, dessen Radien für jedes Team gleich sind. Innerhalb des jeweiligen Kreises wird durchgezählt und jeder Spieler bekommt eine Nummer. Wenn der Spielleiter eine Nummer ruft, so müssen alle Mitspieler, die die gleiche Nummer haben, so schnell wie möglich entgegen des Uhrzeigersinns zu ihrem Platz zurücklaufen. Die Gruppe dessen Läufer als erstes wieder an seinem Platz ist bekommt ein Punkt.

Anstatt in Kreisform kann das Spiel auch in Reihenform durchgeführt werden. Hierbei muss der Spieler sowohl um den Letzten als auch um den Ersten in der Reihe herumlaufen, um zu seinem Platz zu kommen.

Der Spielleiter muss auf die Einhaltung der Regeln achten. Je nachdem, wo gespielt wird, kann die Kreisform auch mit Kreide auf dem Fußboden oder in der Erde bzw. am Strand im Sand mit einem Stock markiert werden. Wenn das Spiel in Reihe durchgeführt wird, können auch Markierungen, beispielsweise Pylonen, vor und hinter die Reihe gestellt werden, die dann umlaufen werden müssen. Der Spielleiter kann die Spannung des Spiels durch variantenreiches Nennen der Zahlen beeinflussen, beispielsweise zweimal hintereinander die gleiche Nummer aufrufen.

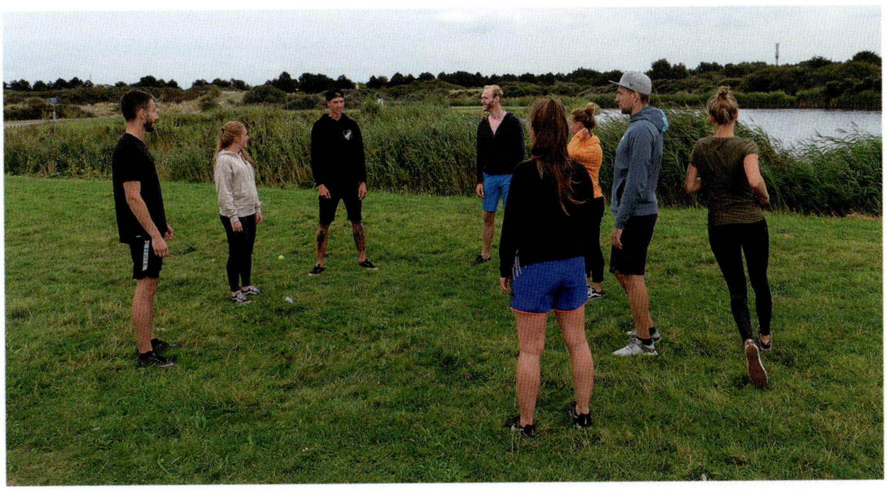

Wo ist der Cent?

Spiele im Raum, Spiele am Tisch

Konzentrationsspiel, Geschicklichkeitsspiel

ab 8 Jahre

mindestens 8 Spieler

eine Münze (1-Cent-Münze), ein Tisch und je Spieler ein Stuhl

Schulung der Geschicklichkeit, Verbesserung der Beobachtungsfähigkeit, Schulung der Konzentration

Aus der Gruppe werden zwei Teams gebildet, die sich an einem möglichst langen Tisch an den Längsseiten gegenübersitzen. Der Spielleiter gibt einem Team eine 1-Cent-Münze, welche von den Gruppenmitgliedern unter dem Tisch, für niemanden zu sehen, von Hand zu Hand wandert. Auf das Kommando „Stopp" des Spielleiters wird die Münze nicht mehr weitergegeben und verbleibt in der Hand des jeweiligen Spielers. Beim Kommando „Hoch" stellen die Spieler dieses Teams gleichzeitig ihre Ellenbogen auf die Tischplatte und halten die Fäuste geschlossen nach oben. Wenn der Spielleiter das Kommando „Tisch" gibt, müssen alle gleichzeitig die Hände flach nach vorne auf den Tisch legen. Dabei sollte die Münze weder auf den Tisch rollen noch ein großes Geräusch machen, damit die gegnerische Mannschaft nicht erkennen kann, wo sich die Münze befindet. Der erste Spieler auf der gegnerischen Seite darf nun vermuten unter welcher flachen Hand sich die 1-Cent-Münze befindet. Wenn er falsch gelegen hat, zeigt der angesprochene Spieler seine leere Hand und stützt den Ellenbogen auf, damit zu erkennen ist, dass hier falsch geraten wurde. Nun kommt der nächste Spieler der gegnerischen Mannschaft zum Raten an die Reihe. Dies wird so lange durchgeführt bis die Hand, unter der die Münze sich befindet, erraten wurde. Der Spielleiter zählt dann anhand der auf dem Tisch stehenden Ellenbogen die Fehler und schreibt entsprechende Minuspunkte für diese Mannschaft auf. Jetzt bekommt die andere Mannschaft die Münze und das Spiel beginnt von vorne. Nach mehreren Durchgängen hat die Mannschaft gewonnen, die die wenigsten Minuspunkte hat.

Die Reihenfolge der Teammitglieder, die zuerst raten dürfen, sollte in den verschiedenen Durchgängen gewechselt werden, damit nicht immer der gleiche Spieler beginnt. Der Spielleiter sollte darauf hinweisen, dass beim Kommando „Tisch" alle gleichzeitig die Hände auf den Tisch legen müssen, damit die gegnerische Partei das Versteck nicht anhand des eventuell auftretenden Geräusches durch die Münze gleich erkennen kann.

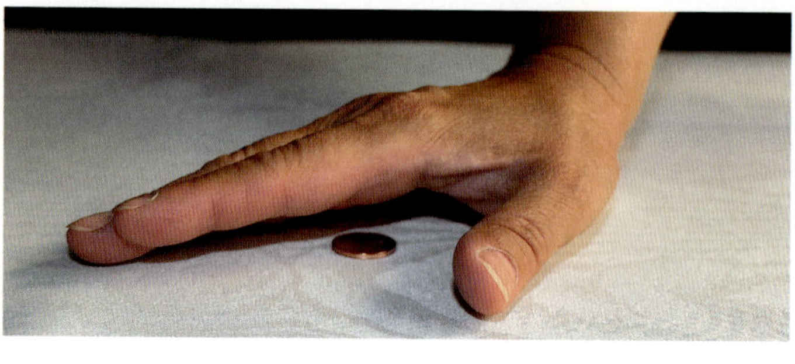

Wortkombinationen

Spiele im Raum, Spiele mit vorgegebener Bewegungsrichtung

Denkspiel, Konzentrationsspiel, Kreativitätsspiel

ab 8 Jahre

mindestens 10 Spieler, höchstens 20 Spieler

ein Tennisball und je Spieler ein Stuhl

Schulung des Wortschatzes, Verbesserung der Schlagfertigkeit

Die Gruppe wird in zwei Mannschaften geteilt, die sich auf Stühlen in 3–4 Meter Abstand gegenübersitzen. Der Spielleiter gibt dem Ersten einer Mannschaft den Tennisball. Dieser darf dann seinem Gegenüber den Ball zuwerfen und ein Nomen sagen, beispielsweise „Nudel". Derjenige, der den Ball gefangen hat, muss dann ein zweites Wort sagen, welches in Kombination mit dem ersten Wort einen Sinn ergibt, beispielsweise „Suppe". Dann wirft dieser den Tennisball zum zweiten Spieler der ersten Gruppe und sagt beispielsweise „Auto". Die passende Antwort könnte sein: „Schlüssel" oder „Dach" oder „Reifen" usw. So wird der Ball immer hin und her geworfen und neue Wortkombinationen gefunden. Wer zu lange braucht eine Antwort zu finden, scheidet aus und muss sich hinter die gegnerische Stuhlreihe stellen. Die Mannschaft, die nach einer bestimmten Zeit die meisten Wortpaare gesammelt hat, gewinnt das Spiel.

Anstatt seinem direkten Gegenüber den Ball zuzuwerfen, können auch beliebige Partner auf der gegenüberliegenden Seite ausgesucht werden.

Die Zeitspanne, üblicherweise drei Sekunden, in der geantwortet werden kann, sollte dem Alter und den kognitiven Fähigkeiten der Spieler angepasst werden. Bei Wortkombinationen, die sehr unwahrscheinlich klingen, entscheidet der Spielleiter über die Richtigkeit der Antwort.

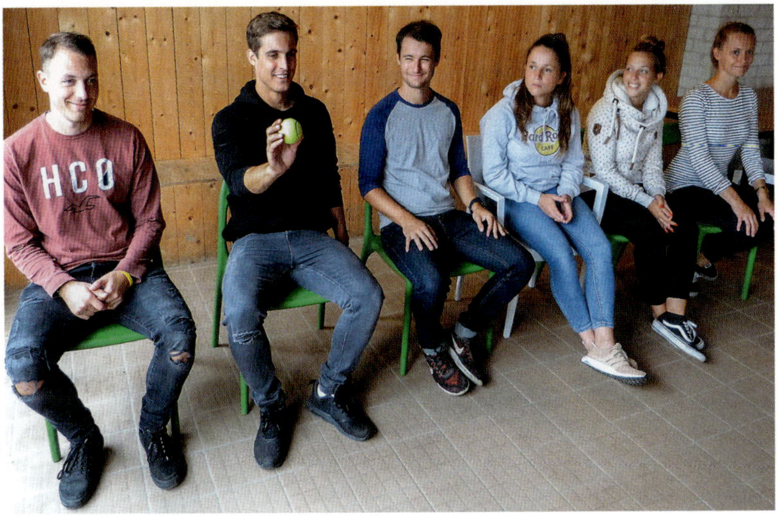

WWW ein- und ausloggen

Spiele im Raum, Spiele im Freien, Spiele mit vorgegebener Bewegungsrichtung

Bewegungsspiel, Konzentrationsspiel, Geschicklichkeitsspiel

ab 8 Jahre

beliebig

je Team ein Tisch und eine Streichholzschachtel mit Streichhölzern

Verbesserung der Geschicklichkeit, Schulung der Konzentrationsfähigkeit

Die Gruppe wird in gleich große Mannschaften von 6–8 Spielern unterteilt. Die Teams stehen im Abstand von 5–6 Metern vor einem Tisch auf dem für jede Mannschaft eine Streichholzschachtel liegt. Auf Kommando des Spielleiters läuft der erste Spieler von der Startlinie zum Tisch, öffnet die Streichholzschachtel und legt die Abkürzung für das World Wide Web, d. h. dreimal den Buchstaben W, nebeneinander auf den Tisch. Die zwölf Streichholzköpfe müssen dabei nach oben zeigen (siehe Foto). Wer die drei Buchstaben fertiggestellt hat, läuft zu seinen Mitspielern und schlägt den nächsten ab, sodass dieser zum Tisch laufen kann. Dort angekommen packt er die Streichhölzer wieder in die Kiste und läuft zurück, um den nächsten abzuschlagen. So geht es immer weiter, der eine Spieler legt die drei Buchstaben nebeneinander, der andere packt sie wieder in die Streichholzschachtel ein. Das Team, welches mit seinen Spielern als erstes fertig ist und die volle Streichholzschachtel zum Spielleiter gebracht hat, gewinnt das Spiel.

Falls kein Tisch vorhanden ist, können die drei Buchstaben auch auf einen glatten Boden gelegt werden.
Um das Spiel zu vereinfachen, kann man in jede Streichholzschachtel auch nur zwölf Streichhölzer hineinlegen. Dadurch weiß jeder Spieler wie viele Zündhölzer er nehmen muss, um den Buchstaben W zu erstellen.

Für jedes Team sollte ein zusätzlicher Schiedsrichter eingesetzt werden, der kontrolliert, dass die Buchstaben auch klar und deutlich zu erkennen sind.

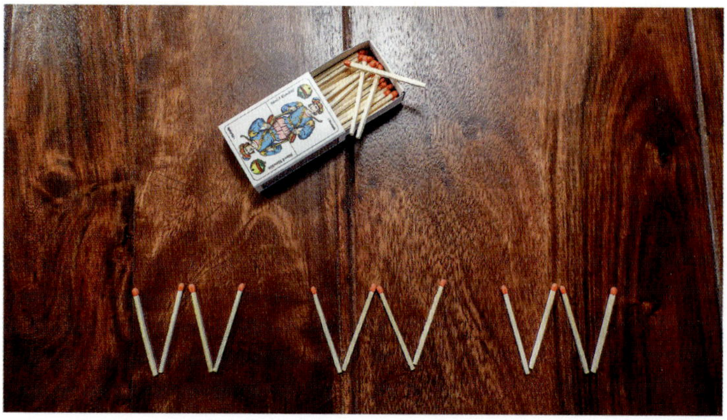

Zeitungsdetektive

Spiele im Raum, Spiele im Freien, Spiele ohne vorgegebene Bewegungsrichtung

Denkspiel, Entspannungsspiel, Konzentrationsspiel

ab 10 Jahre

mindestens 6 Spieler, höchstens 24 Spieler

je Team ein Exemplar der gleichen Zeitungsausgabe

Verbesserung der Lesekompetenz, Kennenlernen des Aufbaus von Zeitungen

Die Gruppe wird in Teams zu jeweils 3–8 Personen eingeteilt. Der Spielleiter verteilt an jedes Team die gleiche Ausgabe einer Zeitung, aus der der Spielleiter sich vorher Fragen herausgeschrieben hat. Für alle hörbar, wird vom Spielleiter die erste Frage gestellt, beispielsweise: „In welchem Ort hat ein Tankstellenüberfall stattgefunden?" Das Team, welches zuerst die Lösung zum Spielleiter bringt und ihm auch die entsprechende Stelle in der Zeitung zeigen kann, bekommt einen Punkt. Danach stellt der Spielleiter die nächste Frage und das Spiel beginnt erneut. Je nach Alter und kognitiver Leistungsfähigkeit, kann der Spielleiter zusätzlich Informationen geben in welchem Teil der Zeitung (Sportteil, Anzeigenteil oder Lokalteil) sich die Lösung befindet. Sieger ist, wer die meisten Punkte bekommen hat.

Der Spielleiter kann auch nach kompletten Sätzen fragen, die in den Zeitungsartikeln stecken. Als Lösung müssen die Teams dann die Seitenzahl und die Spalte angeben. Bei der Bewertung können auch mehrere Punkte vergeben werden: drei Punkte für das schnellste, zwei Punkte für das zweitschnellste und einen für das langsamste Team. Das Spiel kann auch mit ausländischen Zeitungen im Fremdsprachunterricht eingesetzt werden.

Der Spielleiter sollte die einzelnen Punkte für die Gruppen auf einem Zettel notieren.

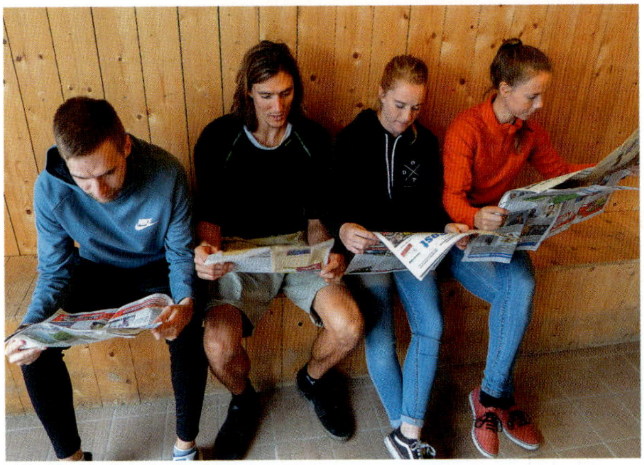

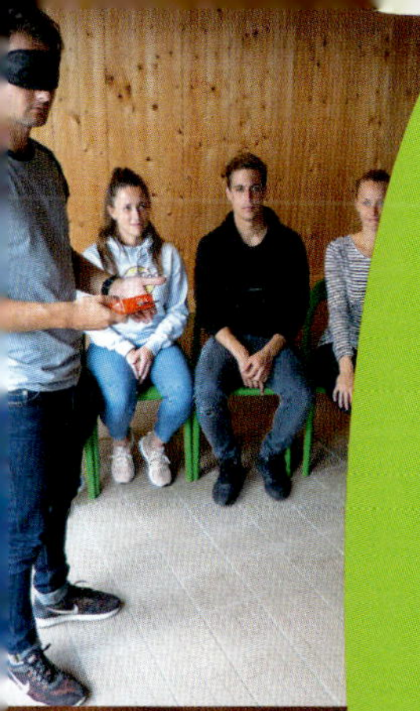

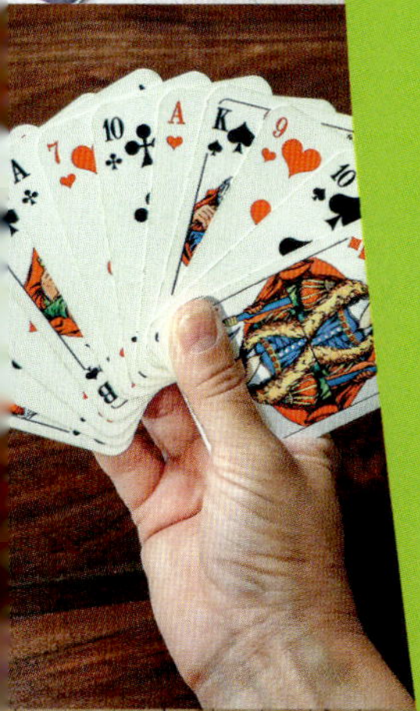

Gruppenmitglieder spielen vor oder mit der Gruppe

Diese Spiele beinhalten Organisationsformen, bei denen ein Spieler vor der Gruppe spielt oder mehrere Spieler vor der Gruppe agieren. Hierbei ergeben sich folgende Unterkategorien:

Bei „Spielen vor der Gruppe“ treten die Spielteilnehmer im Wettstreit gegeneinander an und die Gruppe ist als Zuschauer oder Schiedsrichter bzw. Bewerter aktiv. Die Agierenden stehen dadurch immer im Mittelpunkt und unter dauernder Beobachtung der anderen Spielteilnehmer. Wenn „Spieler gegen die Gruppe agieren“, kommt zusätzlich die Gefahr des Verlierens und Bloßstellens der im Mittelpunkt stehenden Teilnehmer hinzu. Der Aspekt des freiwilligen Auftretens vor der Gruppe spielt bei diesen Spielen eine besonders große Rolle. Wenn zwei oder mehrere Spielteilnehmer gegen die Gruppe spielen, kann sich zusätzlich bei diesen ein „Wir-Gefühl“ entwickeln, da hier ein kleineres Team gegen den größeren Teil der Gruppe spielt. Bei „Spielen mit der Gruppe“ treten häufig Situationen auf, in denen ein oder zwei eingeweihte Teilnehmer mit der Gruppe spielen. Die Schlüsselfunktion bei diesen Spielen stellt ein Trick dar, welcher den in der Mitte agierenden Gruppenmitgliedern vom Spielleiter vorher heimlich mitgeteilt wurde. Durch diese Sonderrolle gegenüber dem Rest der Gruppe nehmen diese Spieler eine exponierte Funktion ein. Sie sind besonders geeignet für Gruppenmitglieder, welche sonst nicht im Vordergrund stehen. Durch derartige Spiele findet häufig eine Statusveränderung der einzelnen Teilnehmer in der Hierarchie der Gruppe statt. Wenn ein oder mehrere Spieler vor, mit oder gegen die Gruppe spielen, sollte dies auf freiwilliger Basis der Agierenden geschehen, da ansonsten negative Begleiterscheinungen wie Nervosität, Angst, Scham und das vermeintliche „sich Blamieren“ in den Vordergrund treten können.

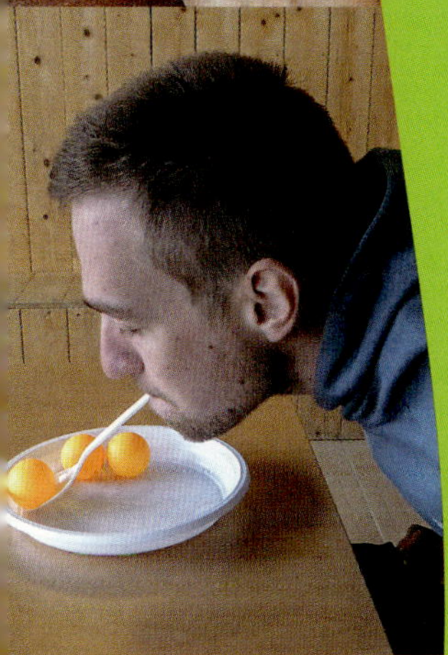

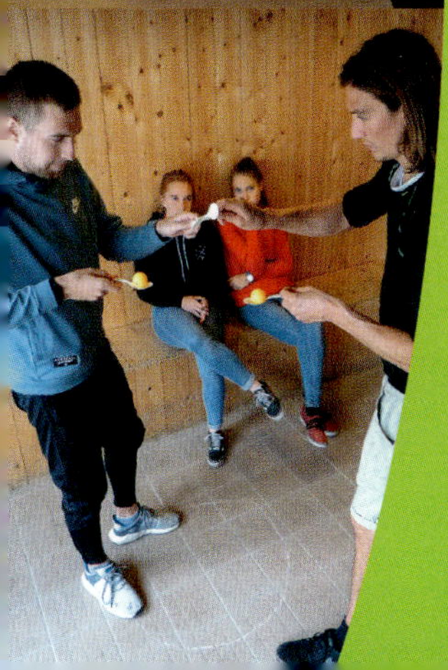

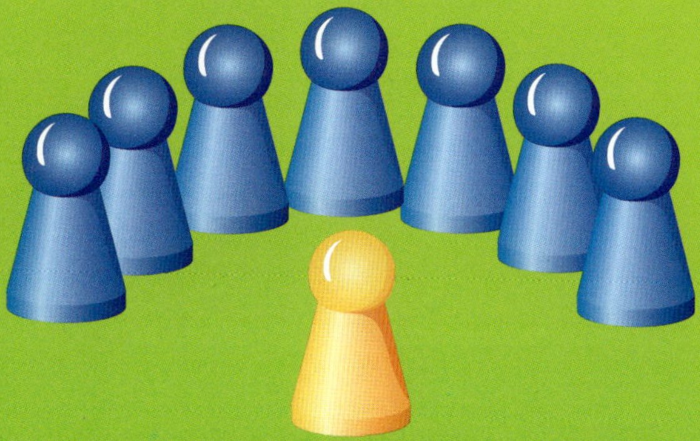

Angenehme Nachbarn

Spiele im Raum, Spiele im Freien, Spiele im Kreis stehend, Spiele im Kreis sitzend

Bewegungsspiel, Konzentrationsspiel

ab 6 Jahre

beliebig

je Spieler ein Stuhl

Verbesserung der Reaktion

Die Gruppenmitglieder sitzen auf Stühlen im Kreis. Ein Mitspieler, der keinen Stuhl zur Verfügung hat, steht in der Mitte und fragt einen Spieler: „Wie gefallen dir deine Nachbarn?" Wenn der Gefragte antwortet: „Beide gut!", wird an der Sitzordnung nichts geändert. Wenn er aber sagt: „Mein linker Nachbar gefällt mir gut, aber für meinen rechten Nachbarn hätte ich gern den Stefan", so muss schnellstmöglich der rechte Nachbar mit Stefan seinen Platz tauschen. Während dieses Wechsels muss der in der Mitte befindliche Spieler versuchen einen freien Platz zu erreichen. Wer dies von den beiden wechselnden Spielern nicht schafft, kommt in die Mitte und muss nun Fragen an die anderen Mitspieler in der Runde stellen. Wenn die Frage von einem Mitspieler mit „Beide schlecht!" beantwortet wird, so müssen alle Spieler im Kreis ihre Plätze tauschen. Der Befragte kann auch beide Nachbarn austauschen lassen, indem er antwortet: „Der Linke gefällt mir nicht, dafür hätte ich gerne Marie und für den Rechten hätte ich gerne Susanne." Dann versuchen vier Spieler die Plätze zu wechseln.

Es ist vom Spielleiter darauf hinzuweisen, dass insbesondere jüngere Kinder bei der Antwort „nicht" sich nicht persönlich getroffen fühlen sollen, und es nur ein Spiel ist. Die Freude am Platzwechsel soll im Vordergrund stehen. Es ist darauf zu achten, dass der Boden nicht zu glatt ist, da es ansonsten beim schnellen Wechseln zu Stürzen kommen kann.

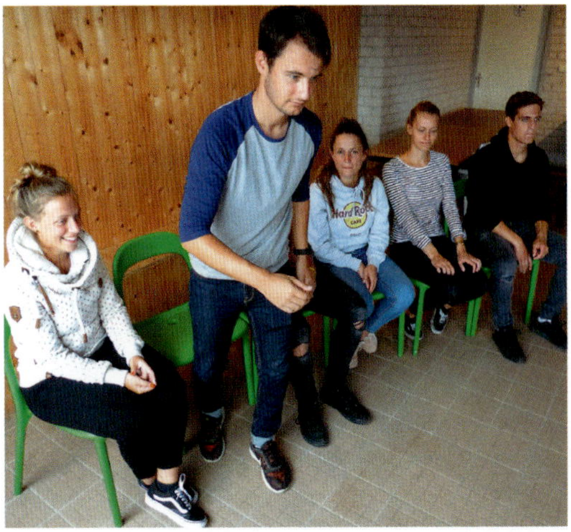

Auf der Schneckenspur

Spiele im Raum, Spiele im Freien, Spiele mit vorgegebener Bewegungsrichtung

Bewegungsspiel, Kooperations- und Vertrauensspiel, Kommunikationsspiel

ab 8 Jahre

mindestens 2 Spieler

Kreide oder farbiger Klebestreifen und je Spieler eine Augenbinde

Verbesserung der Kommunikation, Stärkung des Vertrauens

Der Spielleiter hat auf dem Boden entweder mit Kreide oder mit einem farbigen Klebestreifen eine geschwungene Linie markiert. Diese stellt eine Schneckenspur dar auf der sich ein Partner mit verbundenen Augen fortbewegen soll. Sein Mitspieler darf ihn mit Lauten oder Geräuschen, die vorher als Richtungsanzeigen vereinbart wurden, den Weg zeigen. Vom Startpunkt aus lenkt somit der Partner seinen blinden Mitspieler akustisch über die „Schleimspur“. Wenn er das Ziel erreicht hat, werden die Rollen gewechselt.

Die zu überwindende Strecke kann auch in Teilintervalle markiert werden. Bei Fehltritten muss dann immer nur zum vorherigen Abschnittspunkt zurückgegangen werden.

Zusätzlich zur markierten Linie können links und rechts davon auch Gegenstände als Hindernisse aufgestellt werden.
Der Spielleiter sollte darauf achten, dass bei zu großen Abweichungen von der „Schleimspur“ wieder von vorne begonnen werden muss.

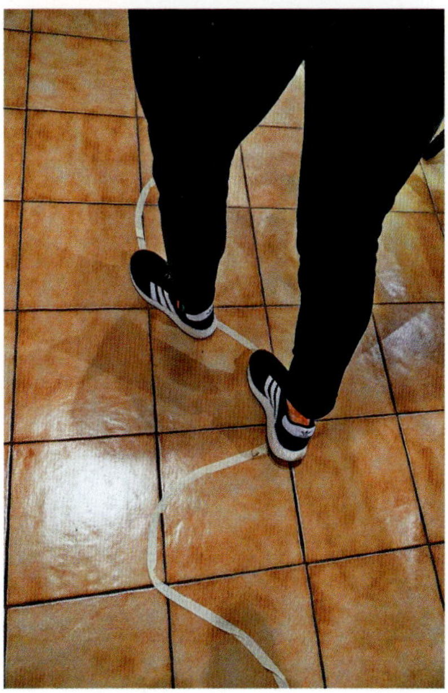

Aufs Stichwort

Spiele im Raum, Spiele im Kreis sitzend, Spiele ohne vorgegebene Bewegungsrichtung

Bewegungsspiel, Konzentrationsspiel

ab 10 Jahre

beliebig

je Spieler ein Stuhl

Verbesserung der Reaktionsfähigkeit, Lockerung der Sitzordnung

Alle, bis auf den Spielleiter, sitzen auf Stühlen im Kreis. Der Spielleiter, der in der Mitte des Kreises steht, nennt den Mitspielern ein Nomen als Stichwort, zum Beispiel „Laubbaum“. Er erklärt ihnen, dass er gleich eine Geschichte erzählen wird, in der das Wort „Laubbaum“ vorkommen kann. Wenn dieses Stichwort fällt, müssen alle Mitspieler ihre Plätze tauschen und sich einen neuen Stuhl suchen. Dies macht dann auch der Spielleiter und derjenige, der übrig bleibt, geht in die Mitte, nennt ein Stichwort und fängt an eine neue Geschichte zu erzählen.

Der Platzwechsel findet erst statt, wenn das Stichwort dreimal genannt wurde.
Mit jüngeren Kindern kann auch nur der Spielleiter das Spiel durchführen. Wer beim Platzwechsel keinen Stuhl findet, muss dann dem Spielleiter ein neues Stichwort sagen oder ein Pfand abgeben.

Der Erzählende kann durch ähnlich klingende Wörter oder Teile von zusammengesetzten Wörtern, wie nur „Laub“, versuchen Gruppenmitglieder in die Irre zu führen. Wenn diese dann fälschlicherweise starten, haben sie verloren und müssen in die Mitte.
Der Boden sollte nicht zu glatt sein, damit es bei den schnellen Platzwechseln nicht zu Stürzen kommen kann.

Autobahnlärm

Spiele im Raum, Spiele im Freien, Spiele mit vorgegebener Bewegungsrichtung

Bewegungsspiel, Kommunikationsspiel, Konzentrationsspiel

ab 8 Jahre

mindestens 8 Spieler

Zettel, Stifte

Verbesserung der selektiven Wahrnehmungsfähigkeit, Bewegungsdrang stillen

Der Spielleiter wählt aus der Gruppe zwei Mitglieder aus, die ein Elternteil und ein Kind darstellen. Beide befinden sich rechts und links von einer stark befahrenen Autobahn, die durch zwei Markierungen im Abstand von ca. acht Metern gekennzeichnet ist. Der Elternteil möchte seinem Kind auf der anderen Seite einen Einkaufszettel diktieren, da eine Brücke gesperrt ist und die Mutter oder der Vater nicht selbst zum Lebensmittelmarkt gehen kann. Das Kind hat einen Zettel und Stift und versucht, trotz des lauten Lärms der Autos, die durch den Rest der Gruppenmitglieder dargestellt werden, die Einkaufsliste vollständig aufzuschreiben. Nach ca. zwei Minuten wird kontrolliert, ob die Kommunikation funktioniert hat. Je nach Anzahl der richtig übermittelten Lebensmittel, wird für das Paar Punkte aufgeschrieben. Danach kommen die nächsten beiden Mitspieler dran. Gewonnen hat das Paar mit den meisten Punkten.

Die Lebensmittel können auch pantomimisch dargestellt werden.
Es können auch vorbereitete Einkaufslisten benutzt werden.

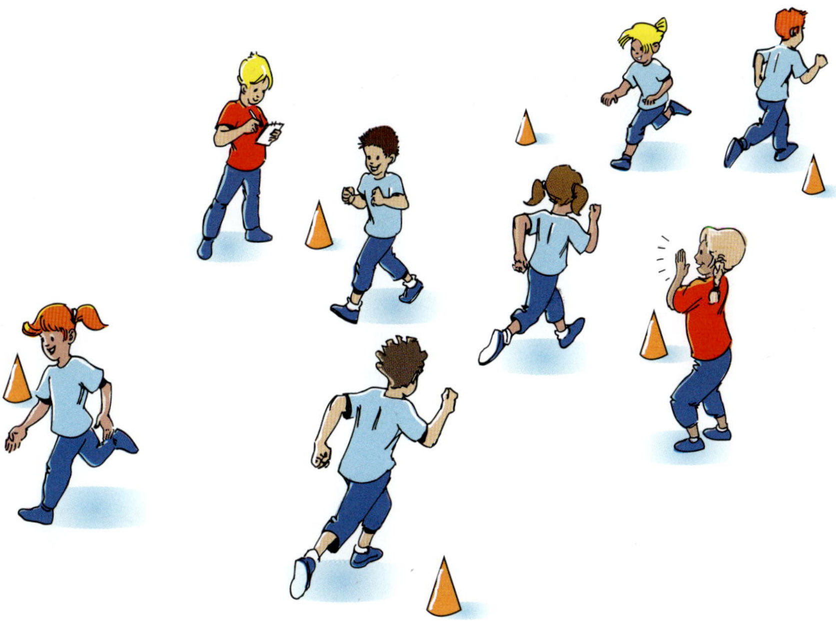

Balanceakt

Spiele im Raum, Spiele mit vorgegebener Bewegungsrichtung

Bewegungsspiel, Konzentrationsspiel, Geschicklichkeitsspiel

ab 10 Jahre

mindestens 2 Spieler

mindestens ein Tisch oder je Team ein Stuhl, je Team: drei Plastikflaschen, drei Tischtennisbälle und ein Bierdeckel

Schulung der Feinkoordination und der Geschicklichkeit, Spaß am Wettkampf

Die Gruppe wird in zwei oder mehrere Mannschaften unterteilt. Auf einem Tisch stehen für jede Mannschaft jeweils drei Plastikflaschen, die bis zur Hälfte mit Wasser gefüllt und deren Verschlüsse abgeschraubt sind. Jeweils ein Spieler der Mannschaft versucht nun von einer Startlinie aus, die ca. 3–4 Meter vom Tisch entfernt ist, einen Tischtennisball auf einem Bierdeckel zu balancieren und in Richtung der Flaschen zu transportieren. Dort angekommen muss er versuchen, den Tischtennisball ohne Benutzung seiner Hände auf die Öffnung des Flaschenhalses rollen zu lassen. Sollte er auf dem Weg den Ball verlieren bzw. schafft er es, kann der nächste Mitspieler der Gruppe starten. Gewonnen hat das Team, welches als erstes alle drei Flaschenhälse mit Tischtennisbällen bestückt hat.

Das Berühren der Tischtennisbälle mit den Händen ist verboten.
Falls genügend Platz vorhanden ist, empfiehlt es sich, auf mehreren Tischen zu spielen, damit nicht durch Berührungen des Tisches die Flaschen bzw. die Tischtennisbälle runterfallen können.

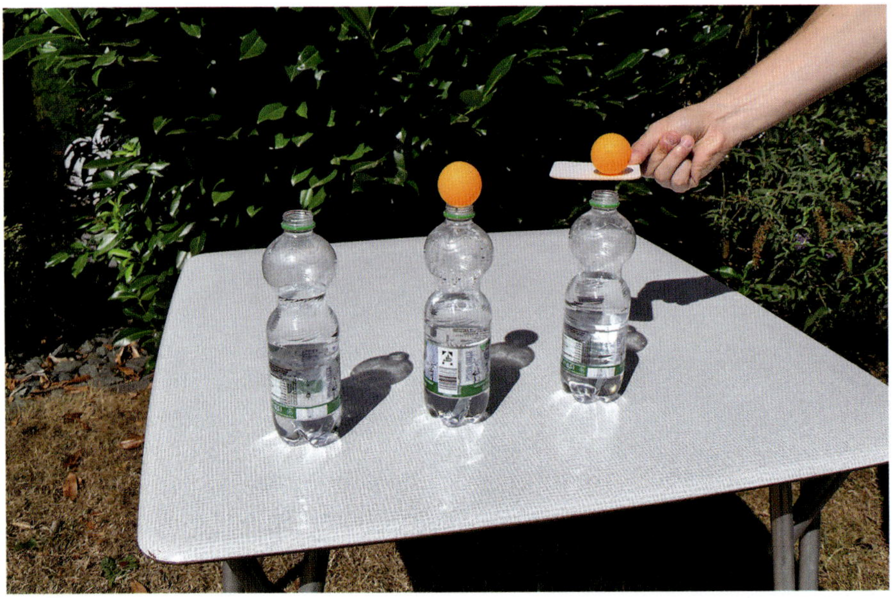

Bälle löffeln

Spiele im Raum, Spiele mit vorgegebener Bewegungsrichtung

Bewegungsspiel, Geschicklichkeitsspiel

ab 8 Jahre

mindestens 3 Spieler

je Spieler: ein tiefer Teller, ein Eimer, drei Tischtennisbälle, ein Stuhl oder Tisch, ein Plastiklöffel

Schulung der Geschicklichkeit, Verbesserung der Konzentration

Die folgende Spielbeschreibung bezieht sich auf fünf Mitspieler. Auf einer Raumseite stehen fünf Stühle, auf der anderen Seite, genau gegenüber den Stühlen, fünf Eimer. Auf jeder Stuhlsitzfläche befindet sich ein Teller mit drei Tischtennisbällen. Die Spieler müssen mit einem Löffel, den sie mit dem Stil im Mund halten, die Tischtennisbälle vom Teller aufnehmen und zum Eimer transportieren. Die Arme sind dabei auf dem Rücken verschränkt. Fällt ein Ball vom Löffel herunter, muss er wieder auf dem Teller positioniert und erneut mit dem Löffel aufgenommen werden. Wer zuerst die drei Bälle in den Eimer gelegt hat, gewinnt das Spiel.

Falls der zur Verfügung stehende Raum zu klein sein sollte, kann das Spiel auch als Umkehrstaffel gespielt werden, d. h. der Eimer und der Stuhl stehen nebeneinander und der Transport muss um eine Markierung herum ausgeführt werden. Der Teller mit den Bällen kann auch, anstatt auf der Stuhlsitzfläche, auf einem Tisch stehen (siehe Foto). Das Spiel kann auch als Teamwettbewerb durchgeführt werden.

Das Spiel sollte nicht mit Löffeln aus Metall ausgeführt werden, da es zu Verletzungen an den Zähnen kommen könnte.
Je nach Anzahl der aktiven Spieler sollten mehrere Schiedsrichter eingesetzt werden, die den Ablauf, insbesondere das Nichtbenutzen der Hände, kontrollieren müssen.

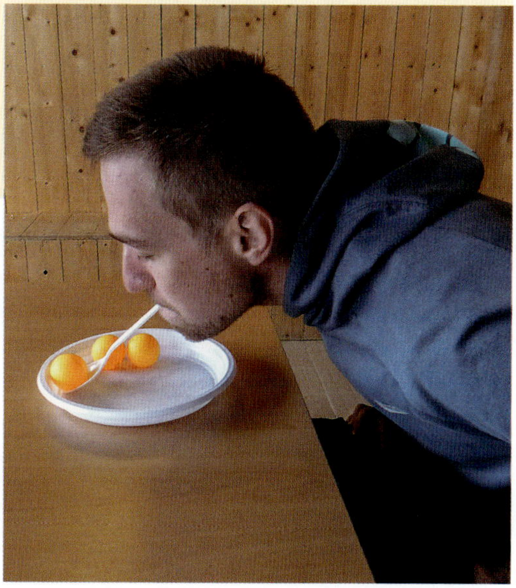

Basketball defense

Spiele im Raum, Spiele im Freien, Spiele im Kreis sitzend

Bewegungsspiel, Geschicklichkeitsspiel

ab 6 Jahre

mindestens 6 Spieler, höchstens 10 Spieler

ein Papierkorb, vier Tischtennisbälle, je Spieler ein Stuhl

Verbesserung der Reaktionsfähigkeit, Schulung der Geschicklichkeit

Die Gruppenmitglieder sitzen auf ihren Stühlen im Kreis. In der Mitte des Kreises steht ein Papierkorb, der von einem stehenden Spieler verteidigt wird. Die sitzenden Mitspieler haben die vier Tischtennisbälle untereinander verteilt und versuchen nun die Bälle in den Papierkorb zu werfen. Gelingt dies, trotz der Abwehrversuche des Korbverteidigers, so werden die Rollen gewechselt und derjenige, der den Ball in den Basketballkorb geworfen hat, darf in die Mitte des Kreises gehen. Der Verteidiger darf den Korb nicht berühren und über ihn hinwegsteigen. Durch geschicktes Verteilen und Werfen der Tischtennisbälle wird es für den Spieler in der Mitte schwierig, den Korb zu verteidigen. Wird der Korb nicht getroffen, darf der Ball von einem Mitspieler geholt und vom Stuhl aus erneut geworfen werden.

Je nach Leistungsstand und Alter der Gruppenmitglieder kann der Abstand des Stuhlkreises zum Korb in der Mitte variiert und die Anzahl der Tischtennisbälle erhöht werden.

Falls die Tischtennisbälle aus dem Papierkorb springen, kann dort auch ein Handtuch hineingelegt werden, welches dies verhindert.

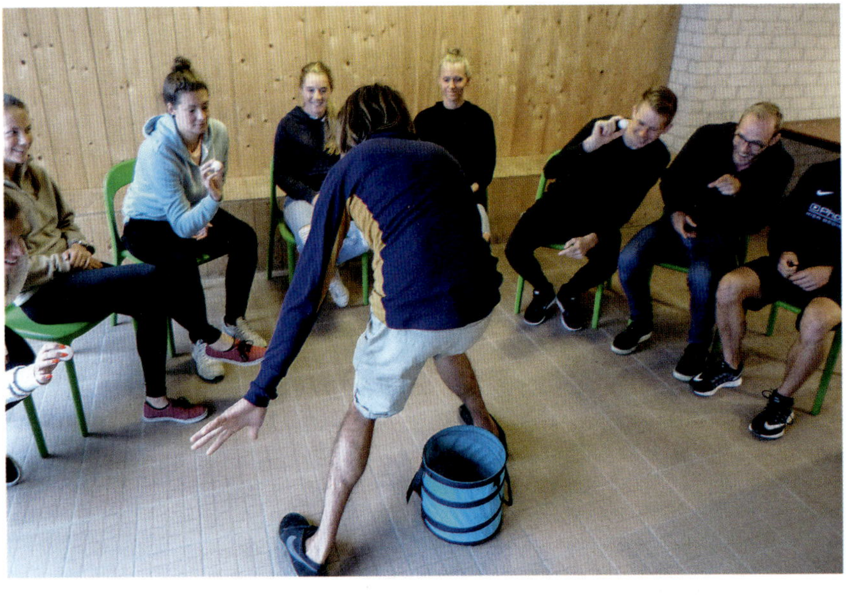

Besenduell

Spiele im Raum, Spiele mit vorgegebener Bewegungsrichtung

Geschicklichkeitsspiel

ab 8 Jahre

höchstens 2 Spieler

ein Besen, eine leere Plastikflasche

Schulung der Geschicklichkeit

Zwei Spieler stellen sich mit gegrätschten Beinen Rücken an Rücken. Der Spielleiter legt zwischen ihre Beine einen Besen, den sie durch Vorbeugen ergreifen. Jeder Spieler hält nun ein Ende des Stieles fest. Der Spielleiter stellt die Flasche vor den Spieler, der das Stielende des Besens in der Hand hält. Der andere Spieler muss versuchen die Flasche durch Stöße mit dem Stiel umzuwerfen. Sein Gegenspieler muss seine Flasche schützen und die Besenstöße nach der Seite ablenken. Fällt die Flasche um, werden die Rollen getauscht.

Wenn nur ein Besenstiel ohne Riegel (Querholz) vorhanden ist, d. h. wenn man zwei offene Enden hat, kann das Spiel durch den Einsatz einer zweiten Flasche schwieriger gestaltet werden. Wenn dann vor beiden Spielern eine Flasche steht, müssen beide gleichzeitig ihre eigene Flasche schützen und versuchen, die gegnerische zu treffen.

Je nach Länge des Stiels und Größe der Spieler muss der Abstand der Flasche zum Stielende variiert werden.

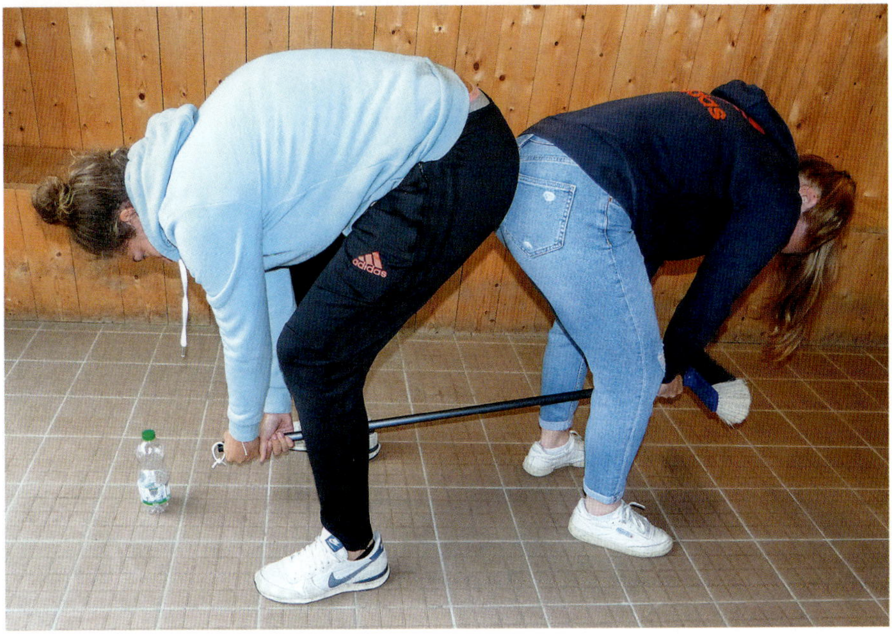

Besser hören als sehen

Spiele im Raum, Spiele im Freien, Spiele im Kreis stehend oder sitzend

Bewegungsspiel, Konzentrationsspiel

ab 6 Jahre

mindestens 10 Spieler

zwei Schellenringe oder mit Steinen gefüllte Tennisballdosen , zwei Schlafmasken

Verbesserung der akustischen Wahrnehmungsfähigkeit

Aus der in Kreisform stehenden oder sitzenden Gruppe werden zwei Spieler ausgewählt, deren Augen verbunden werden, denn in einem dunklen Keller gibt es kein Licht. Der eine Spieler stellt einen Polizisten dar und versucht den anderen Spieler, den Dieb, zu fangen. Immer dann, wenn der Polizist seine Rassel betätigt, muss der Dieb sofort mit seiner Rassel antworten und schnellstmöglich seine Position ändern. Die anderen Gruppenmitglieder achten darauf, dass beide den Kreis nicht verlassen. Wenn der Polizist den Dieb gefangen hat, werden die Rollen gewechselt und es wird noch ein Durchgang gespielt. Danach kommen zwei andere Gruppenmitglieder in die Mitte des Kreises und führen das Spiel fort.

Falls kein Schellenring oder keine anderen Gegenstände zum Geräusche erzeugen vorhanden sind, kann das Spiel auch verbal durchgeführt werden. Der Polizist ruft dann „Tatü" und der Dieb antwortet „Tata".

Der Spielleiter muss darauf achten, dass nach der Aufforderung durch den Polizisten der Dieb sofort antwortet und danach erst seine Position verändert.

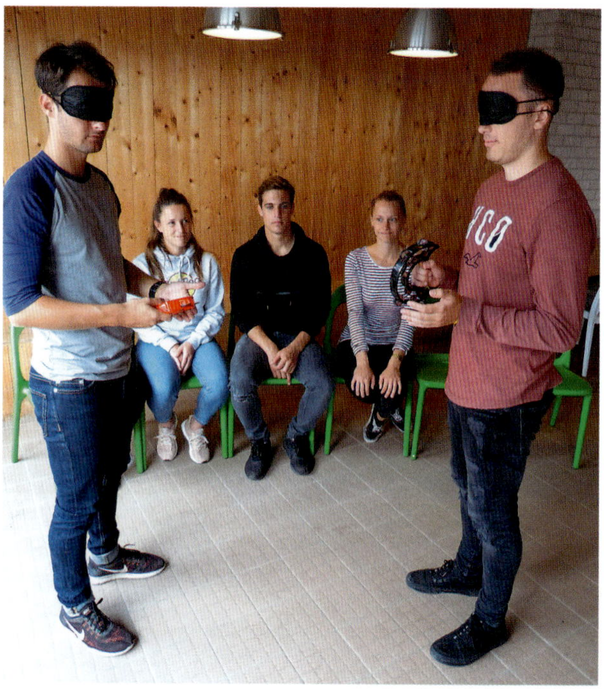

Briefe mental scannen

Spiele im Raum, Spiele sitzend, Spiele am Tisch

Denkspiel, Ratespiel

ab 12 Jahre

mindestens 4 Spieler, höchstens 10 Spieler

je Mitspieler ein DIN-A4-Blatt Papier und ein DIN-A5-Briefumschlag ohne Fenster

Schulung der Beobachtungsfähigkeit, Verbesserung der Kombinationsfähigkeit

Der Spielleiter teilt seiner Gruppe mit, dass er besondere Fähigkeiten hat, um den Inhalt von verschlossenen Briefen zu erraten. Dieser Trick gelingt aber nur, wenn der Spielleiter vorher einen Mitspieler eingeweiht hat. Dieser schreibt auf sein Blatt Papier einen vorher mit dem Spielleiter vereinbarten Text. Der Spielleiter verteilt an bis zu zehn Gruppenmitglieder jeweils ein Blatt Papier und einen Briefumschlag, sowie einen Stift und gibt ihnen die Aufgabe, eine Redensart oder ein Sprichwort auf das Blatt Papier zu schreiben. Der Spielleiter sollte den Hinweis geben, dass es schwierig ist, durch den Briefumschlag undeutlich geschriebene Wörter zu erkennen. Er bittet deshalb um eine saubere Schrift und nicht zu lange Texte. Das Blatt Papier muss dann einmal mit dem Text nach innen gefaltet werden, damit es für den Spielleiter schwierig wird durch die verschlossenen Briefumschläge den Text zu erkennen. Nachdem die Texte, ohne dass der Spielleiter gesehen hat, wer was geschrieben hat, in die Briefumschläge gesteckt worden sind, sammelt er sie ein. Die Briefumschläge sollten nicht zugeklebt werden, damit man sie später nochmals benutzen kann und das Spiel schneller geht. Beim Einsammeln der Briefe ist es wichtig, dass der Spielleiter den Brief des Eingeweihten, mit dem vereinbarten Text, beispielsweise: „Der frühe Vogel frisst den Wurm" ganz unten im Briefstapel platziert. Nachdem der Spielleiter mit viel „Hokuspokus" den obersten Brief an seine Stirn hält, an ihm riecht oder an sein Ohr hält, gibt er nach einiger Zeit die Lösung der Gruppe preis, nämlich „Der frühe Vogel frisst den Wurm". Der Spielleiter macht den ersten Brief auf und sagt: „Dann schau ich mal, ob ich richtig gelegen habe." Er fragt dann noch, wer dies geschrieben hat und der Eingeweihte wird sich melden. Dadurch kann er den unbekannten Text des obersten Briefes lesen (beispielsweise: „Kleine Geschenke erhalten die Freundschaft") und sich merken. Den obersten Brief steckt der Spielleiter in die Jacke oder setzt sich darauf, damit kein Gruppenmitglied sehen kann, dass dort nicht „Der frühe Vogel frisst den Wurm" steht. Dann nimmt er den zweitobersten Brief, vollführt das gleiche magische Prozedere und nennt der Gruppe natürlich nicht den Inhalt des verschlossenen Briefes, sondern den des Vorgängers („Kleine Geschenke erhalten die Freundschaft"). Die Briefschreiber fühlen sich immer bestätigt, nur ist es nicht ihr Brief den der Spielleiter gerade in der Hand hält, sondern es war der Text des vorherigen Briefes. So geht es bis zum letzten Brief und alle Inhalte sind richtig erraten worden. Erst danach kann der Spielleiter die Briefumschläge und Blätter, am besten in unterschiedlicher Reihenfolge den ungläubigen Gruppenmitgliedern und anderen Zuschauern in die Hand geben, damit sie sich von ihrer Echtheit überzeugen können.

Je nach Altersgruppe können anstatt der Redensarten oder Sprichwörter auch andere Begriffe, wie Sportarten, auf die Zettel geschrieben werden.

Sowohl die Briefumschläge als auch die Blätter sowie die Stifte zum Schreiben müssen gleich sein, ansonsten ist der Trick leicht zu durchschauen.
Die Briefumschläge dürfen nicht zugeklebt werden, damit man sie später nochmals benutzen kann und das Spiel schneller geht. Wenn ein Brief zugeklebt ist, wird der Trick leicht durchschaut.
Der Spielleiter muss durch geschicktes Verhalten die Illusion, dass er den richtigen Brief in der Hand hält, aufrechterhalten.
Die Sitzposition des Spielleiters muss so gewählt sein, dass kein Mitspieler den Text lesen kann.

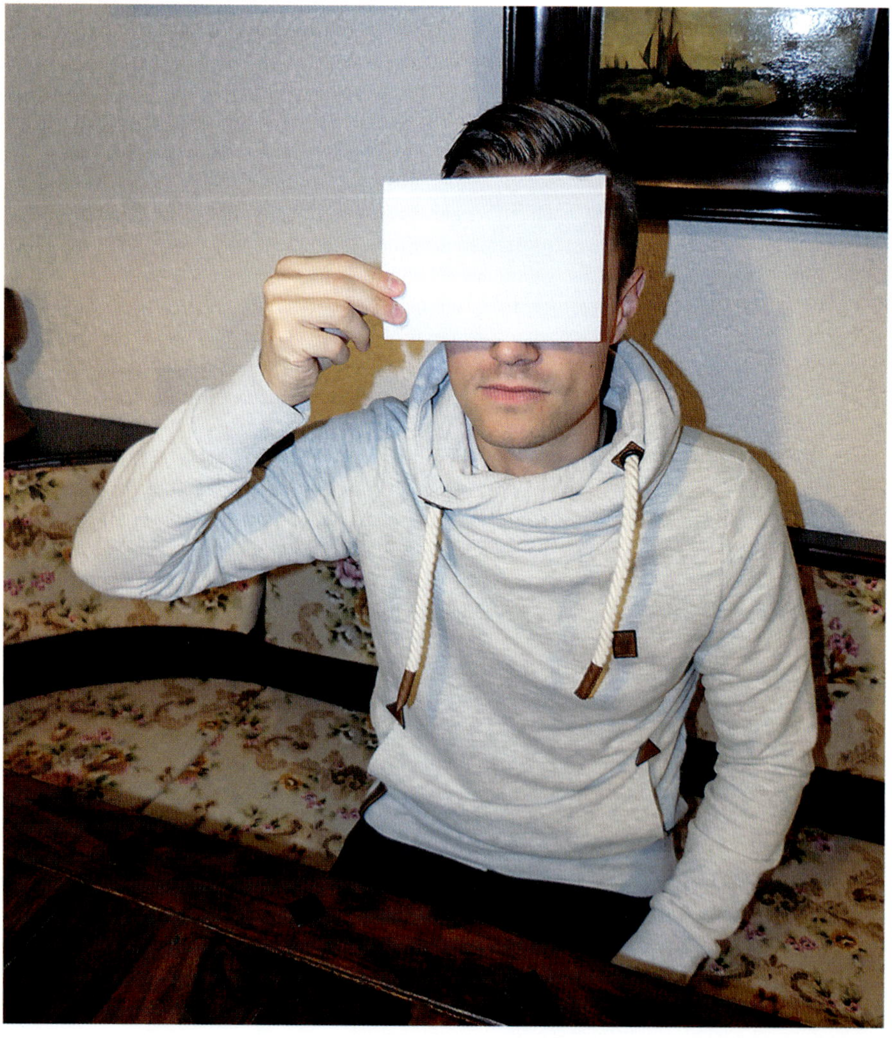

Brummer an der Wand

Spiele im Raum,
Spiele im Kreis sitzend

Singspiel

ab 6 Jahre

beliebig

keine

akustische Wahrnehmungsförderung

Alle Spielteilnehmer sitzen im Stuhlkreis. Der Spielleiter schickt einen Mitspieler, den sogenannten Detektiv, nach draußen. Die Mitspieler einigen sich auf einen Gegenstand im Raum (Bild, Schrankschlüssel, Fenstergriff etc.), den der Detektiv finden muss. Durch lautes bzw. leises Singen des Brummerliedes versucht die Gruppe den Detektiv zum gesuchten Gegenstand (Brummer) zu leiten. Je lauter die Mitspieler singen, desto näher befindet sich der Detektiv am Gegenstand. Je leiser gesungen wird, desto weiter entfernt er sich davon. Hat der Detektiv den Gegenstand gefunden, darf er den Detektiv für die nächste Spielrunde bestimmen.

Es kann auch ein vorher gezeigter Gegenstand (kleiner Ball, Münze etc.) versteckt werden.

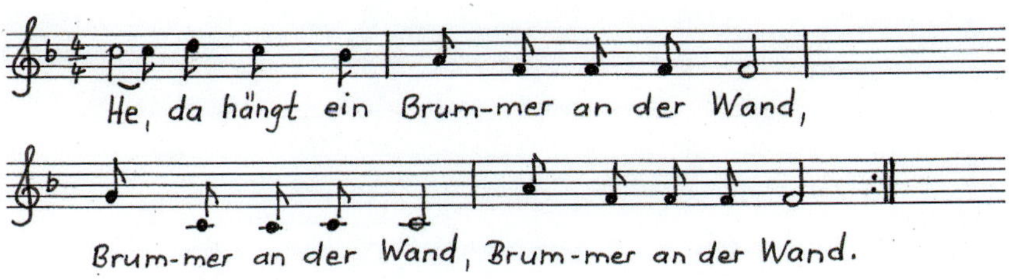

Crazy World

Spiele im Raum,
Spiele im Kreis stehend

Denkspiel, Kommunikationsspiel, Konzentrationsspiel

ab 10 Jahre

mindestens 10 Spieler, höchstens 30 Spieler

keine

Schulung der Fantasie, Verbesserung der Kombinationsfähigkeit

Alle Mitspieler, bis auf einige, die aus dem Raum geschickt wurden, sitzen in einem Kreis und der Spielleiter erklärt ihnen das Spiel: Sie sollen verrücktspielen, indem sie auf die gestellten Fragen, von der sich vor dem Raum befindlichen Gruppe, völlig falsche Antworten geben. Nachdem die Gruppe wieder in den Raum gerufen wurde, stellt sie einem Gruppenmitglied eine beliebige Frage aus Politik, Sport oder der Unterhaltungsbranche beispielsweise: „Wer war 2015 Bundeskanzler?" Auf die erste Frage antwortet ihnen aber keiner, der Spielleiter sagt: „Dann stellt doch eine andere Frage, wenn sie diese nicht beantworten können!" Bei der zweiten Frage z. B.: „Wie heißt der längste Fluss in Deutschland?" antwortet der Befragte dann mit „Angela Merkel". Bei der dritten gestellten Frage: „Wie heißt dein Freund?" wird dann mit „Rhein" geantwortet usw. Wenn die Fragenden die Regeln der „Crazy World" verstanden haben, können sie solche Fragen stellen, bei denen dann die richtigen Antworten kommen. Beispielsweise bei der dritten Frage: „In welchen Fluss mündet die Mosel?"

Es dürfen keinem Befragten mehrere Fragen hintereinander gestellt werden.

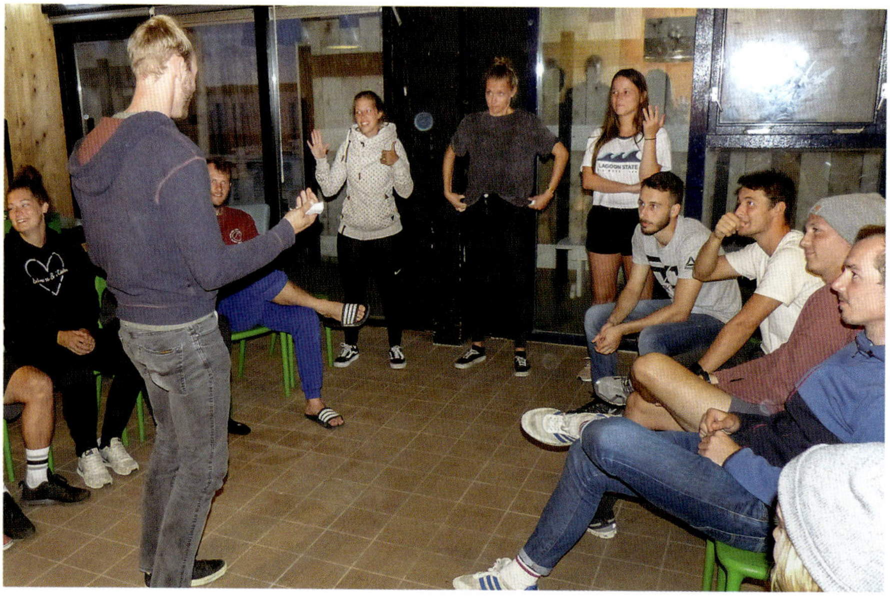

Der Animateur

Spiele im Raum, Spiele ohne vorgegebene Bewegungsrichtung

Bewegungsspiel, Denkspiel, Konzentrationsspiel, Kreativitätsspiel

ab 6 Jahre

mindestens 8 Spieler

keine

Schulung der Beobachtungsfähigkeit, Verbesserung der Kreativität

Der Spielleiter bestimmt ein Gruppenmitglied, welches den Raum verlässt. Die anderen Spieler einigen sich auf eine Person, die als Animateur aktiv sein wird und den anderen Bewegungen vormacht, die diese dann nachmachen müssen. Wenn die Person wieder in den Raum gerufen wird, sieht sie alle Mitspieler die gleichen Bewegungen ausführen. Ihre Aufgabe besteht nun darin, herauszufinden, wer von den Gruppenmitgliedern der Animateur ist, d. h. wer gibt den anderen immer wieder neue Bewegungen vor. Eine gute Beobachtungsfähigkeit und vollste Konzentration sind nötig, um den Animateur ausfindig zu machen. Wenn der Animateur gefunden wurde, wird eine andere Person nach draußen geschickt.

Bei größeren Gruppen können auch zwei Personen aus dem Raum geschickt werden.

Die vorgegebenen Bewegungen sollten variantenreich sein und möglichst in Zeitlupe durchgeführt werden.

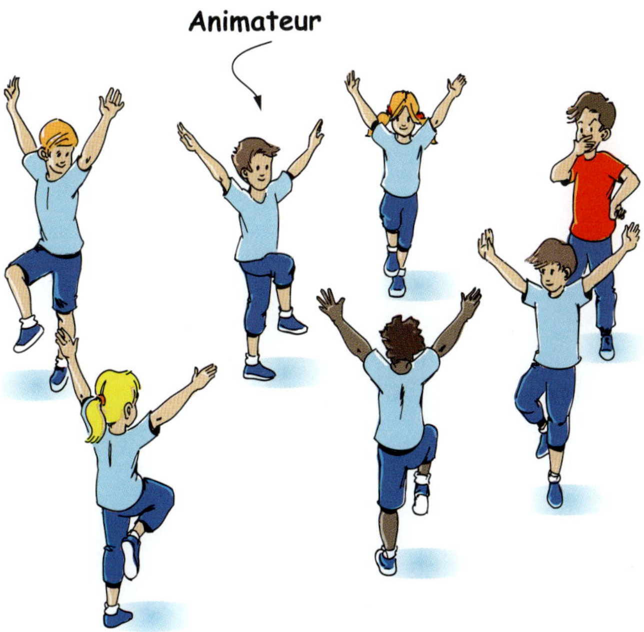

Der falsche Satz

Spiele im Raum, Spiele ohne vorgegebene Bewegungsrichtung

Kommunikationsspiel, Konzentrationsspiel

ab 12 Jahre

höchstens 2 Spieler

je Spieler eine leere Karteikarte

Schulung der Kommunikationsfähigkeit, Verbesserung der Konzentration

Zwei Spieler verlassen den Raum. Die im Kreis verbliebenen Personen formulieren zwei kurze Sätze mit verschiedenem Inhalt und schreiben beide Sätze auf eine Karteikarte. Die Spieler werden wieder in den Raum gerufen und erhalten jeweils eine Karte mit einem Satz. Sie erfahren jedoch nicht den Satz ihres Gegenspielers. Nach kurzer Zeit des Überlegens muss jeder Spieler in einem Zwiegespräch versuchen seinen Satz so geschickt unterzubringen, dass es der andere nicht merkt. Schafft er dies oder erkennt er den Satz seines Kontrahenten, hat er gesiegt.

Satzbeispiele:

Ich esse gern Schokoladeneis.
Am liebsten gehe ich in den Zoo.
Mein Vater hat ein schnelles Auto.
Gestern war ich in der Stadt einkaufen.
Zum Geburtstag wünsche ich mir ...

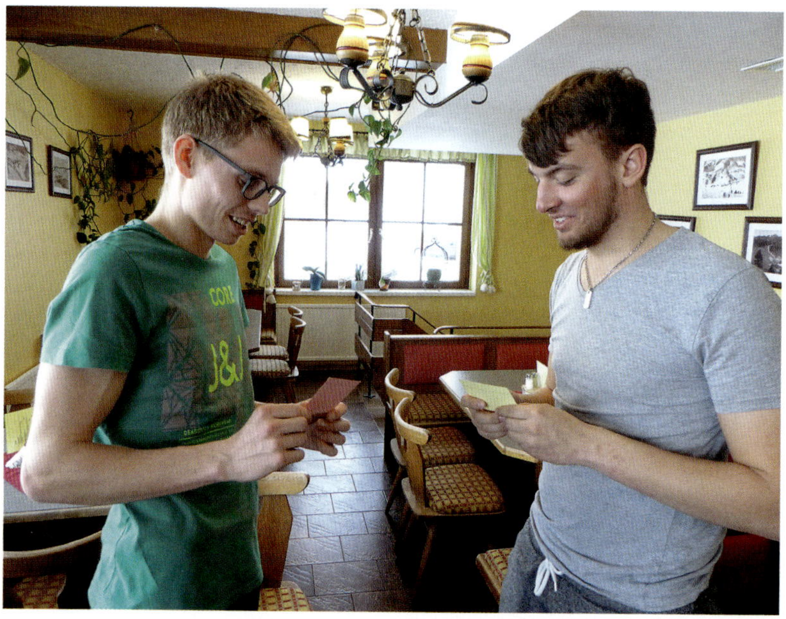

Der geheimnisvolle Gabeltrick

Spiele im Raum, Spiele im Kreis sitzend, Spiele am Tisch

Denkspiel, Ratespiel

ab 10 Jahre

mindestens 5 Spieler

elf Gabeln oder Löffel

Schulung der Kombinationsfähigkeit, Schulung der Beobachtungsfähigkeit

Ein Mitglied der Gruppe wurde vorher vom Spielleiter informiert, wie der Trick mit den Gabeln funktioniert. Dieser Spieler wird dann vom Spielleiter als „Medium" ausgewählt und nach draußen geschickt. Der Rest der Gruppe überlegt sich eine einstellige Zahl, die es vom „Medium" zu erraten gilt. Der Spieler wird hereingerufen und der Spielleiter legt mit den elf Gabeln ein Bild auf einen Tisch oder auf den Boden anhand dessen das „Medium" eindeutig erkennen kann, welche Zahl sich die Gruppe ausgesucht hat. Das Gesamtbild der gelegten Gabeln ist beliebig, entscheidend sind die ersten zwei Gabeln. Die erste Gabel wird auf das „Medium" ausgerichtet und bedeutet die Zahl 6 auf dem Ziffernblatt einer Uhr. Die zweite Gabel wird dann als Uhrziffer gelegt und bedeutet die zu erratende Zahl. Die weiteren neuen Gabeln können dann beliebig zu einem verwirrenden Bild zusammengefügt werden. Am besten muss das Medium mehrere Male unterschiedliche Zahlen erraten, damit die Gesamtgruppe durch genaue Beobachtung den Trick durchschauen kann. Wer als Erster meint, den Trick erraten zu haben, darf in die Rolle des Mediums schlüpfen.

Anstatt einer einstelligen Zahl können auch in weiteren Durchgängen zwei oder dreistellige Zahlen ausgesucht werden, dann wird jede einzelne Ziffer neu mit den elf Gabeln vom Spielleiter gelegt.

Die Uhrziffer 11 oder 12 haben keine Bedeutung. Die 10 bedeutet eine Null. Falls die zweistellige Ziffer 11 erraten werden soll, muss der Spielleiter, wie bei allen zweistelligen Zahlen, zwei Bilder legen und jeweils den Hinweis für die Uhrzeit ein Uhr geben.

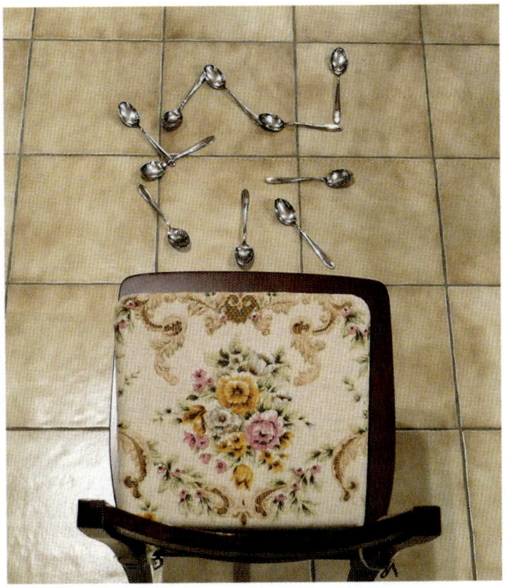

Der geheimnisvolle Hellseher

Spiele im Raum, Spiele am Tisch

Denkspiel, Konzentrationsspiel

ab 10 Jahre

beliebig

ein Kartenspiel

Schulung der Beobachtungsfähigkeit

Dieses Spiel funktioniert nur, wenn der Spielleiter vorher einen Mitspieler in den Trick eingeweiht hat und ihn als geheimen Gehilfen einsetzt. Der Spielleiter bittet ein Mitglied aus der Gruppe ein Kartenspiel gut durchzumischen. Dann soll er 12 beliebige Karten auswählen und nebeneinander auf den Tisch legen. Der Spielleiter schaut sich die Karten intensiv an und dreht sich dann um, damit er nicht sehen kann, welche Karte von einem Mitspieler kurz berührt wird. Sobald der Hellseher sich wieder den Karten zuwendet, kann er nach kurzer Überlegung die berührte Karte nennen. Sein geheimer Gehilfe hat ihm mittlerweile nämlich die Karte mithilfe von Handzeichen übermittelt. Die Karten werden vom Hellseher und seinem Mitspieler von links nach rechts von 1 bis 12 durchnummeriert. Die Zahlen 1 bis 10 werden mit den Fingern kurz gezeigt, die Zahl 11 ist eine geballte Faust und die Zahl 12 wird durch zwei geballte Fäuste vom Gehilfen dem Hellseher übermittelt.

Dieses Spiel sollte in mehreren Durchgängen absolviert werden, damit die Gruppenmitglieder durch intensives Beobachten versuchen können, den Trick des Spiels zu durchschauen.
Falls die Gruppe auf die Idee kommt, keine Karte zu berühren, so kann der Mitspieler seine beiden Hände hinter dem Rücken verschränken.

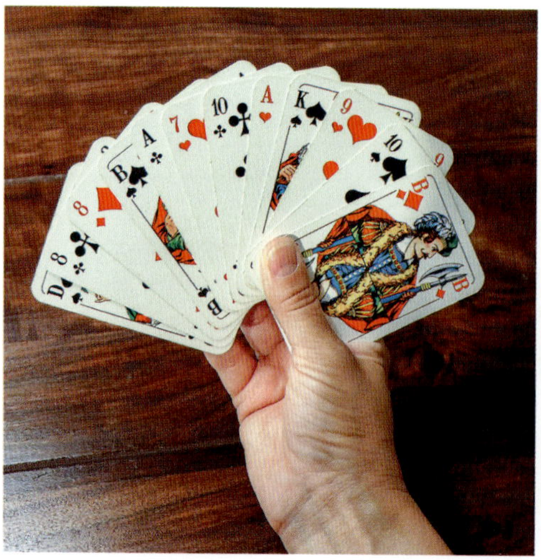

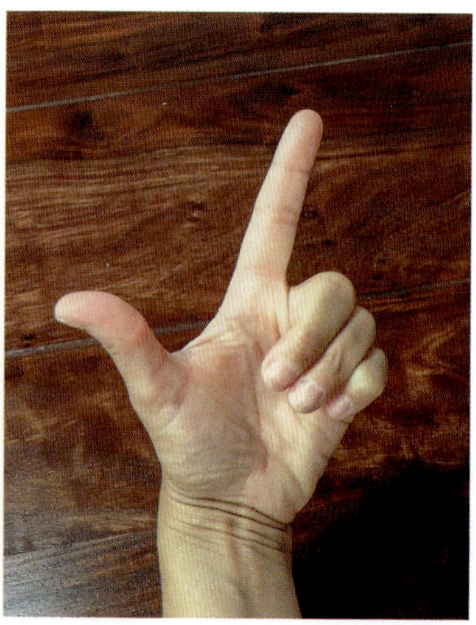

Der Hund und sein Knochen

Spiele im Raum,
Spiele im Kreis sitzend

Denkspiel, Konzentrationsspiel

ab 6 Jahre

mindestens 6 Spieler

ein Schuh o. ä. als Knochen, eine Augenbinde oder Schlafmaske

Verbesserung der akustischen Wahrnehmung, Schulung der Gewandtheit

Die Gruppenmitglieder sitzen in einem Innenstirnkreis auf Stühlen oder auf dem Boden. Ein ausgewählter Spieler sitzt in der Mitte, hat die Augen verbunden und stellt einen blinden Hund dar, der seinen vor ihm liegenden Knochen (z. B. einen Schuh) bewacht. Der Spielleiter geht um den Kreis herum und berührt dabei einen Spieler, der dann versucht, sich dem Hund in der Mitte zu nähern und ihm den Knochen zu stehlen. Wenn der Hund in der Mitte ein Geräusch des Anschleichens wahrnimmt, deutet er mit dem Finger in die vermutete Richtung und fängt an zu bellen. Wenn die Richtung stimmt, muss der Spieler seine Aktion abbrechen, wieder zurück in den Kreis gehen und der Spielleiter bestimmt lautlos einen anderen Mitspieler, der den Knochen stehlen soll. Falls der Diebstahl gelingt, darf der Dieb in die Mitte und als Hund agieren.

Für die Durchführung des Spiels ist absolute Ruhe erforderlich.

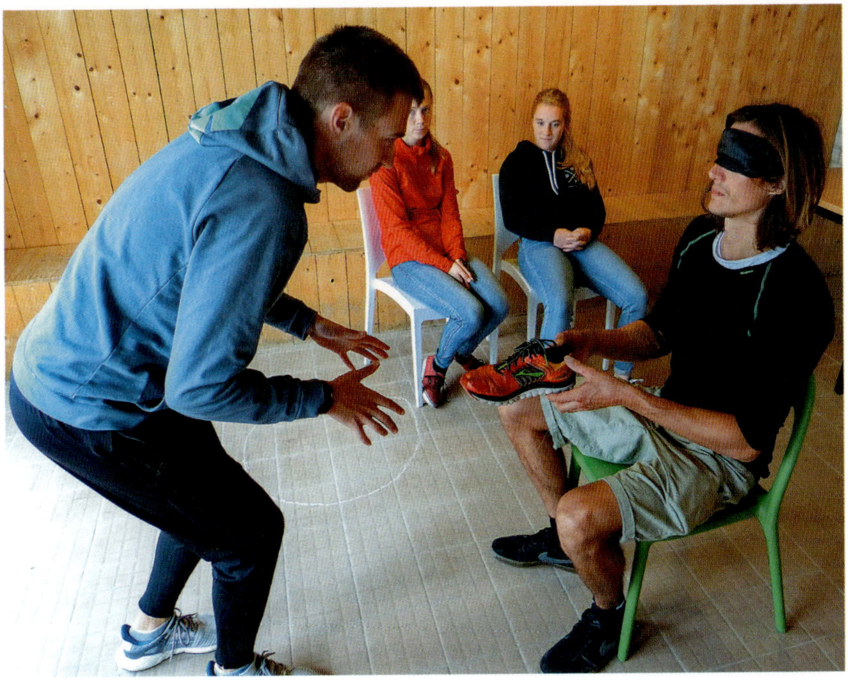

Der Hypnotiseur

Spiele im Raum,
Spiele im Kreis sitzend

Denkspiel, Konzentrationsspiel

ab 10 Jahre

beliebig

keine

Schulung der Beobachtungsfähigkeit

Der Spielleiter hat sich vorab mit einem Mitglied der Gruppe abgesprochen und ihm den Trick des Spiels erklärt. Er wählt vor der Gruppe genau diesen Spieler aus und stellt ihn als „Medium" vor, welches nun von ihm hypnotisiert wird. Der Spielleiter teilt der Gruppe mit, dass das hypnotisierte Medium der Gruppe mitteilen kann, wem von der Gruppe der Spielleiter, in Abwesenheit des Mediums, die Hand gereicht hat. Der Spielleiter fordert Ruhe ein und beginnt das Hypnosegehabe. Entscheidend in dieser Phase ist es, wer von der Gruppe als erster etwas spricht. Das anwesende Medium muss sich diese Person gut merken, denn ihr reicht später der Spielleiter die Hand. Dann wird das Medium nach draußen geschickt und der Spielleiter gibt der Person, die sich als erstes während der Ruhephase geäußert hat, die Hand. Wenn das Medium in den Raum gerufen wird, ist es für ihn leicht, den Gesuchten zu finden. Das Spiel kann mehrfach mit dem gleichen Medium gespielt werden, damit die Gruppe die Chance hat, den Trick zu erraten. Falls jemand den Kniff gefunden hat, kann er auch als Medium fungieren.

Das Medium muss so auf einem Stuhl platziert werden, dass er ohne den Kopf zu drehen alle Gruppenmitglieder sehen kann. Der Spielleiter steht als Hypnotiseur hinter dem Medium und hat seine Hände auf die Schultern gelegt. Bei mehreren Spieldurchgängen sollte der Spielleiter verschiedene Hypnosetechniken anwenden, damit die Gruppe verunsichert wird, auf was es ankommt.

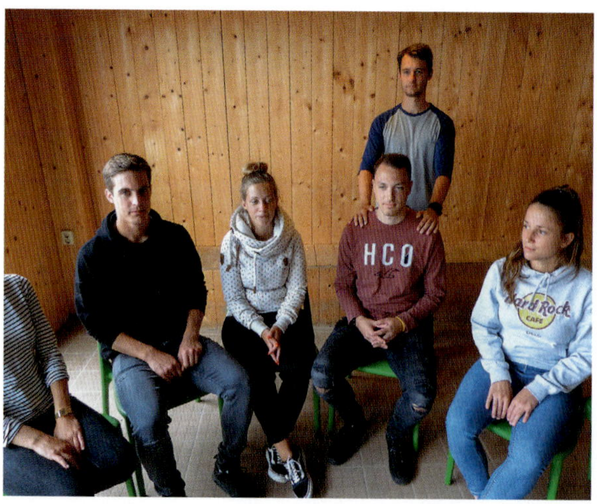

Der Kaufmann aus X-Stadt

Spiele im Raum, Spiele im Freien, Spiele im Kreis sitzend

Denkspiel, Konzentrationsspiel

ab 8 Jahre

beliebig

je Spieler ein Stuhl

Schulung der Konzentrationsfähigkeit, Verbesserung des Wortschatzes

Die Gruppenmitglieder befinden sich im Sitzkreis. Ein Spieler, der sich in der Mitte befindet, geht auf einen Mitspieler zu und fragt folgendes: „Ich bin ein Kaufmann aus Frankfurt und suche interessante Waren für mein Geschäft. Welche Waren können Sie mir anbieten?" Da der Fragende „Frankfurt" genannt hat, d.h. eine Stadt, die mit dem Buchstaben F anfängt, muss der Mitspieler einen Artikel nennen, der mit F beginnt. Zum Beispiel antwortet er mit „Fisch". Danach wendet sich der in der Mitte stehende Spieler mit der gleichen Frage an einen anderen Mitspieler. Dieser muss dann beispielsweise „Faltenrock" nennen. Die Fragerunde geht so lange weiter bis niemand mehr eine Ware mit dem festgelegten Buchstaben nennen kann. Die Namen der Artikel dürfen sich nicht wiederholen und die Antworten müssen schnell gegeben werden, ansonsten wechselt der Befragte mit dem Fragenden die Plätze und ein neuer Kaufmann steht in der Mitte. Dieser muss dann eine andere Stadt auswählen.

Um den Schwierigkeitsgrad zu erhöhen, kann der Gefragte auch mit einem möglichst langen Satz antworten, wobei auch hier bei jedem Wort die Anfangsbuchstaben die gleichen wie der Städtename sein müssen. Wenn der Kaufmann aus Frankfurt kommt, kann beispielsweise geantwortet werden: „Frischen Fisch fängt Friedrich für Frauen." Für diese sechs Wörter in einem sinnvollen Zusammenhang bekommt der Mitspieler sechs Punkte aufgeschrieben. Auch unvollständige Sätze mit dem gleichen Anfangsbuchstaben der Stadt ergeben Punkte, beispielsweise „furchtbarer Faltenrock". Wer am Ende des Spiels die meisten Punkte hat, gewinnt das Spiel.

Falls den Spielteilnehmern nicht genügend Städtenamen einfallen, kann der Spielleiter Städte auf vorbereiteten Karten, die er dann hochhält, ins Spiel mit einbringen (siehe Foto).

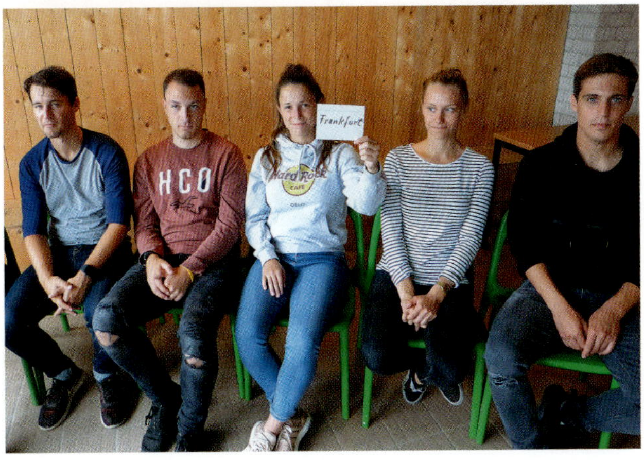

Der unbekannte Koffer

Spiele im Raum,
Spiele im Kreis sitzend

Denkspiel, Ratespiel,
Kennenlernspiel

ab 8 Jahre

beliebig

keine

Kennenlernen der Eigenschaften und Vorlieben der Gruppenmitglieder

Die Gruppenmitglieder sitzen in einem Kreis und der Spielleiter schickt einen von ihnen nach draußen. Der Rest der Gruppe einigt sich auf einen Mitspieler im Kreis, welcher dem draußen Wartenden bekannt ist und den er erraten soll. Wenn er hereingerufen wird, fragt er reihum die Mitspieler, welche Gegenstände im Reisekoffer des Gesuchten zu finden sind. Die Antworten sollten für die gesuchte Person typisch sein, aber auch nicht so offensichtlich, dass der Fragende zu schnell den Namen errät. Hat er die Person gefunden, kann der nächste Mitspieler nach draußen geschickt werden und eine neue Runde beginnt.

Die Fragen und Antworten sollten laut und deutlich gesprochen werden, damit alle Mitglieder am Spiel teilnehmen können.
Das Spiel eignet sich nur für Gruppen, deren Mitspieler sich untereinander kennen.

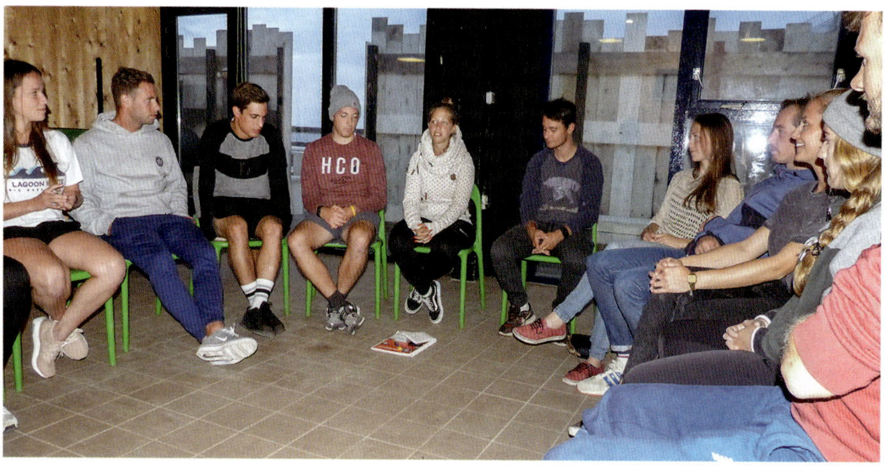

Der unerwünschte Buchstabe

Spiele im Raum, Spiele im Freien, Spiele im Kreis sitzend

Denkspiel, Kommunikationsspiel, Konzentrationsspiel

ab 10 Jahre

beliebig

keine

Schulung des freien Sprechens, Schulung der Konzentrationsfähigkeit

Alle Gruppenmitglieder sitzen in einem Kreis. Der Spielleiter fordert einen Mitspieler auf, eine beliebige Geschichte zu erzählen ohne einen bestimmten Buchstaben dabei zu benutzen, beispielsweise den Buchstaben „P“. Wenn der Vortragende einen Fehler macht und „P“ benutzt: „Wir sitzen hier und essen Pizza“, scheidet er aus und ein anderer Mitspieler kommt an seine Stelle. Um dem Erzähler den Vortrag zu erschweren, können auch Fragen von den anwesenden Mitspielern gestellt werden, deren Antwort wahrscheinlich den ungewünschten Buchstaben beinhaltet. Sieger ist derjenige, der am längsten seine Geschichte erzählen kann, ohne den unerwünschten Buchstaben genannt zu haben.

Es können auch zwei Spieler für die Mitte ausgewählt werden, die dann eine Art Zwiegespräch ohne einen bestimmten Buchstaben führen müssen.

Vokale wie A, E, I und U eignen sich nicht als unerwünschte Buchstaben, da es sonst sehr schwierig ist, komplette Sätze und Wörter zu finden.

Der versteckte Spiegel

Spiele im Raum,
Spiele im Kreis sitzend

Bewegungsspiel, Denkspiel

ab 6 Jahre

beliebig

je Spieler ein Stuhl

Verbesserung der Beobachtungsfähigkeit, Verbesserung der Aufmerksamkeit

Alle Mitspieler sitzen in einem Kreis und 3–4 Spieler müssen den Raum verlassen. Der Spielleiter erklärt vorher, dass es Aufgabe von diesen Personen ist, einen Spiegel zu finden, der bei den Mitgliedern im Kreis versteckt wird. Wenn die 3–4 ausgewählten Spieler den Raum verlassen haben, erklärt der Spielleiter den übrigen Teilnehmern, dass es gar keinen Spiegel gibt, sondern er selbst den Spiegel darstellt, indem er die Bewegungen des Ratenden nachmacht. Dann wird der Erste hereingerufen und er versucht in der Gruppe den Spiegel zu finden. Der Spielleiter führt dann die gleichen Bewegungen wie der Suchende aus. Dieser wird sich zuerst wundern, welche komischen Bewegungen der Spielleiter ausführt. Nach einiger Zeit wird er den Trick erraten und das Rätsel lösen. Danach wird der Zweite von draußen hereingerufen und das Spiel läuft, wie beschrieben, bis alle Suchenden einmal dran waren.

- Nach dem ersten Durchgang können für die weiteren Suchenden anstatt des Spielleiters auch Mitspieler aus dem Kreis die Spiegel darstellen.
- Es können auch zwei Personen gleichzeitig hereingerufen werden und zwei Mitspieler stellen die Spiegel dar.

Dieses Spiel ist ein sogenanntes „Einmalspiel“, d. h. eine Wiederholung ist nicht möglich, wenn der Trick allen oder den meisten bekannt ist.

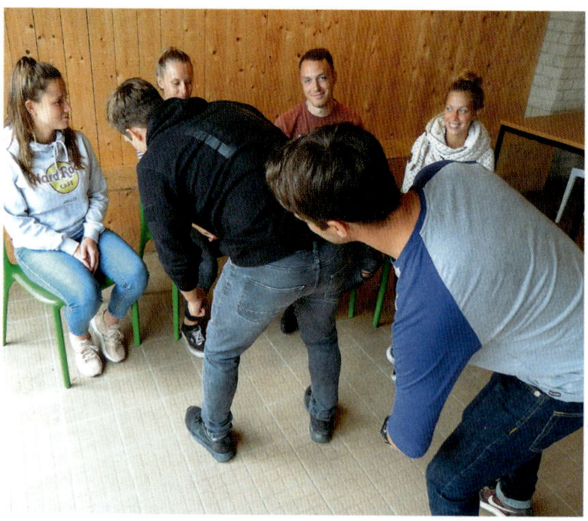

Der Zwinkerwächter

Spiele im Raum,
Spiele im Kreis sitzend

Bewegungsspiel,
Konzentrationsspiel

ab 6 Jahre

mindestens 6 Paare,
höchstens 20 Paare

je Paar ein Stuhl

Schulung der Aufmerksamkeit, Verbesserung des Reaktionsvermögens

Es wird ein Stuhlkreis aufgebaut und die Gruppenmitglieder finden sich in Paaren zusammen. Einer davon, der Bewachte, setzt sich auf einen Stuhl, der andere, der Wächter, steht dahinter. Alle Wächter haben dabei die Hände auf dem Rücken und die Bewachten lehnen sich zurück. Ein Stuhl ist frei und es steht nur ein Wächter dahinter. Dieser freie Wächter versucht nun durch Augenzwinkern, einen anderen Mitspieler von seinem Stuhl zu seinem leeren Stuhl zu locken. Dies möchte der hinter ihm stehende Wächter aber verhindern und versucht ihn festzuhalten. Damit dies gelingt, muss der freie Wächter versuchen durch kurzes und unauffälliges Augenzwinkern Kontakt zum ausgesuchten Mitspieler aufzunehmen. Wenn der Bewachte entkommen kann, wird derjenige, der seinen Schützling verloren hat, zum neuen freien Wächter und versucht durch Zuzwinkern den Platz vor ihm wieder besetzt zu bekommen.

Der Sitzkreis sollte nicht zu groß sein und die Stühle sollten genügend Abstand haben, sodass man den angezwinkerten Spieler eindeutig erkennen kann.

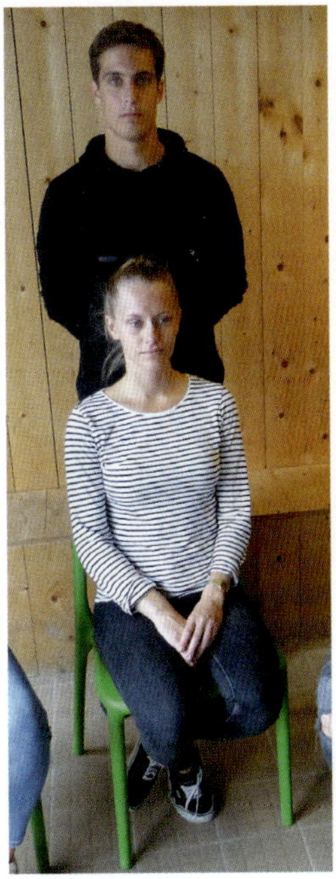

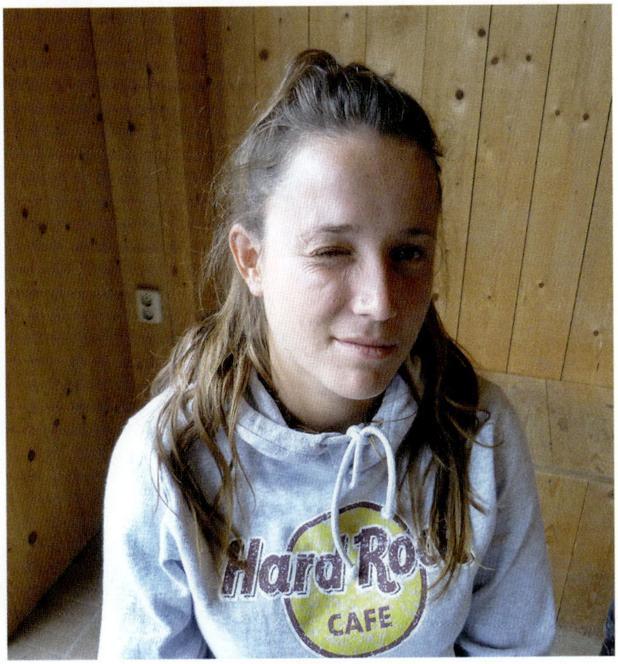

Dichterprüfung

Spiele im Raum, Spiele im Freien, Spiele im Kreis sitzend

Denkspiel, Kommunikationsspiel, Kreativitätsspiel

ab 12 Jahre

beliebig

keine

Schulung der sprachlichen Kreativität und Schlagfertigkeit

Die Gruppenmitglieder befinden sich in einem Sitzkreis. Der Spielleiter ruft einen Mitspieler mit seinem Vornamen auf bzw. wenn er ihn noch nicht mit Namen kennt, kann er auch auf ihn zeigen. Er sagt zu ihm einen kurzen beliebigen Satz aus einem bisher unbekannten Gedicht wie: „Peter, ich liebe meinen Hund." Der Aufgerufene muss das Gedicht möglichst schnell mit dem zweiten Teil, beispielsweise „er hat einen großen Mund", vervollständigen. Danach ruft der Spielleiter ein weiteres Gruppenmitglied auf: „Marie, das Haus ist groß und hat ein Dach." Eine mögliche Antwort wäre dann: „Ich gehe rein und spiele Schach." Wer keinen passenden Reim findet, scheidet aus. Danach gibt der Spielleiter wieder den ersten Teil eines Reimes vor und das Spiel geht so lange weiter, bis nur noch ein Gruppenmitglied übrig bleibt, das dann die Dichterprüfung bestanden hat.

Der Spielleiter startet nur das Spiel mit einem halbfertigen Reim und der ausgeschiedene Mitspieler kann dann selbst einen neuen Satz eines Reimes sagen und den nächsten Mitspieler bestimmen.

Die Sätze sollten nicht zu lang sein.

Die vier Elemente

Spiele im Raum,
Spiele im Kreis sitzend

Bewegungsspiel, Denkspiel, Kreativitätsspiel

ab 6 Jahre

beliebig

je Spieler ein Stuhl, Reissäckchen, Tennisball oder Crossboulesäckchen

Schulung der Kreativität und der Reaktionsfähigkeit

Die Gruppenmitglieder sitzen in einem Stuhlkreis. In der Mitte steht der Spielleiter, welcher der Gruppe die vier Elemente „Feuer, Wasser, Erde und Luft" vorstellt. Danach wirft der Spielleiter einem beliebigen Mitspieler einen Gegenstand, beispielsweise ein Crossboulesäckchen, zu und nennt dabei eines der vier Elemente. Der Fänger muss dann, in Abhängigkeit des Elementes, schnell ein dazugehöriges Tier nennen. Sagt der Werfer beispielsweise Wasser, so kann er mit einer Fischart wie „Hai" die richtige Antwort geben. Danach wirft dieser zu einem anderen Mitspieler und sagt zum Beispiel „Luft". Dies bedeutet, dass der Fänger dann „Adler" ruft usw.
So werden bei den drei Elementen Erde, Luft und Wasser verschiedene passende Tierarten genannt. Nur beim Nennen des Elementes Feuer besteht die Aufgabe darin, dass alle Gruppenmitglieder ihre Plätze tauschen. Bei dieser Gelegenheit nimmt der Spielleiter, der sich mittlerweile hinter dem Stuhlkreis befindet, einen Stuhl heraus. Wer keinen Platz nach dem Wechseln mehr findet, der scheidet aus. Es wird gespielt bis zwei Spieler übrig bleiben oder der Spielleiter das Spiel beendet.

Der Gegenstand muss immer zum Spielleiter zurückgeworfen werden und dieser bestimmt dann das nächste Element und mit dem Zuwerfen den Fänger.

Es ist darauf zu achten, dass die Kinder sehr schnell antworten und keine Tiernamen doppelt genannt werden. Falls dies geschieht oder einem Mitspieler kein Tiername mehr einfällt, kann der Spielleiter ein Pfand einfordern oder Minuspunkte verteilen, die dann auch zum Ausscheiden aus der Runde führen können.

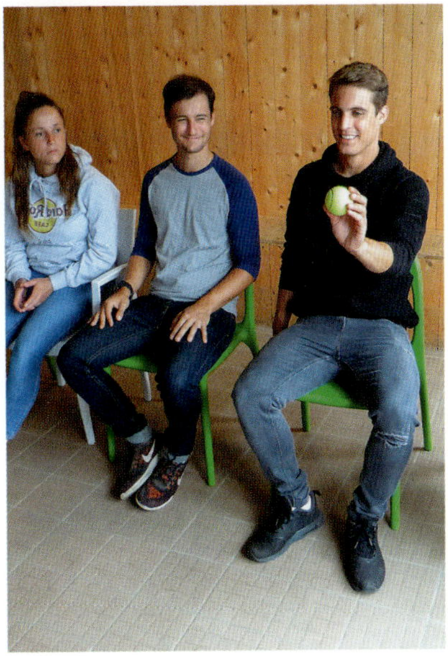

Die geheimnisvolle Zauberdecke

Spiele im Raum,
Spiele im Kreis sitzend

Denkspiel, Konzentrationsspiel

ab 4 bis 10 Jahre

beliebig

eine große Decke oder ein Schwungtuch

Schulung der Aufmerksamkeit,
Schulung der Konzentration

Die Gruppe sitzt in einem Kreis. Der Spielleiter wählt einen Zauberlehrling aus, der kurz den Raum verlassen muss. Danach wird ein weiteres Kind ausgewählt, das sich unter einer Decke versteckt, die in der Kreismitte liegt. Der freigewordene Stuhl wird aus dem Kreis genommen, sodass man nicht sofort erkennen kann, wo das Kind gesessen hat. Dann wird das andere Kind hereingerufen und ihm wird mitgeteilt, dass die Zauberdecke ein Gruppenmitglied unter sich versteckt hat. Der Zauberlehrling muss nun erraten, welches Kind sich unter der Decke befindet. Kann er es nicht sofort erraten, wird das Kind unter der Decke gebeten einige Geräusche und Stimmen von sich zu geben, damit es für den Zauberlehrling leichter wird. Bei Erfolg oder nach einer bestimmten Zeit wird das Geheimnis gelüftet, indem die Decke weggezogen wird. Danach kann eine weitere Runde gespielt werden.

Es können auch zwei Spieler unter der Decke versteckt werden.

Es sollten sich zwei Stühle weniger im Kreis befinden, als Gruppenmitglieder vorhanden sind: Ein Spieler ist der Zauberlehrling und der andere sitzt unter der Decke.

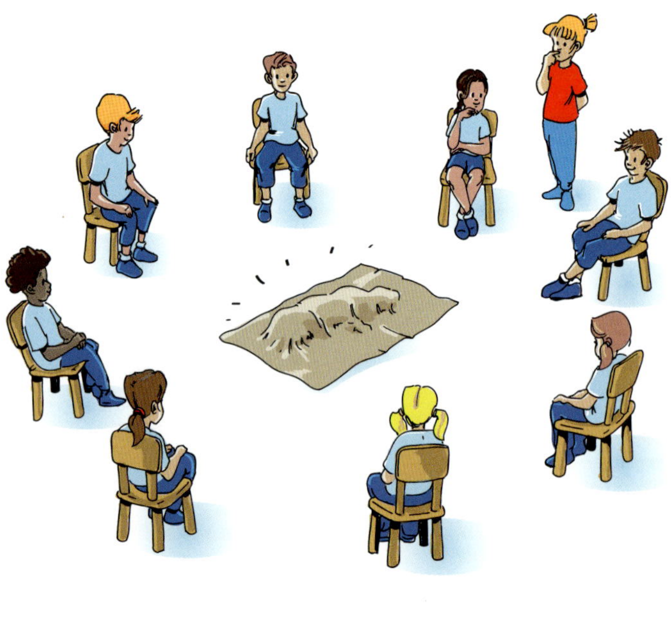

Die magischen 9 Blätter

Spiele im Raum,
Spiele im Kreis sitzend

Denkspiel, Konzentrationsspiel, Ratespiel

ab 10 Jahre

beliebig

neun DIN-A4-Blätter und ein Zeigestock

Schulung der Beobachtungsfähigkeit

Der Spielleiter bestimmt eine Person aus der Gruppe, die er als „Magier" bezeichnet und die vorher von ihm bereits heimlich in das Spiel eingeweiht worden ist. Dieser Mitspieler wird kurz nach draußen geschickt und die Gruppe einigt sich auf ein Blatt von neun Blättern Papier, welche am Boden neben- und untereinander liegen (siehe Foto). Dieses ausgewählte Blatt muss der Magier erraten. Er wird hereingerufen und der Spielleiter zeigt auf ein beliebiges Blatt auf dem Boden und fragt ihn, ob es das gesuchte Blatt ist. Er wird die Frage mit „Nein" beantworten, hat aber, durch das Zeigen auf das Blatt, vom Spielleiter die entscheidende Information erhalten. Die Lage aller 9 Blätter wird virtuell auf das erste gezeigte Blatt projiziert. Wenn das gesuchte Blatt das erste Blatt links oben ist, zeigt der Spielleiter mit seinem Stock oben links auf ein beliebiges Blatt (siehe Foto). Die weiteren gezeigten Blätter liefern dann keine Informationen für den Magier mehr und dienen der Ablenkung der Gruppe, bis das gesuchte Blatt gezeigt wird und er die Frage mit: „Ja, dies ist es!", beantworten kann. Wer den Trick erraten hat, darf die Position des Magiers einnehmen und einen weiteren Durchgang machen.

Man kann dieses Spiel auch mehrfach mit dem gleichen Magier spielen, damit die Gruppe leichter erkennen kann, wie der Trick funktioniert.
Falls die Gruppe vermutet, dass es an der Anzahl der gezeigten Blätter liegen könnte, kann auch beim ersten Zeigen schon das richtige Blatt ausgewählt werden.

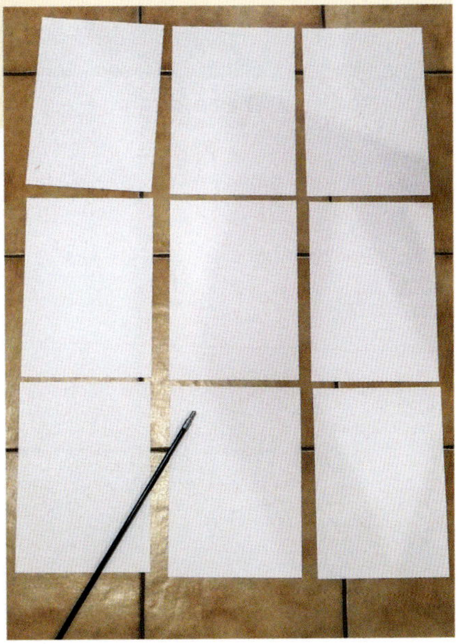

Die Blätter sollten so auf dem Boden gelegt werden, dass alle Gruppenmitglieder sie gut sehen können.
Die Einweisung des eingeweihten Spielers wird am besten in zeitlichem Abstand zum Spielbeginn durchgeführt, sodass der Rest der Gruppe die Absprache nicht mitbekommt.

Die magischen Stadtnamen

Spiele im Raum

Denkspiel, Konzentrationsspiel, Ratespiel

ab 10 Jahre

beliebig

keine

Förderung der Beobachtungsfähigkeit, Schulung der Kombinationsfähigkeit

Ein Spieler aus der Gruppe muss vorher vom Spielleiter unauffällig in den Trick eingeweiht werden. Das Spiel startet, indem der Spielleiter sein „Medium“ aus dem Raum schickt und die Gruppe sich eine Stadt überlegen darf, die der Spieler erraten muss (beispielsweise Bonn). Das Medium wird danach hereingerufen und der Spielleiter fragt ihn: „Ist es Hamburg?“. Der Gefragte antwortet: „Nein.“ Die Fragen werden solange mit „Nein“ beantwortet bis der Spielleiter eine Stadt mit einem Tiernamen (Beispiele siehe Foto) sagt. Dies ist ein Zeichen für das Medium, dass der nächste Stadtname der Gesuchte ist. Beispielsweise: „Ist es Schweinfurt?“, die Antwort lautet wieder: „Nein.“ „Ist es Bonn?“ Die Antwort vom Medium lautet dann natürlich: „Ja!“ Wer den Trick verstanden hat, darf ihn nicht verraten, sondern wird auch nach draußen geschickt und darf das Medium für den nächsten Durchgang spielen.

Man kann dieses Spiel auch mehrfach mit dem gleichen Medium spielen, damit die Gruppe leichter erkennen kann, wie der Trick funktioniert.

Die Einweisung des Spielers wird am besten in zeitlichem Abstand zum Spieleabend durchgeführt. So kann der Rest der Gruppe nicht erkennen, dass eine Absprache stattgefunden hat.

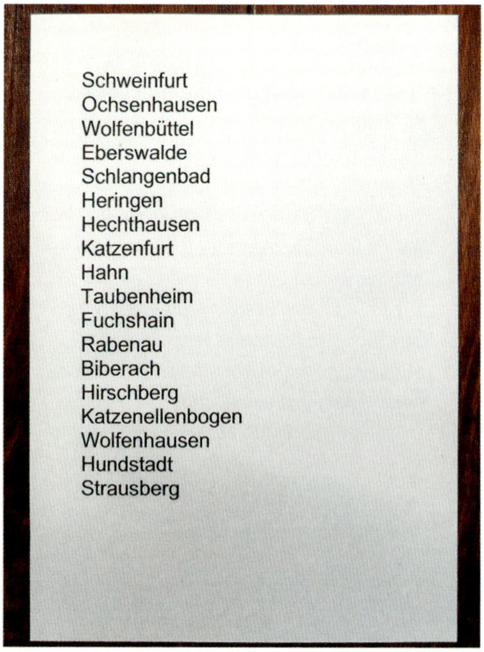

Die Welle

Spiele im Raum,
Spiele im Kreis sitzend

Bewegungsspiel,
Konzentrationsspiel

ab 6 Jahre

beliebig

je Spieler ein Stuhl

Förderung der Konzentration,
Schulung der Reaktionsfähigkeit

Die Spieler sitzen in einem Stuhlkreis, wobei die Stühle eng aneinander stehen müssen. Ein Spieler wird ausgewählt, verlässt seinen Stuhl, stellt sich in die Mitte und dirigiert die Welle. Mit dem Kommando „nach rechts" setzt sich der Spieler, der neben dem freien Stuhl des Dirigenten sitzt, nach rechts auf den freien Stuhl. Alle links von ihm sitzenden Mitspieler machen das gleiche und folgen ihm nach rechts. So läuft die Welle durch den Kreis und der Dirigent versucht sich dabei auf den freien Stuhl, der sich innerhalb des Kreises bewegt, zu setzen. Schafft er es, weil ein Mitspieler zu spät reagiert, so muss dieser in die Mitte und wird Dirigent. Neben dem Kommando „nach rechts" gibt es auch das Kommando „nach links". Wenn beide Kommandos schnell im Wechsel hintereinander gegeben werden, wird das Spiel sehr schnell und dynamisch. Die Mitspieler auf den Stühlen und der Dirigent müssen schnell reagieren, um sich jeweils auf den freien Stuhl, der sich permanent verändert, zu setzen.

Falls es dem Dirigenten nicht gelingt, nach mehreren Versuchen einen freien Platz zu besetzen, erlöst der Spielleiter ihn und schickt einen anderen Dirigenten in die Mitte.

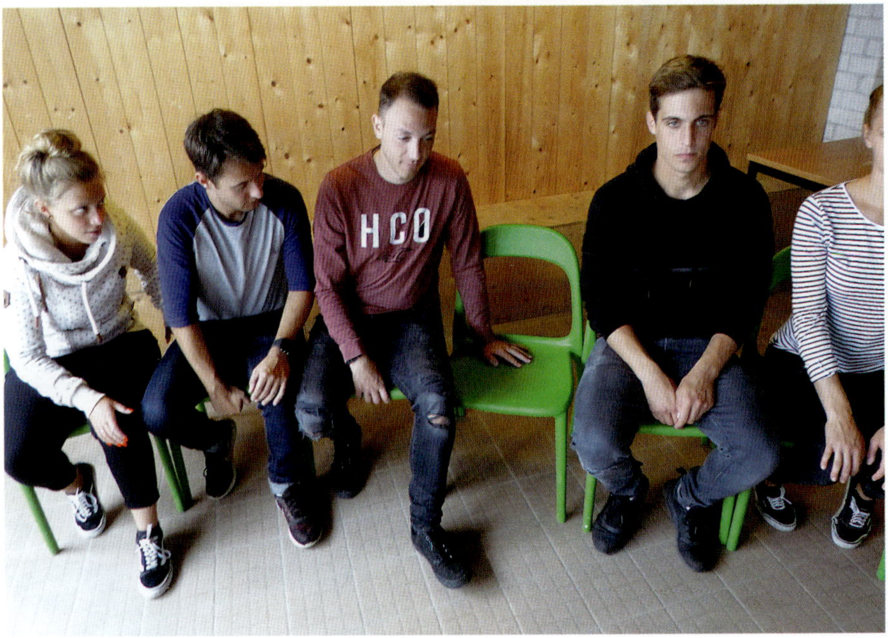

Drei ins Glas

Spiele im Raum, Spiele am Tisch

Konzentrationsspiel, Geschicklichkeitsspiel

ab 12 Jahre

mindestens 2 Spieler

je Team ein Tisch sowie drei Gläser und neun Tischtennisbälle

Verbesserung der Geschicklichkeit, Spaß am Wettkampf

Je nach Gruppengröße werden zwei oder mehrere Teams gebildet. Auf dem Tisch jedes Teams stehen drei Gläser im Abstand von ca. 10 cm nebeneinander. Jeweils ein Spieler jeder Mannschaft versucht drei Tischtennisbälle nacheinander mit einem Aufsetzer auf dem Tisch ins erste Glas zu befördern. Gelingt dies, kommt der zweite Spieler des Teams dran. Gewonnen hat das Team, welches als erstes alle drei Gläser mit jeweils drei Bällen gefüllt hat.

Je nach Leistungsfähigkeit der Spieler muss auch jeweils nur ein Ball ins Glas befördert werden.

Bei Verwendung von Plastikbechern verringert sich die Verletzungsgefahr.
Mit der Durchmessergröße der Gefäße kann die Schwierigkeit variiert werden.

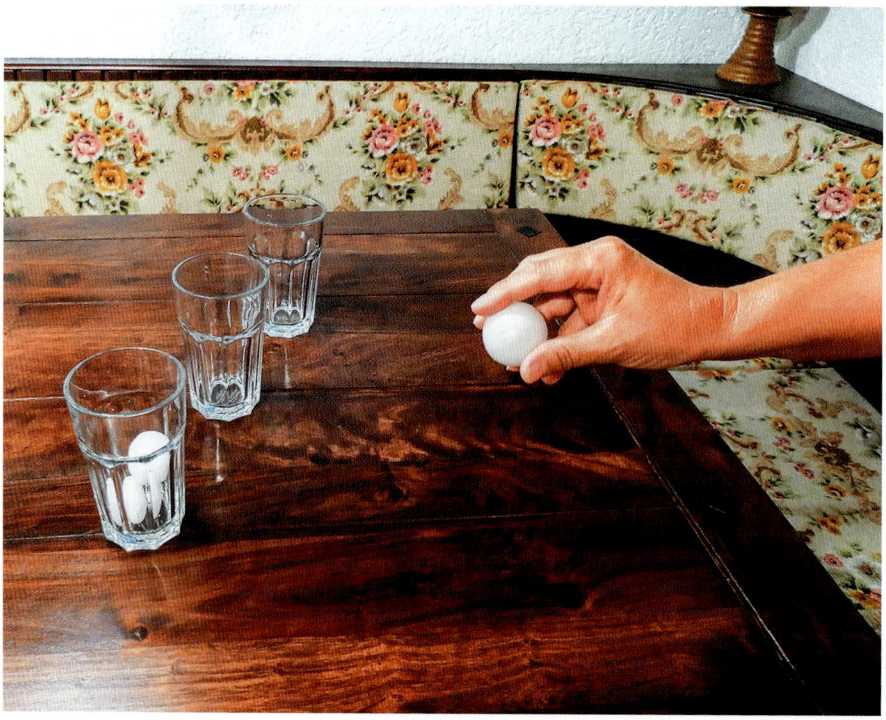

Dunkelheit um Winnetou

Spiele im Raum, Spiele im Freien, Spiele ohne vorgegebene Bewegungsrichtung

Bewegungsspiel, Kooperations- und Vertrauensspiel, Konzentrationsspiel

ab 6 Jahre

mindestens 5 Spieler, höchstens 10 Spieler

Augenbinde oder Schlafmaske

Schulung der akustischen Wahrnehmungsfähigkeit, Schulung der Vertrauensfähigkeit

Ein Mitspieler wird zum Winnetou und ein anderer zum Sheriff ernannt. Winnetou ist erblindet (er trägt deshalb eine Augenbinde) und versucht sich in der Prärie zu ernähren. Der Rest der Gruppe stellt die Tiere dar, die so nah wie möglich an den erblindeten Winnetou heranschleichen und ihn berühren sollen. Winnetou versucht die Tiere zu fangen, indem er sie berührt. Er muss dafür genau hinhören und auf Geräusche und Stimmen der Tiere achten. Der Sheriff passt auf, dass der blinde Winnetou nicht irgendwo gegenläuft oder etwas umstößt. Wenn das erste Tier gefangen ist, wird dieser Spieler zum Winnetou und Winnetou zum Sheriff.

Je nach Spielfeldgröße ist der Bewegungsraum (Prärie) vorher festzulegen und eventuell zu markieren. Der Sheriff achtet dabei auf die Einhaltung der Raumgrenzen.

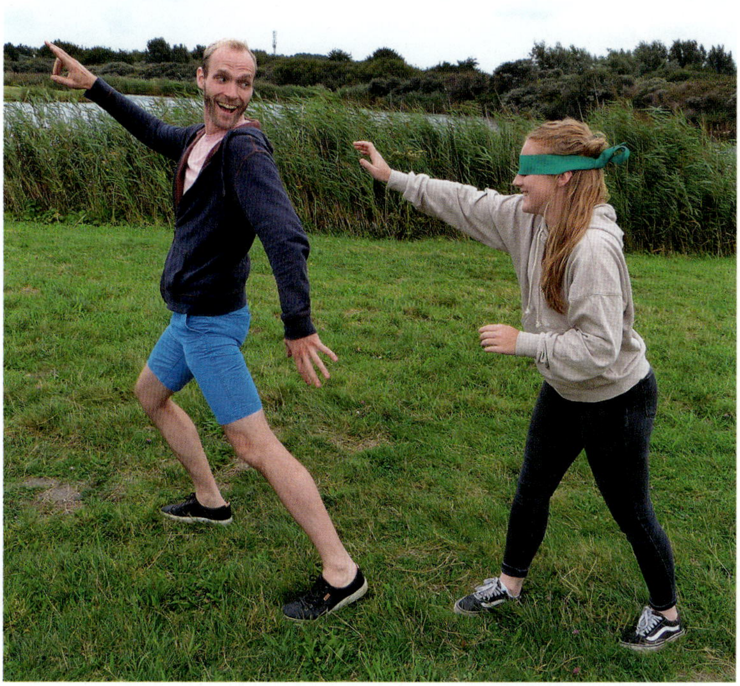

Eskimos beim Angeln

Spiele im Raum, Spiele am Tisch

Denkspiel, Würfelspiel

ab 10 Jahre

beliebig

ein bis drei Würfel

Förderung der Kombinationsfähigkeit

Der Spielleiter oder ein Mitspieler, der den Trick (das Zählsystem) des Spiels kennt, würfelt mit einem Würfel und erzählt in Abhängigkeit von der Augenzahl des Wurfes eine Geschichte.
In Grönland sitzen X Eskimos um X Löcher und fangen X Fische. Die Zuschauer sollen erkennen nach welchem Prinzip die Anzahl der Eskimos, Löcher und Fische bei den unterschiedlichen Augenzahlen errechnet wird. Nachdem der Spielleiter dreimal gewürfelt hat und jeweils die entsprechende Geschichte erzählt hat, dürfen danach die Mitspieler würfeln und versuchen die richtige Geschichte zu erzählen. Der Spielleiter gibt jedem die Rückmeldung, ob er richtig gezählt hat.
Die Anzahl der Eskimos ergibt sich aus den Würfelaugen an den Ecken der Zahl die oben liegt. Bei einer 1 ist es kein Eskimo, bei einer 2 sind es zwei Eskimos, bei einer 3 auch 2 Eskimos, da der mittlere Punkt ja nicht zählt, usw. Die Löcher im Eis sind die Punkte in der Mitte der Würfelaugen. Bei einer 1, 3 oder 5 ist es ein Loch, und bei einer 2, 4 oder 6 kein Loch. Die Fische ergeben sich aus der Augenzahl, die auf der unteren Seite des Würfels ist. Da die Gesamtsumme der oberen und unteren Augenzahlen immer 7 ergibt, sind die Fische leicht auszurechnen.

Beispiel 1: Der Spielleiter würfelt eine 5 und er sagt: „Es sitzen 4 Eskimos um 1 Loch und fangen 2 Fische.“ (siehe Abb. 1)
Beispiel 2: Der Spielleiter würfelt eine 2 und er sagt: „Es sitzen 2 Eskimos um kein Loch und fangen 5 Fische.“ (siehe Abb. 2)

Das Spiel kann auch mit zwei, oder in der größten Schwierigkeitsform, auch mit drei Würfeln gespielt werden. Hierbei gelten die gleichen Regeln wie mit einem Würfel, jedoch werden die einzelnen Zahlen aufsummiert.
Beispiel:
Der Spielleiter würfelt mit den zwei Würfeln eine 1 und eine 4. Dies bedeutet, dass 4 Eskimos um 1 Loch sitzen und 9 Fische fangen.

Je nach Würfelkenntnissen der Teilnehmer wird es eine Zeitlang dauern, bis einige das Prinzip erkannt haben.

Abb. 1

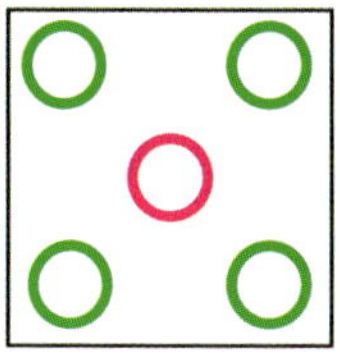

Es sitzen 4 Eskimos
um 1 Eisloch

gegenüberliegende Augenzahl = 2
„und fangen 2 Fische“

Abb. 2

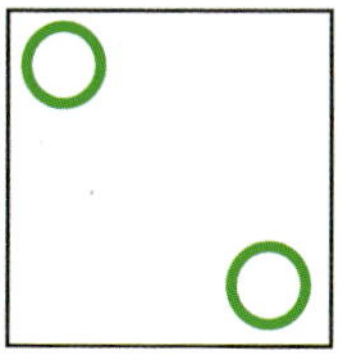

Es sitzen 2 Eskimos
um kein Eisloch
und fangen 5 Fische

Abb. 3

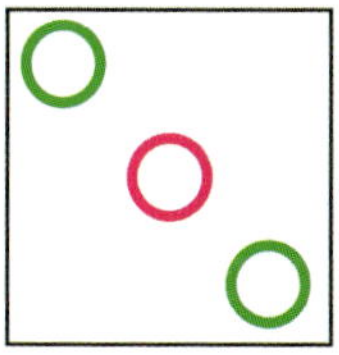

Es sitzen 2 Eskimos
um 1 Eisloch
und fangen 4 Fische

Eule auf Schlangenjagd

Spiele im Raum, Spiele im Freien, Spiele ohne vorgegebene Bewegungsrichtung

Bewegungsspiel, Konzentrationsspiel

ab 6 Jahre

mindestens 10 Spieler

eine oder mehrere Augenbinden oder Schlafmasken

Verbesserung des Orientierungssinns, Schulung der akustischen Wahrnehmung

In einem markierten Spielfeld versucht eine Eule Schlangen zu fangen. Der Spielleiter bestimmt einen Spieler als Eule und der Rest der Gruppe stellt die Schlangen dar. Falls die Gruppe über 20 Teilnehmer hat, sollten nur ca. 10 Schlangen im Spielfeld sein, der Rest der Gruppe kann einen Außenkreis bilden, den sowohl die Eule als auch die Schlangen nicht verlassen dürfen. Nachdem der Eule die Augen verbunden worden sind, dürfen die stehenden Schlangen sich beliebig im Spielfeld bewegen. Wenn die Eule dreimal gerufen hat: „Huhu, die Eule kommt!", erstarren die Schlangen und dürfen sich nicht mehr bewegen. Die Eule versucht, blind wie sie ist, eine Schlange zu finden und zu berühren. Gelingt dies der Eule, wird diese Schlange selbst zur Eule und beide versuchen, an den Händen gefasst, weitere Schlangen zu fangen. Diese dürfen sich, nachdem die zweite Eule die Augen verbunden bekommen hat, wieder frei bewegen bis der Ruf dreimal erschallt: „Huhu, die Eulen kommen." So geht das Spiel weiter, bis alle Schlangen gefangen wurden.

Um das Finden der Schlangen zu erleichtern, können diese auch Zischlaute von sich geben an denen sich die Eule orientieren kann.

Der Spielleiter muss darauf achten, dass die Schlangen in ihrer Starre nicht flüchten und dass die blinde Eule sich nicht verletzen kann, indem sie gegen ein Hindernis läuft.

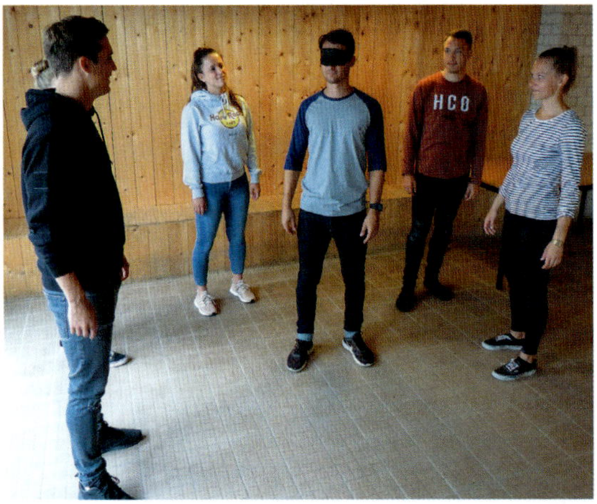

Falsch betont

Spiele im Raum, Spiele im Kreis sitzend, Spiele am Tisch

Denkspiel, Kommunikationsspiel, Konzentrationsspiel

ab 10 Jahre

beliebig

vorbereitete Karteikarten

Schulung der Konzentration, Verbesserung der akustischen Wahrnehmung

Die Gruppenmitglieder sitzen in einem Kreis und der Spielleiter erklärt ihnen, dass sie sich in einem Deutschkurs für Schweden in der Volkshochschule befinden. Die Unterrichtsstunde, in der die Gruppe sich befindet, handelt von Verkehrsschildern und Verbotstafeln in Deutschland. Deutsch ist eine schwere Sprache und die Schweden haben Schwierigkeiten die Sätze und Wörter richtig auszusprechen. Der Spielleiter liest einen falsch betonten Satz, der auf einer Karteikarte steht, vor und der Rest der Gruppe muss erraten, wie der Satz richtig heißt. Wer es erraten hat, darf den nächsten Satz vorlesen.

Einige Beispielsätze:
Ra uch env erb oten: Rauchen verboten
F ürf ußg äng erv er boten: Für Fußgänger verboten
Au gena ufimstra ßenver ke hr: Augen auf im Straßenverkehr
V orf ahr tac hten: Vorfahrt achten
Ke in eof fe nenf lam men: Keine offenen Flammen

Je nach Leistungsstand kann auch nur mit einem Wort begonnen werden und danach kann man zu ganzen Sätzen übergehen.

Der Vorleser muss deutlich und langsam sprechen.
Falls die Gruppe Schwierigkeiten hat, die Sätze zu erkennen, können sie auch noch einmal wiederholt werden. Eine weitere Hilfe ist das Mitschreiben der Silben durch die Gruppenmitglieder, welches vom Spielleiter erlaubt wird.

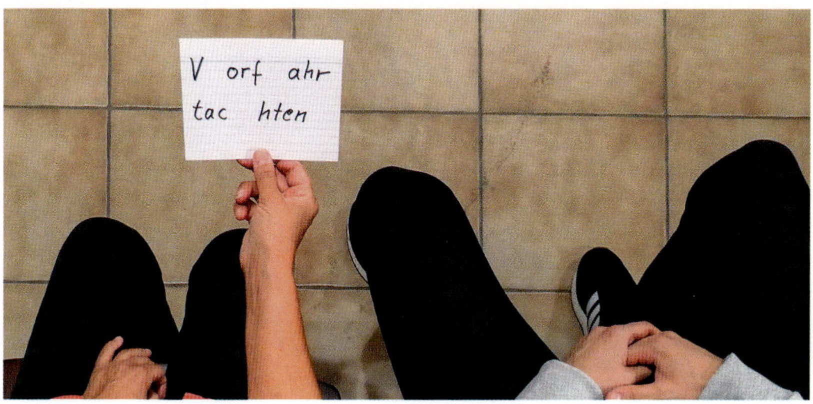

Fang die Maus

Spiele mit vorgegebener Bewegungsrichtung

Bewegungsspiel, Konzentrationsspiel

ab 6 Jahre

höchstens 2 Spieler

ein großer Tisch und zwei Augenbinden (Schlafmaske oder Tuch)

Verbesserung der Gewandtheit, Schulung der akustischen Wahrnehmungsfähigkeit

Die Katze (Spieler 1) und die Maus (Spieler 2) stehen sich gegenüber. Ein Tisch befindet sich zwischen ihnen und jeder Spieler muss während des gesamten Spielverlaufes mit dem Tisch in Berührung bleiben (mindestens mit einer Hand). Jeder darf sich nur um Armeslänge vom Tisch entfernen, kann sich aber um, über oder unter ihn bewegen. Die „Katze" fragt: „Mäuschen, wo bist du?" Die „Maus" antwortet: „Piep!" und muss sich schnell in Sicherheit bringen. Das Spiel ist beendet, wenn die Katze das Mäuschen berührt hat. Danach kann ein Rollentausch stattfinden.

Damit sich das Spiel nicht endlos in die Länge zieht, ist es empfehlenswert, vorher eine Spielzeit festzusetzen (z. B. drei Minuten).
Die Zuschauer sollten bei Spielbeginn zur Ruhe aufgefordert werden, da es wichtig ist, dass die Katze das Piepsen des Mäuschens gut hört.

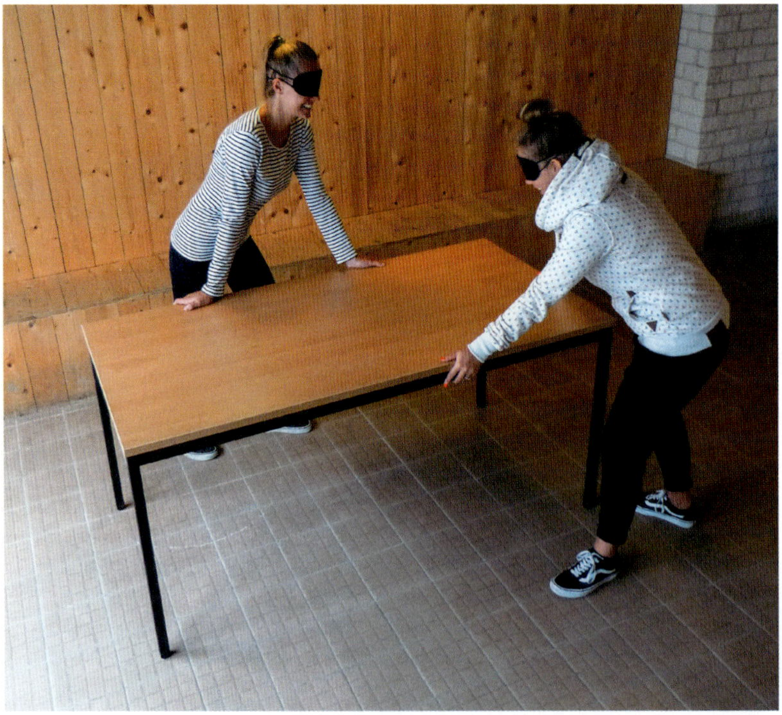

Finde den Star

Spiele im Raum, Spiele im Freien, Spiele im Kreis stehend, Spiele im Kreis sitzend

Bewegungsspiel, Konzentrationsspiel

ab 6 Jahre

beliebig

keine

Schulung der Reaktionsfähigkeit, Verbesserung der akustischen Wahrnehmungsfähigkeit

Aus einer Gruppe soll ein Spieler zum Fan eines Stars werden und verlässt den Raum. Der Rest der Gruppe einigt sich auf eine Person im Kreis, der den Musikstar darstellt. Dann wird der Fan wieder hereingerufen und muss den Star finden. Die Gruppe will ihm dabei helfen und unterstützt ihn mit Klatschen der Hände. Dieser Beifall wird immer lauter, wenn er sich dem Star nähert und wird leise, wenn er sich weiter weg entfernt. So wird der Fan durch den Beifall zum Star geleitet und kann mit ihm ein Selfie machen oder ein Autogramm abholen.

Neben dem Klatschen kann auch noch ein Lied dazu gesungen werden, welches in der Lautstärke variiert wird, je nachdem, wie nah der Fan seinem Star kommt.

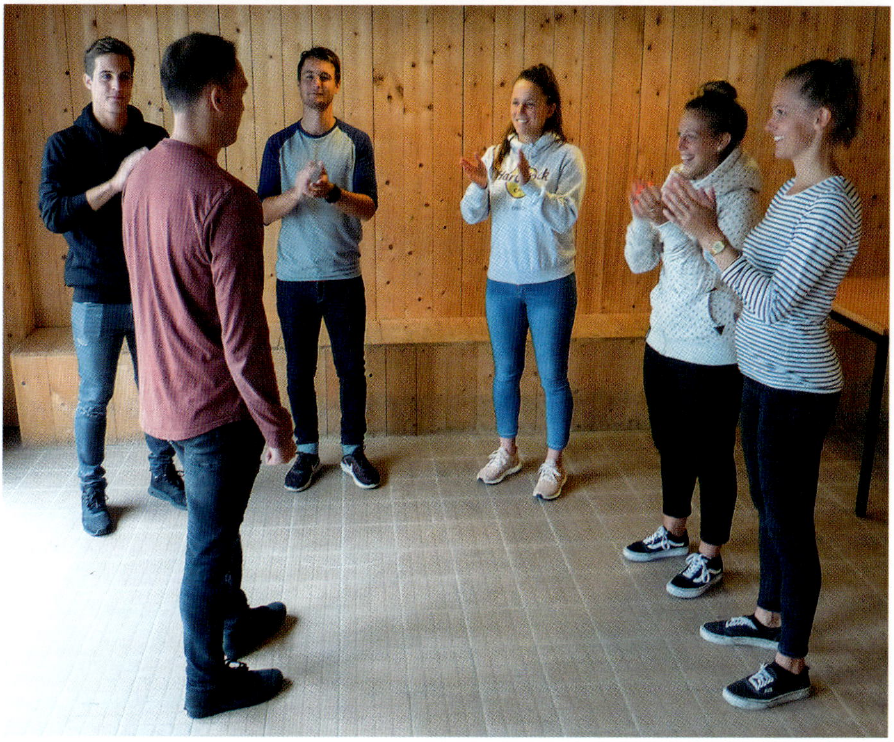

Gedanken übertragen

Spiele im Raum, Spiele im Freien, Spiele im Kreis sitzend

Konzentrationsspiel, Ratespiel

ab 8 Jahre

beliebig

je Spieler ein Stuhl

Schulung der Beobachtungsfähigkeit

Bevor dieses Spiel starten kann, müssen zwei Spieler vorher vom Spielleiter unauffällig in den Spielablauf bzw. den Trick eingeweiht werden. Der Spielleiter bestimmt vor der ganzen Gruppe einen der beiden Spieler zum Gedankenleser, der eine spezielle Ausbildung gemacht hat. Während dieser Spieler aus dem Raum geschickt wird, bleibt der andere im Sitzkreis und überlegt sich gemeinsam mit der Gruppe eine Zahl zwischen 1 und 10, die der Gedankenleser erraten muss. Er wird dann hereingerufen und der Spielleiter fordert die Gruppe auf intensiv an die Zahl zu denken, damit die magnetischen Felder des Gehirns vom Gedankenleser auch aufgenommen werden können. Um das Signal besser empfangen zu können, legt der Gedankenleser seine Hände seitlich am Kopf bei einigen Personen im Kreis. Dabei legt er seine beiden Hände auch an die Schläfen seines Mitwissers, der ihm dann durch leichte Kaubewegungen die Zahl mitteilen kann. Viermal kauen bedeutet z. B. die Zahl 4. Danach geht der Gedankenleser noch zu 2 bis 3 anderen Mitspielern und teilt der Gruppe mit, dass er nun genügend Informationen gesammelt hat und nennt das Ergebnis seiner Gedankenübertragung. Wer meint, den Trick erkannt zu haben, darf als nächstes hinaus und sein Glück versuchen.

Man kann dieses Spiel auch mehrfach mit dem gleichen Gedankenleser spielen, damit die Gruppe eher erkennen kann, wie der Trick funktioniert.

Die Einweisung der beiden Spieler wird am besten in zeitlichem Abstand zum Spielbeginn durchgeführt, sodass der Rest der Gruppe nicht erkennen kann, dass etwas abgesprochen wurde.

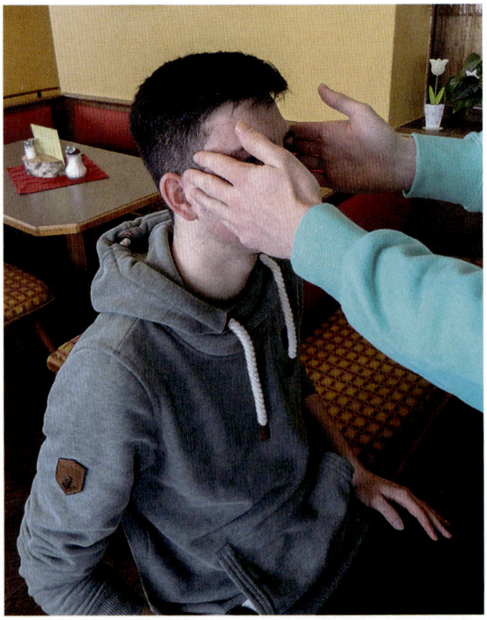

Geschichte am laufenden Faden

Spiele im Raum, Spiele im Freien, Spiele im Kreis sitzend, Spiele im Kreis stehend

Denkspiel, Kommunikationsspiel, Kreativitätsspiel

ab 8 Jahre

mindestens 5 Spieler, höchstens 10 Spieler

Wollknäuel, welcher aus verschiedenfarbigen und -langen Wollfäden besteht

Schulung der Fantasie, Schulung des Erzählens von Geschichten

In einem Sitzkreis von ca. 5–10 Personen legt der Spielleiter ein spannendes Thema, zum Beispiel „Der gefährliche Sommerurlaub“, fest. Der vorbereitete Wollknäuel wird nun vom Spielleiter zu einem Mitspieler geworfen. Dieser beginnt nun so lange den Beginn der Geschichte zu erzählen wie er den farbigen Faden, den er gerade gefangen hat, abrollen kann. Kommt eine andere Farbe, wirft er den Wollknäuel zu einem weiteren Mitspieler, der dann die Geschichte weiter erzählen muss. Die Länge der einzelnen Episoden ist abhängig von der Länge und Farbe der Wollfäden. Je kürzer die einzelnen farbigen Wollfäden sind, desto schneller wird gewechselt und desto abwechslungsreicher entwickelt sich die Geschichte. Die Geschichte wird entweder vom Spielleiter beendet oder wenn der Wollknäuel komplett ausgerollt worden ist.

Bei größeren Gruppen können auch bis zu zehn Spieler ausgewählt werden, die die Geschichte erzählen müssen und der Rest hört zu.
Bei kleineren Gruppen kann der Wollknäuel auch immer nur nach rechts zum Nachbarn weitergegeben werden.

Die Länge der verschiedenfarbigen Wollfäden sollte 1–5 Meter betragen und die Fäden müssen aneinandergeknotet werden.
Der Spielleiter muss darauf hinweisen, dass die Wollfäden nicht zu schnell abgerollt werden, damit die Geschichte gut erzählt und verfolgt werden kann.

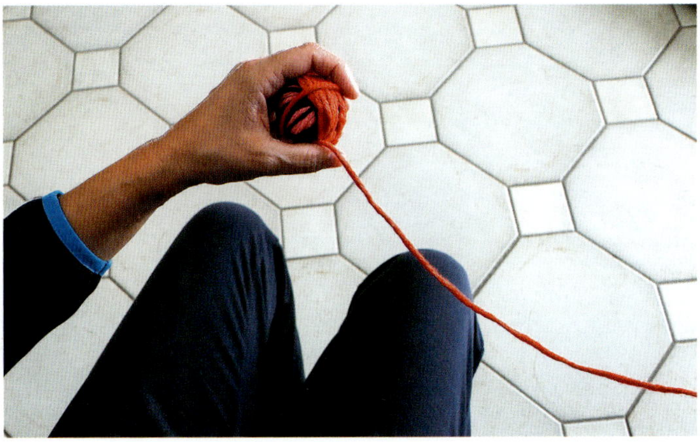

Ich heiße, wohne und esse

Spiele im Raum, Spiele im Freien, Spiele im Kreis sitzend

Denkspiel, Kreativitätsspiel

ab 8 Jahre

beliebig

ein kleiner Gegenstand, den man zuwerfen kann, beispielsweise Tennisball, Kreidestück usw.

Verbesserung des Wortschatzes

Die Gruppenmitglieder befinden sich im Sitzkreis und der Spielleiter beginnt das Spiel, indem er einen Gegenstand zu einem Mitspieler wirft und einen Buchstaben, z. B. „B" ruft. Der Fänger muss dann Folgendes antworten: „Ich heiße Berthold, wohne in Bonn und esse gerne Bratkartoffeln." Danach nennt der Fänger einen anderen beliebigen Buchstaben, wie „K", und wirft den Gegenstand zu einem Mitspieler. Dieser antwortet dann beispielsweise: „Ich heiße Klaus, wohne in Köln und esse gerne Krautsalat." Wer zu lange braucht, bekommt einen Minuspunkt. Sieger ist, wer keinen oder die wenigsten Minuspunkte bekommen hat.

Es kann auch die Reihenfolge der Buchstaben vorher festgelegt werden: Alphabetisch von A bis Z oder auch von Z bis A.
Das Spiel kann statt der Verteilung von Minuspunkten auch als Ausscheidungsspiel oder Pfänderspiel durchgeführt werden.

Die Zeit zum Antworten kann vorher festgelegt werden und zum Beispiel durch Zählen bis 5 oder 10 kontrolliert werden.

Ich sehe was, was du nicht siehst

Spiele im Raum,
Spiele im Kreis sitzend

Kommunikationsspiel,
Konzentrationsspiel

ab 6 Jahre

beliebig

ein Stuhl je Spieler

Verbesserung der Konzentration

Ein Mitspieler sucht sich einen Gegenstand im Raum aus und beschreibt ihn mit folgenden Worten: „Ich sehe was, was du nicht siehst und das ist _____" (der Mitspieler nennt die Farbe seines ausgewählten Gegenstandes). Die anderen Spielteilnehmer schauen sich im Raum um und müssen erraten, um welchen Gegenstand es sich handelt. Der Spieler, der es erraten hat, darf einen neuen Gegenstand auswählen.

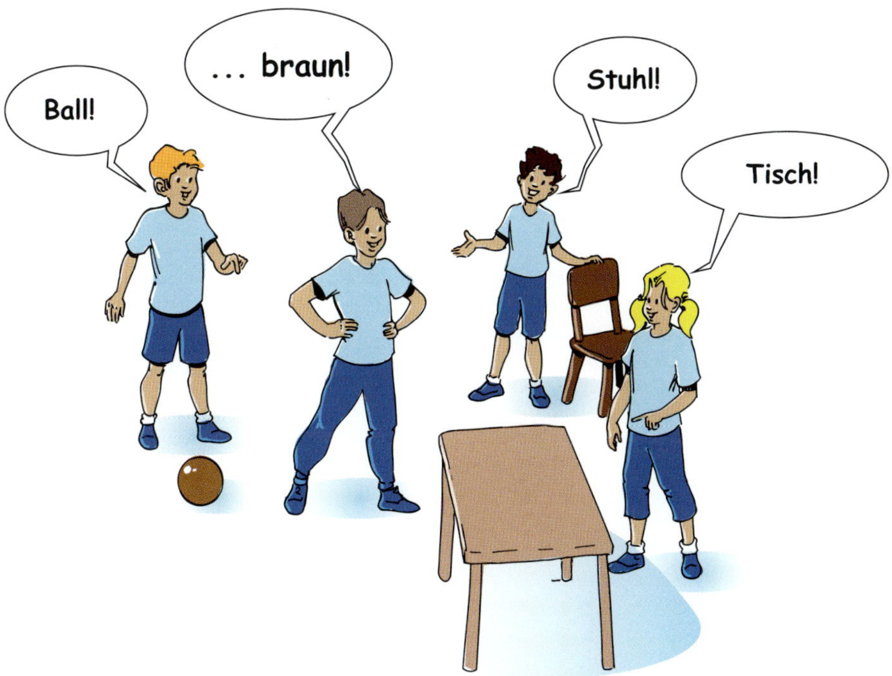

Interessante Ja-Nein-Fragen

Spiele im Raum,
Spiele im Kreis sitzend

Denkspiel, Konzentrationsspiel

ab 10 Jahre

beliebig

keine

Schulung der Kombinationsfähigkeit, Verbesserung der sprachlichen Kompetenz

Ziel dieses Ratespiels ist es, dass ein Außenstehender mit cleveren Entscheidungsfragen, auf die nur mit „ja" oder „nein" geantwortet werden kann, errät, welchen Begriff die Gruppe sich vorher überlegt hat. Dafür wird ein Spieler aus dem Raum geschickt und die Gruppe bestimmt gemeinsam einen Begriff, der aus dem Bereich Persönlichkeiten, Verkehrsmittel, Städte oder Länder stammen kann. Wenn der Spieler wieder hereingerufen wird, teilt der Spielleiter ihm mit aus welchem Bereich das Wort kommt und er darf der Gruppe jetzt entsprechende Fragen stellen. Wenn die Mitspieler sich beispielsweise auf den Begriff „Manuel Neuer" aus dem Bereich Sportler geeinigt haben, könnte das Spiel wie folgt ablaufen:
„Ist es ein bekannter Sportler?" Antwort: „Ja."
„Ist es ein Tennisspieler?" Antwort: „Nein."
„Spielt die Person Fußball?" Antwort: „Ja."
„Ist es ein deutscher Fußballspieler?" Antwort: „Ja."
„Ist es ein Feldspieler?" Antwort: „Nein."
„Spielt er in der Nationalmannschaft?! Antwort: „Ja."
„Ist es Manuel Neuer?" Antwort: „Ja."

Es kann sich vorher geeinigt werden, wie oft die Antwort „nein" fallen darf. Wird diese Zahl überschritten, hat der fragende Spieler verloren und ihm wird die Lösung mitgeteilt.
Auch die maximale Anzahl der Fragen, die zum Ziel führen sollten, kann vorher festgelegt werden.

Falls der Fragende Probleme mit interessanten und zielführenden Fragestellungen hat, sollte der Spielleiter ihn mit Tipps und Beispielen unterstützen.

Löffelfechten

Spiele im Raum, Spiele im Freien, Spiele mit vorgegebener Bewegungsrichtung

Bewegungsspiel, Geschicklichkeitsspiel

ab 6 Jahre

beliebig

pro Spieler zwei Plastik- oder Holzkochlöffel und ein Tennisball/Tischtennisball oder ein Stein

Schulung der Geschicklichkeit

Zwei Spieler treten gegeneinander an. Sie halten in jeder Hand einen Kochlöffel. Auf dem linken Löffel liegt ein Gegenstand (Tennisball, Tischtennisball oder Stein), der nicht herunterfallen darf. Mit dem Löffel in der rechten Hand versucht jeder Spieler den Gegenstand seines Gegners herunterzustoßen. Gelingt es ihm, hat er das Spiel gewonnen.

Es können auch mehrere Durchgänge je Paar gespielt werden.
Das Spiel kann auch als Gruppenwettbewerb durchgeführt werden.
Bei ausreichend vorhandenem Material können auch alle Mitspieler gleichzeitig spielen.

Es ist wichtig, den Bewegungsspielraum der beiden Spieler genau zu begrenzen, damit das Spiel nicht zu einem Nachlaufspiel wird.

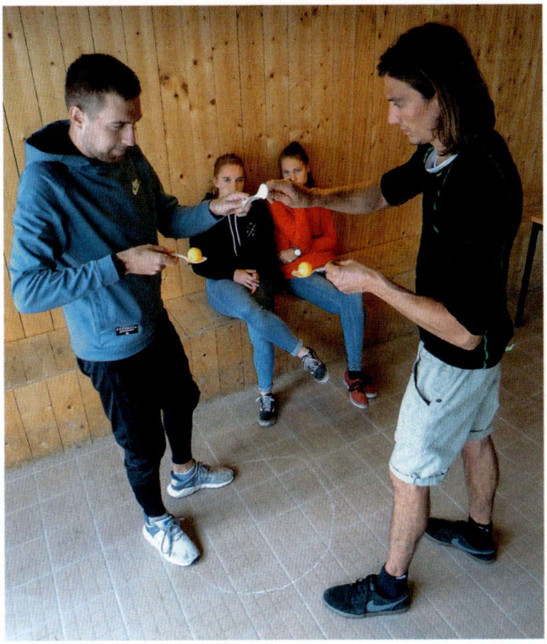

Marktschreier

Spiele im Raum,
Spiele im Kreis stehend

Kommunikationsspiel,
Kreativitätsspiel

ab 8 Jahre

maximal 2 Spieler

beliebig ausgewählte Gegenstände: Brille, Haargummi, Uhr, Bleistift ...

Verbesserung des schauspielerischen Vermögens, Schulung der Redegewandtheit, Verbesserung der Kreativität

Während die beiden Spieler den Raum verlassen haben, suchen die Zuschauer zwei Gegenstände aus. Die Spieler werden hereingerufen und setzen sich auf zwei Stühlen in einem Abstand von ca. zwei Metern gegenüber. Der Spielleiter händigt jedem Spieler einen der beiden ausgewählten Gegenstände aus. Nach kurzer Bedenkzeit startet der Spielleiter das Spiel und jeder Spieler muss seinen Gegenstand gleichzeitig zum Verkauf anpreisen. Wer lachen muss oder nichts mehr zu sagen weiß, hat das Spiel verloren.

Die Marktschreier können auch abwechselnd jeweils eine Minute lang ihre Ware anpreisen.

Der Abstand der Stühle darf nicht zu gering sein, damit die Marktschreier laut und deutlich sprechen müssen und die Zuschauer alles gut verstehen.

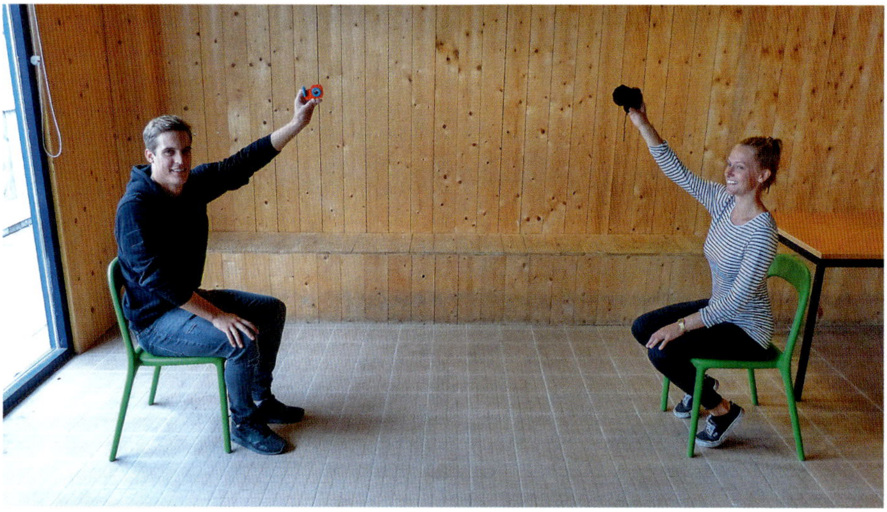

Meine Tante ist krank

Spiele im Raum, Spiele im Freien, Spiele im Kreis sitzend

Kommunikationsspiel, Kreativitätsspiel

ab 8 Jahre

höchstens 15 Personen

Nudelstücke (siehe Fotos)

Verbesserung des genauen Zuhörens, Spaß und Freude am Spiel, Schulung der Merkfähigkeit

Die Gruppenmitglieder befinden sich im Sitzkreis. Es wird ein Gespräch zwischen zwei Sitznachbarn geführt, wobei die Personen in ihrer Aussprache durch eine künstliche Behinderung, ein Nudelstück zwischen den Schneidezähnen (siehe Foto), eingeschränkt sind.

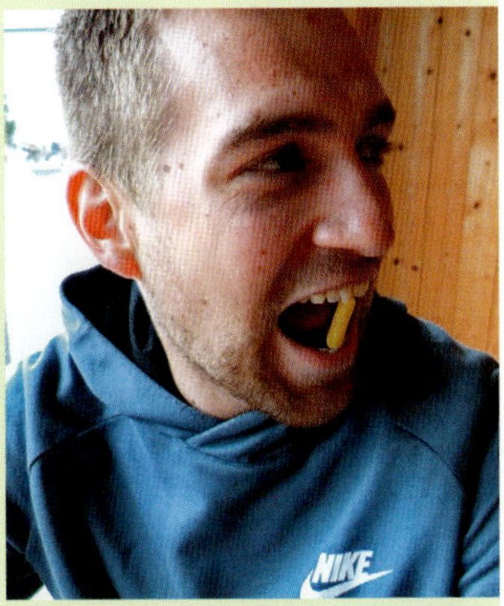

Das Gespräch beginnt immer mit folgenden Worten:
Person 1: Meine Tante ist krank.
Person 2: Was hat sie denn?

Dann denkt sich Person 1 eine Krankheit aus:
Person 1: Sie hat Masern.

Danach wendet sich Person 2 zu Person 3 und beginnt auch mit der Aussage:
Person 2: Meine Tante ist krank.
Person 3: Was hat sie denn?
Person 2: Sie hat Masern und Mumps.

Die Person 2 wiederholt die vom Vorgänger genannte Krankheit und erfindet eine neue.
Dann wendet sich Person 3 zu Person 4 im Kreis und der nächste Dialog beginnt.

Besonders lustige Krankheiten, die man durch die künstliche Behinderung schwierig aussprechen kann, sind Krankheiten mit dem Anfangsbuchstaben M (Masern, Mumps, Mittelohrentzündung, Magenschleimhautentzündung) oder Z (Zahnschmerzen, Ziegenpeter oder Zehenamputation).

Bei Jugendlichen und Erwachsenen können, aufgrund der besseren Merkfähigkeit, auch alle bisherigen Krankheiten der Tante wiederholt werden und nicht nur die des vorherigen Gesprächspartners.

Das Spiel wird häufig mit Zahnstochern bzw. Streichhölzern gespielt. Diese Art ist aufgrund der Verletzungs- und Schluckgefahr durch die spitzen Holzstücke nicht zu empfehlen.
Die Gruppengröße ist in Abhängigkeit von der Lautstärke im Raum zu wählen, damit alle Gruppenmitglieder die Konversationen auch akustisch verfolgen können und gleichzeitig Spaß haben.

Meister der Gestik

Spiele im Raum, Spiele im Freien, Spiele ohne vorgegebene Bewegungsrichtung

Bewegungsspiel, Kommunikationsspiel, Kreativitätsspiel

ab 10 Jahre

beliebig

große Jacke oder Hemd

Verbesserung der Kreativität, Schulung der Kommunikation durch Gesten, Verbesserung der Kooperation

Aus der Gruppe werden zwei Mitspieler ausgesucht, die eine lebhafte Geschichte erzählen sollen. Dabei ist der eine für die Sprache und der andere für die Gestik zuständig. Beide Spieler stellen oder setzen sich dafür eng hintereinander, sodass der hintere Spieler seine Arme unter die Achseln des vorderen Spielers, der seine Arme hinter dem Rücken verschränkt hat, stecken kann. Um den Eindruck zu erwecken, dass die Hände des hinteren Spielers zum vorderen Spieler gehören, kann zusätzlich der vordere Spieler eine große Jacke verkehrt herum anziehen, in dessen Jackenärmel dann der hintere Spieler seine Arme steckt. Wenn der vordere Spieler anfängt seine Geschichte zu erzählen, versucht der hintere Spieler mit seinen eigenen Armen eine passende Gestik dazu zu liefern. Es sind auch Berührungen im Gesicht oder des Körpers des vorderen Erzählers möglich. Am Ende der Geschichte wird der „Meister der Gestik" ausgetauscht und zwei neue Mitspieler betreten die Bühne.

Als Steigerung kann dieses Spiel auch an einem Tisch gespielt werden. Dann benutzt der vordere Spieler seine Hände, die er in Schuhe gesteckt hat, als seine Füße die unter der großen Jacke herausschauen und auf dem Tisch stehen. Der daraus entstehende „kleine Mann" erzählt nun eine interessante Geschichte und kann dabei seine Füße und Hände bewegen.

Es ist zu empfehlen, dass der vordere Spieler größer ist als der hintere und ihn somit verdeckt.

Die zuhörende Gruppe sollte möglichst frontal zum „Meister der Gestik" sitzen, damit die hintere Person nicht oder nur kaum zu sehen ist.

Für unerfahrene Spieler ist zu empfehlen, dass sie sich vorher absprechen und die Figur „Meister der Gestik" ein wenig üben.

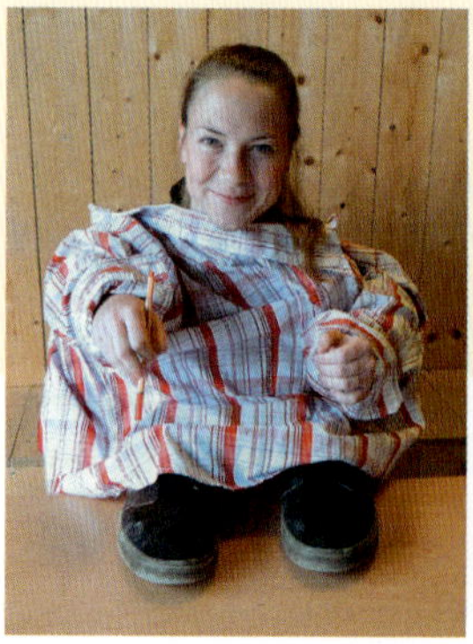

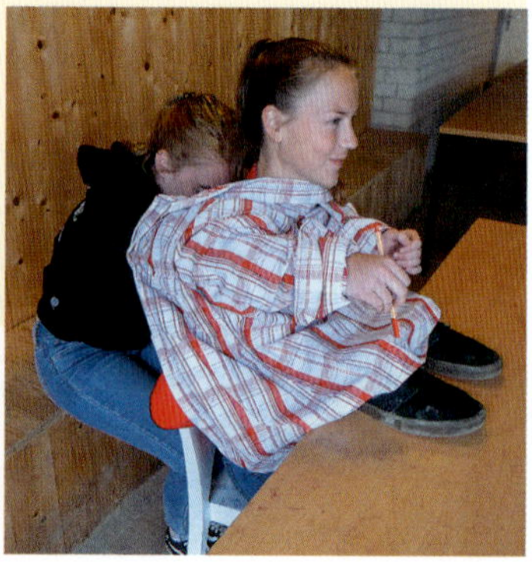

Mimisches Reimlexikon

Spiele im Raum, Spiele im Kreis sitzend

Bewegungsspiel, Denkspiel, Konzentrationsspiel, Kreativitätsspiel

ab 12 Jahre

beliebig

keine

Schulung der schauspielerischen Kompetenzen, Verbesserung der Konzentration, Schulung des Wortschatzes

Alle Gruppenmitglieder und der Spielleiter sitzen im Kreis. Der Spielleiter hat sich ein Substantiv überlegt, welches am Ende eines Satzes als Reimwort steht, beispielsweise „Haus". Danach wählt er ein Wort, welches sich darauf reimt, beispielsweise „Maus". Dieses Wort schreibt er, ohne dass die anderen Mitspieler es lesen können, auf einen Zettel. Danach beginnt er das Spiel mit dem Satz: „Ich kenne ein Wort, das reimt sich auf Haus." Die anderen Gruppenmitglieder müssen nun versuchen das Reimwort (Maus) zu erraten. Der Mitspieler, der meint ein passendes Wort gefunden zu haben, muss dies nun in der Mitte des Kreises pantomimisch darstellen. Wenn er es erraten hat, darf er in die Rolle des Spielleiters schlüpfen und kann sich selbst zwei Reimwörter überlegen. Wenn nicht, kommt ein weiterer Spieler zum Zuge und kann seinen Vorschlag pantomimisch darstellen. Am Ende der Pantomime sollte das dargestellte Wort, falls es nicht erraten wurde, genannt werden.

Neben Substantiven können auch Verben oder Adjektive als Reimwörter gesucht werden.

Bei der Pantomime ist es verboten zu sprechen oder auf Gegenstände zu zeigen. Durch das Aufschreiben des gesuchten Reimwortes auf einen Zettel wird verhindert, dass der Dichter unehrlich ist und nicht verschiedene Reimwörter als Alternative in der Hinterhand hat.

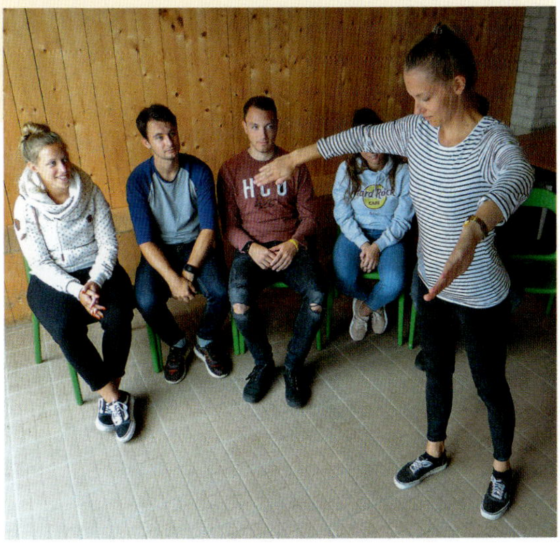

Montagsmaler

Spiele im Raum, Spiele am Tisch

Konzentrationsspiel, Kreativitätsspiel

ab 8 Jahre

beliebig

Papier und Stifte oder Tafel und Kreide

Schulung der Konzentration, Förderung der Kreativität

Ein Mitspieler bekommt vom Spielleiter, ohne dass der Rest der Gruppe es mitbekommt, einen Begriff genannt. Danach soll er diesen Gegenstand malen. Die anderen Spielteilnehmer müssen den Begriff erraten.
Wer den Gegenstand zuerst richtig benennt, darf der nächste Montagsmaler sein.

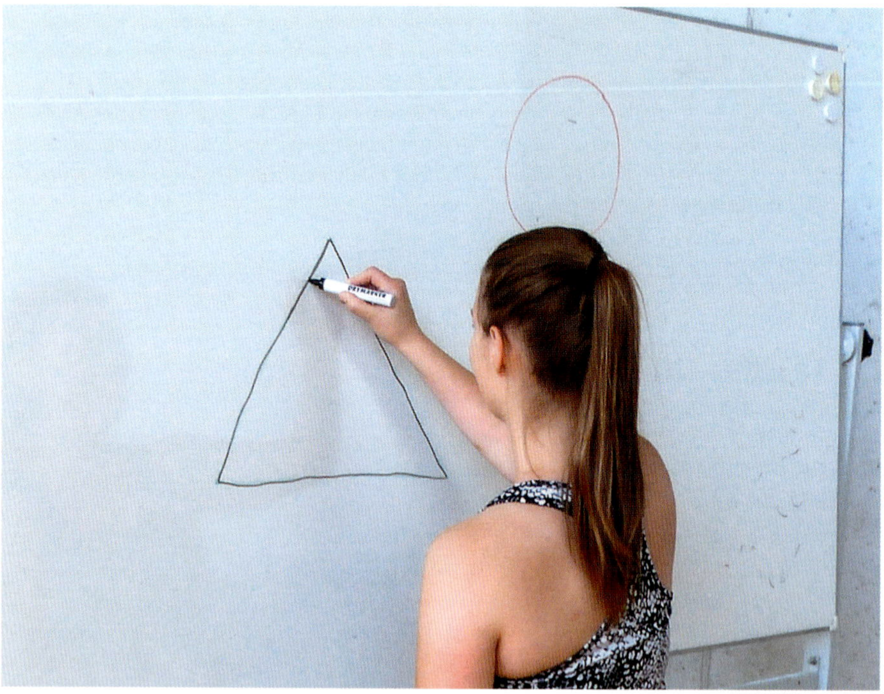

Pantomime des Vornamens

Spiele im Raum, Spiele im Kreis sitzend

Kennenlernspiel, Bewegungsspiel, Kreativitätsspiel

ab 8 Jahre

beliebig

keine

Kennenlernen des Vornamens der Gruppenmitglieder, Schulung der Pantomime (Kreativitätsschulung)

Ein Teilnehmer der Gruppe versucht die einzelnen Buchstaben seines Vornamens pantomimisch darzustellen. Die anderen Gruppenmitglieder müssen seinen Vornamen erraten.
Beispiel: Nadine
N: Niesen
A: Atmen
D: Dame
I: Igel
N: Nähen
E: Essen

Wer als Erster den Vornamen erraten hat, kommt als Nächster dran.

Jüngere Kinder können auch auf Gegenstände und Körperteile zeigen, die die einzelnen Buchstaben des Vornamens darstellen.

Der Spielleiter kann seinen Vornamen zu Beginn als Beispiel und Anregung für die Gruppenmitglieder pantomimisch darstellen.

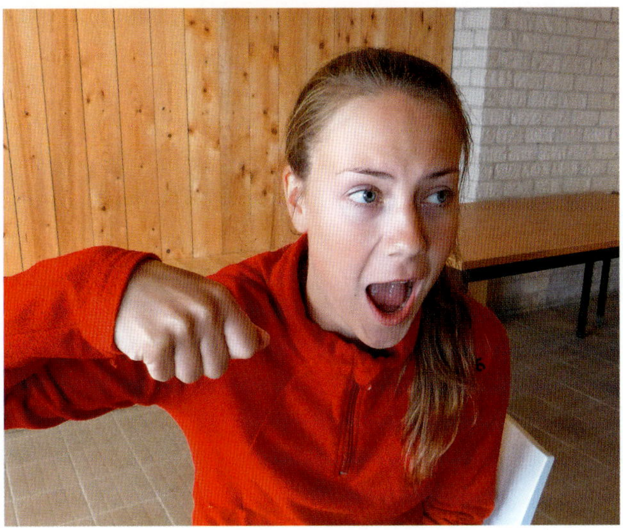

Pantomimische Szene des Essens für den Buchstaben E

Pantomime Roulette

Spiele im Raum, Spiele im Freien, Spiele im Kreis stehend, Spiele im Kreis sitzend

Bewegungsspiel, Denkspiel, Kreativitätsspiel

ab 8 Jahre

beliebig

keine

Schulung der Kreativität, Bewegungsförderung, Verbesserung der Beobachtungsfähigkeit

Die Gruppenmitglieder sitzen oder stehen in einem Kreis. Der Spielleiter sagt einem Mitspieler ein Wort ins Ohr (beispielsweise einen Beruf). Dieser versucht dann das Wort pantomimisch in der Mitte des Kreises darzustellen. Nach einer bestimmten Zeit dürfen die restlichen Personen raten, um welches Wort es sich handelt. Wer zuerst das Wort richtig erraten hat, darf die Person für die nächste Spielrunde bestimmen und den Begriff aussuchen.

Beispiele für Begriffsgruppen: Berufe, Tiere oder Maschinen

Je nach Altersstufe sollten die Überbegriffe genannt werden, d. h. der dargestellte Begriff ist zum Beispiel aus dem Bereich der Tierwelt.

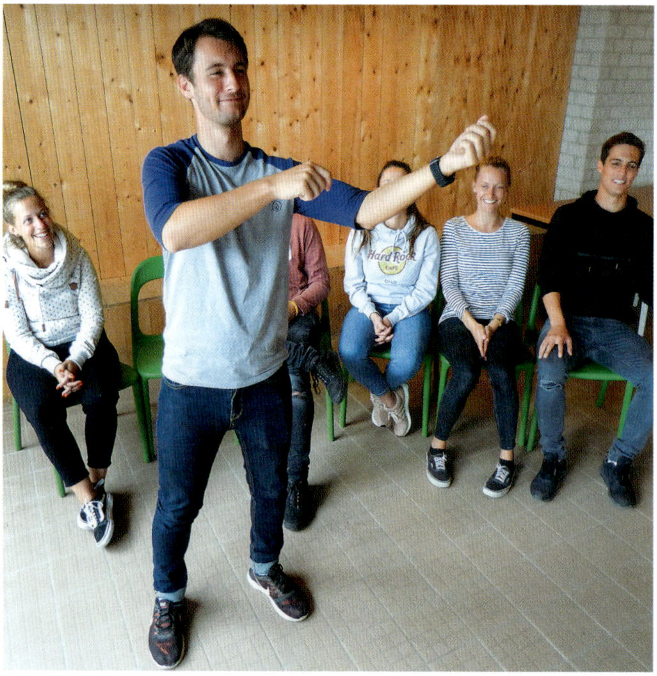

Pantomime über Märchen

Spiele im Raum, Spiele im Freien, Spiele ohne vorgegebene Bewegungsrichtung

Bewegungsspiel, Denkspiel, Ratespiel

ab 8 Jahre

beliebig

keine

Schulung von pantomimischen Fähigkeiten, Beobachtungsschulung, Förderung des schauspielerischen Talents

Es werden drei Spielteilnehmer ausgesucht, die den Raum verlassen müssen und sich später als Märchenexperten beweisen können. Der Rest der Gruppe wählt ein bekanntes Märchen aus und versucht dieses mit Gruppenmitgliedern pantomimisch darzustellen. Wenn sie sich über den Ablauf des Märchens und die einzelnen Rollen geeinigt haben, werden die drei Spielteilnehmer wieder in den Raum gerufen und das pantomimische Märchen beginnt. Wird das Märchen erraten, wechseln diese drei Spieler zur Pantomimegruppe. Drei neue Teilnehmer verlassen den Raum.

Innerhalb der pantomimischen Darstellung des Märchens dürfen die Gruppenmitglieder weder sprechen, noch auf etwas zeigen oder zeichnen.
Die pantomimische Darstellung sollte von den Ratenden bis zum Ende angesehen werden, damit durch vorschnelles Raten das Schauspiel nicht ständig zerstückelt wird.

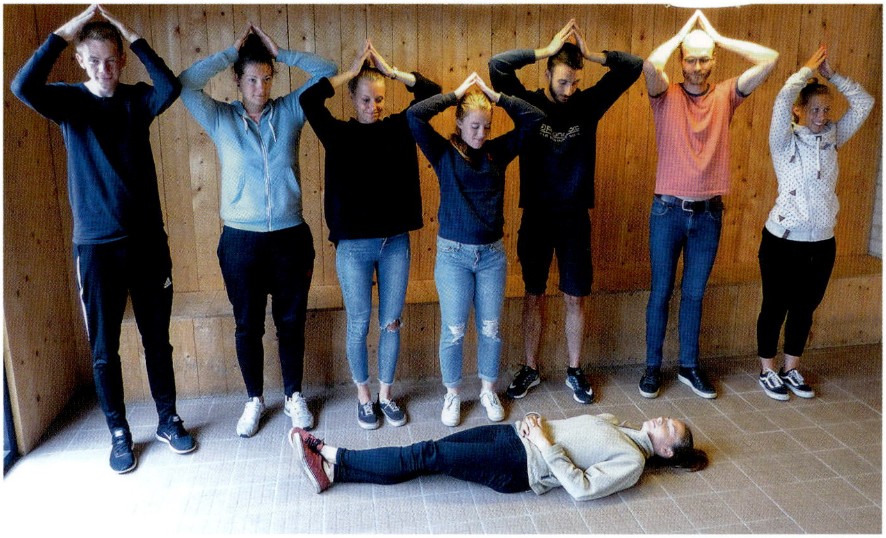

Schneewittchen und die sieben Zwerge

Pantomimische Sprichwörter

Spiele im Raum, Spiele im Freien, Spiele ohne vorgegebene Bewegungsrichtung

Bewegungsspiel, Denkspiel, Kreativitätsspiel

ab 10 Jahre

beliebig

keine

Schulung der Kreativität, Verbesserung der schauspielerischen Fähigkeiten

Je nach Gruppengröße überlegen sich Einzelspieler, Paare oder kleinere Teams jeweils ein Sprichwort, welches sie vor der Gruppe pantomimisch darstellen sollen. Die anderen Gruppenmitglieder müssen erraten, um welches Sprichwort es sich handelt. Wer es erraten hat, bekommt einen Punkt. Sieger des Spiels ist, wer die meisten Punkte gesammelt hat.

Der Spielleiter hat Sprichwörter vorbereitet und wählt die Pantomimedarsteller aus.

Es ist darauf zu achten, dass während der Pantomime nicht gesprochen wird.

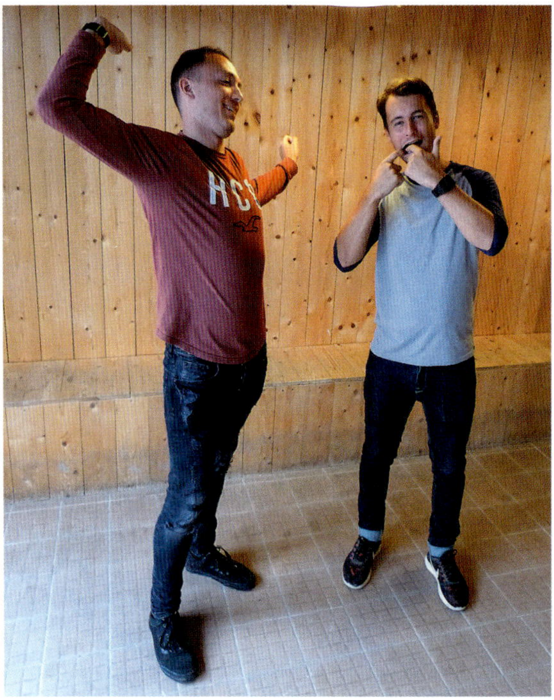

Morgenstund' hat Gold im Mund

Pantomimische Wortzusammensetzung

Spiele im Raum, Spiele im Kreis sitzend, Spiele ohne vorgegebene Bewegungsrichtung

Bewegungsspiel, Denkspiel, Konzentrationsspiel, Kreativitätsspiel

ab 8 Jahre

beliebig

keine, eventuell vorbereitete Zettel mit Wortzusammensetzungen

Schulung der pantomimischen Fähigkeiten, Verbesserung des Wortschatzes, Schulung der Beobachtungsfähigkeit

Je nach Gruppengröße werden ein oder mehrere Spieler aus dem Raum geschickt. Der Rest der Gruppenmitglieder überlegt sich ein Wort, welches aus zwei Substantiven zusammengesetzt ist. Diese beiden Wörter sollten sich pantomimisch von jeweils einer Hälfte der Gruppe gut darstellen lassen, beispielsweise „Autoschlange" oder „Bienenstock". Nach einer kurzen Zeit des Überlegens und Einübens der Pantomime, werden die Mitspieler hereingerufen und das „Schauspiel" der beiden Gruppenhälften kann beginnen. Nachdem das erste und zweite Wort nacheinander dargestellt wurden, können die Ratenden ihr Ergebnis der Gesamtgruppe mitteilen. Danach wird gewechselt und andere Spieler verlassen den Raum.

Es kann auch ein Wort, welches aus mehr als zwei zusammengesetzten Wörtern besteht, dargestellt werden (beispielsweise: Schreibtischstuhl, Tischdeckenfarbe, Schlossturmwächter, Schornsteinfegerbürste usw.).

Falls die Gruppe keine eigenen zusammengesetzten Wörter findet, muss der Spielleiter Hilfestellung geben und geeignete Wörter vorschlagen (siehe Foto).

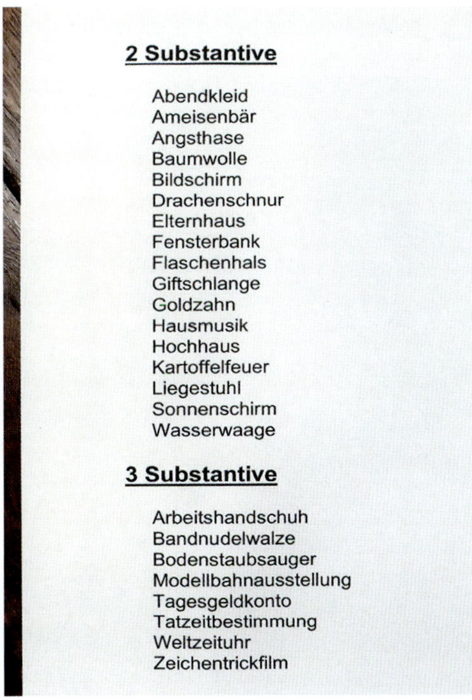

2 Substantive

Abendkleid
Ameisenbär
Angsthase
Baumwolle
Bildschirm
Drachenschnur
Elternhaus
Fensterbank
Flaschenhals
Giftschlange
Goldzahn
Hausmusik
Hochhaus
Kartoffelfeuer
Liegestuhl
Sonnenschirm
Wasserwaage

3 Substantive

Arbeitshandschuh
Bandnudelwalze
Bodenstaubsauger
Modellbahnausstellung
Tagesgeldkonto
Tatzeitbestimmung
Weltzeituhr
Zeichentrickfilm

Papierkorb füllen

Spiele im Raum, Spiele mit vorgegebener Bewegungsrichtung

Bewegungsspiel, Geschicklichkeitsspiel

ab 10 Jahre

mindestens 2 Spieler

zwei Papierkörbe und mindestens 40 Tischtennisbälle

Schulung der Geschicklichkeit, Spaß am Wettkampf

Zwei Teams spielen gegeneinander. Jeweils ein ausgewählter Spieler jeder Mannschaft hat die gleiche Anzahl von Tischtennisbällen zur Verfügung. Beide Spieler stehen im gleichen Abstand zu ihren Papierkörben und versuchen die Bälle dort hineinzuwerfen. Das Spiel ist beendet, wenn der Spieler alle seine Bälle geworfen hat. Danach kommt der Nächste der Mannschaft dran. Gewonnen hat die Mannschaft, die insgesamt die meisten Treffer in ihrem Papierkorb hat.

Die Bälle dürfen nicht geworfen werden, sondern nur mit dem Zeige- oder Mittelfinger von der Handfläche geschnipst werden.
Die Bälle müssen direkt ohne Bodenkontakt in den Korb gespielt werden.
Das Spiel kann auf Zeit oder nach einer vorher festgelegten Versuchsanzahl durchgeführt werden.

Falls auf Zeit gespielt wird, können die Mitspieler die Bälle, die das Ziel nicht erreicht haben, aufsammeln und ihrem Werfer geben.

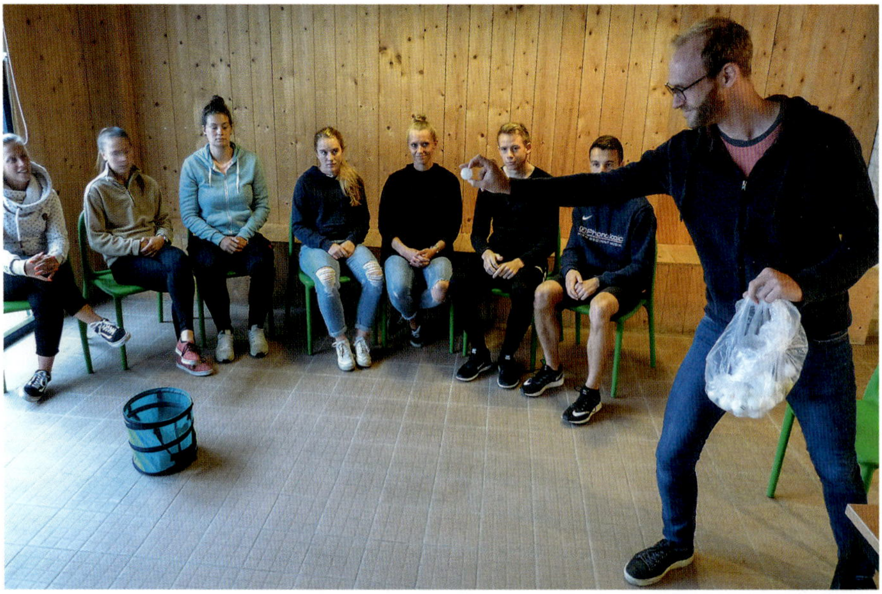

Parkplatznot in der Ringstraße

Spiele im Raum, Spiele im Freien, Spiele im Kreis stehend

Bewegungsspiel, Konzentrationsspiel

ab 6 Jahre

mindestens 10 Spieler, höchstens 20 Spieler

keine

Verbesserung der Reaktionsschnelligkeit, Schulung der Gewandtheit, Verbesserung der Sprintschnelligkeit

Die Gruppe fasst sich an den Händen und bildet einen Kreis. Sie stellen so die Ringstraße dar, die mit vielen Autos zugeparkt ist. Zwei Spieler der Gruppe, die sich an den Händen anfassen, umkreisen die Ringstraße im Uhrzeigersinn und suchen einen Parkplatz. An einer beliebigen Stelle der Ringstraße berühren sie die gefassten Hände von zwei nebeneinanderstehenden Spielern. Sie geben ihnen damit das Zeichen, dass sie ihren Parkplatz verlassen müssen. Sie sollen dann so schnell wie möglich entgegen des Uhrzeigersinns die Ringstraße umfahren und versuchen vor den anderen beiden, die noch eine Runde im Uhrzeigersinn weiterlaufen müssen, ihre Parklücke wieder zu erreichen. Wer zuletzt ankommt, fährt weiter und sucht sich einen neuen Parkplatz.

Es können unterschiedliche Fortbewegungsarten für die Fahrzeuge vorgegeben werden (beidbeiniges oder einbeiniges Hüpfen, rückwärts laufen usw.).

Es muss darauf hingewiesen werden, dass die im Uhrzeigersinn laufenden Spieler beim Aufeinandertreffen mit den beiden anderen Spielern weiter die Innenbahn benutzen und die entgegen des Uhrzeigersinns laufenden Spieler nach rechts ausweichen müssen. Es ist zu empfehlen, dass das Spiel einmal langsam demonstriert wird, damit die Problematik des Gegenverkehrs klar wird und es zu keinen Unfällen kommt.

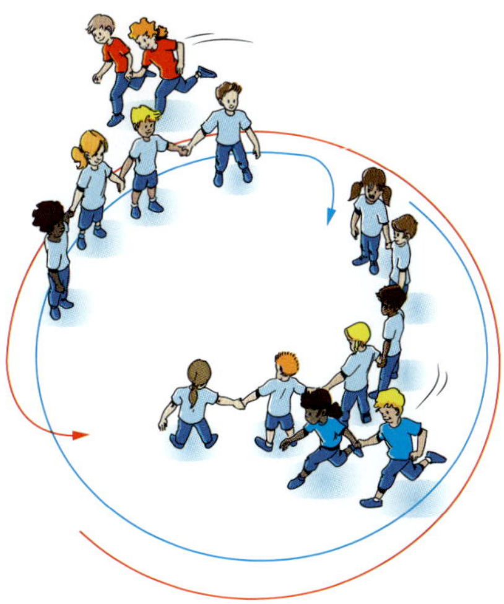

Party der Werbefachleute

Spiele im Raum, Spiele im Freien, Spiele im Kreis stehend

Denkspiel, Kommunikationsspiel, Konzentrationsspiel

ab 12 Jahre

mindestens 8 Spieler, höchstens 20 Spieler

vorbereitete bekannte Werbetexte und -slogans

Schulung des Zuhörens, Verbesserung der selektiven Wahrnehmung, Schulung der Kombinationsfähigkeit

Ein Spieler aus der Gruppe wird nach draußen geschickt und der Rest in vier Gruppen unterteilt, wobei jede Gruppe aus mindestens zwei Personen bestehen muss. Die einzelnen Gruppen müssen sich einen Werbeslogan oder Werbetext überlegen über den sie in der Gruppe laut sprechen. Wenn der Ratende hereingerufen wird, besucht er eine Party von Werbefachleuten, die in Gruppen zusammenstehen und alle gleichzeitig über ihr Produkt und ihren Slogan sprechen. Der Ratende muss versuchen, aus den Gesprächsteilen das Produkt und den Slogan zu erraten. Die Zeitdauer bestimmt der Spielleiter.

Der Spielleiter gibt den einzelnen Teams die Werbetexte vor.
Die Mitspieler können die Werbung auch pantomimisch unterstützen.

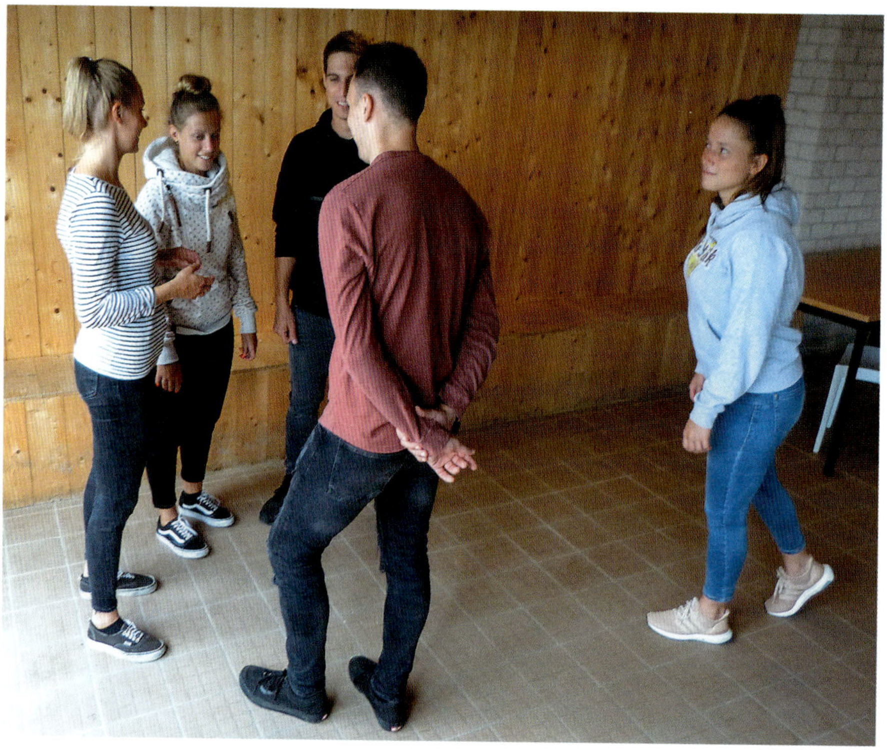

Pitsch-Patsch

Spiele im Raum, Spiele im Kreis sitzend

Bewegungsspiel, Kennenlernspiel, Konzentrationsspiel

ab 8 Jahre

höchstens 30 Spieler

je Spieler ein Stuhl

Schulung der Konzentration und Reaktion, Festigen der Namen der Gruppenmitglieder

Bis auf einen Spieler sitzen alle Gruppenmitglieder auf Stühlen in Kreisform. Dieser Mitspieler befindet sich in der Mitte des Kreises, geht auf ein Gruppenmitglied zu und sagt zu ihm entweder „Pitsch“ oder „Patsch“ oder „Pitsch-Patsch“. Bei „Pitsch“ muss der Angesprochene, je nach Spielvereinbarung, den Vor- oder Nachnamen seines rechten Nachbarn oder beides laut sagen. Damit er nicht so lange überlegen kann, zählt der Spieler in der Mitte schnell bis zehn. Gelingt es ihm nicht den richtigen Namen innerhalb dieser Zeitspanne zu sagen, muss er in die Mitte. Andernfalls kann er sitzen bleiben und der Spieler in der Mitte sucht sich ein anderes Gruppenmitglied aus. Beim Wort „Patsch“ wird nach dem Namen des linken Nachbarn gefragt. Sagt der Spieler in der Mitte aber „Pitsch-Patsch“ zu einem Gruppenmitglied, so müssen alle ihren Sitzplatz wechseln und der Spieler in der Mitte sucht sich nun schnellstmöglich einen Platz auf einem Stuhl. Wer sich keinen Sitzplatz sichern kann, wird der nächste Spieler in der Mitte. Der Spielleiter entscheidet, wie lange das Spiel dauern soll.

Anstatt von 1–10 zu zählen, kann auch fünfmal in die Hände geklatscht werden.

Die Gruppenmitglieder müssen laut sprechen, damit alle sowohl die Namen als auch den Befehl „Pitsch-Patsch“ verstehen können.
Das Spiel eignet sich besonders zum Festigen der Namen der Gruppenmitglieder.

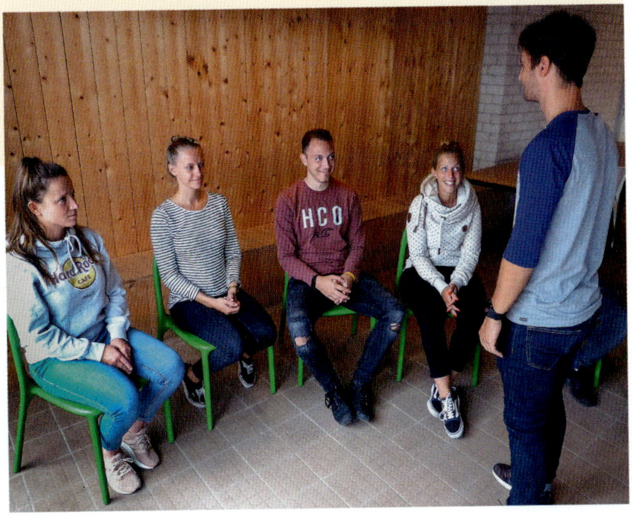

Reihenfolge im Alphabet

Spiele im Raum, Spiele im Kreis sitzend

Denkspiel, Konzentrationsspiel

ab 8 Jahre

beliebig

keine

Schulung des Alphabets, Schulung der Konzentrationsfähigkeit

Alle Gruppenmitglieder sitzen in einem Kreis. Ein Spieler steht in der Mitte des Kreises, geht zu einem beliebigen Spieler und sagt beispielsweise zu ihm: „Vor D und nach T." Dann muss der angesprochene Mitspieler einen Buchstaben nennen, der in der Reihenfolge des Alphabets hinter T kommt und vor D endet. Dies können die Buchstaben U V W X Y Z A B C sein. Bei einer richtigen Antwort wendet sich der Fragende einem neuen Mitspieler zu und könnte beispielsweise sagen: „Hinter F und vor I." Hier kommen nun nur noch zwei Antwortmöglichkeiten infrage, nämlich der Buchstabe G oder H. Wenn der Befragte zu lange für die Antwort braucht bzw. einen Fehler macht, kommt er in die Mitte.

Man kann die Antwort dadurch erschweren, dass der gesuchte Buchstabe mit einem Tier- oder Städtenamen genannt werden muss. Beispielsweise kann der Buchstabe H durch Hase ersetzt werden.

Die Zeit zum Antworten kann durch den Spielleiter durch lautes Zählen bis drei oder bis fünf vorgegeben werden.

Rippel-Dippel Telefonat

Spiele im Raum, Spiele im Freien, Spiele im Kreis stehend, Spiele im Kreis sitzend

Denkspiel, Konzentrationsspiel

ab 8 Jahre

mindestens 10 Spieler, höchstens 25 Spieler

kleine Klebepunkte

Schulung der Aufmerksamkeit, Schulung der Konzentration

Die Gruppenmitglieder sitzen oder stehen im Kreis. Es wird reihum abgezählt und jeder Spieler erhält eine Zahl. Der Spielleiter, der die Nummer 1 erhalten hat, beginnt das Telefonat indem er das Handzeichen für ein Telefon (siehe Foto) macht und folgendes Gespräch führt:
„Hier spricht Ribbel-Dippel Nummer 1 ohne Dippel." Er fordert dann einen beliebigen Gesprächspartner mit dem nächsten Satz: „Hallo, ich rufe Rippel-Dippel Nr. 7 ohne Dippel!" auf, sich zu melden. Die angesprochene Nummer 7 ist nun an der Reihe und sagt: „Hier spricht Rippel-Dippel Nummer 7 ohne Dippel, ich rufe Rippel-Dippel Nr. 12 ohne Dippel." So wird das Telefonat quer in der Gruppe geführt. Falls ein Mitspieler (beispielsweise Nummer 7) sich verspricht, bekommt er vom Spielleiter einen Dippel (kleinen Klebepunkt) auf die Stirn geklebt und muss nun sagen: „Hier spricht Rippel-Dippel Nummer 7 mit einem Dippel, ich rufe Rippel-Dippel Nummer 10 ohne Dippel." Nach einigen Telefonaten werden durch Versprecher immer mehr Dippel verteilt. Dann kann sich ein Telefonat wie folgt anhören: „Hier spricht Rippel-Dippel Nummer 4 mit 2 Dippel, ich rufe Rippel-Dippel Nummer 9 mit 3 Dippel." Der Spielleiter entscheidet je nach Spielverlauf und Motivation der Gruppenmitglieder, wann er das Spiel abbricht. Gewonnen hat der Spieler, der dann die wenigsten Dippel hat.

Das Gespräch kann auch als „Vorstellung der Personen" gespielt werden:
„Ich bin der Rippel-Dippel Nummer 5 mit 1 Dippel, Rippel-Dippel Nummer 9 wie viele Dippel hast du?"
Danach sagt beispielsweise Nummer 9: „Ich bin der Rippel-Dippel Nummer 9 ohne Dippel, Rippel-Dippel Nummer 2 wie viele Dippel hast du?" usw.

Damit möglichst viele Fehler gemacht und Dippel verteilt werden können, müssen die Sätze schnell gesprochen werden. Auch bei zu langen Pausen kann der Spielleiter Dippel verteilen.
Es ist darauf zu achten, dass sich alle Spieler sehen können, um die Anzahl der Dippel bei ihren Mitspielern erkennen zu können.
Damit möglichst viele Dippel verteilt werden, muss der Spielleiter die exakten Wortkombinationen und das Handzeichen für das Telefon penibel kontrollieren.
Falls in einem Stuhlkreis gespielt wird, können auch Kreidestriche vor dem Stuhl als Dippel gemalt werden.

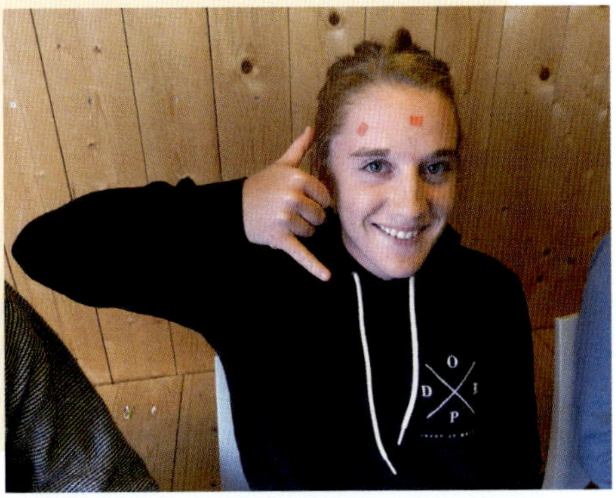

Scharadenkreis

Spiele im Raum, Spiele im Freien, Spiele im Kreis sitzend, Spiele ohne vorgegebene Bewegungsrichtung

Bewegungsspiel, Kreativitätsspiel, Ratespiel

ab 8 Jahre

beliebig

vorbereitete Karteikarten mit Begriffen

Schulung von pantomimischen Fähigkeiten, Beobachtungsschulung, Förderung des schauspielerischen Talents

Die Gruppenmitglieder sitzen in einem Kreis. Der Spielleiter hat sich Wörter ausgedacht, die aus zwei zusammengesetzten Substantiven bestehen (beispielsweise Hosenträger). Die zwei Substantive (Hosen und Träger) werden vorher separat jeweils auf eine Karteikarte geschrieben. Der Spielleiter verteilt an zwei beliebige Mitspieler jeweils eine Karteikarte mit einem Begriff, den sie nacheinander pantomimisch darstellen sollen. Die beiden Pantomimenspieler können sich ihre Wörter gegenseitig zeigen. Dem Rest der Gruppe müssen die Begriffe natürlich verborgen bleiben. Nachdem die Gruppe das Wort erraten hat, werden zwei neue Begriffe an andere Gruppenmitglieder verteilt, die diese dann wieder pantomimisch darstellen sollen.
Das Spiel wird beendet, wenn alle Gruppenmitglieder einmal pantomimisch tätig waren.

Folgende Begriffe sind aus zwei Substantiven zusammengesetzt und eignen sich beispielsweise für dieses Spiel:
Armleuchter, Telefonhörer, Taschenrechner, Affentheater, Apfelblüte, Uhrzeiger, Zitronenfalter, Armband, Herzrasen, Augenringe, Nasenspray, Sackhüpfen, Zebrastreifen, Sitzheizung, Astgabel, Baumkrone, Hundeleine, Pferdeäpfel

Die Gruppenmitglieder können dem Spielleiter auch Vorschläge für zusammengesetzte Substantive machen, die er dann separat auf die Karten schreibt. Die Vorschlagenden dürfen dann natürlich nicht mitraten.
Je nach Altersstufe können auch komplexere Begriffe wie Buch- oder Filmtitel pantomimisch dargestellt werden.

Die Teilbegriffe dürfen weder ausgesprochen, noch gezeigt oder gezeichnet werden.
Die darzustellenden Begriffe sollten etwas Konkretes sein, damit sie sich für eine pantomimische Darstellung eignen.
Falls die Gruppe Schwierigkeiten hat, die Begriffe zu erraten, kann der Spielleiter nach einiger Zeit den Pantomimen Tipps zur Darstellung des Begriffes geben.

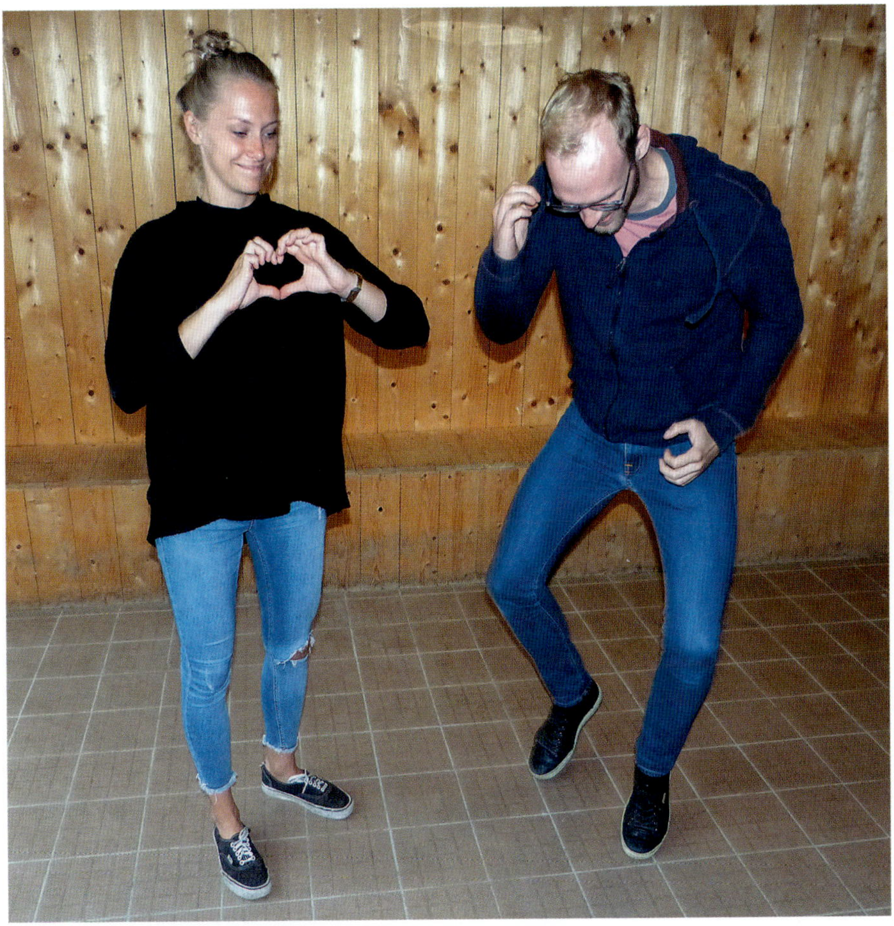

Scharadenwettkampf

Spiele im Raum, Spiele im Freien, Spiele im Kreis sitzend

Bewegungsspiel, Kreativitätsspiel, Ratespiel

ab 8 Jahre

beliebig

Karteikarten und Stifte

Schulung von pantomimischen Fähigkeiten, Beobachtungsschulung, Förderung des schauspielerischen Talentes

Die Gruppe wird in zwei Mannschaften geteilt. Jedes Team schreibt auf kleine Karteikarten einzelne Substantive auf, die zusammen einen Begriff ergeben, der sich pantomimisch darstellen lässt (z. B. Augen+Ringe). Jeweils zwei Mitglieder eines Teams müssen die Substantive der anderen Mannschaft dann innerhalb von einer Minute vor ihrer eigenen Gruppe pantomimisch darstellen. Der Rest des Teams versucht das zusammengesetzte Wort zu erraten. Die beiden Pantomimen können sich ihre Begriffe gegenseitig zeigen. Für jeden richtig gefundenen Begriff gibt es für das jeweilige Team einen Punkt.

Die Teilbegriffe dürfen weder ausgesprochen, noch gezeigt oder gezeichnet werden. Um das Spiel vorzustellen, kann der Spielleiter selbst einen Begriff wie „Affentheater" pantomimisch darstellen.

Die darzustellenden Begriffe sollten etwas Konkretes sein, damit sie sich für eine pantomimische Darstellung eignen.

Der Spielleiter sollte die Begriffe der Teams vorher kontrollieren, damit sie nicht zu schwierig sind und auch eine Chance besteht, dass sie pantomimisch dargestellt werden können.

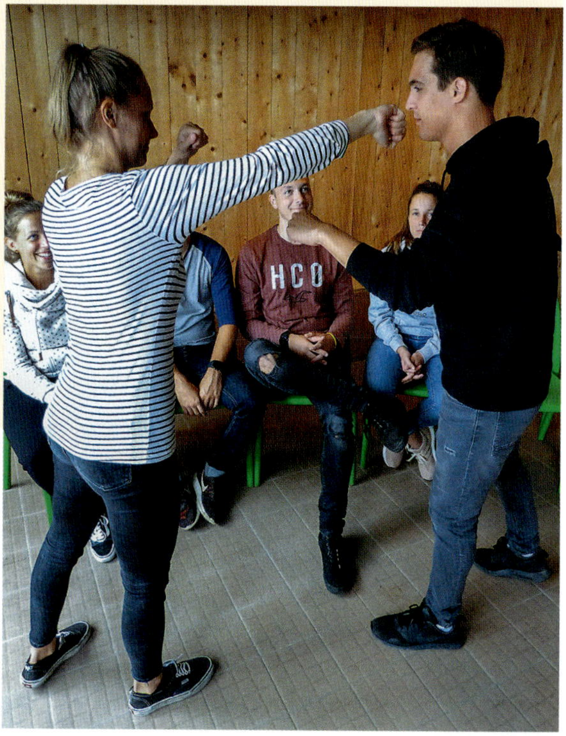

Schauspielkette

Spiele im Raum, Spiele im Kreis sitzend

Bewegungsspiel, Kommunikationsspiel, Kreativitätsspiel

ab 10 Jahre

mindestens 15 Spieler

keine

Schulung der Beobachtungsfähigkeit, Verbesserung des schauspielerischen Vermögens, Schulung der pantomimischen Fähigkeiten

Es werden 5–6 Personen aus der Gruppe aus dem Raum geschickt, die später eine kurze Pantomime weitergeben sollen. Der Rest überlegt gemeinsam mit dem Spielleiter eine kurze Handlung, wie z. B. das Backen einer Pizza, die dann von einem Spieler pantomimisch dargestellt werden soll. Der Erste der sich außerhalb befindlichen Spieler wird hereingerufen und schaut sich die pantomimische Darstellung der Handlung genau an. Dann muss er die wahrgenommene Handlung wiederum als Pantomime für den nächsten hinausgeschickten Spieler darstellen. Die Schauspielkette besteht somit darin, dass die Inhalte über mehrere Personen weitergegeben werden und es natürlich zu Abweichungen von der ursprünglichen Fassung kommt. Der Letzte in der Runde stellt dann auch noch einmal die Szene pantomimisch dar und teilt danach allen mit, welche Handlung er dargestellt hat.

Für den Spieler, der hereingerufen wird, sollte es einen speziellen Stuhl geben auf den er sich setzt, um das Gespielte optimal und immer von der gleichen Position beobachten zu können.
Es gilt zu beachten, dass es bei den pantomimischen Darstellungen zu keinerlei verbalen Äußerungen aller Beteiligten kommt.

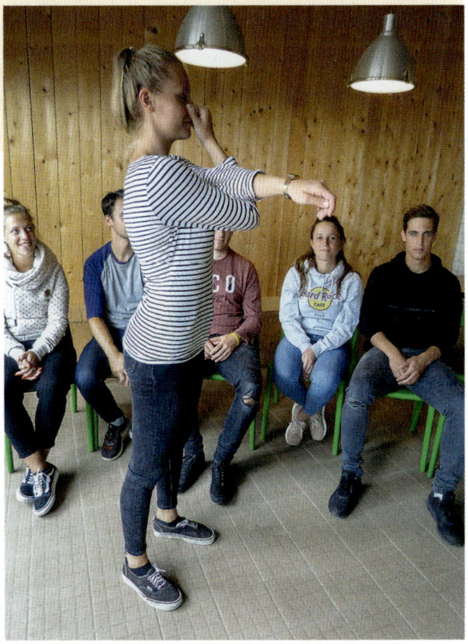

Schilderjagd

Spiele im Raum, Spiele im Freien, Spiele ohne vorgegebene Bewegungsrichtung

Bewegungsspiel, Kennenlernspiel

ab 4 Jahre

höchstens 2 Spieler

je Spieler ein Schild (DIN A5 oder DIN A6) und eine Sicherheitsnadel

Verbesserung der Reaktionsfähigkeit, Schulung der Gewandtheit

Zwei Spieler stehen sich, mit dem Gesicht zueinander, gegenüber. Der Spielleiter befestigt ein Schild an dem Rücken jedes Spielers, auf dem ein Bild oder ein Wort zu sehen ist. Nach einem Startzeichen muss jeder Spieler versuchen, den Gegenstand oder das Wort auf dem Schild seines Gegners zu erkennen. Er darf ihn geschickt umschleichen, muss aber gleichzeitig darauf achten, dass sein eigenes Schild vom Gegner nicht gesehen wird. Wer zuerst sagen kann, welcher Begriff oder welches Bild sich auf dem Rückenschild seines Mitspielers befindet, hat das Spiel gewonnen.

Das Spiel kann auch als Kennenlernspiel durchgeführt werden, indem man auf das Rückenschild den Namen des Spielers schreibt.

Vor Spielbeginn müssen die beiden Spieler darüber informiert werden, dass sie sich nicht berühren dürfen.

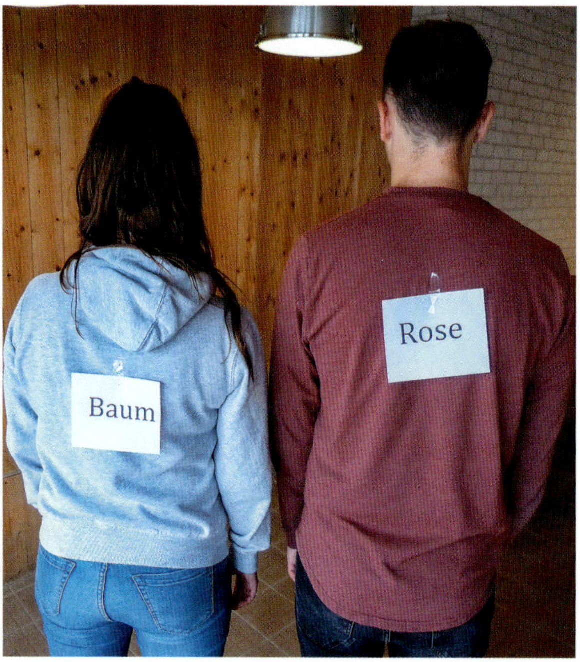

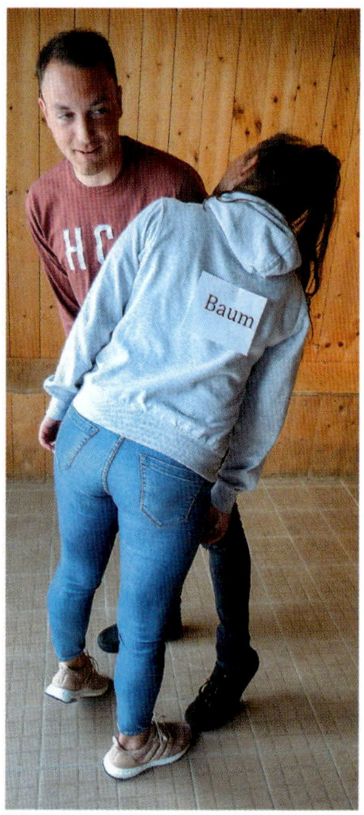

Schilderpantomime

Spiele im Raum, Spiele im Freien, Spiele mit vorgegebener Bewegungsrichtung

Bewegungsspiel, Denkspiel, Ratespiel

ab 8 Jahre

beliebig

vorbereitete beschriftete Schilder bzw. Plakate

Schulung von pantomimischen Fähigkeiten, Beobachtungsschulung, Förderung des schauspielerischen Talents

Der Spielleiter wählt zwei oder drei Teilnehmer aus, die sich auf Stühle setzen. Gegenüber dieser Stuhlreihe befindet sich der Rest der Gruppe. Der Spielleiter stellt sich jetzt so hinter die zwei oder drei auf den Stühlen sitzenden Teilnehmer, dass diese die Schilder bzw. Plakate, die er hochhält, nicht sehen können. Auf jedem Schild steht ein Begriff, den die Gruppe den auf den Stühlen sitzenden Teilnehmern pantomimisch vorspielt. Diese müssen schnellstmöglich das Wort erraten, damit der Spielleiter den nächsten Begriff hochhalten kann. Der Spieldurchgang kann nach einer gewissen Zeit bzw. nach einer vorher vereinbarten Anzahl der zu ratenden Begriffe beendet werden. Danach werden zwei oder drei andere Teilnehmer der Gruppe vom Spielleiter auf die Stühle gesetzt und die nächste Runde beginnt.

Die Auswahl der Begriffe sollte sich nach dem Alter und den schauspielerischen Fähigkeiten der Teilnehmer richten.
Der Spielleiter sollte für jede Altersgruppe genügend vorbereitete Begriffe, die man pantomimisch darstellen kann, auf die Plakate geschrieben haben.
Die Begriffe dürfen weder ausgesprochen, noch gezeigt oder gezeichnet werden.
Die darzustellenden Begriffe sollten etwas Konkretes sein, damit sie sich für eine pantomimische Darstellung eignen.

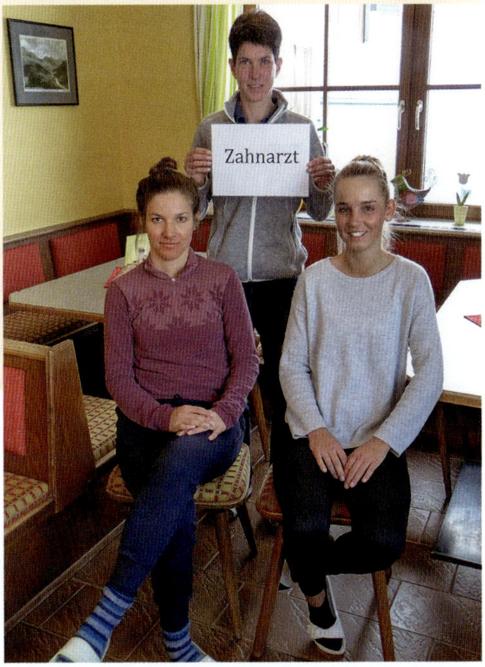

Schlapp hat den Hut verloren

Spiele im Raum, Spiele im Freien, Spiele im Kreis stehend, Spiele im Kreis sitzend

Konzentrationsspiel

ab 8 Jahre

mindestens 6 Spieler, höchstens 20 Spieler

keine

Schulung der Konzentration, Schulung der Aufmerksamkeit

Alle Gruppenmitglieder stehen oder sitzen in einem Kreis. Es wird der Reihe nach abgezählt, sodass jeder Spieler eine Nummer erhält. Eine beliebige Nummer bekommt den Namen Schlapp. Schlapp beginnt das Spiel mit dem Satz: „Schlapp hat den Hut verloren, Nummer 7 hat ihn." Dann muss der Spieler mit der Nummer 7 ganz schnell sagen: „7 hat ihn nicht, 5 hat ihn." Dann antwortet Nummer 5 entsprechend mit: „5 hat ihn nicht, X hat ihn", (das X steht für eine beliebig verteilte Nummer). Die einzelnen Nummern können mehrfach aufgerufen werden, die Nummer von Schlapp darf niemals genannt werden, nur sein Name „Schlapp". Wer sich verspricht, wird selbst zum Schlapp und beginnt erneut mit dem Spiel. Die Spieler behalten bei den weiteren Durchgängen ihre Nummern und der alte Schlapp spielt jetzt mit seiner Nummer weiter.

Das Spiel kann auch als Ausscheidungsspiel durchgeführt werden, d. h. wer einen Fehler macht, scheidet aus. Dann entfällt auch seine Nummer und die Antworten werden schwieriger, da man sich merken muss, welche Nummer raus ist.

Wenn sich nach der Verteilung der Nummern die Spieler im Kreis durchmischen, wird das Spiel schwieriger, da man nicht genau weiß, auf welchem Platz sich der Mitspieler mit der jeweiligen Nummer befindet.

Schnelle Bahnreisen

Spiele im Raum, Spiele im Freien, Spiele im Kreis sitzend

Bewegungsspiel, Denkspiel, Konzentrationsspiel

ab 10 Jahre

mindestens 8 Spieler, höchstens 20 Spieler

je Spieler ein Stuhl

Verbesserung der Reaktion, Schulung von Städtenamen

Die Gruppenmitglieder sitzen im Kreis. Der Spielleiter, der in der Mitte des Kreises steht und für den kein Stuhl vorhanden ist, nennt einen Städtenamen und fordert alle Gruppenmitglieder auf, auch einen Städtenamen zu nennen. Dieser Städtename, der mit der Bundesbahn zu erreichen sein sollte, ist während des gesamten Spieles an die jeweilige Person gebunden. Das Spiel beginnt, indem der Spielleiter zwei genannte Städte auswählt und beispielsweise sagt: „Ich reise von Stuttgart nach Berlin.“ Wenn er danach noch den folgenden Satz sagt: „Der Zug fährt ab“, müssen die jeweiligen Spieler mit den beiden Städtenamen Berlin und Stuttgart die Plätze wechseln. Der Spielleiter versucht indessen sich auf einen der nun freien Stühle dieser Spieler zu setzen. Gelingt dies, so muss derjenige, der bei dem Platzwechsel leer ausgegangen ist, in die Mitte und den Reisenden spielen. Der Reisende kann auch eine Städtereise über mehrere Haltepunkte nennen, dann müssen alle genannten Spieler die Plätze wechseln. Beispielsweise: „Ich reise von Frankfurt, über Nürnberg nach München und von dort nach Ulm“ und „Der Zug fährt ab.“ Bei der Ansage: „Alle umsteigen!“, müssen alle Spieler ihre Plätze wechseln.

Die Namen der Städte können auch auf Zettel geschrieben und an eine Tafel oder ein Whiteboard gehängt werden. Spezielle Aufgaben, wie Nennung von kurzen oder langen Bahnverbindungen oder von Ost nach West, können als Varianten des Spiels eingebaut werden.

Der Boden sollte nicht zu glatt sein, damit es beim schnellen Wechseln nicht zu Stürzen kommen kann.
Sollten immer wieder die gleichen bekannten Städtenamen genannt werden, kann zwischendurch ein Durchgang eingeschoben werden, in der jeder nochmals seinen Städtenamen nennen muss.

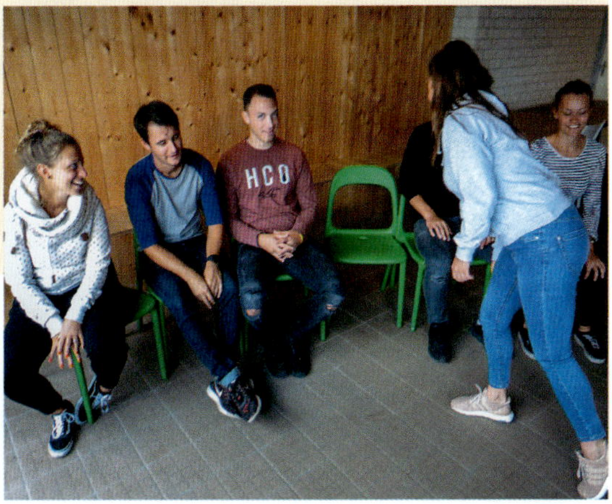

Schuhverkäufer

Spiele im Raum, Spiele ohne vorgegebene Bewegungsrichtung

Bewegungsspiel, Geschicklichkeitsspiel

ab 6 Jahre

mindestens 2 Spieler

zwei Stühle, acht Schuhe, zwei Augenbinden

Verbesserung der Orientierungsfähigkeit, Schulung der Geschicklichkeit

Im Inneren des Sitzkreises werden zwei Stühle in größtmöglicher Entfernung voneinander aufgestellt. Jedem der beiden Mitspieler wird ein Stuhl zugeteilt. Beiden Spielern werden die Augen verbunden. Die Zuschauer verteilen acht Schuhe im Sitzkreis. Jeder Spieler muss nun blind einen Schuh finden, ihn zu seinem Stuhl bringen und unter ein Stuhlbein stellen. Es darf immer nur ein Schuh transportiert werden. Gewonnen hat der Spieler, der zuerst allen vier Stuhlbeinen die Schuhe „angezogen" hat.

In einem großen Raum können auch mehrere Spieler gegeneinander spielen.

Falls es für die Spieler in der Mitte zu schwierig sein sollte die Schuhe zu finden, können die Mitspieler im Sitzkreis ihnen auch Tipps geben, wo sie suchen müssen.

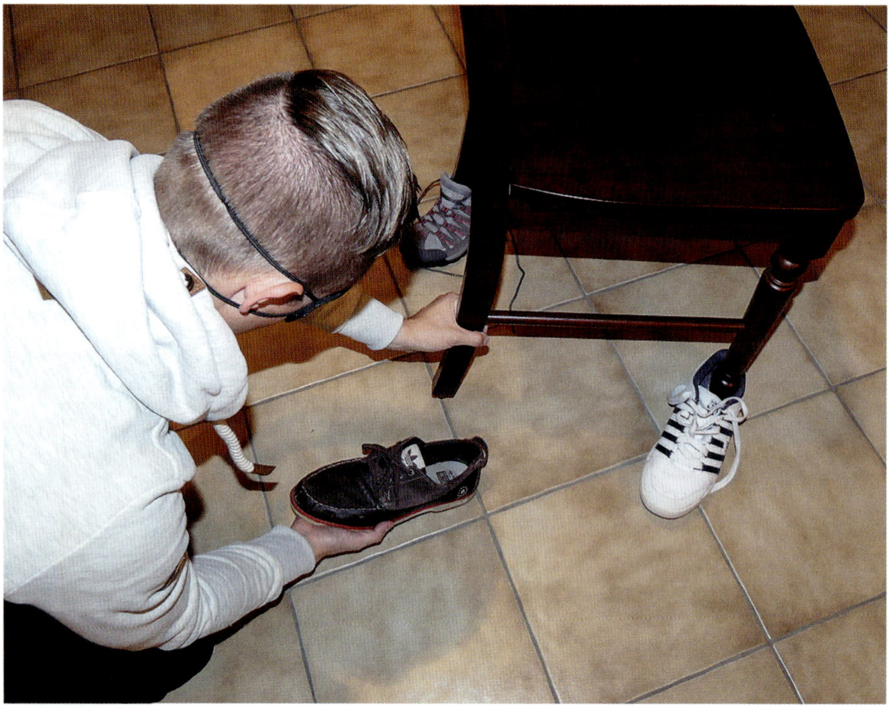

Schwarze Magie

Spiele im Raum

Denkspiel, Ratespiel

ab 8 Jahre

beliebig

keine

Schulung der Beobachtungsfähigkeit, Verbesserung der Kombinationsfähigkeit

Bevor das Spiel startet, hat der Spielleiter sich heimlich einen Mitspieler aus der Gruppe als seinen Verbündeten ausgesucht und ihn über den Spielablauf und den Trick informiert. Der Spielleiter schickt diesen Spieler aus dem Raum und fordert die Gruppe auf, sich einen Gegenstand aus dem Raum auszusuchen, den der vor der Tür Stehende erraten soll. Nachdem dieser wieder hereingerufen wurde, stellt der Spielleiter ihm einige Fragen: „Ist es die Türklinke? oder „Ist es der Kugelschreiber auf dem Tisch?" Alle Fragen werden vom Mitspieler mit „nein" beantwortet. Erst wenn der Spielleiter nach einem Gegenstand fragt, der eindeutig „schwarz" ist, weiß der Befragte, dass bei der nächsten Frage der gesuchte Gegenstand genannt wird und er mit „ja" antworten kann. Für die Gruppe wird es schwierig sein beim ersten Durchgang den Trick zu erkennen, daher sollten mit dem gleichen Mitspieler mehrere Durchgänge absolviert werden. Wenn jemand den Trick erraten hat, soll er ihn für sich behalten. Er darf dann in die Rolle seines Mitspielers schlüpfen, nach draußen gehen und danach weitere Gegenstände aus dem Raum erraten.

Es können auch zwei Gegenstände gesucht werden. Dann muss der Spielleiter, wenn der erste Gegenstand schon vom Magier gefunden wurde, nach einem weiteren schwarzen Gegenstand fragen, dem dann das zweite gesuchte Objekt folgt.

Falls im Raum kein schwarzes Objekt sein sollte, kann im Vorfeld natürlich auf eine andere Farbe ausgewichen werden oder der Spielleiter trägt bewusst ein schwarzes Kleidungsstück oder ein schwarzes Uhrband, nachdem er fragen kann.

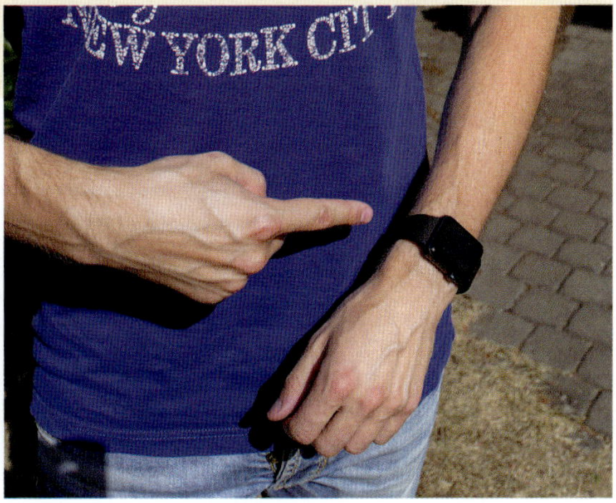

Siamesische Zwillingsmaler

Spiele im Raum

Kooperations- und Vertrauensspiel, Konzentrationsspiel, Kreativitätsspiel

ab 8 Jahre

beliebig

je Paar ein Blatt Papier (bevorzugt DIN A2 oder A1) und ein Stift

Verbesserung der Kooperation, Schulung der Kreativität, Verbesserung der nonverbalen Kommunikation

Die Gruppenmitglieder gehen paarweise zusammen und bekommen vom Spielleiter jeweils einen Stift und ein Blatt Papier, welches auch an die Wand geheftet werden kann. Das Paar bekommt nun die Aufgabe, den Stift gemeinsam in die Hand zu nehmen und mit ihm auf dem Blatt Papier ein beliebiges Bild zu zeichnen. Hierbei ist es wichtig, dass die beiden Zeichner/Maler aufeinander eingehen und auf kleinste Veränderungen des Partners reagieren, da sie nicht miteinander reden dürfen. Das Ergebnis des Bildes wird zeigen, wie gut die beiden miteinander kooperiert haben.

Der Spielleiter gibt den Inhalt des Bildes vor.

Filzstifte eignen sich für dieses Spiel besonders gut.
Falls nur ein Filzstift vorhanden ist, kann auch nur ein Paar zeichnen und der Rest der Gruppe schaut zu.

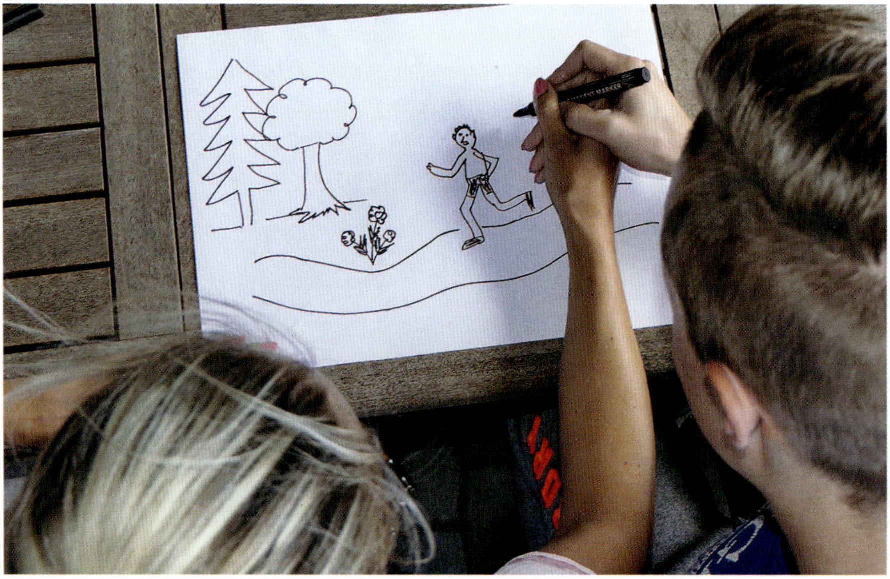

Silbensalat

Spiele im Raum, Spiele im Kreis sitzend

Denkspiel, Konzentrationsspiel

ab 10 Jahre

mindestens 15 Spieler

keine

Schulung der Konzentration, Verbesserung der Wahrnehmungsfähigkeit, Schulung der Silbentrennung

Ein Spieler verlässt den Raum. Wenn der Spieler hereingerufen wird, teilt der Spielleiter ihm mit, dass die Gruppe in „Silbensalat" mit ihm spricht. Er muss versuchen zu verstehen, was sie sagen. Der Rest der Gruppe überlegt sich ein Wort, welches aus vier oder mehr Silben besteht, wie „Tomatensalat". Dann werden für jede Silbe mehrere Personen bestimmt, die nur diese Silbe sagen dürfen. Gruppe 1 mit „To", Gruppe 2 mit „ma", Gruppe 3 mit „ten", Gruppe 4 mit „sa", Gruppe 5 ist für „lat" zuständig. Wenn der Spieler den Raum wieder betritt, ruft jede Gruppe gleichzeitig immer wieder ihre zugeordnete Silbe. Durch genaues Hinhören kann der Spieler aus dem Silbensalat den Begriff Tomatensalat erraten. Wenn das Wort erraten wurde, geht ein anderer Spieler nach außen und man einigt sich auf einen neuen Begriff.

Es können auch mehrere Personen zum Raten rausgeschickt werden.
Beim Rufen der Silben kann das Tempo und die Lautstärke der einzelnen Gruppen variiert werden.

Das Spiel wird erleichtert, wenn die Gruppen der einzelnen Silben genau in der Reihenfolge des Wortes im Kreis sitzen. Setzt man die Gruppen kreuz und quer, so steigert sich der Schwierigkeitsgrad.

Nasenscheidewand
Regelstudienzeit
Klaviersonate
Bestechungsskandal
Produktionsstandort
Arbeitserlaubnis
Katalysator
Fahrscheinkontrolle
Kofferraummatte
Lokomotivführer
Schmetterlingsraupe

Simon sagt

Spiele im Raum, Spiele im Freien, Spiele im Kreis stehend

Bewegungsspiel, Konzentrationsspiel

ab 8 Jahre

beliebig

keine

Schulung der Konzentration, Verbesserung der Aufmerksamkeit

Die Mitglieder der Gruppe stellen sich im Kreis auf. Ein Mitspieler, der vom Spielleiter zum Simon ernannt wird, darf beginnen. Er hat die Aufgabe, seinen Mitspielern zu sagen, was sie tun müssen. Immer, wenn er einen Satz mit „Simon sagt" beginnt, müssen seine Mitspieler genau das tun, was er sagt. Ruft er z. B.: „Simon sagt: Kreist die Arme!" müssen alle die Arme kreisen. Sagt er „Simon sagt: Hebt das rechte Bein!" (siehe Foto), sollen alle Mitspieler diese Anweisung ausführen. Ruft er jedoch ein Kommando ohne „Simon sagt", also nur „Hebt das rechte Bein!", dürfen sich die Mitspieler nicht bewegen. Wer trotzdem die Bewegung ausführt, scheidet aus. Der Spieler, der übrig bleibt, gewinnt das Spiel und darf der nächste „Simon" sein.

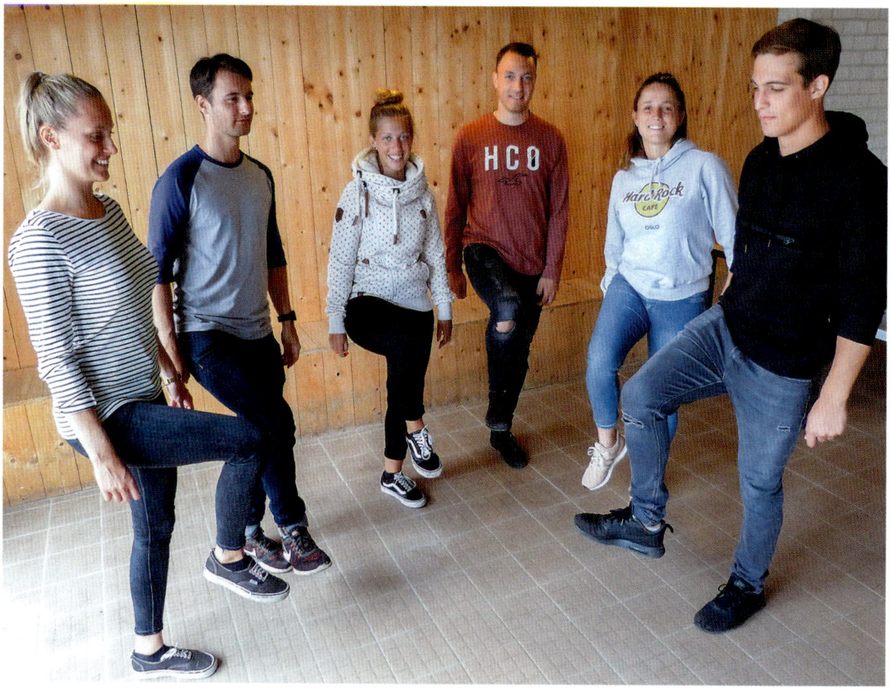

SMS versenden

Spiele im Raum, Spiele im Kreis sitzend

Kommunikationsspiel, Konzentrationsspiel

ab 8 Jahre

beliebig

je Spieler ein Stuhl

Förderung der Beobachtungsfähigkeit

Bis auf einen Mitspieler sitzen die anderen auf ihren Stühlen in einem Kreis und fassen sich an den Händen an. Ein Spieler sucht sich den Namen eines Mitspielers aus und beginnt das Spiel mit dem Satz: „Ich sende eine SMS an Thomas." Danach gibt er unauffällig entweder an seinen rechten oder linken Nachbarn durch Drücken der Hand die Information der SMS weiter. Dieser nimmt die Information wahr und gibt sie dann durch Handdrücken weiter bis sie bei Thomas angekommen ist. Thomas quittiert den Empfang mit „SMS angekommen". Der Spieler in der Mitte beobachtet den Datenfluss und versucht denjenigen abzuschlagen, der die Information gerade erhalten hat und weitergeben möchte. Gelingt ihm dies, muss derjenige, den er erwischt hat, in die Mitte des Kreises.

Das Abschicken der SMS kann auch zusätzlich mit den Worten „SMS abgeschickt" begleitet werden.

Die Mitspieler der Gruppe müssen sich bei diesem Spiel namentlich kennen oder Namensschilder tragen.
Der Spielleiter muss an die Ehrlichkeit der Beteiligten appellieren, damit derjenige, der erwischt wurde, dies auch zugibt.

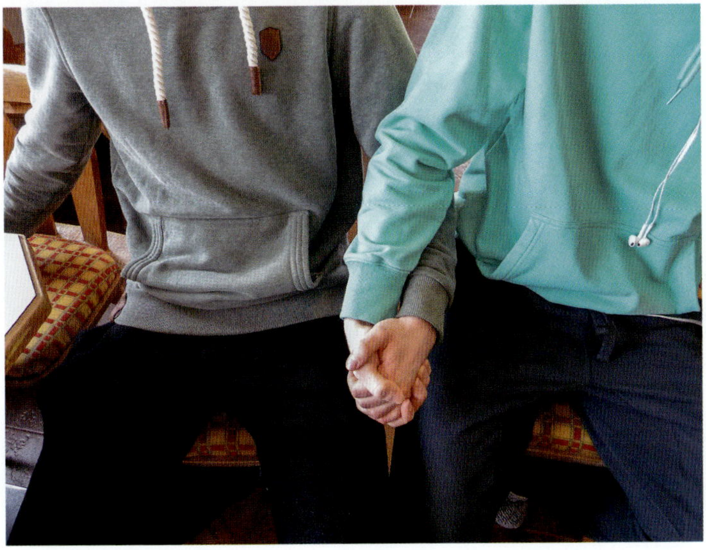

Sportreporter live

Spiele im Raum, Spiele im Freien, Spiele ohne vorgegebene Bewegungsrichtung

Bewegungsspiel, Kommunikationsspiel, Kreativitätsspiel

ab 8 Jahre

mindestens 3 Spieler

keine

Schulung der pantomimischen Fähigkeiten, Verbesserung der Beobachtungsfähigkeit, Schulung der Sprachgewandtheit

Die Gruppe wird vom Spielleiter in Teams zu drei Personen unterteilt. Zwei davon haben die Aufgabe pantomimisch in Zeitlupe eine Zweikampfsportart wie Tennis, Badminton, Judo, Fechten oder auch Boxen darzustellen. Der Dritte der Gruppe übernimmt die Rolle eines Sportreporters, der live das Geschehen kommentiert.

- Um den Schwierigkeitsgrad zu erhöhen, können auch Mannschaftssportarten, wie Volleyball oder Eishockey, von mehreren Personen dargestellt werden.
- Die pantomimische Darstellung in Originalgeschwindigkeit ist für fortgeschrittene Sportreporter möglich.

Der Spielleiter kann als Beispiel die Kommentierung des erstens Zweikampfs übernehmen.

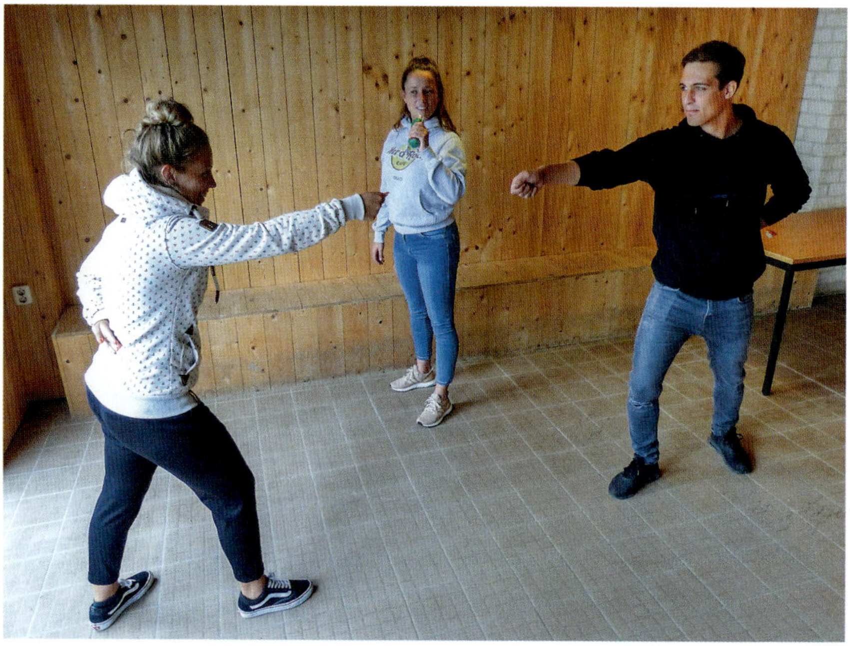

Stimmungslage erraten

Spiele im Raum, Spiele im Kreis sitzend

Denkspiel, Konzentrationsspiel, Kreativitätsspiel

ab 10 Jahre

beliebig

keine

Verbesserung von schauspielerischen Fähigkeiten

Alle Spieler sitzen in einem Kreis. Ein Spieler wird vor den Raum geschickt und der Rest überlegt sich eine Eigenschaft oder Stimmungslage, beispielsweise „lustig", die die Gruppe gut mimisch darstellen kann. Der draußen wartende Spieler wird in den Raum gerufen und muss nun anhand der Gesichtsausdrücke der Mitspieler die Eigenschaft erraten.

Es können auch mehrere Spieler nach draußen geschickt werden.
Neben der mimischen Darstellung können die Stimmungslagen auch pantomimisch gespielt werden.

Falls die Gruppe keine geeigneten Stimmungslagen zur Darstellung findet, kann der Spielleiter folgende Beispiele geben:
Angst, Entsetzen, Ekel, Verwirrung, Gelassenheit, Hunger, Durst, Schock, Bewunderung, Glück, Freude, Aufregung, Überraschung, Schmerz, Wut, Trauer, Langeweile

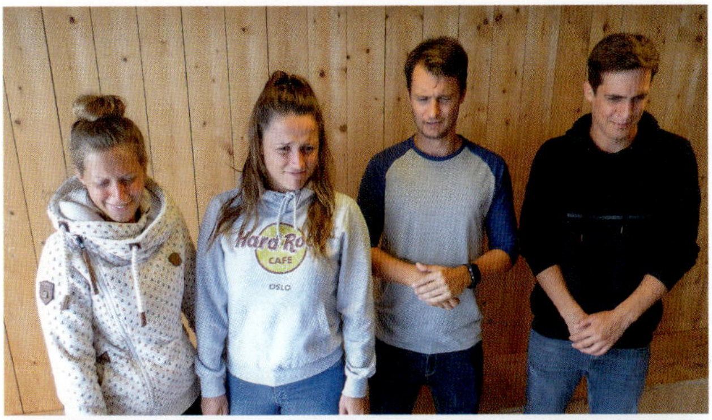

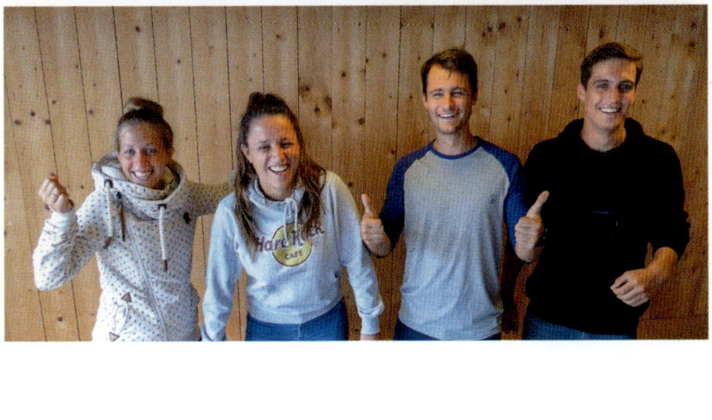

Stühle riechen

Spiele im Raum, Spiele im Kreis sitzend

Denkspiel

ab 8 Jahre

beliebig

drei Stühle in der Mitte eines Sitzkreises

Schulung der Beobachtungsfähigkeit

Der Spielleiter teilt der Gruppe mit, dass einer ihrer Mitspieler besondere Fähigkeiten beim Riechen entwickelt hat und feststellen kann, auf welchem Stuhl eine Person gesessen hat. Die „Superspürnase" wurde aber vorher heimlich vom Spielleiter über den Trick informiert und verlässt nach Aufforderung den Raum. Ein beliebiger Spieler setzt sich nun auf einen der drei Stühle, die in der Kreismitte nebeneinander stehen. Er bewegt sich ein wenig hin und her, damit er seine „Duftmarke" hinterlassen kann. Nachdem der Mitspieler sich wieder in den Sitzkreis zurückgesetzt hat, wird die „Spürnase" hereingerufen. Ihm wird die Person gezeigt, die auf einem der drei Stühle gesessen hat. Nachdem er intensiv an der Person gerochen hat, geht er zu den Stühlen, riecht auch hier an allen dreien und entscheidet sich für den richtigen Stuhl. Die Gruppe wird über die Fähigkeit ihres Mitspielers erstaunt sein und kann sich nicht erklären, wie dies funktioniert. Entscheidend ist aber nicht der Geruchssinn der Person bzw. die mehr oder weniger intensiven Gerüche der Person, die auf dem Stuhl gesessen hat, sondern die Wortwahl des Spielleiters, wenn er die Spürnase in den Raum ruft. Der Spielleiter hat mit seinem Verbündeten vereinbart, dass die Stühle durchnummeriert sind und zwar von 1 bis 3, wobei die 1, der Stuhl ist, der am nächsten zur Ausgangstür steht.

Hat sich eine Person auf Stuhl Nummer 2 gesetzt, so ruft er die „Spürnase" mit beispielsweise den zwei Worten „Komm rein" in den Raum. Bei Stuhl Nummer 1 genügt der Vorname (ein Wort) beispielsweise „Peter" und beim dritten Stuhl kann er durch die Aufforderung mit den drei Worten „Bitte komm rein" einen eindeutigen Hinweis geben, welcher Stuhl gesucht wird. Wer meint den Trick bei diesem Spiel erkannt zu haben, kann in die Rolle der Spürnase schlüpfen und weitere Durchgänge des Spiels absolvieren.

Die drei Stühle in der Mitte sollten so positioniert werden, dass sie eindeutig in Richtung der Ausgangstür zeigen. Damit ist gewährleistet, dass die „Spürnase" klar erkennen kann, welcher Stuhl die Nummer 1, die Nummer 2 und die Nummer 3 ist.
Das Spiel sollte mit der gleichen Spürnase mehrfach und mit verschiedenen Personen, die sich auf die Stühle setzen, gespielt werden, damit die Gruppenmitglieder erkennen und beobachten können, wie der Trick funktioniert.
Der Spielleiter sollte von seinen Bewegungen, seiner Mimik und Gestik immer unterschiedlich agieren, damit die Gruppe merkt, dass es darauf nicht ankommt.

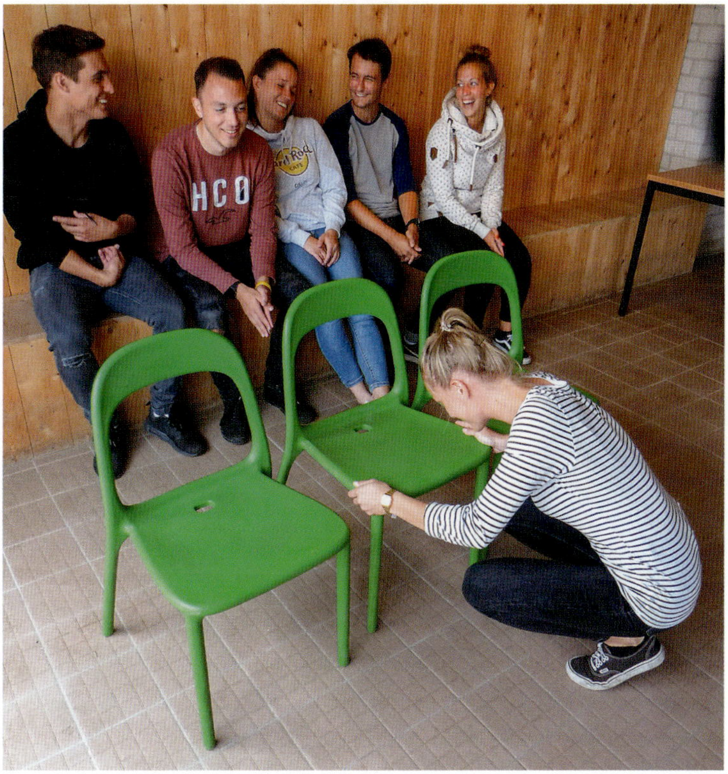

Taubenschlag

Spiele im Raum, Spiele im Freien, Spiele ohne vorgegebene Bewegungsrichtung

Bewegungsspiel, Entspannungsspiel, Kreativitätsspiel

ab 4 Jahre

mindestens 10 Spieler

Musikanlage

Verbesserung des Gruppengefühls, Verbesserung der Kreativität, Verbesserungen der tänzerischen Kompetenz

Alle Gruppenmitglieder befinden sich in einem Taubenschlag. Zwei von ihnen stellen die Tür des Taubenschlages dar, die restlichen Mitspieler hocken am Boden und sind kleine Taubenküken, die langsam mit ihren Flügeln hin- und herschlagen. Im Hintergrund des Taubenschlages läuft Entspannungsmusik, die für eine lockere Atmosphäre sorgt. Die beiden Spieler, die die Tür des Taubenschlages darstellen, gehen durch den Raum und suchen sich einzelne Küken aus, die sie zum Fliegen bringen. Sie halten sich dabei an beiden Händen fest und bilden so eine Tür über das kleine Küken (siehe Foto). Dann blasen beide ganz vorsichtig etwas Luft auf den Kopf des Kükens und dieses verlässt dann den Taubenschlag und beginnt frei im Raum herumzufliegen. Die Tür des Taubenschlages ist so lange aktiv bis alle Küken im Raum als Tauben umherfliegen.

Je nach Gruppengröße können die fliegenden Tauben selbst eine Tür des Taubenschlages bilden und weitere Küken aufwecken.
Ein Mitspieler, der zusätzlich einen Falken darstellt, kann versuchen einzelne Tauben abzuschlagen, die dann erstarren und erst wieder durch die Tür des Taubenschlages erlöst werden können.

Für das Umherfliegen der Tauben muss genügend Raum zur Verfügung stehen.
Der Spielleiter kann die Tauben auffordern möglichst kreative Flugformen zu entwickeln bzw. ihre Flugbewegungen der Musik anzupassen.

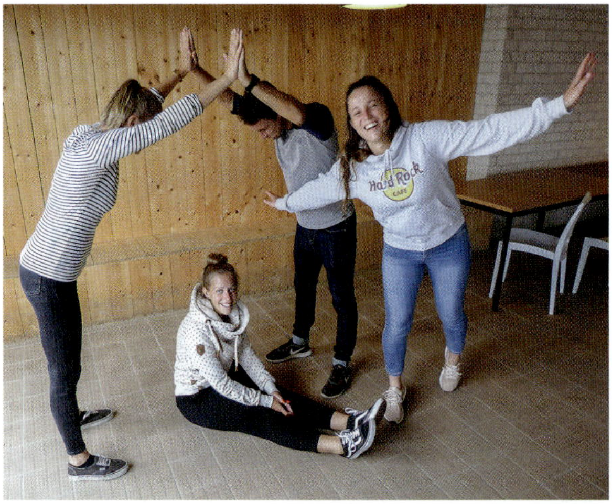

Teekesselchenduell

Spiele im Raum, Spiele im Freien, Spiele im Kreis stehend

Denkspiel, Kommunikationsspiel, Kreativitätsspiel

ab 10 Jahre

mindestens 2 Spieler

Liste von Teekesselchen (Homonyme)

Förderung der Sprachkompetenz, Förderung der Kreativität

Der Spielleiter sucht aus der Gruppe zwei Mitspieler aus, die ein Wort umschreiben müssen, welches verschiedene Bedeutungen hat. Solche Wörter, sogenannte Teekesselchen, sind in der deutschen Sprache nicht selten. Ein Spieler umschreibt die eine Bedeutung, der zweite Spieler die andere. Beide dürfen aber das Wort nicht aussprechen. Der Rest der Gruppe hat die Aufgabe das Teekesselchen zu finden und zu nennen. Derjenige, der das Wort erraten hat, darf sich einen Mitspieler aussuchen und bekommt vom Spielleiter ein neues Teekesselchen genannt. Nach kurzer Überlegungszeit beginnen die beiden Spieler jeweils ihr Teekesselchen zu erklären. Das ist der Beginn der nächsten Runde.

Je nach Alter und sprachlicher Leistungsfähigkeit der Gruppe kann der Spielleiter die Begriffe auch vorher schon an die Paare verteilen, die sich dann länger überlegen können, welche Informationen über den Begriff sie den Ratenden geben.

Mögliche Teekesselchen:
Mutter (Gegenteil von Vater und Schraubenteil)
Bank (Sitzbank und Geldinstitut)
Schloss (Tür und Gebäude)
Steuer (Finanzamt und Lenkvorrichtung)
Strom (Fluss und elektrische Größe)
Hahn (männliches Huhn und Absperrvorrichtung für Wasser)
Ball (Spielgerät und Tanzveranstaltung)
Tau (feuchter Niederschlag und Seil)
Kiwi (Vogel und Frucht)
Kiefer (Teil des Schädels und Nadelbaum)
Reif (Ring und Eiskristalle)
Strauß (Blumengebinde und Vogel)
Akt (Handlung und künstlerische Darstellung eines nackten Menschen)
Barren (Gold und Turngerät)
Börse (Geldbeutel und Wertpapierhandel)
Finne (Einwohner Finnlands und Bestandteil eines Bootes)
Bande (Spielfeldbegrenzung und Gruppe von Kriminellen)
Bart (Schlüssel und Haare im Gesicht)
Becken (Musikinstrument und Wassergefäß)
Bienenstich (Einstich eines Insekts und Gebäck)

Blüte (Falschgeld und Teil einer Blume)
Felge (Reifen und Turnübung)
Brause (Getränk und Dusche)
Bremse (Fahrzeug und Insekt)
Bund (Hose und Staatenbund)
Dame (Frau und Brettspiel)
Fliege (Krawattenart und Insekt)
Fuge (Musikstück und Lücke zwischen Bauteilen)
Gehalt (Lohn und Inhalt)
Hering (Fisch und Haken fürs Zelt)
Zelle (kleinste lebende Einheit und Gefängnis)

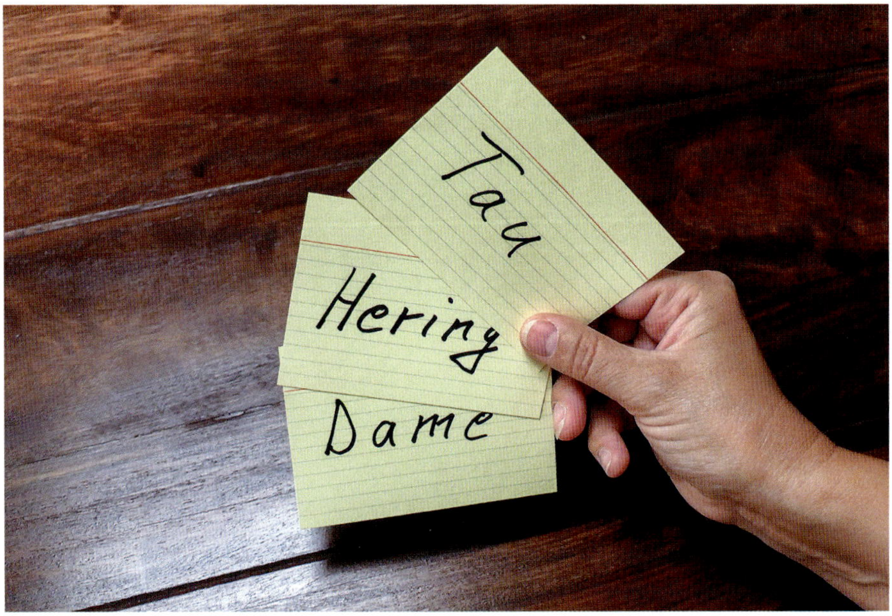

Tennisballdose

Spiele im Raum, Spiele im Freien, Spiele im Kreis sitzend

Bewegungsspiel, Kennenlernspiel, Konzentrationsspiel

ab 6 Jahre

beliebig

je Mitspieler ein Stuhl, eine Tennisballdose mit Steinen

Verbesserung der Reaktion auf akustische Reize, Veränderung der Sitzordnung, Kennenlernen der Namen der Mitglieder

Die Gruppenmitglieder befinden sich auf ihren Stühlen im Sitzkreis. Der Spielleiter hat eine Tennisballdose in der Hand, die mit einigen Steinen gefüllt ist, damit sie, wenn sie zu Boden fällt, genügend Krach macht. Der Spielleiter geht zu einem beliebigen Mitspieler, gibt ihm die Hand und begrüßt ihn mit: „Guten Tag, ich bin der Fritz, wie heißt du?“ Der Gefragte sagt seinen Namen, steht auf und sucht sich einen neuen Mitspieler, den er dann begrüßen und befragen kann. Wenn sich fast alle Gruppenmitglieder in der Mitte des Stuhlkreises befinden, lässt der Spielleiter plötzliche die Tennisballdose fallen und die Gruppenmitglieder müssen sich einen Platz auf einem Stuhl suchen. Da ein Stuhl zu wenig vorhanden ist, bleibt ein Spieler übrig, der dann die Tennisballdose aufhebt und er kann dann ein neues Spiel beginnen.

Wenn die Gruppenmitglieder sich schon kennen, kann auf die Frage nach dem Namen verzichtet werden. Ansonsten ändert sich der Spielverlauf nicht.

Der Boden im Sitzkreis sollte nicht zu glatt sein, damit es nicht zu Stürzen kommen kann.

Das Spiel kann sehr gut benutzt werden, um die Sitzordnung in einer Gruppe zu verändern, da nach zwei bis drei Durchgängen niemand mehr neben seinem bisherigen Partner sitzt.

Der Spielleiter sollte darauf achten, dass er und die anderen Mitspieler die Begrüßung der Sitzenden sehr schnell durchführen, damit die Gruppe rasch in Bewegung kommt.

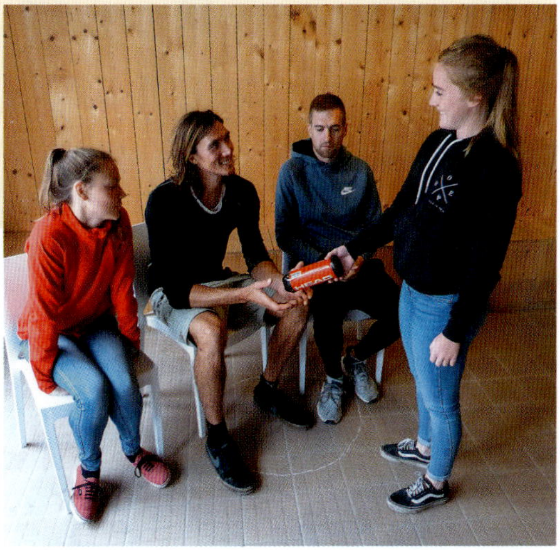

Tickende Bombe in der Nacht

Spiele im Raum,
Spiele im Kreis sitzend

Konzentrationsspiel

ab 6 Jahre

beliebig

eine Schlafmaske oder Augenbinde, ein Wecker der laut tickt oder ein Smartphone mit dem Geräusch einer tickenden Bombe

Schulung der Aufmerksamkeit, Verbesserung der akustischen Wahrnehmungsfähigkeit

Ein Mitspieler aus der Gruppe, der später als Bombensucher arbeiten soll, wird nach draußen geschickt. Die restlichen Mitspieler der Gruppe, die auf Stühlen sitzen, legen den Wecker oder ein Smartphone, welches das Geräusch einer tickenden Uhr abspielen kann, auf den Schoß eines Mitspielers. Wenn der Bombensucher, dem die Augen verbunden wurden, in den Raum zurückgeführt wird, müssen alle still sein, damit der Suchende die Möglichkeit hat, den Ort der Bombe blind zu finden.

Es können auch zwei Bombensucher ausgewählt werden. Wer am schnellsten die Bombe findet, hat gewonnen.

Es sollte vorher ausprobiert werden, wie laut der Wecker tickt bzw. das Smartphone das Geräusch abspielt, Das Ticken sollte zu hören sein, aber nicht zu laut, damit der Bombensucher die Bombe nicht sofort findet.
Das Geräusch „Ticken eines Weckers" ist im Internet beim Videoportal YouTube zu finden.

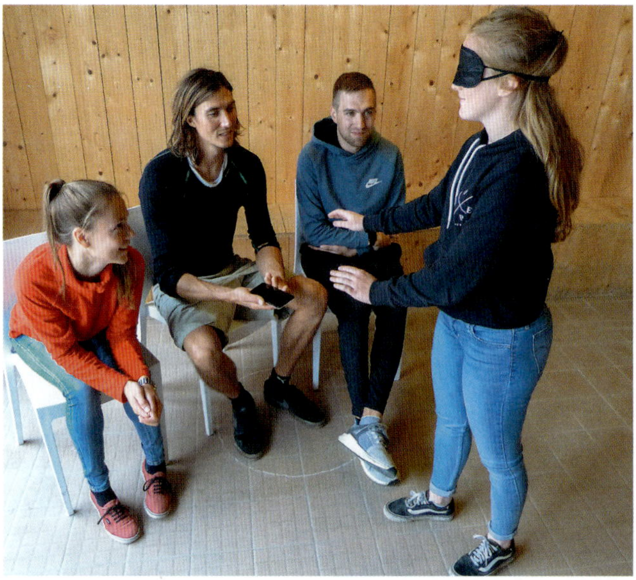

Unter Zeitdruck

Spiele im Raum,
Spiele im Kreis sitzend

Denkspiel, Konzentrationsspiel, Kreativitätsspiel

ab 10 Jahre

mindestens 8 Spieler,
höchstens 30 Spieler

ein Ball oder ein Gegenstand, den man gut im Sitzen weitergeben kann

Schulung der Konzentration,
Verbesserung des Wortschatzes

Die Gruppe sitzt im Kreis und der Spielleiter steht in der Mitte. Er gibt einem Spieler den Ball in die Hand, der ihn dann an seinen Nachbarn weitergibt. Der Ball macht so im Kreis die Runde. Der Spielleiter schließt während dieses Vorganges kurz die Augen und sagt „Stopp", sodass er nicht sieht, wer gerade den Ball in den Händen hat. Des Weiteren nennt der Spielleiter einen beliebigen Buchstaben, z. B. „K". Derjenige, der den Ball nun in den Händen hält, gibt ihn weiter und hat die Aufgabe, je nach Gruppengröße, eine bestimmte Anzahl von Substantiven zu nennen, bis der Ball wieder bei ihm ist. Alle Substantive müssen mit dem genannten Buchstaben „K" beginnen. Wenn ihm dies gelingt, darf er in die Mitte und in die Rolle des Spielleiters schlüpfen.

Alternativ muss derjenige in die Mitte kommen, der es nicht geschafft hat, die geforderte Anzahl von Wörtern mit dem gleichen Buchstaben in der gewissen Zeit zu nennen. Man kann den Schwierigkeitsgrad steigern, indem man Wörter nur aus bestimmten Bereichen zulässt, beispielsweise Städte, Länder, Tiere usw.
Damit die Auswahl des Buchstabens für die Gruppe nicht zu schwierig wird, kann immer der Spielleiter den Buchstaben nennen, wenn der Mitspieler in der Mitte das Wort „Stopp" gerufen hat.

Der Angesprochene wird durch das Wandern des Balles zeitlich extrem unter Druck gesetzt, sodass man zuerst einmal ausprobieren sollte, wie viele Wörter aufgrund des Alters und der sprachlichen Entwicklung überhaupt möglich sind. Der Spielleiter kann mit einer geringen Anzahl von Wörtern starten, beispielsweise drei oder vier, und dann die Anzahl steigern.

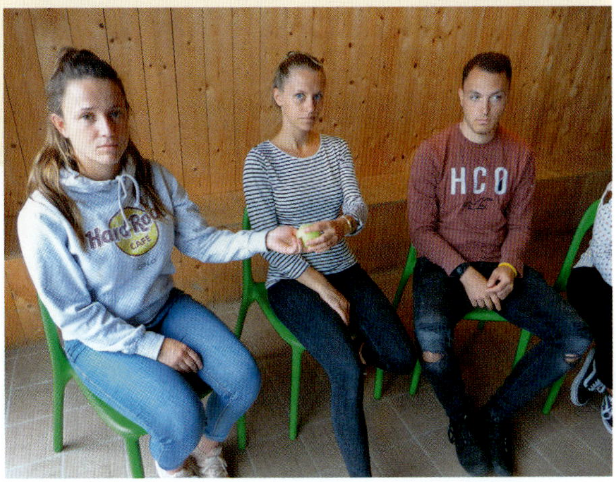

Verkehrte Welt

Spiele im Raum,
Spiele im Kreis sitzend

Denkspiel, Konzentrationsspiel

ab 12 Jahre

beliebig

Stühle

Förderung der Konzentration

Die Gruppenmitglieder sitzen, bis auf einen Teilnehmer, der sich in der Mitte des Kreises befindet, auf Stühlen. Dieser geht auf einen sitzenden Mitspieler zu und zeigt beispielsweise auf ein Ohr und sagt dazu: „Dies ist mein Mund", und zählt danach laut bis zehn. Der angesprochene Mitspieler muss nun seinerseits innerhalb dieser Zeitspanne das Umgekehrte sagen und zeigen, d. h. er zeigt auf seinen Mund und sagt: „Das ist mein Ohr." Gelingt ihm dies nicht, muss er in die Mitte und muss nun einen anderen Mitspieler ansprechen und ihm beispielsweise mitteilen, indem er auf sein Knie zeigt: „Dies ist meine Nase", und bis zehn zählen. Der Angesprochene muss nun das Umgekehrte zeigen und sprechen. Er zeigt auf seine Nase und sagt: „Dies ist mein Knie." Das Spiel endet, wenn alle Mitspieler einmal dran waren.

Falls Gruppenmitglieder das Spiel zu Beginn nicht verstehen, kann es auch ohne Zeitdruck und mit Erklärungen des Spielleiters gespielt werden.

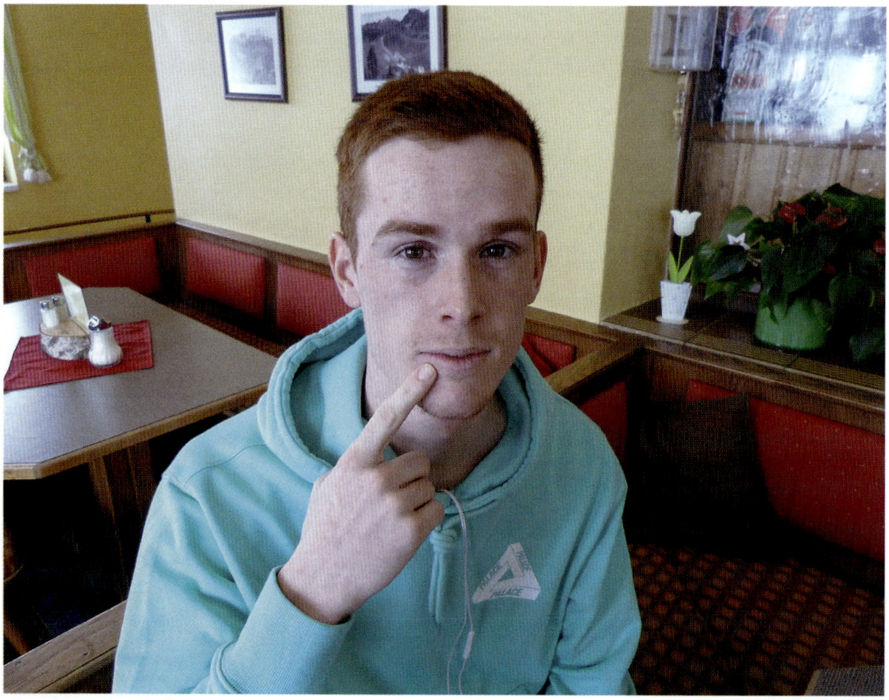

„Das ist mein Ohr."

Was wäre, wenn?

Spiele im Raum,
Spiele im Kreis sitzend

Denkspiel, Kommunikationsspiel, Kreativitätsspiel

ab 12 Jahre

mindestens 6 Spieler,
höchstens 20 Spieler

keine

Schulung der Konzentration, Schulung der Kombinationsfähigkeit von Inhalten

Aus der Gruppe wird ein Mitspieler aus dem Raum geschickt, der Rest der Gruppe überlegt sich eine Person des öffentlichen Lebens aus Sport, Politik, Unterhaltung, Musik, Film usw., die der Ratende kennen müsste, beispielsweise „Helene Fischer". Nachdem der Spieler wieder hereingerufen wurde, darf er zu Beginn eine offene Frage stellen, die ihm wahrheitsgemäß beantwortet wird. Er könnte beispielswiese fragen: „Ist die Person männlich oder weiblich?" oder „Ist die Person älter als 30 Jahre?" Die restlichen Fragen, die er stellt, beginnen immer mit den Worten „Was wäre diese Person, wenn sie eine Blume wäre?" Die Antwort könnte bei Helene Fischer lauten: „Sie wäre wunderschön, wie eine Rose und würde von vielen angeschaut." Der Ratende kann durch geschickte „Was wäre, wenn..."-Fragen den Kreis der Personen, die es sein könnten, eingrenzen und sie so erraten. Falls die Antwort auf eine Frage nicht zielführend und verwirrend ist, muss der Spielleiter eingreifen und eine weitere Antwort eines Gruppenmitgliedes einfordern. Wenn es dem Ratenden gelungen ist, die gesuchte Person zu nennen, wird ein anderer Spieler nach draußen geschickt und es wird eine weitere Runde gespielt.

Es kann anstatt eines Prominenten auch eine Person aus dem Gruppenkreis gesucht werden. Hierbei muss der Spielleiter darauf achten, dass niemand durch die Fragen und Antworten sich verletzt fühlt.

Welcher Verein ist es?

Spiele im Raum, Spiele ohne vorgegebene Bewegungsrichtung

Bewegungsspiel, Denkspiel, Kreativitätsspiel

ab 16 Jahre

beliebig

keine

Förderung der Fantasie, Schulung der schauspielerischen Fähigkeiten

Zwei oder drei Spieler verlassen den Raum, in dem der Rest der Gruppenmitglieder überlegt, wie sie einen Fußball-Bundesligaverein schauspielerisch darstellen können, ohne den Namen oder eine Stadt zu nennen. Nachdem die Rollen verteilt und eine kleine Szene besprochen worden ist, werden die sich außerhalb des Raumes befindlichen Spieler hereingerufen. Das Schauspiel kann beginnen. Für die verschiedenen Rollen sind insbesondere Personen geeignet, die sowohl schauspielerisches Talent als auch Redefähigkeit und Darstellungsvermögen besitzen. Das Spiel wird beendet, wenn der Verein erraten wurde.

Die verschiedenen Szenen können auch bis zum Ende gespielt werden und erst dann einigen sich die Ratenden, welcher Verein dargestellt wurde.
Falls nicht viele Fußballinteressierte in der Gruppe sind, können auch verschiedene Vereinstypen, wie Schützenverein, Kegelverein, Hühnerzuchtverein usw. schauspielerisch dargestellt werden. Die verschiedenen Positionen und Aufgaben in einem Verein können von den „Schauspielern" dargestellt werden wie Vorstand, Platzwart, Schatzmeister, Fan, Pressewart usw.

Es muss gewährleistet sein, dass die vor dem Raum befindlichen Spieler nichts von den Vorbereitungen der Schauspielgruppe mitbekommen.

Wespenstachel

Spiele im Raum, Spiele im Freien, Spiele ohne vorgegebene Bewegungsrichtung

Bewegungsspiel, Kooperations- und Vertrauensspiel

ab 6 Jahre

mindestens 10 Spieler

Softball

Verbesserung der Kooperation, Schulung der Gewandtheit, Verbesserung der Wurfgenauigkeit

Vier Teilnehmer einer Gruppe werden zu Körperteilen (Kopf, Flügel, Hinterteil und Stachel) einer Wespe bestimmt. Sie halten sich mit den beiden Händen an den Hüften fest. Der Letzte des Körpers stellt den Stachel dar und muss sich nur mit einer Hand festhalten, die andere dient zum Abschlagen der Mitspieler (siehe Foto). Der Rest der Gruppenmitglieder darf sich frei im vorher markierten Raum bewegen. Die Wespe versucht nun, ohne dass die einzelnen Körperteile ihren Kontakt zueinander verlieren, mit dem Stachel einen Mitspieler zu berühren (zu stechen). Ist dies gelungen, muss der gestochene Mitspieler gelähmt stehen bleiben. Aber auch die Wespe ist gefährdet, da sie von den übrigen Gruppenmitgliedern mit einem Softball am Stachel getroffen werden darf. Trefferflächen sind aber hier nur die Beine. Wenn der Stachel getroffen wurde, ändern sich die Personen für die Körperteile der Wespe. Der erfolgreiche Schütze wird selbst zum Stachel und alle rücken eine Position auf. Der ehemalige Kopf wird frei und kann sich alleine im Raum bewegen. Das Spiel endet, wenn alle Mitspieler gelähmt im Raum stehen.

Während der Umbauphase der Wespe werden die gelähmten Mitspieler wieder erlöst und können aktiv am Spiel teilnehmen.

Je nach Treffsicherheit der Mitspieler kann auch mehr als ein Softball eingesetzt werden.
Wenn die Gruppengröße es erlaubt, können auch zwei oder drei Wespen in das Spiel integriert werden.

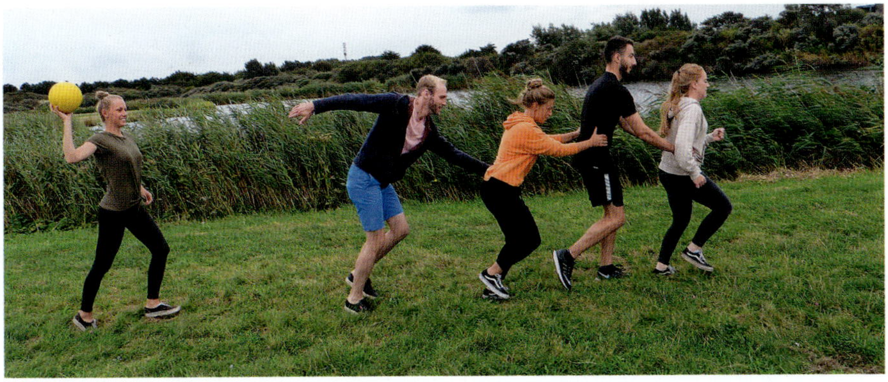

Wie, wo, wann liebst du?

Spiele im Raum,
Spiele im Kreis sitzend

Denkspiel, Entspannungsspiel, Kommunikationsspiel

ab 12 Jahre

beliebig

keine

Schulung der Kombinationsfähigkeit

Die Gruppenmitglieder sitzen im Kreis. Ein Mitspieler wird nach draußen geschickt und darf mit drei Fragen versuchen herauszufinden, welches Wort sich die Gesamtgruppe überlegt hat. Die drei Fragen sind „Wie liebst du XY.?, „Wo liebst du XY?“ und „Wann liebst du XY?“. Beispielsweise könnte das ausgesuchte Wort (XY) der Begriff „Fußball“ sein. Der Ratende fragt dann einen beliebigen Spieler: „Wie liebst du XY?“ Die Antwort könnte sein: „Als Aktiver.“ Bei der zweiten Frage: „Wo liebst du XY?“, antwortet ein Mitspieler beispielsweise: „Auf dem Rasen“ und die Antwort auf die dritte Frage könnte „Immer am Sonntag“ oder „Alle zwei Tage“ sein. Aus diesen drei Antworten, die zum Teil sehr lustig werden können, muss der Spieler nun das Wort erraten. Bei Erfolg bekommt er einen Applaus oder ein kleines Geschenk. Danach wird der nächste Spieler nach draußen geschickt und die Gruppe überlegt sich einen neuen zu erratenden Begriff.

Die Fragen und Antworten müssen laut und deutlich gesprochen werden, damit die komplette Gruppe den Verlauf des Spiels verfolgen kann.
Der Spielleiter muss darauf achten, dass die Antworten auch zielführend sind und der Ratende auch die Chance hat, den Begriff zu finden.

Wolf, Ziege und Dornenhecke

Spiele im Raum,
Spiele im Kreis sitzend

Kommunikationsspiel

ab 6 Jahre

mindestens 10 Spieler

je Spieler ein Stuhl und eine Karteikarte

Spaß am Spielen

Der Spielleiter hat, je nach Gruppengröße, eine ausreichende Anzahl von Karteikarten auf denen entweder Wolf, Ziege oder Dornenhecke steht, vorbereitet. Von jeder Sorte gibt es gleich viele Karten. Die Spieler sitzen in einem Stuhlkreis und erhalten vom Spielleiter jeweils eine Karteikarte, ohne dass ihre Nachbarn diese lesen können. Der Spielleiter erklärt die Regeln des Spiels: der Wolf frisst die Ziege, die Ziege frisst die Dornenhecke und die Dornenhecke sticht den Wolf.
Der Spielleiter stellt sich danach im Kreis vor einen Spieler und sagt: „Hallo, ich bin der Wolf und wer sind Sie?“ Der Angesprochene steht auf und sagt zum Beispiel: „Hallo, ich bin eine Ziege.“ Dann antwortet der Spielleiter: „Dann fresse ich dich!“ Daraufhin muss die Ziege sich hinter ihren Stuhl stellen und ist aus dem Spiel ausgeschieden. Wenn der Wolf auf einen Wolf trifft, dann darf der fragende Wolf weitermachen und der andere kann sitzen bleiben. Kommt er jedoch an eine Dornenhecke, so läuft das Gespräch wie folgt ab: „Hallo, ich bin der Wolf und wer bist du?“ Die Antwort lautet: „Hallo, ich bin eine Dornenhecke und steche dich.“ Daraufhin scheidet der Wolf aus und stellt sich hinter den Stuhl der Dornenhecke, die nun aufsteht und weiter im Kreis nachfragt, welche Rolle die einzelnen Mitspieler innehaben. Wer als letzter Spieler übrig bleibt, hat das Spiel gewonnen. Es kann auch vorkommen, dass zwei oder mehrere mit dem gleichen Begriff übrig bleiben, die dann alle zum Sieger erklärt werden.

Das Spiel ist besonders für jüngere Kinder geeignet.

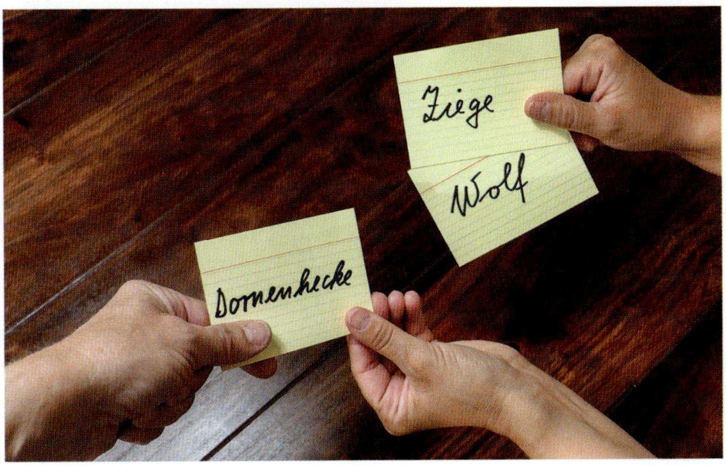

Würfelaugen erraten

Spiele im Raum, Spiele am Tisch

Denkspiel

ab 10 Jahre

beliebig

zwei Spielwürfel

Schulung des logischen Denkens

Der Spielleiter fordert einen Mitspieler auf zwei Würfe mit zwei Würfeln zu tätigen. Das Ergebnis der beiden Würfe darf der Spielleiter nicht sehen, denn er muss es erraten. Der Werfer soll die Summe des ersten Wurfes mit zehn multiplizieren und die Summe des zweiten Wurfes wird mit einer beliebigen Zahl, die vom Spielleiter genannt wird, addiert. Diese beiden Ergebnisse werden summiert und dem Spielleiter mitgeteilt. Dieser zieht dann von dieser Gesamtsumme einfach die Zahl, die er genannt hat, ab und erhält eine zwei- oder dreistellige Zahl, die aus den beiden gesuchten Augenzahlen des Wurfes besteht. Die Zuschauer werden sich wundern, wie dies funktioniert. Welcher Mitspieler die mathematische Vorgehensweise erkannt hat, kann in die Rolle des Spielleiters schlüpfen.

1. Beispielrechnung:

Werfer:

1) Augenzahl der beiden Würfe sind 4 (3+1 oder 2+2) und 2 (1+1)
2) Erste Zahl x 10 + zweite Zahl plus 7 (7= beliebige Zahl vom Spielleiter genannt)
3) Ergebnis addieren und Spielleiter mitteilen: 40+9=49

Spielleiter:

4) 49 – 7 = 42, Zahl des 1. Wurfes gleich 4 und zweite Zahl = 2

2. Beispielrechnung:

Werfer:

1) Augenzahl der beiden Würfe sind 12 und 9
2) Erste Zahl x 10 + zweite Zahl plus 5 (5= beliebige Zahl vom Spielleiter genannt)
3) Ergebnis addieren und Spielleiter mitteilen: 120+14=134

Spielleiter:

4) 134 – 5 = 129, Zahl des 1. Wurfes gleich 12 und zweite Zahl = 9

Falls es längere Zeit dauert bis die Gruppe den Rechenvorgang verstanden hat, kann der Spielleiter auch erlauben, dass dieser auf einem Papier nachvollzogen wird.

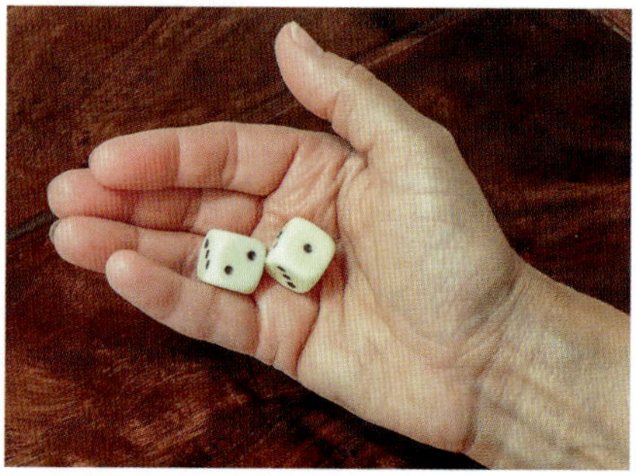

Zahlengenie

Spiele im Raum, Spiele im Freien, Spiele im Kreis sitzend

Denkspiel

ab 10 Jahre

beliebig

keine

Schulung des Kopfrechnens, Verbesserung des logischen Denkens

Der Spielleiter stellt sich als „Zahlengenie“ und „Gedankenleser“ vor. Er bittet einen Spieler aus der Gruppe sich irgendeine beliebige Zahl auszusuchen und für sich zu behalten. Die Zahl soll der Spieler dann verdoppeln und diese Summe zu einer geraden Zahl, die der Spielleiter beliebig genannt hat, addieren. Die dann entstandene Summe soll der Spieler halbieren und das Ergebnis dem Spielleiter nennen. Dieser zieht dann in Gedanken die Hälfte der vorher dem Spieler genannten geraden Zahl ab und erhält dann die gesuchte Zahl. Welcher Spieler die Vorgehensweise durchschaut hat, kann die Rolle des Spielleiters übernehmen.

Beispiel:
Der Spieler denkt sich die Zahl 13 aus:

1) Verdopplung der Zahl 13 ergibt 26
2) der Spielleiter nennt die Zahl 4
3) der Spieler bildet die Summe von 26 + 4 gleich 30
4) der Spieler halbiert dann das Ergebnis: 30:2 gleich 15
5) der Spieler teilt die Zahl 15 dem Spielleiter mit
6) der Spielleiter halbiert seine genannte Zahl und zieht sie von 15 ab:
   15-(4:2) = 15-2= 13 ist die gesuchte Zahl

Vereinfachte Regel:
Spieler:
Verdoppelt seine Zahl, addiert die gerade Zahl vom Spielleiter, halbiert diese Summe und nennt sie dem Spielleiter.
Spielleiter:
Zieht die Hälfte seiner Zahl davon ab und nennt das Ergebnis.
Der Spielleiter sollte die Rechenregel verinnerlicht haben, damit es nicht zu Fehlern kommen kann.

Zeichenduell

Spiele im Raum, Spiele mit vorgegebener Bewegungsrichtung

Kreativitätsspiel

ab 8 Jahre

mindestens 2 Spieler

zwei Flipcharts oder Tafeln, Stifte oder Kreide, alternativ geht auch eine fahr- und drehbare Tafel mit zwei beschreibbaren Seiten

Schulung der Kreativität, Verbesserung der zeichnerischen Fähigkeit

Zwei Tafeln oder Flipcharts werden Rücken an Rücken aufgestellt. Die beiden Zeichner dürfen das Bild ihres Gegenspielers nicht sehen. Die Zuschauer sitzen in entsprechendem Abstand. Der Spielleiter zeichnet auf beide Tafeln zwei gleiche Dinge, z. B. ein Dreieck in die Mitte und einen Kreis rechts oben. Danach erhalten die beiden Zeichner ein gemeinsames Thema vom Spielleiter, z. B. Blumenwiese, Segelregatta, Sonnenuntergang, Spielplatz ... Sie müssen nun ein Bild gestalten und die vorhandenen Motive mit einbeziehen. Nach Ablauf einer bestimmten Zeitvorgabe kürt der Spielleiter oder die Zuschauergruppe das schönste Bild.

Das Spiel kann auch als Mannschaftsspiel durchgeführt werden, indem die Zeichner nach einer gewissen Zeit wechseln und am Bild weiterarbeiten müssen.
Anstatt eines gemeinsamen Themas können beide Zeichner auch unterschiedliche Begriffe darstellen.

Sind keine Tafeln oder Flipcharts vorhanden, kann man auch Papierbögen an der Wand befestigen.

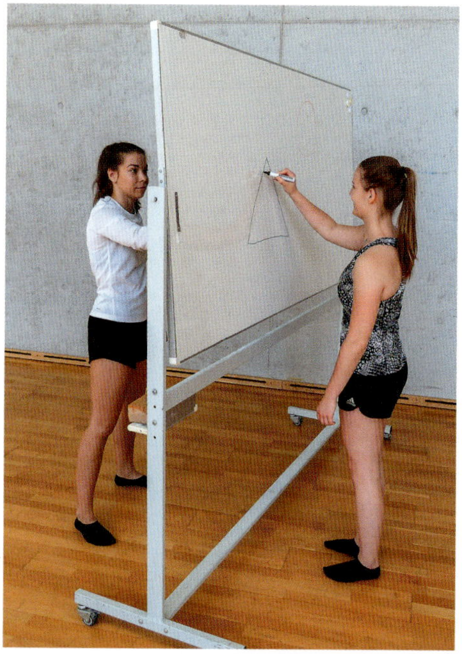

7. Literatur

Balz, E. (1998). Wie kann man soziales Lernen fördern? In Bielefelder Sportpädagogen (Hrsg.), **Methoden im Sportunterricht: ein Lehrbuch in 14 Lektionen** (S. 149–168). Schorndorf: Hofmann

Bayer, B. (2017). **Kinder-Medien-Freizeit.** Basisdaten kindlichen Alltags. Vortrag Kinderwelten Fachtagung. Zugriff am 12.5.2018 unter https://www.ip.de/loadfile.cfml?file=m9p%2eh-ph%5b%23i%3a2%3dhg%5dc%26eyy%40j1wg%5fj%2dth%22%3cep6%3ad%3d%28ai%29n6a9ip6ro%5e%5b9%3a8%25%25%26%5b%0a%2b7%2a%22%5d-niz%2a%25p%2a%2ffz%40%20%0a&type=application%2fpdf&sendcontent=true

Fluegelman, A. & Tembeck, Sh. (1979). **New Games. Die Neuen Spiele.** Pittenhart-Oberbrunn: Ahorn

Huberich, P. & Huberich, U. (1988). **Spiele für die Gruppe: Regeln, Kriterien, Klassifizierung.** Heidelberg: Quelle u. Meyer

Keller, G. & Hafner, K. (1999). **Soziales Lernen will gelernt sein: Lehrer fördern Sozialverhalten.** Heidelberg: Auer

Kugelmann, C. (1984). New Games – Neue Spiele. **Sportpädagogik, 2** (8), S.28–32.

Medienpädagogischer Forschungsverbund Südwest (MPFS) (Hrsg.). (2017). **KIM-Studie 2016. Kindheit, Internet, Medien. Basisuntersuchung zum Medienumgang 6–13-Jähriger in Deutschland.** Zugriff am 1.5.2018 unter https://www.mpfs.de/fileadmin/files/Studien/KIM/2016/KIM_2016_Web-PDF.pdf

Reichel, R. & Rabenstein, R. (1987). Das ist und will Spielpädagogik. In R. Reichel (Hrsg.). **Spielpädagogik – Grundlagen und Berichte.** (S. 6–10). Münster: Ökotopia

Statistisches Bundesamt. (2018). Anzahl der Familien mit Kindern in Deutschland nach Kinderanzahl (ohne Altersbeschränkung) im Jahr 2017 (in 1.000). **In Statista – Das Statistik-Portal.** Zugriff am 15. Oktober 2018 unter https://de.statista.com/statistik/daten/studie/3051/umfrage/anzahl-der-familien-in-deutschland-nach-kinderzahl/

8. Einordnungstabellen aller Spiele

Alle Spieler gemeinsam aktiv

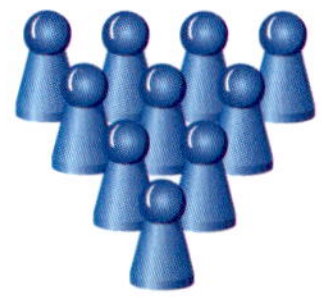

Spielname	Seite	Mindestalter	Ort		Gruppengröße	Inhaltliche Schwerpunkte der Spiele								
			im Raum	im Freien		Bewegung	Denken	Kennenlernen	Kooperation und Vertrauen	Kommunikation	Konzentration	Kreativität	Würfeln	Geschicklichkeit
Achtung – Trommeln	20	ab 10	●		bis 10						●			●
actio et reactio	21	ab 8	●	●	beliebig	●					●	●		
Affentheater	22	ab 10	●	●	beliebig	●					●			
Anglotzen	23	ab 8	●	●	6–15					●	●			
Bärenjagd	24	ab 6	●	●	beliebig	●								
Bilderscharade	25	ab 8	●		beliebig		●					●		
Bombe entschärfen	26	ab 6	●	●	4–10				●	●	●			●
Boot im Orkan	27	ab 6	●	●	4–10	●					●			
Buchstabensalat	28	ab 8	●		beliebig		●				●			
Buchstabenverlust	29	ab 12	●		beliebig		●				●			
Das Förderband im Sägewerk	30	ab 12	●	●	ab 16	●			●					
Das ist eine Katze, das ist eine Maus	31	ab 8	●	●	10–20						●			
Das magische Ohrläppchen	32	ab 6	●	●	bis 20	●					●			
Der letzte Zugwagen	33	ab 6	●	●	ab 10	●								
Der Marionetten-spieler	34	ab 12	●	●	beliebig	●			●	●		●		
Der stabile Sitzkreis	35	ab 6	●	●	beliebig	●			●					
Die Reise nach Jerusalem	36	ab 4	●		beliebig	●								
Die schwebende Stange	37	ab 6	●	●	8–14				●		●			●
Drachenschwanzjagd	38	ab 4	●	●	beliebig	●								
Dreibeinkrokodile	39	ab 8	●	●		●								
Eidechsenjagd	40	ab 6	●	●	ab 10	●								
Ein kleines, graues Eselchen	41	ab 4	●		beliebig	●					●			

Spielname	Seite	Mindestalter	Ort		Gruppengröße	Inhaltliche Schwerpunkte der Spiele								
			im Raum	im Freien		Bewegung	Denken	Kennenlernen	Kooperation und Vertrauen	Kommunikation	Konzentration	Kreativität	Würfeln	Geschicklichkeit
Elefantenspiel	42	ab 6	●	●	10–16	●								
Faltsätze	43	ab 10	●		ab 6		●					●		
Familie Müller	44	ab 8	●	●	8–20	●				●				
Feuer, Wasser, Blitz, Wind und Sturm	45	ab 4	●	●	beliebig	●					●			
Fotoschnipsel	46	ab 6	●		4–8		●				●			
Gemeinsamkeiten	47	ab 8	●		10–30			●						
Geometrische Figuren blind gestalten	48	ab 10	●	●	ab 6	●	●			●				
Glucke und Adler	49	ab 6		●	6–10	●								
Gordischer Knoten	50	ab 8	●	●	ab 10	●	●		●	●				
Hexentanz	51	ab 8	●	●	ab 8	●					●			
Hop-on-Hop-off Stadtrundfahrt	52	ab 10	●		beliebig		●							
Im Schlangenkäfig	53	ab 6	●	●	ab 8	●			●					
In einer Reihe	54	ab 6	●		beliebig			●		●				
Jagd nach dem Sauerstoff	55	ab 6		●	ab 8	●								
Katze und Maus	56	ab 4	●	●	10–25	●								
KFZ-Kennzeichen	57	ab 10	●		beliebig		●					●		
Knobelduell	58	ab 8		●	beliebig	●					●			
König der Erbsen	59	ab 8	●	●	beliebig	●				●	●			
Liednamen	60	ab 8	●		beliebig							●		
Löffelkönig	61	ab 6	●	●	4–8	●					●			●
Luftballongewirr	62	ab 8	●	●	ab 10	●		●						
Luftballontanz	63	ab 4	●		ab 4	●			●		●			
Meister des Gedächtnisses	64	ab 8	●		beliebig						●			
Naturfilm drehen	65	ab 6	●	●	ab 10	●						●		
Nur-Drei-Wörter-Geschichte	67	ab 10	●		4–10		●					●		
Paarkniebeugen	68	ab 6	●	●	beliebig	●			●					
Roboter Dating	69	ab 10	●	●	beliebig	●	●							
Römisches Zahlenrätsel	70	ab 10	●		beliebig		●				●			

Spielname	Seite	Mindestalter	Ort: im Raum	Ort: im Freien	Gruppengröße	Bewegung	Denken	Kennenlernen	Kooperation und Vertrauen	Kommunikation	Konzentration	Kreativität	Würfeln	Geschicklichkeit
Sprache der Tiere	71	ab 4	•	•	ab 4	•				•		•		
Standhaft bleiben	72	ab 6	•	•	beliebig	•								•
Streichholzspiele	73	ab 10	•		beliebig		•							
Stühle im Gleichgewicht	87	ab 10	•	•	ab 4	•					•			•
Tanz der Vampire	88	ab 8	•		ab 10	•			•					
Transportstaffel	89	ab 6	•		ab 10									•
Verbindungsstifte	90	ab 8	•	•	beliebig	•					•			•
Verkehrsregelung	91	ab 10		•	beliebig	•					•			
Versteckte Körperteile	92	ab 10	•		beliebig		•				•			
VIP-Puzzle	93	ab 6	•		beliebig		•				•			
Visitenkarten	94	ab 8	•		5–30			•						
Vor und zurück	95	ab 6		•	4–16	•			•					
Vorlieben	96	ab 6	•		beliebig	•		•						
Wer bin ich?	97	ab 8	•	•	beliebig		•			•				
Wer gehört zu mir?	98	ab 6	•	•	10–20					•	•			
Wer ist es?	99	ab 10	•		5–20			•						
Zeitungsspaziergang	100	ab 6	•		bis 30	•					•			
Zu zweit ist man stark	101	ab 8	•	•	ab 15	•			•					

The grouped column headings "Ort" and "Inhaltliche Schwerpunkte der Spiele" are shown in the column names above.

Alle Spieler nacheinander aktiv

Spielname	Seite	Mindestalter	Ort		Gruppengröße	Inhaltliche Schwerpunkte der Spiele								
			im Raum	im Freien		Bewegung	Denken	Kennenlernen	Kooperation und Vertrauen	Kommunikation	Konzentration	Kreativität	Würfeln	Geschicklichkeit
21 gewinnt	104	ab 8	•		3–10		•						•	
Armer schwarzer Kater	105	ab 4	•		8–25							•		
Buchstaben-monotonie	106	ab 6	•		beliebig		•	•		•				
Catch the ball	107	ab 6	•	•	beliebig	•								•
Das Ende ist der Anfang	108	ab 10	•	•	beliebig		•				•			
Der Mond ist rund	109	ab 6	•	•	beliebig		•				•			
Die böse 7	110	ab 8	•	•	beliebig		•				•			
Die böse 1	111	ab 10	•		bis 10		•						•	
Galgenmännchen	112	ab 8	•		beliebig		•							
Geschickt rechnen	113	ab 10	•		bis 10		•						•	
Hänschen, piep einmal!	114	ab 4	•		ab 8				•		•			
Ich hab dich gleich!	115	ab 8	•		12–30								•	
Ich packe meinen Koffer	116	ab 6	•	•	8–20						•			
Ich und mein Tier	117	ab 8	•		beliebig	•		•				•		
Jackpot 666	118	ab 10	•		3–10		•						•	
Kieselsteinwürfeln	119	ab 6	•		bis 10								•	•
Lagerfeuerwürfeln	120	ab 8	•		bis 10								•	
Lautlose Schulnoten	121	ab 8	•		3–8						•		•	
Lügenmäxchen	122	ab 12	•	•	bis 10		•						•	
Mein rechter Platz ist frei	124	ab 6	•		ab 10	•		•						
Namenskette	125	ab 6	•	•	5–20			•			•			
Neu sortiert	126	ab 6	•	•	6–15				•		•			
Plätze tauschen	127	ab 6	•		ab 10						•			
Reiß die Pyramide ab!	128	ab 8	•		bis 10								•	
Schokoladen-challenge	129	ab 6	•		3–10						•		•	
Sechstagerennen	130	ab 6	•		5–15								•	

Spielname	Seite	Mindestalter	Ort		Gruppengröße	Inhaltliche Schwerpunkte der Spiele								
			im Raum	im Freien		Bewegung	Denken	Kennenlernen	Kooperation und Vertrauen	Kommunikation	Konzentration	Kreativität	Würfeln	Geschicklichkeit
Spaghetti-Makkaroni-Staffel	132	ab 8	●	●	beliebig									●
SpongeBob würfeln	133	ab 6	●		3–10								●	
Sprichwörterpuzzle	134	ab 12	●	●	bis 20		●							
Startsprung ins Wasser	136	ab 8	●	●	bis 20						●			
Stille Post	137	ab 6	●		ab 10						●			
Substantive im Rhythmus	138	ab 8	●	●	bis 20	●	●				●			
Tante aus Spanien	139	ab 6	●		bis 10	●								
Teufelskralle	140	ab 6	●	●	beliebig	●					●			●
Titanic würfeln	141	ab 10	●		bis 8								●	●
Triff die Münze!	142	ab 6	●		beliebig									●
Verfolgungsjagd	143	ab 12	●		5–10								●	
Volljährig mit 18	144	ab 10	●		3–8		●						●	
Was ist im Turnbeutel?	145	ab 4	●		bis 10						●			
Weg mit dem Tischtennisball	146	ab 12	●	●	beliebig	●					●			
Wenig gewinnt	147	ab 10	●		beliebig								●	
Wörter aus Einzelbuchstaben	148	ab 10	●	●	beliebig		●					●		
Wörterkette und Spinnennetz	149	ab 10	●	●	bis 10		●				●			●
You must do it!	150	ab 6	●		bis 10	●						●	●	
Zeitungsschlagen	151	ab 6	●		ab 10	●								

Teams gegeneinander (alle aktiv)

Spielname	Seite	Mindestalter	Ort: im Raum	Ort: im Freien	Gruppengröße	Bewegung	Denken	Kennenlernen	Kooperation und Vertrauen	Kommunikation	Konzentration	Kreativität	Würfeln	Geschicklichkeit
1 gegen 1 im Fußball	154	ab 8	●		beliebig								●	
Alphabetbeispiele	155	ab 8	●		beliebig		●					●		
Buchstaben aus Menschen	156	ab 10	●	●	ab 10		●			●				
Darf ich bitten?	157	ab 6	●	●	beliebig	●					●			
Das Farbenspiel	158	ab 8	●	●	ab 8					●	●			
Das Geld liegt auf der Straße	159	ab 6	●		ab 8	●			●	●				●
Das verrückte Gegenteil	160	ab 10	●	●	bis 20		●					●		
Denkmalbauer	161	ab 6	●	●	ab 10		●		●	●		●		
Der Kellner auf dem Hochseil	162	ab 8	●	●	ab 6	●								●
Der X-Lauf	163	ab 6	●	●	beliebig	●								
Die Raupe	164	ab 6	●	●	12–30	●			●					
Die Reihenfolge ändern	165	ab 12	●		ab 12		●			●	●			
Dosen verstecken	166	ab 10	●		beliebig						●			●
Eierbechergolf	167	ab 10	●		beliebig						●			●
Es meldet sich unser Reporter	168	ab 8	●		beliebig	●	●			●		●		
Familienspaziergang	169	ab 4		●	ab 10	●								
Familienzuwachs	170	ab 8	●		10–20		●				●			
Farben telegrafieren	171	ab 10	●	●	ab 10				●	●	●	●		
Filmtitelscharaden	172	ab 12	●		beliebig	●			●	●		●		
Finde den Fehler!	173	ab 8	●	●	beliebig						●			
Fisch die Rolle!	174	ab 6	●	●	bis 12									●
Flussüberquerung mit 3 Steinen	175	ab 6	●	●	beliebig	●								●
Gläsernes Tischtennis	176	ab 8	●	●	beliebig	●					●			●
Gruppenscharaden	177	ab 6	●	●	beliebig	●			●	●		●		
Hula-Hoop-Reifen-Rennen	178	ab 4	●	●	ab 5	●			●					●

Spielname	Seite	Mindestalter	Ort: im Raum	Ort: im Freien	Gruppengröße	Bewegung	Denken	Kennenlernen	Kooperation und Vertrauen	Kommunikation	Konzentration	Kreativität	Würfeln	Geschicklichkeit
Kavalier der alten Schule	179	ab 6	●	●	ab 4	●								●
Kopierer des 18. Jahrhunderts	180	ab 8	●		beliebig		●				●			
Kraniche oder Krähen?	181	ab 4		●	bis 30	●					●			
Lebendige Stuhlstaffel	182	ab 6	●	●	beliebig	●					●			
Luftballongruppentransport	183	ab 6	●	●	beliebig	●			●					
Menschliche Kegel	184	ab 6	●	●	ab 12	●								●
Monatsscharaden	185	ab 10	●		beliebig	●				●		●		
Mumienspiel	186	ab 4	●		beliebig				●			●		●
Mütterchen, Jäger und Löwe	187	ab 6	●	●	10–20	●								
Ohne dies geht es nicht!	188	ab 10	●		ab 8		●				●	●		
Pantomimische Staffel	189	ab 10	●		beliebig	●	●							
Plakatpuzzle	190	ab 8	●		beliebig		●				●			
Rennen der Tausendfüßler	192	ab 6	●	●	ab 10	●			●					
Richtig oder falsch?	193	ab 6	●		ab 6	●	●				●			
Rund um den Ball	194	ab 6		●	beliebig	●								
Satzteilstaffel	195	ab 8	●	●	ab 8	●	●			●				
Schachtel pusten	196	ab 6	●		beliebig						●			●
Schlagfertig	197	ab 8	●	●	beliebig		●				●	●		
Schnelligkeit gewinnt	198	ab 10	●		beliebig	●	●					●		
Schockgefroren	199	ab 16	●		beliebig	●					●			
Schreibstaffel	200	ab 8	●		bis 20	●	●					●		
Stich die Flasche	201	ab 8	●	●	ab 10	●								●
Stuhlfußball	202	ab 6	●		8–16	●			●					●
Stuhlvolleyball	203	ab 6	●		beliebig	●			●					●
Tischtennisballstaffel mit den Beinen	204	ab 8	●		beliebig				●		●			●
Top oder Flop?	205	ab 16	●		beliebig	●								

Spielname	Seite	Mindestalter	Ort		Gruppengröße	Inhaltliche Schwerpunkte der Spiele								
			im Raum	im Freien		Bewegung	Denken	Kennenlernen	Kooperation und Vertrauen	Kommunikation	Konzentration	Kreativität	Würfeln	Geschicklichkeit
Undurchdringbare Menschenkette	206	ab 6		●	ab 12	●								
Verwirrendes Diktat	207	ab 10	●		ab 8						●			
Watteballpusten	208	ab 4	●		2–10						●			●
Wedelstaffel	209	ab 6	●		beliebig	●					●			●
Wer errät das Verb?	210	ab 10	●		beliebig	●	●				●	●		
Wettlauf der Zahlen	211	ab 6		●	ab 12	●					●			
Wo ist der Cent?	212	ab 8	●		beliebig						●			●
Wortkombinationen	213	ab 8	●		10–20		●				●	●		
WWW ein- und auslogen	214	ab 8	●	●	beliebig	●					●			●
Zeitungsdetektive	215	ab 10	●	●	6–24		●				●			

Gruppenmitglieder spielen vor oder mit der Gruppe

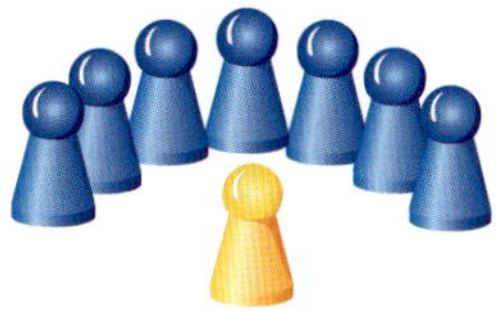

Spielname	Seite	Mindestalter	Ort: im Raum	Ort: im Freien	Gruppengröße	Bewegung	Denken	Kennenlernen	Kooperation und Vertrauen	Kommunikation	Konzentration	Kreativität	Würfeln	Geschicklichkeit
Angenehme Nachbarn	218	ab 6	●	●	beliebig	●					●			
Auf der Schneckenspur	219	ab 8	●	●	beliebig	●			●	●				
Aufs Stichwort	220	ab 10	●		beliebig	●					●			
Autobahnlärm	221	ab 8	●	●	ab 8	●				●	●			
Balanceakt	222	ab 10	●		beliebig	●					●			●
Bälle löffeln	223	ab 8	●		ab 3	●								●
Basketball defense	224	ab 6	●	●	5–10	●								●
Besenduell	225	ab 8	●		beliebig									●
Besser hören als sehen	226	ab 6	●	●	10	●					●			
Briefe mental scannen	227	ab 12	●		4–10		●							
Brummer an der Wand	229	ab 6	●		beliebig						●			
Crazy World	230	ab 10	●		10–30		●			●	●			
Der Animateur	231	ab 6	●		ab 8	●	●				●	●		
Der falsche Satz	232	ab 12	●		beliebig					●	●			
Der geheimnisvolle Gabeltrick	233	ab 10	●		ab 5		●							
Der geheimnisvolle Hellseher	234	ab 10	●		beliebig		●				●			
Der Hund und sein Knochen	235	ab 6	●		ab 6		●				●			
Der Hypnotiseur	236	ab 10	●		beliebig		●				●			
Der Kaufmann aus X-Stadt	237	ab 8	●	●	beliebig		●				●			
Der unbekannte Koffer	238	ab 8	●		beliebig		●	●						
Der unerwünschte Buchstabe	239	ab 10	●	●	beliebig		●			●	●			
Der versteckte Spiegel	240	ab 6	●		beliebig	●	●							

Spielname	Seite	Mindestalter	Ort		Gruppengröße	Inhaltliche Schwerpunkte der Spiele								
			im Raum	im Freien		Bewegung	Denken	Kennenlernen	Kooperation und Vertrauen	Kommunikation	Konzentration	Kreativität	Würfeln	Geschicklichkeit
Der Zwinkerwächter	241	ab 6	●		12–40	●					●			
Dichterprüfung	242	ab 12	●	●	beliebig		●			●		●		
Die vier Elemente	243	ab 6	●		beliebig	●	●					●		
Die geheimnisvolle Zauberdecke	244	4–10	●		beliebig		●				●			
Die magischen 9 Blätter	245	ab 10	●		beliebig		●				●			
Die magischen Stadtnamen	246	ab 10	●		beliebig		●				●			
Die Welle	247	ab 6	●		beliebig	●					●			
Drei ins Glas	248	ab 12	●		beliebig						●			●
Dunkelheit um Winnetou	249	ab 6	●	●	5–10	●			●		●			
Eskimos beim Angeln	250	ab 10	●		beliebig		●						●	
Eule auf Schlangenjagd	252	ab 6	●	●	ab 10	●					●			
Falsch betont	253	ab 10	●		beliebig		●			●	●			
Fang die Maus	254	ab 6	●		beliebig	●					●			
Finde den Star	255	ab 6	●	●	beliebig	●					●			
Gedanken übertragen	256	ab 8	●	●	beliebig		●				●			
Geschichte am laufenden Faden	257	ab 8	●	●	5–10		●			●		●		
Ich heiße, wohne und esse	258	ab 8	●	●	beliebig		●					●		
Ich sehe was, was du nicht siehst	259	ab 6	●		beliebig					●	●			
Interessante Ja-Nein-Fragen	260	ab 10	●		beliebig		●				●			
Löffelfechten	261	ab 6	●	●	beliebig	●								●
Marktschreier	262	ab 8	●		beliebig					●		●		
Meine Tante ist krank	263	ab 8	●	●	bis 15					●		●		
Meister der Gestik	264	ab 10	●	●	beliebig	●				●		●		
Mimisches Reimlexikon	265	ab 12	●		beliebig	●	●				●	●		
Montagsmaler	266	ab 8	●		beliebig						●	●		
Pantomime Roulette	267	ab 8	●	●	beliebig	●	●					●		
Pantomime des Vornamens	268	ab 8	●		beliebig	●		●				●		

Spielname	Seite	Mindestalter	Ort		Gruppengröße	Inhaltliche Schwerpunkte der Spiele								
			im Raum	im Freien		Bewegung	Denken	Kennenlernen	Kooperation und Vertrauen	Kommunikation	Konzentration	Kreativität	Würfeln	Geschicklichkeit
Pantomime über Märchen	269	ab 8	●	●	beliebig	●	●							
Pantomimische Sprichwörter	270	ab 10	●	●	beliebig	●	●					●		
Pantomimische Wortzusammensetzung	271	ab 8	●		beliebig	●	●				●	●		
Papierkorb füllen	272	ab 10	●		beliebig	●								●
Parkplatznot in der Ringstraße	273	ab 6	●	●	10–20	●					●			
Party der Werbefachleute	274	ab 12	●	●	8–20		●			●	●			
Pitsch-Patsch	275	ab 8	●		bis 30	●		●			●			
Reihenfolge im Alphabet	276	ab 8	●		beliebig		●				●			
Rippel-Dippel Telefonat	277	ab 8	●	●	10–25		●				●			
Scharadenkreis	278	ab 8	●	●	beliebig	●	●					●		
Scharadenwettkampf	280	ab 8	●	●	beliebig	●	●					●		
Schaupielkette	281	ab 10	●		ab 15	●				●		●		
Schilderjagd	282	ab 4	●	●	beliebig	●		●						
Schilderpantomime	283	ab 8	●	●	beliebig	●	●							
Schlapp hat den Hut verloren	284	ab 8	●	●	6–20						●			
Schnelle Bahnreisen	285	ab 10	●	●	8–20	●	●				●			
Schuhverkäufer	286	ab 6	●		beliebig	●								●
Schwarze Magie	287	ab 8	●		beliebig		●							
Siamesische Zwillingsmaler	288	ab 8	●		beliebig				●		●	●		
Silbensalat	289	ab 10	●		ab 15		●				●			
Simon sagt	290	ab 8	●	●	beliebig	●					●			
SMS versenden	291	ab 8	●		beliebig					●	●			
Sportreporter live	292	ab 8	●	●	ab 3	●				●		●		
Stimmungslage erraten	293	ab 10	●		beliebig		●				●	●		
Stühle riechen	294	ab 8	●		beliebig		●							
Taubenschlag	296	ab 4	●	●	ab 10	●						●		

Spielname	Seite	Mindestalter	Ort		Gruppengröße	Inhaltliche Schwerpunkte der Spiele								
			im Raum	im Freien		Bewegung	Denken	Kennenlernen	Kooperation und Vertrauen	Kommunikation	Konzentration	Kreativität	Würfeln	Geschicklichkeit
Teekesselchenduell	297	ab 10	●	●	beliebig		●			●		●		
Tennisballdose	299	ab 6	●	●	beliebig	●		●			●			
Tickende Bombe in der Nacht	300	ab 6	●		beliebig						●			
Unter Zeitdruck	301	ab 10	●		8–30		●				●	●		
Verkehrte Welt	302	ab 12	●		beliebig		●				●			
Was wäre, wenn?	303	ab 12	●		beliebig		●			●		●		
Welcher Verein ist es?	304	ab 16	●		beliebig	●	●					●		
Wespenstachel	305	ab 6	●	●	ab 10	●			●					
Wie, wo, wann liebst du?	306	ab 12	●		beliebig		●			●				
Wolf, Ziege und Dornenhecke	307	ab 6	●		ab 10					●				
Würfelaugen erraten	308	ab 10	●		beliebig		●						●	
Zahlengenie	309	ab 10	●	●	beliebig		●							
Zeichenduell	310	ab 8	●		beliebig							●		